穿著加油站的制服，胸口寫著他的名字。
BAIN.

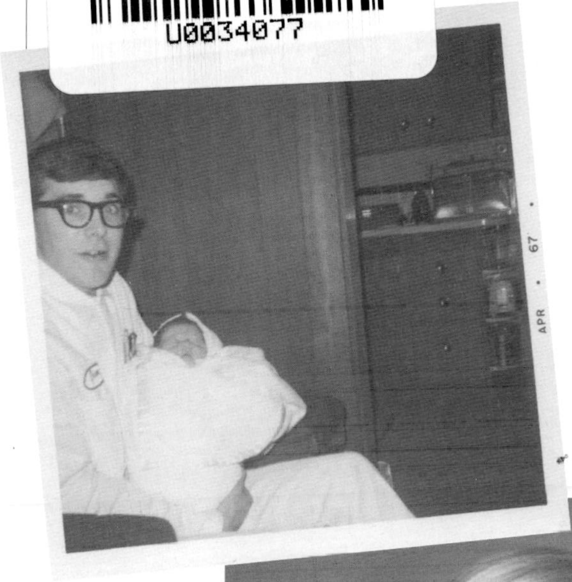

即使在小時候，寇特的眼睛就很引人注目。
PHOTO COURTESY OF LELAND COBAIN.

溫蒂、金、唐納與寇特・科本，1974 年耶誕節。
PHOTO COURTESY OF LELAND COBAIN.

寇特一年級的照片。
PHOTO COURTESY OF LELAND COBAIN.

寇特五年級的照片，1979 年。
PHOTO COURTESY OF LELAND COBAIN.

寇特在他的房間裡，亞伯丁的東一街 1210 號，1985 年。
PHOTO COURTESY OF COURTNEY LOVE.

戴夫・佛斯特、寇特和克里斯特・諾弗賽立克在西雅圖完成第一場演出之後。時尚俱樂部外，1988 年。
PHOTO © RICH HANSEN.

崔西・馬倫達和寇特在沃爾沃斯公司（Woolworth）的照相亭拍的照，1988 年。寇特這段時間一直戴著頭巾。
PHOTO © TRACY MARANDER.

寇特在奧林匹亞公寓的廚房裡。他在櫥櫃上貼滿了雜誌上剪下來的照片。
PHOTO © TRACY MARANDER.

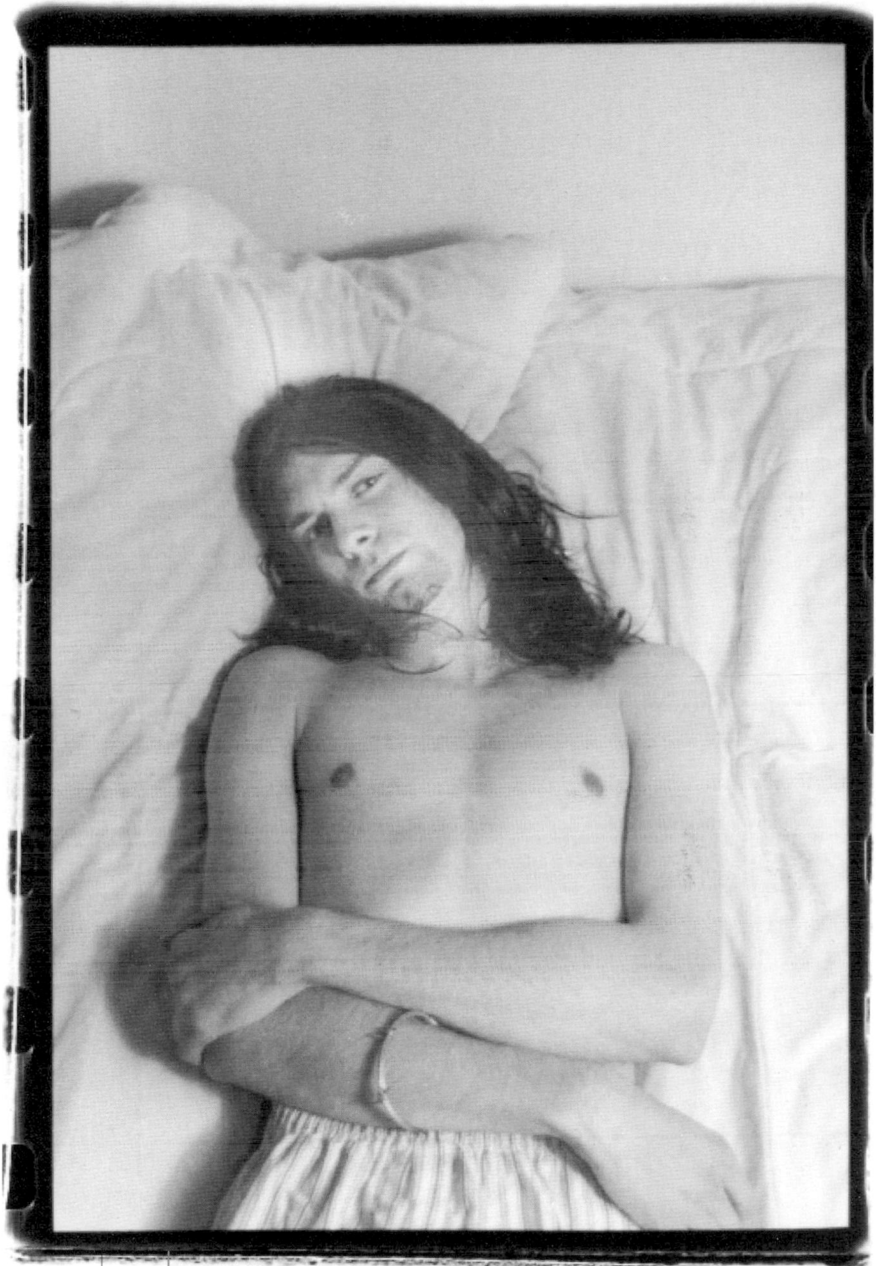

寇特穿著睡褲，1988 年。
PHOTO © TRACY MARANDER.

寇特、查德・錢寧、詹森・艾弗曼和克里斯特・諾弗賽立克在西雅圖海岸區，1989 年 3 月。PHOTO © ALICE WHEELER.

查德・錢寧、克里斯特・諾弗賽立克、寇特和他同母異父的妹妹布莉安妮在超脫合唱團的貨車裡。PHOTO © TRACY MARANDER.

寇特在他奧林匹亞房子的後院，1989 年夏天。
PHOTO © TRACY MARANDER.

寇特與妹妹金和瑪麗阿姨，1989 年耶誕節。
PHOTO © MARI EARL.

寇特在奧林匹亞一塊告示牌前面。
PHOTO © TRACY MARANDER.

超脫合唱團在西雅圖的「賽車道」（Motorsports Speedway）表演，
1990 年 9 月。PHOTO © ALICE WHEELER.

寇特妮・洛芙、大衛・格羅爾和寇特在威基基（Waikiki）海灘，1992 年 2 月 24 日，寇特和寇特妮剛結婚後。PHOTOS COURTESY OF COURTNEY LOVE.

法蘭西絲、寇特和寇特妮，1992 年耶誕節。
PHOTO © JACKIE FARRY/ COURTESY OF COURTNEY LOVE.

寇特在羅馬試圖自殺之後，回到西雅圖－塔科馬國際機場（Sea-Tac airport）——這是已知他的最後幾張照片之一。
PHOTO © DUANE DEWITT.

法蘭西絲、寇特和褓姆麥可・「卡力」・杜威（Michael “Cali” Dewitt）在西雅圖 - 塔科馬國際機場，1994 年 3 月。
PHOTO © DUANE DEWITT.

華盛頓湖（Lake Washington）住家的溫室，1994 年 4 月。
PHOTO © ALICE WHEELER.

寇特與法蘭西絲，1992 年。PHOTO © LELAND COBAIN.

HEAVIER THAN HEAVEN
The Biography of
KURT COBAIN

科本逝世 25 周年紀念版

沉重天堂
寇特・科本傳

查爾斯・克羅斯
Charles R. Cross——著

蘇星宇——譯

Boulder Media 大石文化

目錄

二〇一九年版序

寇特・科本（Kurt Cobain）死時是二十七歲，而我為這本傳記寫下這篇二〇一九年版序文時，他已經走了二十五年，也就是說寇特死後至今的年數，幾乎等同他活過的歲數。我仍感到很多地方難以置信：他的一生何其短暫，他的死何其悲慘，還有自從我們第一次聽到他自殺那不真實的一天到現在，竟然已經過了二十五年。至少對我來說，這彷彿是昨天剛發生的事。也許這一切之中最不可思議、當然也是現在最重要的，是超脫合唱團（Nirvana）的音樂對這個世界的意義，以及這個樂團在寇特去世四分之一世紀之後依然保有的影響力。

寇特擁有多方面的才華，但他最強的地方我認為是詞曲創作。我毫不意外他絕妙的歌曲能持續影響後世，但可不是每個詞曲創作者或歌手最後都能成為標誌性人物。寇特在搖滾界神話般的地位在過去幾十年來有增無減，即使從二〇〇一年，也就這本傳記首次出版時算起也是如此。超脫合唱團的音樂不斷找到新的市場（我在西雅圖那些出身「油漬搖滾」（grunge）時代的樂手朋友都說，超脫合唱團現在在南美洲比其他地方都紅），並持續吸引新一代的樂迷。

寇特在搖滾界的傳奇地位似乎持續升高，即使對幾十年前就知道這個樂團的歌迷來說也一樣。一方面是因為他獨特的音樂成就，另一方面則是因為，至少在我看來，很少，甚至沒有人像他一樣，同時具備高超的藝術才能與個人魅力。簡單來說，我們再也找不到像寇特那樣的天才。我曾天真地以為會有另一支樂團，在未來某位搖滾傳奇領袖的帶領下，和超脫合唱團一樣改寫搖滾樂的規則，並寫出像〈少年仔的氣味〉（Smells Like Teen Spirit）一樣令人難忘的歌曲。但在我收集的搖滾唱片中，還沒有這樣的樂團。離〈少年仔的氣味〉首次發行已經將近三十年，這首歌仍然在我的車上歌單中名列前茅。每當我想要打破塞車的沉悶時，這都是我現在——也是永遠——的必聽歌曲。

搖滾界之所以少有新一代的代表性人物出現，也是因為科技迅速變遷，且音樂創作與發行的方式改變了。用棒球術語作為比喻，以前的音樂是透過「農場系統」（farm system），最初從獨立唱片公司開始，接著發展到主流唱片公司，但這種模式已經消失了。近年來，西雅圖最暢銷的樂手麥可莫（Macklemore）自己獨立發行了他的熱銷專輯，賺取了一家唱片公司可能賺到的最大利潤。在寇特的時代，樂團會發行單曲和迷你專輯，開著貨車，為那些因為看見電線桿上的傳單而得知演出消息的少量觀眾到處巡迴演出，希望最終能和大公司簽約並成為明星。寇特在他磨練才能的那幾年裡也有過這樣的經歷。超脫合唱團換過許多鼓手，舉辦過無數場只有少量觀眾的小型演出，有時候他們賺的錢甚至不夠支付前往下一個城市的油錢。

寇特沒有在巡演的時候，就自己用錄音帶來錄音，並把試聽帶貼上郵票寄給唱片公司，但全部都被拒絕了。他顛沛流離了許多年，但終究，這些磨練對他的藝術發展都十分重要。假如寇特晚了二十年才出生，然後超脫合唱團那災難性的首次演出——也就是寇特說他不知道齊柏林飛船樂團（Led Zeppelin）一首名曲的歌詞的那次——被拍下來放上網，供網友嘲笑與批判，那麼我想寇特的事業應該還沒開始就已經先完蛋了。

另外，即使是如今備受熱捧、能讓大眾即時接收大量搖滾樂的音樂串流服務也有缺點。相較之下，寇特所受到的藝術薰陶極為有限，且十分隨機。他接觸音樂的渠道主要有三個：聽廣播（其中最具影響力的是西雅圖硬式搖滾電臺 KISW）、觀賞音樂電視臺（MTV），還有聽他自己買的或是朋友送他的唱片。到一九九一年為止，他收集的唱片只有大約兩百張，而且這些收藏也沒有任何標準，主要是他經過二手商店或是倉庫拍賣時，看到哪張便宜就買哪張。在超脫合唱團成立的早期，他替朋友錄製了一張混音帶，裡面包括了硬核風格的紅十字樂團（Redd Kross）、流行搖滾樂團灣市狂飆者（Bay City Rollers）、技巧合唱團（Knack），以及披頭四（Beatles）的音樂。就算是 Spotify 的算法也無法產生這樣的播放清單，因為這根本就不符合常理，但只要聽過超脫合唱團的音樂，就會覺得從某方面來說卻又合情合理。

雖然看似有悖常理，但沒有 Spotify，或許反而有助寇特專注於模仿或創造自己的風格。寇特很喜歡披頭四，而且他從小就在親戚的影響下接觸到披頭四的歌。但他後來開始自己買專輯時，卻只買得起幾張披頭四的唱片而已。他收集到的只有四張，也就是《跟披頭四見面！》（Meet the Beatles!）、《一夜狂歡》（A Hard Day's Night）、《披頭四'65》（Beatles'65）、《胡椒軍曹寂寞芳心俱樂部樂隊》（Sgt. Pepper's Lonely Hearts Club Band）。數量跟他擁有的迪士尼兒童搞笑歌曲唱片一樣少。他的唱片收藏中還有其他更奇怪的東西，包括格蘭特兄弟牧師（Reverend Bro. Grant）的布道專輯，名為《如何接收內心的渴望》（How to Receive the Desires of Your Heart）。還有一張專輯的作者是弗雷德・貝爾（Fred

Bear）和體育節目主持人柯特・高迪（Curt Gowdy）——想像一下，寇特興高采烈地拿出他的寶貝專輯《美國第一弓箭獵手訴說狩獵的祕密》（America's No. 1 Bowhunter Tells His Secrets of Hunting）播給朋友聽。今天在布魯克林（Brooklyn），隨便一個嬉皮士都可以拿出 iPhone 播放任何披頭四的音樂，但當時的寇特沒有辦法接觸到大量的披頭四音樂（披頭四的樂團生涯在美國一共發行了二十八張專輯），他只聽過少數他們的歌曲。這些唱片對寇特有很大的幫助。第一次想要寫出一首純流行歌曲時，他坐下來一遍又一遍地聽著《跟披頭四見面！》，結果真的成功了。那一天，他寫出了〈關於一個女孩〉（About a Girl）。

就是這麼簡單。而從某種角度來說，這份簡單就和寇特・科本的許多東西一樣，也是一種天才。

寇特生活在一個類比的世界，而在這類比與實體媒介的世界，他永遠受限於那幾乎無法改變的貧困狀態。他在奧林匹亞（Olympia）的公寓租金只要一百三十七點五美元，但他很少能準時支付。在前數位時代，混音帶、家用錄影機和二手桌遊只能在倉庫拍賣時買到（當時還沒有 eBay），這種環境對寇特來說是很好的藝術啟發，激發他去創作油畫、素描以及寫歌。一直要到他成名發跡之後，也就是在他生命中的最後兩年，他才有餘裕叫人去幫他尋找他收集的「透視男女」（Visible Man and Woman）小人偶和奇怪的地球儀。

在他成年的那個年代，就連巡迴演出時打長途電話給家鄉的女朋友這麼簡單的事都十分困難。

他必須找到公用電話，還要想辦法支付長途電話的費用。當他想要在公共電話亭打給大學的校園電臺，去點超脫合唱團在一九八八年發行的第一首單曲時，他真的得拿出一個二十五美分硬幣。在他打電話點歌的幾個小時前，他才剛送出那支單曲，所以在電話中他還裝出不同的聲音，以為DJ不會懷疑這是剛才留下錄音帶的小伙子點的歌。但很明顯，明明是一個不知名的樂團，又怎麼可能會有樂迷去點他們的歌？當天播放那首單曲的DJ就是里茲・羅林斯（Riz Rollins），他後來發誓他記得這件事，因為這太奇怪也太明顯了。

在寇特去世後的二十五年間，隨著他的傳奇逐漸流傳開來，我也一再發現，有些當時不在西雅圖的人——甚至是已經讀完這整本書的人——對他都有個錯誤的印象，認為超脫合唱團的商業潛力打從一開始就很明顯。但事實就不是這樣。超脫合唱團來到次流行唱片公司（Sub Pop）的最初兩年，不管是在公司裡還是在整個西雅圖的音樂圈，都幾乎沒有人相信他們會成為大紅大紫的西北部樂團。直到寇特受到謬思女神的啟發後，事情才有所轉變。到了一九九〇年，他寫出像〈碎片〉（Sliver）這樣的曲子，才展現出他的旋律渲染人心的力量。但就算是在當時，他也沒有一夜爆紅。克里斯特・諾弗賽立克（Krist Novoselic）和寇特在音樂事業上合作了超過六年，期間換過五個鼓手，後來才真正成功。

最初開始寫這部傳記時，我做了個慎重的決定，要呈現一個客觀的事實，而不帶入我個人的看法。但這本書中的某些事件是我親眼所見，而且證實了一個重點：幾乎沒有人料到超脫合唱團會成功。《從不介意》（Nevermind）這張唱片的發行派對就是個例子。這場派對在西雅圖舉行，時間是一九九一年的九月十三日星期五（會選擇十三號星期五是因為寇特很喜歡這個日子的兆頭）。場所是一家名為「重生」（Re-bar）的小酒吧（這間酒吧至今仍奇蹟般地存在於高樓林立的西雅圖）。這場活動和一般典型的唱片推廣派對一樣，大多數出席的人都是唱片行的員工，而他們主要就是為了唱片公司免費供應的食物跟酒水而來的。

當時寇特和超脫合唱團的其他成員也都在場，但寇特似乎特別不喜歡成為眾人的焦點。重生酒吧裡頭有一個老式電話亭，我走近的時候，簾幕突然打開來，出現在我面前的就是超脫合唱團的三個成員。在寇特自己的派對上，他似乎寧願躲在電話亭裡面，也不想與將來負責推銷他唱片的員工說話。

那時我和次流行唱片公司的布魯斯・帕文特（Bruce Pavitt）、喬納森・龐曼（Jonathan Poneman）以及淘兒唱片公司（Tower Records）的當地經理聊天（沒錯，在寇特生活的那個年代，現已停業的淘兒唱片公司是音樂界最大的零售商，能夠操縱一張專輯的生死）。當時我是西雅圖一家音樂雜誌社的編輯，在帕文特開唱片公司前，他就曾經在那本雜誌上寫過好幾年的「次流行」專欄。至於龐曼，我之所以會認識他是因為我曾經替他所屬的樂團「爬樹人」（Treeclimbers）設計過專輯封面，那是他開唱片公司前組過的樂團。派對上，次流行唱片的兩位創始人之一（我忘了是哪一個）問我覺得《從不介意》這張專輯能夠賣多少張。我回答：「十萬張。」我的這個預測既大膽又樂觀，只有像我這種對自己家鄉樂團滿懷期望的當地音樂雜誌編輯才會這樣說。在那之前的一年，音速青春樂團（Sonic Youth）賣出了二十萬張專輯，對當時任何一個另類搖滾樂團來說，這都已經是無法超越的銷量了。

此時寇特正好經過。他聽到了我的推測後，揚起了一隻眉毛，這是他的招牌俏皮動作。其實和他的公眾形象比起來，他本人更活潑。他很有趣，這個動作也很有趣。但我的推測太過大膽，任何人聽到都可能會覺得好笑。次流行唱片的其中一人說：「我覺得我們能賣得更好。」寇特聽了又揚起另一邊的眉毛。次流行唱片有從《從不介意》拿到分成，但這張專輯並不是他們公司發行的，因為超脫合唱團先前已經跟 DGC 唱片公司（DGC Records）簽了約。上面這個事件再次說明了我對於預測超脫合唱團名聲的看法：假設次流行唱片公司之前就相信超脫合唱團的唱片能賣上幾百萬張，他們是絕對不會讓這個樂團走掉的。同樣地，此前一年，那六家與 DGC 唱片爭搶超脫合唱團的大型唱片公司想必也是這樣。贏得這場小型競標戰的 DGC 唱片最初只發行了四萬六千兩百五十一張專輯。從當初 DGC 唱片公司製作唱片或錄音帶的規模可以看出，他們也不認為自己搶到了寶，否則一開始就會直接出更多張專輯了。〈少年仔的氣味〉在更早以前其實就已經作為單曲發行過，但最初並沒有登上音樂排行榜（必須等到一九九一年十月被音樂電視臺歌加入常規播放曲目，衝上了排行榜之後，〈少年仔的氣味〉才真正紅起來）。

或許，聽見業界大佬談論彷彿春秋大夢的成功，寇特感到不舒服，所以他很快就在重生酒吧裡和超脫合唱團的其他成員展開了食物大戰。幾分鐘後，他們就被趕出了自己的唱片發行派對。

三天後，超脫合唱團在蜂巢唱片（Bee Hive Records）進行了一場免費的現場演出，而這個事件某方面更是證實了我的看法，也就是不論在西雅圖還是其他地方，都沒有人料到超脫合唱團後來的成功。這場活動的參與者有老有少，而且和重生酒吧派對的不同之處是這次開放給樂迷參加，舉行的地點是能容納一百位樂迷的唱片行。我到場時，場面已經亂成了一團。店裡有好幾百個小伙子，人多到快要把大玻璃窗擠破了。

就在我想擠進去的時候，我遇到了聲音花園樂團（Soundgarden），他們正好要離開。我問：「你們要去哪裡？」當時在西雅圖，聲音花園樂團比超脫合唱團還受歡迎許多，而且三年前就已經和大型唱片公司合作發行了首張唱片，並在當年秋天發行了第二張。大家普遍認為那張唱片會賣得比超脫合唱團的好，畢竟超脫合唱團沒那麼主流。

「這裡真他媽的太瘋狂了，」克里斯・康奈爾（Chris Cornell）說，「又吵、又熱、又擠。」他說再這樣下去一定會有人受傷。在此我帶著悲痛的心情補充一點，康奈爾在二〇一七年自殺了，他在世時與寇特一樣有毒癮和憂鬱症等的問題。「這個樂團的表演我們都看過了，以後一定能再看到。」康奈爾的態度反映了當時所有西雅圖人對超脫合唱團的看法。大家都認為他們會與大型唱片公司合作發行專輯，但他們一樣會是「我們西雅圖」的樂團。就算他們成功走紅，任何激進的西雅圖樂團只要離開了這座城市，受歡迎度自然就會受到限制（當然，超脫合唱團嚴格來講應該是奧林匹亞的樂團，而不是西雅圖的樂團）。大家都覺得超脫合唱團還會再辦許多現場表演，在這座城市要看他們的演出，機會多得是。

「我們要去對面的藍月酒吧（Blue Moon）買啤酒，」聲音花園樂團的金・泰伊爾（Kim Thayil）說，「等他們下次現場演出時我們再看。」這兩支樂團已經在公益活動上同場演出過不只一次，彼此的關係很好（寇特經常在舞臺上穿著聲音花園樂團的T恤，但聲音花園樂團卻沒穿過超脫合唱團的T恤，從這裡就能看出當時誰比較大牌）。就在這時，寇特的吉他嘎然響起，玻璃窗似乎隨時都會被人潮和聲音給震破。

聲音花園樂團離開後，我也跟著離開。八天之後，《從不介意》正式發行。兩個月內，〈少年仔的氣味〉就成了熱門歌曲。

寇特的死亡以及他作為偶像的高度常常讓很多人無法意識到此後所發生的事情是多麼讓人猝不及防。從《從不介意》發行到寇特自殺，只相隔了九百二十四天。他活著享受到的名聲是那麼短暫——連一千天都不到。

搖滾音樂界的放縱生活導致這個圈子裡的人通常都活不久。也因為這樣，寇特死於二十七歲這件事讓大眾重新注意到，吉米・罕醉克斯（Jimi Hendrix）、吉姆・莫里森（Jim Morrison）和珍妮絲・賈普林（Janis Joplin）也都是在這個歲數去世的。就比例上來說，這三位一九六〇年代的傳奇人物出名的時間都比寇特還要長。寇特崛起和殞落的時間之短暫，基本上是史無前例的。

罕醉克斯也是我曾寫過的對象。他成名的天數與寇特最接近，死前只享受了一千兩百天的名聲。這兩人除了都是在二十七歲去世之外，還有許多類似的經歷：他們都是左撇子吉他手；童年都不太正常；幼年時父母就離了婚；都出了三張錄音室專輯；帶領的樂團都是三人組；他們永遠都與西雅圖這個城市連結在一起（吉米在這裡出生，寇特在這裡去世），他們成名後都只在西雅圖開過幾場演唱會，而且幾乎都是在同樣的場所舉辦，也就是西雅圖中心競技場（Seattle Center Coliseum）和麥色表演館（Mercer Arena），他們在成長過程中都受過排擠（吉米是因為種族和貧窮，寇特則是因為階級和貧窮），他們的追悼會都是在西雅圖中心（Seattle Center）舉行。

寇特對於搖滾史瞭若指掌，也是罕醉克斯的樂迷。不過他誤以為罕醉克斯是自殺而死的（吉米的死因幾乎可以肯定是酒精中毒加上服用不明安眠藥）。有時我會想，寇特的這個錯誤是不是為自己掙扎的內心所找的另一個藉口，他彷彿覺得這是自己無法逃脫的命運。寫這本書時，我做了不少研究，因此對自殺有一定的了解（在本書新加入的最後一章裡我會談到）。我知道，太過專注於自殺心理的某一個面向是不智的，因為心理疾病本身就是眾多扭曲的想法所構成的交響樂。但你若還是想知道的話，寇特的唱片收藏中就正好包括了四張吉米・罕醉克斯的專輯：《見識過嗎？》（Are You Experienced?）、《吉普賽樂團》（Band of Gypsys）、《蒙特里國際流行音樂節》（Monterey International Pop Festival），以及他和柯提斯・奈特（Curtis Knight）一起合作但並未透過正規渠道發行的《成功的誕生》（The Birth of Success）。

為歷史人物書寫死亡周年版本的傳記，無疑是把重點放在他們的殞落，而非他們的誕生（但至少寇特的生日二月二十日和他的忌日相差不遠）。然而，不論一個人出名與否，在他的忌日上，我們都可以感受到某種特殊的意義，這在別的日子是感受不到的。我第一次造訪雅園（Graceland）就是在貓王的忌日那一天。在這莊嚴的日子，我與上千名貓王的樂迷一起走過他的葬身之地，這種感覺很奇異，而且別具意義。正因為是這一天，所以意義非凡。若我早一天前去，就不會有這種感覺了。

寇特沒有像貓王的那種墓園，比較類似他墓園的地方是一個公園，位在西雅圖他死去的屋子旁邊。公園的長凳變成了某種墓碑，上面有塗鴉和留言，還放了樂迷送的禮物。在寇特死後那幾年，每次我造訪時都有花朵放在長凳上。這種種示意都說明了寇特成名的日子遠遠超過一千天。然而每年的四月五日，不管我人在不在那座公園裡，這一天都比四月的其他日子更讓我心痛。

在這樣沉痛的氛圍中，藝術仍然彷彿有生命似地持續前進，不受限於一個世代，也不受制於有限的日子。以他那樣的成長環境和他付出的努力，寇特的人生令我敬佩。他以音樂的形式把痛苦化為藝術，不論你喜不喜歡他的音樂，這都無疑令人佩服。

我至今仍然覺得深受他的啟發。

——查爾斯・R・克羅斯（Charles R. Cross）

二〇一九年四月

作者的話

在離我家不到一點六公里的地方有一座建築物，令我毛骨悚然，就像希區考克的電影一樣。那棟建築只有一層樓，外觀是灰色的，周圍有高聳的鐵絲網，在一個以三明治店和公寓為主的中產階級社區裡，這樣的保全裝置顯得很奇怪。鐵絲網後方有三家店，分別是美髮沙龍、州立農業保險公司（State Farm Insurance）辦公室，還有史坦貝克射擊場（Stan Baker, Shooting Sports）。一九九四年三月三十日，寇特・科本和一個朋友就是在史坦貝克射擊場買了一把雷明登（Remington）獵槍。後來射擊場老闆告訴一家報社，他覺得有人在非狩獵季節買這種槍很不尋常。

每次我開車經過史坦貝克射擊場時，都覺得好像目睹了一場非常可怕的交通事故，而且從某個角度來說也確實是這樣。寇特買了那把槍之後發生的事讓我覺得很不安，而且很想去探究一些事情，卻也明白這些問題本質上不可能有答案。它們關乎性靈，關乎「瘋狂」對藝術天才的影響，關乎毒品濫用對靈魂造成的摧殘，以及一個人內心和外表之間的鴻溝。對任何受毒癮、憂鬱症和自殺影響的家庭而言，這些疑問都是非常真實的。而對於被這種黑暗籠罩的家庭（包括我的家庭）來說，需要去提出一些無法解答的問題，這本身就令人感到害怕。

這些謎團是本書的寫作動機，但從某個角度來說，一切的開始是在更多年以前。我還年輕的時候住在華盛頓州的一個小鎮，每個月我都會收到哥倫比亞唱片與錄音帶俱樂部（Columbia Record and Tape Club）寄來的搖滾音樂包裹，那是我當時的救贖。我部分是受到這些郵購專輯的啟發，所以後來離開了鄉下，到西雅圖成為作家和雜誌編輯。幾年後，在同一個州的另一個角落，寇特・科本受到同一家俱樂部的影響，並經歷了與我類似的升華。他也發展出音樂方面的興趣，成為了樂手。我倆的交會是在一九八九年，那時我的雜誌社寫了第一篇關於超脫合唱團的專題報導。

要喜歡上超脫合唱團非常容易，因為不論名氣和光環有多大，他們總是給人一種輸家的形象，寇特也是同樣的情況。他的藝術生涯始於一輛模仿諾曼・洛克威爾（Norman Rockwell）插畫裡的那種雙寬拖車，他發展出講故事的天賦，為他的音樂注入了一種獨特的美感。身為一名搖滾巨星，他總顯得格格不入，但我很欣賞他將少年的幽默與老人的暴躁集於一身。在西雅圖看到他時——他老是戴著一頂滑稽的蓋耳帽，所以很好認——你會覺得他是這個虛偽的圈子裡少有的性情中人。

在寫這本書的過程中，我常常覺得很艱辛，任務彷彿永無止境，而寇特的幽默就像黑暗中唯一的明燈。《沉重天堂》這本書經歷了四年的研究、四百次採訪、好幾個檔案櫃的資料、數百張唱片、無數次熬夜，以及開車往返西雅圖和亞伯丁（Aberdeen）的無數里程。這些研究讓我在身心靈方面都去到了我未曾想過要探索的地方。過程中也有令我非常興奮的時刻，例如第一次聽到從未發行的〈你知道你是對的〉（You Know You're Right）的時候，我認為這首歌可說是寇特最成功的歌曲之一。然而，儘管有這些喜悅的時候，我也經歷過一些幾乎難以承受的悲傷時刻，例如當我手裡拿著寇特的遺書時，發現它是存放在一個心形盒子裡，旁邊有一個紀念物，是一綹他的金髮。

我寫《沉重天堂》的目的是想紀念寇特・科本。我想以一種非批判性的角度來訴說他的人生故事，還有那綹金髮以及那張遺書背後的故事。多虧寇特的好友、家人以及樂團成員的慷慨協助，我才能夠達成任務。幾乎每一位我想採訪的人最後都與我分享了他們的回憶，只有少數幾位人士因為有自己的寫作計畫，所以未能接受我的採訪，我也衷心祝福他們一切順利。寇特的人生就像一幅複雜的拼圖，而且有許多部分他都藏了起來，因此更加難解。而這種心理上的劃分是他染上毒癮的最終結果，也是毒癮的溫床。有時我會想像我在研究一個間諜，一個高明的雙面特務，他已經完全掌握了隱藏之術，以確保沒有一個人能夠窺見他的全貌。

有一個正在戒毒的朋友告訴我，在她成長的那種家庭裡有一條「不閒聊」的規矩。「在我們成長的那些家庭裡，」她說，「大家會叫我們不要問、不要談、不要說。這是一種保密守則，而在這些祕密和謊言之外的是隨時都壓抑著我的強大羞恥感。」這本書獻給所有有勇氣說出真相、面對痛苦的問題，並擺脫過去陰影的人。

——查爾斯・R・克羅斯
華盛頓州，西雅圖
二〇〇一年四月

序

1992年1月12日
紐約州，紐約市

沉重天堂

沉重天堂——這是英國的演唱會推廣人為一九八九年超脫合唱團與泰德樂團（Tad）的巡演想出的標語，同時概括了超脫合唱團的「重型」音樂以及泰德・道爾（Tad Doyle）一百三十六公斤的體重。

他第一次見到天堂是在整個世代的人都愛上他之後的六個小時又五十七分鐘之後。神奇的是，這只是他的第一次死亡經歷，在這之後他還有過許多次小小的死亡。對深深受他影響的那一代人來說，這是一種充滿激情、強大無比、難分難捨的愛慕——即使從一開始大家就知道結果注定讓你心碎、像希臘悲劇一般收場，卻依然去愛。

時間是一九九二年一月十二日，一個晴朗但寒冷的星期天早上。紐約市的溫度最高可以來到攝氏六點六度，不過在歐尼飯店（Omni Hotel）的一個小套房裡，早上七點鐘的溫度冷到讓人就快凍僵。房裡的窗戶是開著的，好讓煙味散出去，而曼哈頓的早晨帶走了房裡的溫暖。房間本身看起來像被暴風雨摧殘過一樣：洋裝、襯衫和鞋子散落在地板上，就像是盲人的清倉大拍賣。套房的雙扇門前有六個托盤，上面放了幾天下來客房服務的剩菜。吃了一半的麵包捲和腐爛的起司散落在托盤頂部，還有一些果蠅在爛掉的萵苣上方徘徊。一般來說，四星級飯店的套房不是這樣的。房間之所以這麼髒亂是因為房客一直不讓清潔人員進來打掃，而且他們還把「請勿打擾」的牌子改成了「永遠不要打擾！我們正在嘿咻！」

這天早上，房客並沒有在嘿咻。睡在特大號床上的是二十六歲的寇特妮・洛芙（Courtney Love）。她身穿維多利亞式的復古吊帶裙，金色長髮像童話故事中的人物一樣攤在床上。她身旁的床褥上有一個深深的凹痕，有人剛在這裡躺過。而就像黑色電影的開場一樣，房間裡有一具屍體。

「我早上七點醒來，他不在床上，」洛芙回憶道。「我從來沒有這麼害怕過。」

從床上不見了的是二十四歲的寇特・科本。不到七小時前，寇特和他的超脫合唱團才在《週六夜現場》（Saturday Night Live）中演奏。後來事實證明，他們上這個節目是搖滾史上的一個分水嶺，因為這是第一次有油漬搖滾樂團出現在國家電視臺的直播上。就在同一個週末，超脫合唱團與大型唱片公司發行的第一張專輯《從不介意》把麥可・傑克森（Michael Jackson）從音樂排行榜上的第一名給踢了下來，成為全美最暢銷專輯。雖然這不算是一夜成名——當時超脫合唱團已經成團四年了——但他們為音樂界帶來的震驚是無與倫比的。一年前，幾乎沒有人知道超脫合唱團的存在，他們憑著〈少年仔的氣味〉衝上了排行榜。這首歌成為一九九一年最知名的歌曲，開場吉他的重複樂段標誌了九〇年代搖滾的真正開始。

從來沒有一個搖滾明星像寇特・科本一樣。與其說他像明星，不如說他是反明星。他不願搭豪華轎車去全國廣播公司（NBC），而且他的舉止在在透露出一股窮酸的氣息。去《週六夜現場》演出時，他的穿著和前兩天一樣，就是一雙匡威（Converse）網球鞋、膝蓋上破了大洞的牛仔褲、一件印有名不見經傳樂團的T恤，還有一件羅傑斯先生（Mister Rogers）*風格的開衫毛衣。他已經一個星期沒有洗頭了，不過倒是用草莓口味的酷愛飲料（Kool-Aid）染了髮，所以他的金髮看起來像是沾到乾掉的血一樣。在電視直播的歷史上，從來沒有演出者以這麼邋遢骯髒的形象出現過——至少看起來是這樣。

寇特是一個複雜又矛盾的厭世者，有時他那看似偶然的反叛行為卻又洩露出某種精心策畫的痕跡。他多次在採訪中說過他不喜歡這麼常出現在音樂電視臺上，但他又不斷打電話給他的經理人，要他們去跟電視臺抱怨太少播放他的影片。他很執著地（甚至是有點強迫性地）規畫了每一個音樂或事業走向。在他執行這些想法的好幾年前，就已經在日記本裡規畫好了。但在他得到了所追求的榮耀時，卻又一副連起床都懶的樣子。他是個意志堅強的人，但同時他又滿懷強烈的自我仇恨。即使是最了解他的人也覺得他們根本不認識他——那個星期天早上發生的事就證明了這一點。

《週六夜現場》的演出結束後，寇特沒有參加劇組的慶功宴，理由是因為這「不是他的風格」。接著他與一名電臺記者進行了兩個小時的採訪，到凌晨四點才結束。他一天的工作終於告一段落，

* 本名佛瑞德・羅傑斯（Fred Rogers），有「美國兒童電視節目之父」的美稱，開衫毛衣是他的招牌服飾。

而不論以哪種標準來說，這都是非常成功的一天：他成了《週六夜現場》的主要來賓，他見證了他的專輯衝上排行榜第一名，而「怪人奧爾」揚科維奇（"Weird Al" Yankovic）還想翻唱惡搞版的〈少年仔的氣味〉。這一切無疑都標誌了他短暫職業生涯的巔峰，是大多數表演者夢寐以求的成就，也是寇特自己自少年時代以來的幻想。

他在華盛頓州西南部的一個小鎮長大，從未錯過任何一集《週六夜現場》；他曾向國中朋友吹噓說有一天他會成為明星。而十年後，他真的成為音樂界最有名的人。他才出完兩張專輯，就被譽為他那一代最偉大的詞曲創作者。然而不過兩年前，他連應徵打掃狗場的工作都失敗。

但在黎明前的幾個小時，寇特卻不覺得自己終於獲得平反，也沒有什麼慶祝的衝動。身處鎂光燈下反而加劇了他平時就有的不適感。他覺得身體很不舒服。根據他的描述，他的胃部有種「反覆灼燒的噁心疼痛感」，而壓力又讓這情況變得更糟。名望和成功似乎只讓他更難受。寇特和未婚妻寇特妮・洛芙是搖滾音樂界最受關注的一對，雖然這有一部分是因為吸毒。寇特一直相信，一旦大眾賞識他的才華，那麼他早年許多情感上的痛苦就會跟著消散。但他的成就證明了這樣的想法有多蠢，而他又碰巧在毒癮愈來愈嚴重的時候走紅，這點也加深了他羞恥的感覺。

黎明時分，寇特在飯店房裡拿起一小袋中國白海洛因放進注射器，然後打到自己的手臂上。這本身沒什麼好奇怪的，因為他幾個月來一直都會注射海洛因，而洛芙與他在一起的兩個月也和他一起吸毒。但在這特別的一夜，寇特妮睡覺時，寇特不小心——也可能是故意——注射了遠超過安全劑量的海洛因。過量的海洛因使他的皮膚變成水綠色，他的呼吸停止，肌肉僵硬得像電纜線一樣。

他滑下床，臉朝下倒在一堆衣服裡，看起來就像一具被連環殺手隨意丟棄的屍體。

「他那不叫吸毒過量，」洛芙回憶，「他根本就是死了！要是我沒在七點醒來……我不知道，也許我有意識到不對勁。這實在太爛了。簡直變態。」洛芙急忙想辦法喚醒寇特，而這個讓寇特「死而復生」的流程之後將會成為她的家常便飯：她往未婚夫身上潑冷水，並在他的腹腔打了一拳，好讓他的肺能吸到空氣。第一輪沒效，於是她又重複了幾次，就像個堅定的醫護人員想要搶救心臟病患一樣。最後，經過了幾分鐘的努力，寇特妮聽到了一聲喘息，寇特終於開始呼吸了。她繼續往他臉上潑水，並移動他的四肢，想讓他醒來。幾分鐘後，他坐了起來，能夠說話了。雖然還是很恍惚，但他臉上露出鎮定而得意的笑容，彷彿為自己的壯舉感到自豪。這是他第一次因為吸毒過量而導致的瀕死經驗，時間正是他成為大明星的那一天。

一天之內，寇特以巨星之姿誕生、在自己私密的黑暗中死去，接著又被摯愛極力救活。這一切神奇到讓人難以置信，甚至覺得不可能，但以他的出生背景來說，要得到如此的成就，又何嘗不是件不可思議的事？

1

1967 年 2 月— 1973 年 12 月
華盛頓州，亞伯丁

先是大叫

他會先大叫，要是沒有用，他就大哭，好讓別人知道他想要什麼。
——摘錄自寇特的阿姨對十八個月大的寇特的評論

寇特・唐納・科本於一九六七年二月二十日誕生，地點在華盛頓州一座山丘上的醫院，能俯瞰亞伯丁。他的父母住在附近的荷奎安（Hoquiam），但說他的出生地是亞伯丁也沒錯，因為他有四分之三的人生都是在這家醫院方圓十六公里的範圍內度過，而且這片土地也會永遠與他的人生緊緊相繫。

這個星期一是個下雨天，從格雷斯港郡社區醫院（Grays Harbor Community Hospital）向外望去，看到的是一片美麗粗獷的土地，森林、山脈、河流和遼闊的海洋在壯麗的景色中交會。林木繁盛的山丘環繞著三條河流的交匯處，而這三條河流又流向附近的太平洋。亞伯丁位在這片景觀的中心，是格雷斯港郡最大的城市，有一萬九千人口。正西方就是較小的城鎮荷奎安，寇特的父母唐納（Don）和溫蒂（Wendy）就住在這個小鎮的一間小平房內。位在舍黑利斯河（Chehalis River）南方的則是科斯莫波利斯（Cosmopolis），也就是寇特的母親弗蘭登堡（Fradenburgs）家族的故鄉。若沒有下雨——這一帶的年降水量超過兩公尺，少有不下雨的日子——遠遠望去可以看到十四點五公里外的蒙特沙諾（Montesano），寇特的爺爺李蘭・科本（Leland Cobain）就是在那裡長大的。這是一個小小的世界，所有人都緊密聯繫在一起，而寇特最終會成為亞伯丁最出名的人物。

從三層樓的醫院看出去，最顯眼的就是西海岸第六繁忙的工作港。舍黑利斯河裡有很多浮木，多到彷彿可以踏著這些木材越過三點二公里寬的河口。往東邊看去就是亞伯丁市中心，商家總抱怨伐木卡車不停的隆隆聲趕跑了想購物的人。這是一座繁榮的城市，經濟命脈幾乎完全仰賴出售周圍山上的洋松。亞伯丁有三十七家木材廠、紙漿廠、木瓦廠和鋸木廠。這些工廠的高煙囪讓小鎮裡最高的建築（只有七層樓高）都顯得矮。醫院所在的山丘下就是雷歐尼爾工廠（Rayonier Mill）的大煙囪，這是所有煙囪裡最高大的一座，有四十五公尺，不斷冒出帶有木屑的煙霧。

然而，儘管亞伯丁曾經欣欣向榮，但到了寇特出生時，經濟已經開始慢慢萎縮。格雷斯港郡是華盛頓州少數人口流失的郡之一，因為失業人口想到別的地方碰碰運氣。林木業開始面臨海外競爭，也嚐到了過度砍伐的後果。這一點從景觀上就可以看出來：小鎮外的森林很明顯被砍伐，顯示出先人曾打算「砍個精光」（這正是當地一本歷史書的書名）。失業讓這裡的居民付出了更慘痛的代價，酗酒、家庭暴力、自殺的情況都變嚴重了。在一九六七年，這裡有二十七家小酒館，市中心有許多廢棄的建築，其中一些曾是妓院，到了一九五〇年代後期才關閉。這座城市因妓院而惡名遠播，所以在一九五二年被《展望》（Look）雜誌稱為「美國對抗罪惡的重要地點之一」。

不過，與亞伯丁市中心慘澹的光景相呼應的是家家戶戶緊密的情感。鄰里間經常守望相助，家長樂於參與學校活動，家庭在這多元移民的社區中保持著緊密的聯繫，教堂的數量超越了酒館。而且這個城市也和六〇年代中期美國的大多數小鎮一樣，孩子可以自由自在地在街坊間騎腳踏車。寇特成長的過程中，整個城市都是他的後花園。

寇特和大多數的第一胎一樣，父母和整個家族都對他的到來欣喜無比。他媽媽有六個兄弟姐妹，爸爸有兩個弟弟，而且在這兩個家族裡，寇特都是第一個孫子。他們的家族很龐大，寇特的媽媽印出生公告時，近親都還沒發送完，就已經用完了五十張。在二月二十三日的《亞伯丁世界日報》（Aberdeen Daily World）出生專欄中，有一行文字向全世界宣告了寇特的出生：「荷奎安亞伯丁大街二八三〇又二分之一號的唐納・科本夫婦，於二月二十日在社區醫院產下一子。」

寇特出生時重三點三三八公斤，頭髮和膚色都比較深。在接下來的五個月內，他的頭髮慢慢變成金色，皮膚也白皙起來。他父親的家族有法國和愛爾蘭血統——他們在一八七五年從愛爾蘭提隆郡（County Tyrone）的斯基鎮區（Skey Townland）移民過來，寇特遺傳到這個家族方正的下巴。他母親所屬的弗蘭登堡家族則有德國人、愛爾蘭人和英國人的血統，寇特從這一邊遺傳到紅潤的臉頰和金髮。但他最引人注目的特徵是那雙美麗的藍眼睛，就連醫院的護士都稱讚他的眼睛漂亮。

當時是六〇年代，越戰打得如火如荼，但亞伯丁除了偶爾有戰事報導之外，大多時候更像是一九五〇年代的美國。在寇特出生的那天，《亞伯丁世界日報》報導了美國在廣義市獲勝的重大新聞、當地木材開發規模，連同傑西潘尼百貨（JCPenney）的華盛頓州紀念日特賣會的廣告（法蘭絨襯衫一件二點四八美元）都一起出現在報紙上。這天下午，電影《靈慾春宵》（Who's Afraid of Virginia Woolf?）在洛杉磯拿下十三項奧斯卡獎提名，但亞伯丁露天電影院卻在播放《沙灘女孩》（Girls on the Beach）。

當時寇特二十一歲的父親唐納在荷奎安的雪佛龍（Chevron）加油站擔任技工。唐納英俊又健壯，卻理了個平頭，還戴著巴迪・霍利（Buddy Holly）*式的眼鏡，看起來像個書呆子。反之，寇特十九歲的母親溫蒂則是一位古典美人，不論長相還是穿著都有點像瑪西亞・布雷迪（Marcia Brady）**。他們是在高中認識的，溫蒂那時的綽號叫「微風」（Breeze）。前一年的六月，就在溫蒂高中畢業幾週後，她就懷孕了。唐納借了他父親的轎車，想了一個藉口，好讓他們可以跑到愛達荷州（Idaho），在未經父母同意的情況下結婚。

寇特出生時，這對年輕夫婦住在荷奎安另一棟房子後院的一間小屋裡。唐納在加油站的工時很

---

* 美國搖滾歌手兼創作人，經常戴黑色粗框眼鏡，這種打扮曾經風靡一時。

** 美國電視劇《脫線家族》（The Brady Bunch）中的角色，是個美麗又受歡迎的女孩。

長，溫蒂則負責照顧嬰兒。寇特睡在一個白色的柳條搖籃裡，上面有一個亮黃色的蝴蝶結。他們手頭很緊，但寇特出生幾週後，他們就存夠錢離開了這個小屋，搬進位於亞伯丁大道二八三〇號更大的房子裡。唐納回想：「租金每個月只比以前貴五美元，但在那個時代，五美元是很多的。」

如果他們的家庭有出問題的跡兆，那就是從財務開始的。雖然唐納在一九八六年初被升為雪佛龍加油站的「主管」，但他的年薪還是只有六千美元。他們大部分的鄰居和朋友都在林木業工作，這一行幹的是體力活（根據一項研究，在林木業工作比戰爭還要致命），但薪水也相對高。科本夫婦省吃儉用，但他們一定確保寇特有好衣服穿，甚至還找專業人士幫他拍照。在一系列這個時代的照片中，寇特穿戴著白色襯衫、黑色領帶和灰色西裝，看起來就像《小公子》（Little Lord Fauntleroy）的主角——他仍然保有一點嬰兒肥，臉頰胖嘟嘟的。在另一張照片裡，他穿著成套的藍背心和西裝上衣，還戴著一頂帽子，比起一歲半的男孩，這帽子更適合菲力普・馬羅（Phillip Marlowe）***。

一九六八年五月，寇特十五個月大時，溫蒂十四歲的妹妹瑪麗為家政課寫了一篇關於她侄子的作文。「他的母親大部分時間都在照顧他，」瑪麗寫道，「她會擁抱他、在適當的時候讚美他、參與他的很多活動，藉此表達對他的愛。他看到父親時會微笑，他很喜歡給爸爸抱。他會先大叫，如果沒有用，他就大哭，好讓別人知道他想要什麼。」根據瑪麗的記錄，寇特最喜歡的遊戲是「躲貓

*** 作家雷蒙・錢德勒（Raymond Chandler）創造的人物，是一名私家偵探。

貓」，他在八個月大時長出第一顆牙齒，他最早學會的十二個詞是「可可」、「媽媽」、「爸爸」、「球球」、「吐司」、「掰掰」、「嗨」、「寶貝」、「我」、「愛」、「熱狗」，還有「小貓」。

瑪麗列出了他最喜歡的玩具，包括口琴、鼓、籃球、汽車、卡車、積木、敲擊木、玩具電視、電話。她對寇特作息的描述是：「他對睡覺的態度是這樣的，如果有人要他躺下來睡覺，他就會哭。他對這個家庭太感興趣了，所以一刻也不想離開他們。」瑪麗阿姨的結論是：「他是一個快樂、愛笑的嬰兒，他的個性會這樣發展都是因為他受到了關注與愛護。」

溫蒂是個很用心的母親。她會讀有關學習的書籍、買單字卡，並在她兄弟姐妹的幫助下確保寇特得到適當的照顧。整個大家庭都很喜歡這個孩子，而他也在大家的呵護下成長茁壯。「我甚至沒辦法用言語描述寇特為我們家注入的喜悅與活力，」瑪麗回憶道，「他是個活潑的孩子，即使還在嬰兒時期就已經很有魅力，既有趣又聰明。」有一次，他阿姨不知道怎麼把嬰兒床放下來，結果一歲半的寇特聰明到乾脆自己搞定。溫蒂對兒子的俏皮舉動毫無招架之力，她租了一臺超八錄影機（Super-8）來幫寇特拍影片——這是他們很難負擔得起的費用。在一支影片裡，年幼的寇特一邊開心地笑，一邊切他的兩歲生日蛋糕，看起來就像他父母宇宙的中心。

到了寇特兩歲的耶誕節時，他已經表現出對音樂的興趣。弗蘭登堡一家是個音樂家族，溫蒂的哥哥查克（Chuck）在一個叫流浪者（Beachcombers）的樂團裡，瑪麗會彈吉他，舅公戴爾伯特（Delbert）是愛爾蘭職業男高音，甚至有出演電影《爵士之王》（The King of Jazz）。科本夫婦造訪科斯莫波利斯時，寇特被家人的即興表演深深吸引。他的親戚錄製了他演唱披頭四的〈嘿，朱迪〉

（Hey Jude）、阿洛・蓋瑟瑞（Arlo Guthrie）的〈摩托車之歌〉（Motorcycle Song），還有電視節目《頑童》（The Monkees）的主題曲。寇特甚至還是幼兒時就已經很喜歡自己編歌詞。他四歲的時候，有一次和瑪麗阿姨從公園回到家，結果就在鋼琴前坐下，寫了一首關於他們去冒險的粗淺歌曲。歌詞是這樣的：「我們去了公園，我們買了糖果。」瑪麗回憶：「我太驚奇了。我實在應該拿錄音機錄下來的，這可能是他的第一首歌。」

寇特剛過兩歲不久時，自創了一個想像中的朋友，名叫「布達」（Boddah）。他十分著迷於這個虛幻的朋友，所以讓父母很擔心。他有一位姨丈當時被派去越南打仗，家人就告訴寇特，布達也被徵召了。但是寇特並沒有完全相信。他到了三歲時，有一次在玩他阿姨的錄音機，剛好錄音機調到回聲模式，寇特聽見回聲時就問，「是你在跟我說話嗎？布達？布達？」

一九六九年九月，在寇特兩歲半的時候，唐納和溫蒂買了他們的第一個房子，位在亞伯丁東一街（East First Street）一二一〇號。這是一棟兩層樓高的房子，面積九十三平方公尺，帶有後院和車庫，他們花了七千九百五十美元買下來。這棟建於一九二三年的房子位在一個有時被戲稱為「重罪犯溫床」的社區裡。科本家房子的北面就是威西卡河（Wishkah River），常常氾濫。東南面則是林木繁盛的懸崖，當地人都稱之為「想念我之丘」（Think of Me Hill），因為十九世紀末、二十世紀初時，這座懸崖曾被用來幫「想念我」牌雪茄打廣告。

這是一個中產階級社區裡的中產階級住所（後來寇特把這一帶的人稱為「偽裝成中產階級的白人廢物」）。家裡的一樓有客廳、飯廳、廚房還有溫蒂和唐納的臥室。二樓有三個房間，分別是小遊戲間和兩個臥室，其中一間臥室後來變成寇特的房間，另一間則打算留給寇特的弟弟或妹妹用——就在同一個月，溫蒂發現自己又懷孕了。

寇特三歲時，妹妹金柏莉（Kimberly）出生了。她從嬰兒時期就長得和哥哥非常像，有同樣迷人的藍眼睛和淡金色的頭髮。金柏莉從醫院被帶回家的時候，寇特堅持要抱著她進屋。「他真的非常愛她，」寇特的爸爸回想，「他們一開始好得不得了。」他們相差三歲剛剛好，因為照顧妹妹變成寇特最主要的話題之一。寇特從此發展出一種伴他一生的人格特質，就是對於別人的需求和痛苦十分敏感，有時甚至是過度敏感。

要養育兩個孩子改變了科本一家的生活形態。他們原本就很短的休閒時間沒了，取而代之的是家庭聚會以及唐納對城市體育活動的參與。冬天時，唐納在籃球聯盟打球，夏天時則參加棒球隊。他們的社交活動大多都是去看比賽或是參加賽後活動。科本一家人透過體育活動結識了羅德（Rod）和德蕾絲．赫林（Dres Herling）。「他們是很好、很顧家的一對夫婦，經常和孩子一起從事各種活動，」羅德．赫林回想起。比起多數六〇年代的美國人，他們顯得特別古板。當時在他們的生活圈，沒有人會吸大麻，唐納和溫蒂甚至連酒都很少喝。

一個夏天的傍晚，赫林夫婦到科本家玩牌。唐納走進客廳，說：「我抓到了一隻老鼠。」在亞伯丁，看到老鼠是很平常的事情，因為這裡地勢很低，水源又多。唐納把一把切肉刀固定在掃帚柄上，做出一支簡陋的長矛，吸引了五歲寇特的興趣。他跟著爸爸來到車庫，老鼠就在車庫的垃圾桶裡。唐納叫寇特退後一點，但這對這麼好奇的小朋友來說根本不可能。他不斷往前走，抓著爸爸的褲腳。他們原本打算讓羅德・赫林打開垃圾桶蓋，然後唐納用長矛去刺老鼠，但是赫林打開蓋子後，唐納把掃帚一丟，卻沒刺到老鼠，反而是長矛卡在地板上。唐納努力想把長矛拔出來，卻拔不出來。同時，這隻老鼠冷靜又困惑地爬到掃帚柄上，接著快速穿過唐納的肩膀，又竄到地上，越過寇特的雙腳，逃出車庫。這一切都發生得太快了，但唐納的表情加上寇特瞪大的眼睛讓大家捧腹大笑。他們為此笑了好幾個鐘頭，後來這件事變成了一個家庭笑話：「嘿，你記不記得那次爸爸想用長矛刺老鼠？」沒有人笑得比寇特更厲害，不過對一個五歲小孩來說，什麼事都很好笑。他笑得非常燦爛，就像小嬰兒被搔癢時一樣。他們家經常提起這件事。

一九七二年九月，寇特開始上幼稚園，地點在距離他家往北三個街區的羅伯特・格雷小學（Robert Gray Elementary）。第一天上學時，溫蒂陪他一起走到學校，但接下來他就能自己去上學了，一街附近這一帶成了他的地盤。他的老師都對他印象深刻，覺得他是個早熟又好奇的孩子，總是帶著史努比午餐盒。當年他的老師在成績單上對他的評論是「真正的好學生」。寇特並不怕生，有一次在學校的展示會上，有人帶來一隻小熊，寇特是少數幾個去跟小熊合照的孩子之一。

他表現最出色的科目是美術，五歲時就明顯展現了出眾的藝術天賦，能畫出很寫實的作品。他的幼稚園同學東尼・赫許曼（Tony Hirschman）對他的美術能力感到很欽佩，他說：「他什麼都會畫。有一次我們在看狼人的圖片，結果他就畫出和那張圖一模一樣的畫像。」在這一年，寇特畫了一系列的作品，包括水行俠、《黑湖妖潭》（Creature From the Black Lagoon）中的角色、米老鼠和布魯托。每次過節或他生日時，家人就會送他繪畫用品，他的房間開始變得像個美術工作室。

寇特的奶奶艾麗絲・科本（Iris Cobain）很鼓勵他的美術創作。她收集了很多諾曼・洛克威爾的紀念碟子，是富蘭克林造幣廠（Franklin Mint）生產的，上面印有《星期六晚郵報》（Saturday Evening Post）的插圖。她自己也用針線臨摹了很多洛克威爾的作品，其中他最著名的作品是描繪典型美式感恩節晚餐的〈免於匱乏的自由〉（Freedom From Want），這幅畫就掛在她蒙特沙諾的雙寬拖車牆上。艾麗絲甚至鼓勵寇特一起做她最愛的手工藝，用牙籤在剛摘好的蘑菇上粗略地臨摹洛克威爾的畫作。等這些巨型蘑菇風乾後，牙籤的刻痕就會留在表面，彷彿偏鄉地區的骨雕。

艾麗絲的先生——也就是寇特的爺爺李蘭・科本——對美術沒什麼興趣。他以前是開壓路機的，所以聽力受損，但是他倒是有教寇特做木工。李蘭是個粗魯又暴躁的人。有一次寇特向爺爺展示他畫的米老鼠（寇特很喜歡迪士尼人物），李蘭就說他是用描的。「我才沒有，」寇特說。「你明明就是用描的，」李蘭回答。接著李蘭給了寇特新的紙筆，向他下戰帖。「來，你再重新畫一張，我看看你是怎麼畫的。」六歲的寇特坐下來，沒有參考任何圖片就畫出接近完美的唐老鴨和高飛。他抬起頭咧嘴笑，不論是對爺爺證明自己，還是畫出他喜愛的鴨子，都同樣讓他高興。

他的創造力還延伸到音樂上。雖然從來沒有正式上過鋼琴課，他卻能單憑耳朵聽就彈出簡單的旋律。他妹妹金回想：「他從小就能坐在鋼琴前彈出他以前在收音機上聽過的歌曲。他還能把任何想法轉化成具有藝術性的文字或是音樂。」唐納和溫蒂為了鼓勵他，就買了米老鼠的鼓組。寇特每天放學都興高采烈地大敲特敲。雖然他很喜歡那套塑膠鼓，但他還是更喜歡舅舅查克家的真鼓，因為敲起來更大聲。他也很喜歡玩瑪麗阿姨的吉他，雖然那把吉他太重，他得彎起膝蓋撐著才拿得動。他會一邊彈吉他一邊自己發明新歌。這一年，他買了他的第一張唱片，也就是泰瑞・傑克斯（Terry Jacks）深情的單曲〈陽光季節〉（Seasons in the Sun）。

他也很喜歡翻看親戚的專輯。六歲的時候，他有次去瑪麗阿姨家作客，翻她的唱片收藏，想找一張披頭四的專輯（那是他最喜歡的樂團之一）。寇特突然大叫一聲，驚恐地跑向阿姨。他手上拿著披頭四的專輯《昨天和今天》（Yesterday and Today），上面正是那出了名的「屠夫封面」，樂團成員身上都放著肉塊。「這件事讓我意識到他那個年紀有多敏感，」瑪麗回想。

寇特對父母之間日漸緊張的關係也很敏感。他出生的前幾年，父母很少吵架，但他們之間也看不出有什麼愛情存在。唐納和溫蒂就像許多年紀輕輕就結了婚的夫妻一樣，被生活的壓力給壓垮了。孩子成了他們生活的中心，而在孩子出生前，兩人之間那短暫的浪漫也難以重燃。經濟壓力讓唐納覺得很氣餒，溫蒂也因為照顧兩個孩子而精疲力盡。他們愈來愈常吵架，還會在孩子面前大吼大叫。「你都不知道我工作有多辛苦，」唐納對溫蒂大叫，而溫蒂對丈夫也有同樣的抱怨。

但對寇特來說，他童年的早期依然過得非常快樂。他們夏天會去華盛頓州海岸上瓦斯威海灘（Washaway Beach）的弗蘭登堡家族小屋度假，冬天則會去滑雪橇。亞伯丁很少下雪，所以他們會往東穿越小山丘，經過伐木小鎮波特（Porter），然後到毛頂山（Fuzzy Top Mountain）。他們的滑雪之旅有一個固定的模式：停好車之後，先拿出唐納和溫蒂的平底雪橇、金的銀色蝶形雪橇還有寇特的「靈活飛鳥」（Flexible Flyer）雪橇，再準備滑下山丘。寇特會先拿起他的雪橇，助跑一段路，再像運動員起跳時一樣，用力滑下山。到達山腳時，他會朝父母揮手，表示他成功抵達。然後家裡的其他成員才滑下山，最後再一起走回山上。他們會這樣重複玩上好幾個小時，直到天黑或是寇特累到不行了為止。他們走回車上時，寇特會求他們下個週末再來。後來寇特回想起來，說這是他童年最快樂的回憶。

寇特六歲時，一家人去市中心的照相館拍了正式的耶誕節全家福。照片裡，溫蒂坐在正中央，燈從她後面打過去，在她頭上形成一道光環。她坐在一張巨大的木製高背椅上，身穿粉白相間、袖口帶有皺摺的維多利亞式長洋裝。她戴著一條黑色頸鍊，及肩的金紅色頭髮整齊地中分，沒有一根頭髮亂掉。她的姿態非常完美，手腕垂放在椅子的扶手上，看起來就像個女王。

三歲大的金坐在媽媽腿上，身穿白色長洋裝和黑色漆皮鞋，看起來就像她母親的縮小版。她正眼看著鏡頭，好像隨時都有可能會哭的樣子。

唐納站在椅子後面，近到可以入鏡，但卻心不在焉的樣子。他有點駝背，臉上的表情倒比較像是困惑，而不是真正的微笑。他穿著一件領子十公分寬的淺紫色長袖襯衫和灰色背心——是那種史提夫・馬丁（Steve Martin）或丹・艾克洛德（Dan Aykroyd）在《週六夜現場》表演瘋狂人物的喜劇時會穿的衣服。他的眼神抽離，好像在想他為什麼會被拖到照相館來拍照，而不是在打球。

寇特站在最左邊，在他父親的前面，離椅子有三、五十公分。他身穿深淺藍色條紋的褲子和搭配的背心，還有大紅色的長袖襯衫。襯衫對他來說有點大，袖子遮住了他一部分的手。身為家裡真正愛表演的人，他不只是微笑，而是開懷大笑。他看起來開心極了，就是一個星期六與家人共度歡樂時光的小男孩。

這是非常好看的一家人，外表展現出典型美國家庭的樣貌——乾淨的頭髮、潔白的牙齒、燙得整整齊齊的衣服，不真實到彷彿是從七〇年代早期西爾斯百貨（Sears）的商品目錄撕下來的照片。但若是仔細看，那不對勁的地方一定連攝影師都覺得明顯：這是一張全家福，卻沒有婚姻的感覺。唐納和溫蒂沒有肢體上的接觸，兩人之間也沒有一絲愛意的流露，就好像他們根本不是在同一張照片裡面。寇特站在唐納前面，金坐在溫蒂腿上，拿一把剪刀就能輕鬆把這張照片——還有這個家庭——從中央一分為二。最後是兩個不同的家庭，分別有一個大人、一個小孩；一邊男、一邊女；一邊的母女穿著維多利亞式的洋裝，另一邊的父子則穿著寬領襯衫。

2

1974 年 1 月— 1979 年 6 月
華盛頓州，亞伯丁

我恨媽媽，我恨爸爸

我恨媽媽，我恨爸爸。
——摘錄自寇特臥室牆上的一首詩

一九七四年，唐納・科本決定轉行進入林木業，家裡的壓力又增加了。唐納的體型並不高大，對砍倒六十公尺高的樹也沒什麼興趣，於是他找了一份梅爾兄弟公司（Mayr Brothers）的文職工作。他知道在林木業最終賺的錢一定會比在加油站多，可惜他的第一份工作只是初階的，時薪只有四點一美元，比他之前當技工時還賺得少。週末他會到工廠點貨，作為額外的收入，並經常把寇特一起帶去。「他會在庭院裡騎他的小腳踏車，」唐納回想。後來寇特嘲笑他父親的工作，還說陪他一起去工作簡直是折磨，但當時他曾說過很喜歡參與其中。雖然成年後的寇特試圖反駁，但得到父親的認可與關注對他來說其實很重要，他還想要得到更多。後來他承認早期在小家庭裡有很多快樂的回憶。「我的童年過得很開心，」他在一九九二年告訴《旋轉》雜誌（Spin），不過他又補了一句：「直到我九歲那年。」

唐納和溫蒂經常得借錢來付帳單，這是他們爭吵的主要原因。李蘭和艾麗絲會放一張二十美元的鈔票在廚房，並經常開玩笑說這二十美元來來回回，因為每個月他們都會把這筆錢借給兒子買雜貨，等唐納還了錢之後，馬上又會再借回去。「他會到處跑，付完帳之後再來我們家，」李蘭回想。「他會把那二十美元還我們，然後說，『靠，我這星期還不錯，剩下三十五還是四十美分。』」李蘭記得，這對年輕夫婦接著就會到布恩街（Boone Street）的藍燈塔得來速（Blue Beacon Drive-In）用零錢買漢堡。李蘭一直都不喜歡溫蒂，因為他覺得她經常表現出一副「比科本家還高貴」的樣子。雖然唐納跟郡裡開平路機的岳父查爾斯．弗蘭登堡（Charles Fradenburg）處得很好，但李蘭和溫蒂卻始終看對方不順眼。

他們緊張關係的巔峰出現在李蘭幫忙裝修一街的房子的時候。他幫唐納和溫蒂在客廳裡裝了一個觀賞用的火爐，還換上了新的櫥櫃。但過程中，他和溫蒂的爭吵愈演愈烈。李蘭終於忍不住，叫兒子要溫蒂別再碎碎唸，否則他就丟下未完的工作直接走人。「那是我第一次聽到唐納對她回嘴，」李蘭回想，「她這個也有意見、那個也有意見。最後唐納跟她說：『你他媽的閉嘴，不然他就要帶著工具走人了。』她這才閉嘴了一回。」

唐納跟他父親一樣，對孩子都很嚴格。溫蒂不滿丈夫的其中一個地方就是他期望孩子時時刻刻都守規矩——這根本是不可能的，還要寇特表現得像個「小大人」。跟所有的孩子一樣，寇特有時讓人很頭痛。當時他大部分的搗蛋的行為都不算嚴重——他會在牆上寫字、摔門或捉弄妹妹。這些行為經常讓他被打屁股，但是唐納更常用的處罰方式是用兩根手指去戳寇特的太陽穴或胸口（這幾乎每天都會發生）。雖然不是很痛，但卻會造成很深的心理創傷。這讓兒子很害怕會有更痛的體罰，同時也強化了唐納的權威。寇特開始躲進他房間的衣櫥裡。這種封閉狹小、一般來說會讓人感到恐慌的空間反而是寇特的避難所。

他也確實有躲避的理由：他的父母都會嘲諷和作弄他。在寇特還小、還對父母深信不疑的時候，唐納和溫蒂會警告他，如果不乖，尤其是和妹妹打架的話，聖誕節就只會收到煤塊。結果他們還真的惡作劇地在聖誕襪裡放了一些煤塊。「只是開玩笑而已，」唐納回憶，「我們每年都會這樣做。禮物什麼的他還是都有收到，我們從來沒有不給他禮物。」但寇特並不覺得這個玩笑好玩，至少他後來談起這件事時是這樣認為。他說有一年父母答應要送他電影《警網雙雄》（Starsky and Hutch）的玩具槍，但是卻一直沒有送。他堅稱他只收到一個包裝得好好的煤塊。雖然寇特的說法誇張了，但在他的內心世界，他對家人的看法已經開始扭曲了。

有時候金和寇特處得很好，會一起玩耍。雖然她從來沒有展現和寇特一樣的藝術才能——而且她一直覺得全家人都比較關心寇特，但她培養出一種模仿聲音的能力，尤其是米老鼠和唐老鴨的聲音，而且她的表演總能讓寇特笑個不停。這種能力甚至讓溫蒂有了一個新的想法。「我媽媽有一個遠大的夢想，」金說，「她希望寇特和我以後去迪士尼工作。寇特負責畫畫，我負責配音。」

一九七五年的三月對八歲大的寇特來說是充滿歡笑的一年。他終於造訪了迪士尼樂園，這是他人生第一次搭飛機。李蘭在一九七四年退休，他和艾麗絲這一年在亞利桑那州過冬。唐納和溫蒂開車載寇特去西雅圖，讓他上飛機後和李蘭在猶馬（Yuma）碰面，然後再前往南加州。在這瘋狂的兩天內，他們去了迪士尼樂園、諾氏莓果樂園（Knotts Berry Farm）還有環球影城。寇特著迷不已，堅持要玩三次迪士尼樂園的《神鬼奇航》（Pirates of the Caribbean）設施。在諾氏莓果樂園，他大膽玩了大型雲霄飛車，但下車時臉色卻白得像鬼一樣。李蘭問他：「你玩夠了嗎？」結果他的臉色馬上回復正常，然後又去玩了一次。逛環球影城的時候，寇特在《大白鯊》（Jaws）的鯊魚面前把頭探出了列車外，保全人員看了對他爺爺奶奶大喊：「最好把那個金髮小鬼拉回去，不然他的頭就要被咬掉了。」但寇特沒有聽他們的話，還拍了一張鯊魚張著大嘴、距離相機只有幾公分的照片。當天稍晚上了高速公路時，寇特在後座睡著了，所以爺爺奶奶才有辦法偷偷路過魔法山主題公園（Magic Mountain）。要是寇特醒著，一定會吵著要去玩。

在所有的親戚中，寇特和奶奶艾麗絲最親。他們兩個都對美術很感興趣，有時候他們對對方的悲傷也很有共鳴。「他們很喜歡對方，」金回想道，「我覺得他本能就知道她經歷過什麼。」李蘭和艾麗絲小時候都過得很苦，兩人都經歷過貧窮，而且在他們的早年，父親就都因工殉職。艾麗絲的爸爸死於雷歐尼爾紙漿廠的毒煙；李蘭的父親是郡裡的警長，因槍枝走火而死，當時李蘭才十五歲。他加入海軍陸戰隊，被派去瓜達卡納（Guadalcanal），卻因為揍了一個軍官而被送到醫院做精神鑑定。他離開那裡後和艾麗絲結了婚，但一直有酗酒和易怒的問題，特別是在他們的第三個兒子邁克（Michael）死了之後。邁克天生就有智能障礙，六歲時在醫院裡死掉了。「星期五晚上他領了薪水就會去買醉，然後才回家，」唐納回憶，「他常常打我媽，也會打我，還會打我奶奶和我奶奶的男朋友，但當時很多人都是這樣。」到了寇特的少年時期，李蘭已經收斂了很多，最厲害的武器只剩罵髒話。

李蘭和艾麗絲沒空的時候，弗蘭登堡家的兄弟姐妹就會幫忙帶小孩。寇特有三個阿姨都住在四個街區之內。唐納的弟弟蓋瑞（Gary）有時候也會幫忙照顧寇特，寇特第一次進醫院也是在他的照看下發生的。「我害他摔斷右臂，」蓋瑞回想道。「我當時躺著，他在我的腳上，我用腳把他往上踢。」寇特是個很好動的孩子，常常跑來跑去，親戚都很驚訝他竟然沒有多斷幾次手腳。

後來寇特的手臂痊癒了，但這次受傷似乎沒有阻止他運動。唐納幾乎是在兒子剛學會走路的時候就鼓勵他打棒球，還幫他準備了小男孩打棒球會用到的各種工具，包括棒球、球棒還有手套。雖然還在學走路的寇特比較喜歡把球棒當成打擊樂器，但最後他還是參與了體育活動。一開始只是在社區裡打球，後來是在有組織的球隊裡。他七歲的時候，第一次參加少年棒球聯盟（Little League），而他的爸爸就是教練。「他不是隊裡最厲害的球員，但他打得還不錯，」蓋瑞．科本回想。「他並不是真心想打球。我覺得他會去打球都是因為他爸。」

寇特想得到唐納的認可，而棒球就是一個例子。「寇特小時候跟爸爸處得很好，」金回憶，「但寇特後來的發展完全不符合爸爸的期許。」

唐納和溫蒂都遇到了一個矛盾：他們理想中的孩子和現實中有落差。由於兩人早年的願望都沒有得到滿足，所以寇特一出生，他們就把期待寄託在他身上。唐納期待在他身上得到他與李蘭從來沒有過的那種父子關係，他覺得一起參加體育活動能增進兩人的感情。雖然寇特喜歡運動，尤其是他爸爸不在身邊的時候，但他還是本能地把父愛和運動聯繫在一起，而且這件事影響了他一輩子。他會參加體育活動，但嘴上一定會抱怨。

寇特二年級的時候，父母和老師都認為他之所以會這麼精力旺盛，背後可能有更大的醫學問題。他們諮詢了寇特的兒科醫生，並決定不再讓他吃二號紅色素，但情況依然沒有改善。所以父母就限制了他的糖分攝取量。最後醫生開了利他能（Ritalin）給他，他服用了三個月的時間。「他那時很過動，」金回憶道，「總是亂跑亂跳，尤其是在攝入糖分之後。」

其他親戚覺得寇特可能有注意力不足過動症（ADHD）。瑪麗記得有一次去科本家，看到寇特在社區裡亂跑，一邊敲打行進鼓，一邊大吼大叫。瑪麗進屋問她姊姊：「他到底在幹嘛？」「我不知道，」溫蒂回答，「我不知道要怎樣才能讓他停下來，我什麼都試過了。」當時溫蒂覺得寇特只是透過這種方式來發洩男孩子過度旺盛的精力。

即使是在一九七四年，開利他能這種藥給寇特也是個備受爭議的決定。有些科學家覺得這會對小孩形成制約反應，讓他們以後更容易有成癮行為；有些人則認為如果不幫小孩治療過動症，他們以後有可能會自己濫用非法藥物。科本家的每個人對於寇特的診斷結果以及這種短期治療是在幫他還是在害他都有不同的看法。但後來寇特自己告訴寇特妮・洛芙，那些藥物對他的影響很大。洛芙小時候也有被開過利他能，她說他們兩個經常討論這件事。「如果你小時候服用過這種藥，讓你體驗過這種感覺，那麼你長大後還能去哪裡找到這種感覺？」洛芙問。「小時候一吃下這種藥就覺得快樂無比，這種感覺你難道會忘記嗎？」

一九七六年二月，就在寇特九歲生日的一週後，溫蒂告訴唐納她想要離婚。她是在一個週間的夜晚宣告這件事的，說完就衝進她的卡邁羅車（Camaro），留下唐納自己跟孩子解釋，但唐納對這並不擅長。雖然唐納和溫蒂之間的衝突在一九七四年下半年就已經愈來愈嚴重，但溫蒂突然說要離婚還是令唐納措手不及，家裡的其他人也一樣。唐納不肯面對現實，個性也變得內斂了，多年以後他的兒子遇到困難時，也出現和他一樣的行為。溫蒂的個性一直都比較強悍，有時候會突然發飆，但唐納沒想到她竟然會讓這個家庭破碎。她主要是不滿他過於沉迷於體育活動——他除了同時在好幾個球隊打球之外，也是裁判和教練。「在我心目中，我一直不相信這種事會發生，」唐納回想。「那個年代離婚並不常見，我也不想跟她離婚，但她堅持要走。」

三月一日，唐納搬出家裡，在荷奎安租了一個房間。他期待溫蒂會消氣，然後他們倆就能和好，所以他的房間是按星期租的。對唐納來說，家庭是他身分中很大的一部分，作為人父第一次讓他感覺自己被需要。「離婚這個想法讓他很受傷，」唐納的死黨史丹・塔各斯（Stan Targus）回憶。他們的分手很複雜，因為溫蒂的家人很喜歡唐納，尤其是她妹妹珍妮絲（Janis）和她丈夫克拉克

（Clark），他們就住在科本家附近。溫蒂的幾個兄弟姐妹默默好奇，不知道沒有唐納的經濟支持，她要怎麼生活下去。

三月二十九日，唐納收到了一張傳票和一張離婚申請書。接下來他還收到了接連不斷的法律文件，但他都沒有回應，一心期望溫蒂會回心轉意。七月九日，他因為沒有回應溫蒂的申請書而被視為未能履行法律義務。同一天，最終判決出爐了：法院把房子判給溫蒂，但唐納得到了房子的留置費六千五百美元，要是房子被賣掉、溫蒂再婚或是金到了十八歲，他就能得到這筆錢。法院還判給唐納他那輛一九六五年半噸重的福特皮卡車，溫蒂則可以保有家裡一九六八年的卡邁羅車。

孩子的監護權判給了溫蒂，而唐納每個月要付她每個孩子一百五十美元的贍養費，另外再加上他們的醫療費用。他得到了「合理探視」孩子的權利。由於是七〇年代的小鎮法院做出的判決，探視權並沒有詳細的書面說明，也沒有正式的安排。唐納搬到蒙特沙諾跟他父母一起住在拖車裡。就算最後的離婚文件都簽完了，他還是滿心期待溫蒂會回心轉意。

溫蒂則是毫不留戀。她決定要離開的時候就是沒有感情了，她跟唐納已經徹底結束了。她很快就跟法蘭克・弗蘭奇（Frank Franich）展開一段新的戀情。弗蘭奇是個英俊的碼頭工人，賺的錢是唐納的兩倍。他也很易怒又暴力，而溫蒂很高興看到他把怒氣發洩在唐納身上。有一次唐納的新駕照誤寄到溫蒂家，某人就打開信封，把糞便塗在唐納的照片上，然後再封好，寄回給唐納。這不只是離婚——這是一場戰爭，充滿了憎恨、惡意以及報復，彷彿有血海深仇似的。

對寇特來說，這是精神上的大災難。他人生中沒有別的事件能像這件事一樣，對他的個性造成這麼大的影響。寇特和很多孩子一樣，把對父母離婚的感受藏在心裡面。他的父母對他隱瞞了衝突的嚴重性，因此他無法理解他們分開的原因。「他覺得這是他的錯，所以十分自責，」瑪麗觀察道，「寇特的內心受到很大的創傷，因為他看著他曾經相信的一切——他的安全感、家庭和生活——在他眼前崩潰。」寇特沒有對外抒發他的痛苦和悲傷，而是將這一切深藏內心。這年六月，寇特在臥室的牆上寫了：「我恨媽媽，我恨爸爸。爸爸恨媽媽，媽媽恨爸爸。一切都讓人覺得好難過。」寫這首詩的，是一個小時候和家人的關係緊密到捨不得睡覺的小男孩。七年前，瑪麗在家政作業上寫過，這是因為「他不想和他們分開。」如今，他什麼都沒做錯，卻被拋下了。艾麗絲•科本曾形容一九七六年是「寇特的煉獄」。

連寇特的身體健康也出了問題。瑪麗記得寇特這段期間進了醫院。她聽她母親說，原因是寇特吃得不夠多。「我記得寇特十歲時因為營養不良而進了醫院，」她說。寇特告訴朋友，他當時需要吃鋇餐、照腹部X光。這種看似營養不良的症狀也可能是會折磨他一生的胃病前兆。他媽媽在他出生後不久，也就是二十多歲時，曾有過胃痛的困擾。寇特剛開始有胃痛的問題時，大家都認為是和溫蒂一樣的惱人症狀。父母離婚期間，寇特也出現了不可控的眼部痙攣。家人認為是壓力導致的，大概也的確是如此。

父母忙於離婚時，寇特的生活也沒停止。他即將進入青春期，有各種內在的挑戰在等著他。快升四年級時，他開始對女孩有性方面的好奇，且會在意自己的社交地位。這年七月，他的棒球隊取得十四勝一敗的佳績後，在亞伯丁木材聯賽（Aberdeen Timber League）中贏得冠軍，而他的照片也登上了《亞伯丁世界日報》。這年夏天的另一件要事是他領養了常在社區遊蕩的小黑貓，這是他的第一隻寵物，他把牠取名為「泡芙」（Puff）。

寇特的父母辦完離婚手續三個月後，他說想和父親一起生活。於是他搬進了拖車，和唐納、李蘭和艾麗絲住在一起。但到了初秋，這對父子就在對街租了自己的單寬拖車。寇特會在週末去拜訪溫蒂、金和泡芙。

和父親住在一起滿足了寇特部分的情感需求——他再次成為家裡唯一的孩子，得到大家的關注。唐納對離婚感到很自責，想在物質上加倍補償寇特，所以幫他買了一輛山葉耐力八十輕型機車（Yamaha Enduro-80），在社區裡引起了很多關注。住在幾個街口外的麗莎・洛克（Lisa Rock）在這年秋天初次認識寇特，她說：「他是一個安靜、非常討人喜歡的孩子，總是面帶微笑，有點害羞。附近有一塊空地，他會在那裡騎他的輕型機車，而我也會在旁邊騎我的腳踏車。」

洛克用「安靜」來描述九歲的寇特，之後很多人也不斷用這個詞來描述成年後的他。他有辦法默默坐著很長一段時間不跟人講話。寇特和麗莎的生日在同一天，他們十歲生日那年一起在麗莎家辦派對。寇特很開心能參與這個派對，但他對於成為眾人的焦點感到既忐忑又不自在。四歲時的他天不怕地不怕，但到了十歲，他卻出乎意料地怕生。在經歷父母離婚後，他變得很內斂，總是要等別人主動跟他接觸。

父母離婚之後，寇特正步入青春期，而他的父親在他成長過程中扮演了更重要的角色。放學後，寇特會留在爺爺奶奶家，但是唐納下班回來後，兩人就會一起度過剩下的時間，而寇特也很樂意做任何唐納想做的事，就算是運動也行。棒球賽結束後，科本父子有時會在當地的冰淇淋店吃晚餐。他們兩人都很珍惜在一起的時光，但是卻又忍不住為破碎的家庭感到遺憾——就好像斷了一隻手或腳一樣。儘管有時他們熬過了一天，這個念頭卻仍然懸在他們心上。他們之間的親情在這一年比起以往或後來都還要強烈，但父子兩人卻依然相當寂寞。寇特很擔心他會連爸爸也失去，所以要唐納承諾不會再婚。唐納答應了，還告訴他他們會永遠在一起。

一九七六年冬天，寇特轉學到蒙特沙諾的燈塔小學（Beacon Elementary School）。蒙特沙諾的學校比亞伯丁的小，才剛轉來幾個星期，他就重新找回了失去的人氣，而且他那天不怕地不怕的個性似乎也回來了。雖然表面上看起來自信多了，但他卻依然保有歷經滄桑的苦澀。「可以看出來他因為父母離婚而飽受折磨，」他的同學戴倫・尼斯里（Darrin Neathery）回憶道。

到了一九七七年秋天，寇特升上五年級時，他已經是「蒙特」（這是當地人對蒙特沙諾的簡稱）的名人了。在這間小小的學校裡，每個學生都知道他是誰，而且幾乎大家都喜歡他。「他長得很帥，」約翰・菲爾茲（John Fields）回想，「也很聰明，簡直是人生勝利組。」金髮碧眼的寇特成了萬人迷。「說他是最受歡迎的小孩之一，一點都不誇張，」羅妮・托伊拉（Roni Toyra）說。「當時有個十五人組的團體，他們常常一起行動，而寇特是那個團體的重要成員。他真的很帥，留著一頭金髮，眼睛又大又藍，鼻子上還有點雀斑。」

在寇特吸引人的外表之下，隱藏著他對身分認同的掙扎。這在一九七七年十月唐納開始跟別人約會時達到高峰。寇特不喜歡唐納的第一個約會對象，所以唐納把她甩了。當時十歲的寇特正處於自戀的年紀，不明白為什麼父親會想要跟別的成年人在一起，也不懂為什麼他不滿意只有父子兩人的生活。當年深秋，唐納遇到了一個名叫珍妮・魏茲比（Jenny Westby）的女人，她也離過婚，有兩個孩子，分別是比寇特小一歲的明蒂（Mindy）和小五歲的詹姆斯（James）。唐納一開始追求她時，是透過全家人集體行動。他們的第一次約會是帶著所有孩子一起去西爾維亞湖（Lake Sylvia）。寇特對珍妮和她的孩子很友善，所以唐納覺得他找到了適合的對象，就和珍妮結婚了。

寇特一開始很喜歡珍妮，因為她提供了他所缺少的女性關注，但他對繼母的好感後來就因他內心的矛盾而消失了。因為他若喜歡她，那就表示他背叛了對母親和「真正家庭」的愛。寇特和他父親一樣，之前一直都覺得那場離婚只是暫時的挫敗、一場會醒來的夢。但如今他父親再婚了，拖車也變得擁擠了，這打破了他的幻想。唐納是個木訥的人，他的成長背景導致他很難表達自己的想法。「你自己說過你不會再婚的，」寇特向唐納抱怨。「寇特，你也知道事情是會改變的，」父親這樣回答。

珍妮曾經想跟寇特溝通，但沒成功。「一開始他對大家都很有好感，」珍妮回憶。後來寇特不斷提起唐納之前不會再婚的承諾，個性也變得封閉起來。唐納和珍妮想彌補寇特，於是讓他成為家裡關注的焦點——他能第一個拆禮物，也可以少做家事，但這些小小的好意卻只讓他在感情上愈來愈封閉。他偶爾喜歡和繼弟、繼妹玩，但也會嘲笑他們，甚至惡意嘲諷明蒂的暴牙，並故意在她面前學她講話。

後來他們搬到蒙特沙諾弗利特南街（Fleet Street South）四一三號。有了自己的房子之後，事情才暫時好轉。寇特有了自己的房間，圓形窗戶的設計讓房間看起來像一艘船。一九七九年一月，就在搬家不久後，珍妮生下第二個兒子查德・科本（Chad Cobain）。現在有了繼弟、繼妹、繼母和新生兒，這些人都在跟寇特爭奪原本由他獨享的關注。

寇特在蒙特的公園、巷弄和運動場都來去自如。這個城鎮太小，幾乎不需要交通工具就能輕易往來。棒球場離家只有四個街區；學校跟家在同一條路上；寇特所有朋友的家都在步行範圍之內。相較於亞伯丁，蒙特更像是桑頓・懷爾德（Thornton Wilder）*戲劇中的場景，是一個更單純、更友善的美國。每個星期三晚上是科本家的家庭時間。他們會玩各種桌遊，包括帕克兄弟十字戲（Parcheesi）和大富翁，而寇特也跟其他人一樣，對此非常熱中。

由於家裡經濟拮据，所以放假時他們大多只能去露營，但準備好要出發時，寇特總是第一個上車的人。寇特的妹妹金本來也會跟他們一起去，但後來唐納和溫蒂為了帶孩子出遊能不能抵銷贍養費而大吵一架，自此以後，金就比較少見到爸爸和哥哥了。寇特還是會在週末拜訪媽媽，但見面時並不是溫馨的聚會，反而更像是揭開離婚瘡疤的時刻。唐納和溫蒂經常惡言相向，所以去亞伯丁時，寇特就必須看著父母為了探視的安排而爭吵。某一個週末，又發生了另一件讓寇特很難過的事：他最喜愛的貓「泡芙」跑走了，寇特之後再也沒見過牠。

寇特和所有孩子一樣，生活都仰賴固定的作息，所以他很喜歡家庭之夜這樣的安排。但即使是

* 美國劇作家，經常在作品中展現人性本善的看法。

這樣的小確幸都讓他覺得很矛盾，因為他渴望與人親近，但又害怕親密之後會落得被拋棄的下場。他進入青春期，這個年紀的少年大多都會和父母保持距離，以尋找自己的身分。但寇特還是為他原生家庭的破碎感到難過，所以保持距離既是必要，但又令他恐懼。他面對這種矛盾心理的解決方式，就是在情感上與唐納和溫蒂切割。他告訴自己和朋友，他恨他的父母，透過這種尖酸刻薄的話語，他才有辦法合理化自己與家人的疏離。但明明下午和朋友在一起時才談到他的父母有多討厭，晚上回家後，他卻又參與家庭聚會，而且他還是家裡唯一一個不希望家庭之夜結束的人。

過節總是最麻煩的時候。一九七八年的感恩節和耶誕節，寇特得東奔西走，穿梭在好幾個家庭之間。如果說他對珍妮的感覺夾雜了愛慕、嫉妒和背叛，那麼他對於溫蒂的男朋友法蘭克・弗蘭奇就是純粹的憤怒。溫蒂也開始酗酒，而酒醉後的她比平常更加尖酸刻薄。有一天晚上，弗蘭奇打斷了溫蒂的手臂。金當時也在家裡，目睹了事情的經過，結果溫蒂被送去醫院。她康復之後拒絕起訴弗蘭奇。她哥哥查克去威嚇弗蘭奇，但不管別人說什麼，都改變不了溫蒂對弗蘭奇的死心塌地。當時很多人都覺得溫蒂會跟他在一起是為了得到經濟上的支持。她跟唐納離婚後就開始在亞伯丁的皮爾森商場（Pearson's）當店員，但還是得靠弗蘭奇當碼頭工人的薪水才有辦法負擔得起家裡的有線電視這種奢侈的消費。溫蒂跟弗蘭奇在一起之前經常拖欠各種款項，甚至差點被斷電。

這一年，寇特十一歲。他的體型又瘦又小，但是在弗蘭奇面前，他感受到的無助與脆弱卻是前所未有的。他沒辦法保護媽媽，眼睜睜目睹這些爭執，讓他替媽媽——或許也替自己——的生命安全感到擔憂。他覺得既同情媽媽，但又恨她讓自己淪落到這種可悲的境地。小時候，父母對他來說是神，如今他們是殞落的偶像，是虛假的神，不值得被信任。

這些內心的衝突開始表現在寇特的行為上。他會對大人頂嘴、拒絕做家事，而且雖然他體型瘦小，卻開始霸凌另一個男孩子，嚴重到讓對方不敢去上學。學校和家長開始介入，大家都搞不懂為什麼這麼乖的小男孩會變得如此討人厭。唐納和珍妮沒辦法，最後只好帶寇特去做心理諮商。他們曾經考慮過家庭治療，但唐納和溫蒂始終沒辦法安排到同樣的時間。治療師和寇特談過幾次之後，得到的結論是寇特需要一個固定的家庭。「他們說，如果寇特要跟我們一起生活的話，我們就得拿到他的合法監護權，好讓他知道我們把他當作家裡的一分子，」珍妮回憶。「可惜這一切只讓唐納和溫蒂之間產生更多問題，他們為此吵翻了天。」

唐納和溫蒂已經離婚好幾年了，但是他們對彼此的怒氣並沒有消散，事實上還反而因為他們的孩子而愈來愈嚴重。這年春天對溫蒂來說特別難熬，因為她的父親查爾斯・弗蘭登堡在六十一歲生日的十天後突然死於心臟病。溫蒂的媽媽佩姬（Peggy）本來就過著很隱蔽的生活，溫蒂很擔心這會讓她媽媽更加與世隔絕。佩姬會有這麼奇怪的行為可能是因為她童年時有過很可怕的經歷：她十歲的時候，父親詹姆斯・歐文（James Irving）在全家人面前往自己的腹部刺了一刀。他自殺未遂，並且被送到華盛頓州的一家精神病院，也就是後來女演員法蘭希絲・法默（Frances Farmer）**接受電擊療法的地方。兩個月之後，詹姆斯趁醫院人員不注意時撕開了刀刺的傷口，最後死於自殺未遂

** 美國女演員，曾被判定為精神不健全，而被強制送進精神病院，接受電擊治療。

時留下的傷。寇特外曾祖父的精神疾病跟這個家庭的許多悲劇一樣，很少被提及。

然而，即使是弗蘭登堡家族的悲劇也沒能讓唐納和溫蒂因為共同的哀傷而重歸於好。關於寇特的議題就和其他所有對話一樣，以吵架收場。溫蒂終於簽了一份文件，上面寫著：「該孩童的照料、支援和撫養由唐納・李蘭・科本全權負責。」一九七九年六月十八日，就在唐納和溫蒂離婚三周年的三個星期前，唐納取得了寇特在法律上的監護權。

3

1979 年 7 月— 1982 年 3 月
華盛頓州，蒙特沙諾

本月之星

他最喜歡的食物和飲料是披薩和可樂。他的口頭禪是「原諒你吧」。
——摘錄自《青年報》（Puppy Press）的人物報導

一九七九年九月，寇特開始在蒙特沙諾中學（Montesano Junior High School）念七年級。這是一個重要的里程碑，學校開始在他人生中扮演更重要的角色。他五年級就已經上過音樂課，七年級更是成為學校樂隊的鼓手。對於這項成就，他在朋友面前總是表現得很謙虛，但心裡卻暗自得意。他當時專攻和練習的主要是行進樂隊或小組合鼓，他透過〈路易，路易〉（Louie, Louie）和〈龍舌蘭〉（Tequila）等歌曲來學習小鼓和貝斯鼓。這支蒙特的樂隊很少做行進表演——他們大部分都是在集會場所或籃球賽上表演，但只要是他們出現的場合，寇特都絕對會參加。

他的樂隊指導老師提姆·尼爾森（Tim Nelson）對他的印象是「一個普通、平凡無奇的樂隊學生。

沒什麼出色的地方，但也不差。」寇特出現在當年蒙特沙諾的「森林」（Sylvan）年刊裡，照片中的他正在一場集會上打小鼓。他留著往內捲的頭髮，看起來有點像年輕時的布萊德・彼特。他的打扮偏向富家子弟的風格——這種典型的裝束包括哈許牌（Hash）牛仔喇叭褲、伊佐德牌（Izod）條紋橄欖球衣，還有耐吉牌（Nike）的運動鞋。他的打扮就跟其他十二歲小孩一樣，只是他比同年齡的孩子稍微矮小一點。

身為學校較受歡迎人物之一，他登上一九七九年十月二十六日的學校油印學生報《青年報》人物報導。文章的標題是「本月之星」，上面寫著：

> 寇特是本校七年級的學生。他金髮碧眼，覺得學校還不錯。寇特最喜歡上的是樂團表演課；他最喜歡的老師是海普先生（Mr. Hepp）；他最喜歡的食物和飲料是披薩和可樂；他口頭禪是「原諒你吧」；他最喜歡的歌曲是電光交響樂團（E.L.O.）的〈別讓我失望〉（Don't Bring Me Down）；最喜歡的搖滾樂團是肉捲樂團（Meatloaf）；最喜歡的電視節目是《計程車》（Taxi）；最喜歡的演員是畢・雷諾斯（Burt Reynolds）。

「原諒你吧」這句口頭禪原本是史提夫・馬丁常常說的「不好意思」，由此可以看出寇特一貫諷刺、揶揄的幽默感。他經常自己改動語句的順序，或是提出荒唐的反問問題——他就像年輕版的安迪・魯尼（Andy Rooney）*。有一次，他對著營火講了一個代表性的笑話。他大喊：「你怎麼可以冒這麼多煙？把好好的營火都毀了。」體型瘦小的他在少年圈子裡的生存方法就是用笑話來擺脫衝突，並用他高人一等的智商來貶低欺負他的人。

寇特花了無數時間在看電視，而這也是他與唐納和珍妮之間一直以來的爭端。他們想限制他看電視的時間，但他總會大叫，吵著要繼續看。家長不允許他看電視時，他就乾脆跑到一個街區外的死黨羅德・馬許（Rod Marsh）家看。雖然《週六夜現場》演出的時間在他本來應該睡覺的時間之後，但是他幾乎每個星期都不會錯過，而且隔週一去學校時還會模仿節目上最精采的喜劇段落。有一次他還惡搞模仿拉卡（Latka），也就是安迪・考夫曼（Andy Kaufman）在節目《計程車》上演的角色。

前一年的夏天，寇特退出了少年棒球聯盟，但冬天他又加入了少年摔角隊，這讓他爸爸很高興。每場比賽唐納都會參加，還不斷在過程中督促寇特成長。摔角隊的教練是奇尼奇・坎諾（Kinichi Kanno），他在蒙特當美術老師。寇特加入摔角隊除了摔角，也是為了和坎諾相處。寇特把他當成了男性榜樣，他能激發寇特的創造力，而寇特也成了坎諾最喜歡的學生。這年的萬聖節，寇特的一張畫作登上了《青年報》的封面。畫中，蒙特沙諾的吉祥物鬥牛犬在狗屋裡把一包萬聖節糖果吃光了。寇特在作品中加上了典型科本風格的一筆，藏了一罐啤酒在糖果堆裡面。而這一年的聖誕卡，寇特用鋼筆畫了一個本來想釣魚但卻把魚鉤勾在自己背上的小男孩——幾乎可以媲美賀曼賀卡公司

* 美國傳媒工作者，是知名的幽默大師。

(Hallmark）賣的卡片。寇特的同學妮基・克拉克（Nikki Clark）記得他的畫作「總是非常厲害，坎諾從來都不需要去幫他，因為他似乎是繪畫高材生。」克拉克記得，就算不是在上美術課的時候，寇特也幾乎手不離筆。「他每節課都在塗鴉。」

他的塗鴉大部分都是汽車、卡車和吉他，但他也開始畫一些簡陋的色情畫作。「有一次他給我看他的草圖，」他的同學比爾・伯格哈特（Bill Burghardt）說，「是一張很寫實的陰部圖。我問他，『那是什麼?』他就大笑。」當時寇特還沒有近距離看過女性的陰部，只有在同學傳閱的書上或成人雜誌裡看過而已。他也很擅長畫撒旦，每一堂課他都會在筆記本上畫這個人物。

羅妮・托伊拉是寇特七年級時的女朋友，但這只是一場青澀的初戀，沒有後續發展。寇特為了表達兩人的關係，送了她一張自己畫的作品。「學校裡有一些孩子很明顯有問題或是被排擠，但寇特不是那種人，」她說，「他唯一與別人不一樣的地方就是他比較安靜。他不是不善交際，只是安靜而已。」

但寇特在家裡一點都不安靜，常常大吼大叫，抱怨唐納或珍妮對他不公平。一般來說，有小孩的再婚家庭都過得不安寧，而這一家人的問題特別棘手。他們老是得處理公不公平、偏不偏心的問題。寇特的抱怨經常引發唐納和珍妮的爭執，或導致他親生父母之間的怨恨升級。他們老是為了如何安排探視和贍養費的問題而吵架。唐納抱怨只要贍養費的支票晚一天送到，溫蒂就會叫金打電話催他。

寇特七年級快結束時，學校的護士打電話來說他的體態不太正常，有點脊椎側彎，所以唐納和珍妮就帶他去看醫生。做了詳細的檢查後，醫生說寇特並沒有這種病，他只是跟大多數同樣體型的孩子比起來手臂比較長，才會導致原本測量上的誤差。但這並沒有讓溫蒂放心。透過科本家典型的溝通模式——有點像拙劣版的小孩打電話遊戲，她得到的資訊是寇特得了脊椎側彎。她很震驚唐納竟然一點也不緊張，也很意外寇特沒有全身打石膏。寇特決定相信母親的診斷。幾年之後，他聲稱「在國中時曾經有輕微的脊椎側彎」。雖然寇特的說法與事實不符，但他把這當作另一個父親沒有好好照顧他的例子。

寇特跟很多父母離婚的孩子一樣，很擅長為了自己的利益挑撥父母之間的關係。一九八〇年，溫蒂在蒙特的郡長辦公室工作。寇特常在放學後來找她，有時就只是為了報告唐納或珍妮如何折磨他。寇特在蒙特的生活愈來愈不順遂，因此他也愈來愈希望溫蒂能把他接回去。但當時寇特的媽媽和法蘭克・弗蘭奇也有自己的問題。她告訴金，她擔心寇特若是目睹他們家有多不正常，他可能會變成同性戀。幾年之後，寇特與溫蒂和金提起這個話題時，媽媽告訴他：「寇特，你根本不知道那時是什麼情況。你很有可能會被關進少管所或監獄。」

寇特最經常向溫蒂抱怨的就是珍妮在家裡偏心她自己的孩子。每次她前夫送禮物給明蒂和詹姆斯時，寇特就覺得很嫉妒。寇特認為所有針對他的管教都是因為他不是珍妮的親生兒子。他告訴朋友他很討厭珍妮，並抱怨她煮菜難吃，還會規定他能喝多少汽水。他堅稱珍妮能夠「隔著三間房間就聽到他打開百事可樂的聲音」，而且午餐時，「三明治裡只能夾兩片卡爾巴迪格牌（Carl Buddig）的火腿，也只能吃兩片阿嬤牌餅乾（Grandma's Cookies）」。

李蘭・科本會教訓唐納，他覺得唐納對寇特有時很不公平。假如桌上有水果，明蒂或詹姆斯去拿一顆蘋果來吃都不會怎樣，但寇特去拿來吃的時候，唐納就會狠狠教訓他。李蘭覺得唐納是因為害怕珍妮跟溫蒂一樣離開他，所以才跟珍妮一起偏袒她自己的小孩。唐納承認寇特確實比珍妮的孩子難管教，但他解釋，這是因為寇特個性的緣故，不是因為他偏心。但唐納確實很擔心寇特若是不乖，珍妮就會離開他。「我很害怕事情會演變到不是他走就是她走的地步，而我不想失去她。」

寇特年紀大一點之後才跟妹妹還有繼弟、繼妹相處得比較融洽。他很喜歡小寶寶，所以也很喜歡他同父異母的弟弟查德。寇特會打明蒂，但放假期間，他們有時也會玩在一起。然而，寇特的同學提到他家人時（他有幾個好朋友覺得明蒂很可愛），若是他們稱呼明蒂是他「妹妹」，他就會馬上糾正。他向朋友解釋，明蒂「不是我妹，是我爸新老婆的女兒。」講得好像明蒂是他被迫忍受的折磨一樣。

他跟詹姆斯處得比較好，可能是因為這個小男孩從來沒有搶過他的鋒頭。詹姆斯是寇特參加的其中一個棒球隊裡的球僮，有一次，有個男生打了詹姆斯，寇特就介入了，還威脅了那個男生。寇特和詹姆斯也都對電影有興趣。這年夏天，一家人來到一個雙螢幕露天電影院。唐納和珍妮一人開一臺車，把孩子載到輔導級的電影前面，然後他們兩個自己去看比較適合成人看的電影。寇特告訴詹姆斯如果不想看唐・諾茨（Don Knotts）的喜劇，那麼可以走去廁所，站在停車場外看成人看的電影——例如寇特很愛看的《重金屬》（Heavy Metal）。寇特很喜歡跟繼弟描述自己看過的電影。他一年前看過《第三類接觸》（Close Encounters of the Third Kind），而且可以完全背出電影裡的臺詞。「他以前很喜歡在吃晚餐時玩馬鈴薯泥，揉成那部電影裡面山的形狀，」詹姆斯回想。

一九八一年，十四歲的寇特開始用父母的超八錄影機自己錄短片。他最初的作品中，有一部是模仿奧森・威爾斯（Orson Welles）的《世界大戰》（War of the Worlds）。影片裡的外星人——寇特用黏土做的——在科本家的後院登陸。他播這支外星人的影片給詹姆斯看，騙倒年幼的繼弟，讓他以為家裡被外星人入侵了。另外一部寇特在一九八二年錄的影片明顯展現了他的黑暗面，影片名叫《寇特的血腥自殺》（Kurt Commits Bloody Suicide），由詹姆斯掌鏡。鏡頭前的寇特假裝用易開罐的邊緣割腕。這支影片用了特效和假血，而寇特戲劇化地演出自己死亡的那一幕，鐵定是參考了他看過的默片。

寇特的父母本來就覺得他很陰沉，這部影片又讓他們更加擔心。「他不太對勁，」珍妮說，「他的思考方式從一開始就很有問題，很偏激。」很多對於男孩子來說很恐怖的事情，他都有辦法鎮定地去討論，例如謀殺、強姦、自殺。雖然他不是史上唯一一個提起自殺的青少年，但他的朋友都很震驚他竟然拿這些事情來開玩笑。有一天，他跟約翰・菲爾茲一起從學校走回家，菲爾茲告訴寇特他應該去當藝術家，但寇特卻隨性地回答說他有其他打算了。「我以後要當超級巨星，然後自殺，在榮耀中死去，」他說。「寇特，這是我聽過最蠢的事，別說這種話，」菲爾茲回答。但寇特卻很篤定：「不，我要變得又有錢又有名，然後再自殺，像吉米・罕醉克斯一樣。」當時兩個孩子都不知道罕醉克斯其實不是自殺而死的。寇特在蒙特的朋友之中，菲爾茲並不是唯一跟他談過這件事的人，有另外六個朋友都跟他有過類似的對話，而寇特的最終結論都十分黑暗。

家裡的人都不意外十四歲的寇特會用這麼冷漠的態度談論自殺。兩年前，寇特的伯公，也就是六十六歲的博爾・科本（Burle Cobain），李蘭的長兄，用一把口徑點三八的短管手槍射了自己的腹部和頭部。屍體是李蘭發現的。當時有人說，博爾即將因為性騷擾被起訴。博爾並不像寇特的其他男性長輩一樣和家人那麼親近，但寇特老是跟朋友提起這件事。他會不經意地開玩笑說他伯公是「因為吉姆・莫里森的死而自殺的，」儘管莫里森早在十多年前就已經去世了。

被寇特當作玩笑的事情對李蘭來說卻是致命的一擊。在博爾自殺的前一年，也就是一九七八年，李蘭的兄弟厄尼斯特（Ernest）死於腦出血。厄尼斯特死時是五十七歲，雖然官方並不認為他的死是自殺，但之前就有人警告他，如果再繼續酗酒，遲早會死掉。他還是堅持要喝，最後摔下樓梯，因為動脈瘤而死。

影響寇特的死亡事件還不只這些。在寇特八年級時，蒙特沙諾有一名男童在一所小學外面上吊自殺。寇特認識這個男孩，他是比爾・伯格哈特的兄弟。寇特、伯格哈特和羅德・馬許走路去上學時，發現他的屍體吊在樹上，他們盯著屍體看了半個小時，學校人員才把他們趕走。「那是我這輩子看過最恐怖的事，」馬許回想起。基於寇特自己的家族歷史，再加上這次事件，自殺不再是個提不得的概念和詞語。它就只是他生活環境的一部分，和酗酒、貧窮或吸毒一樣。寇特還告訴馬許他有「自殺基因」。

寇特八年級開始嘗試毒品，他會抽大麻和服用迷幻藥。一開始抽大麻是在派對上，接下來是跟朋友一起抽，最後他每天都會自己抽。到了九年級時，他已經完完全全對大麻上癮了。大麻在蒙特很便宜也很常見，大部分都是自家栽種的，而且能幫寇特忘掉他的家庭生活。他一開始抽大麻只是為了社交，後來則變成他選擇麻醉自我的方式。

他開始吸毒之後，也開始經常蹺課。跟朋友一起蹺課的時候，他們會去買大麻或是從某人爸媽的酒櫃裡偷酒來喝。但後來寇特變成自己一個人蹺課，或是去學校上了第一節課之後就離開了。他愈來愈少跟朋友相處，把自己孤立起來，只面對自己的憤怒。崔弗・布里格斯（Trevor Briggs）在一九八〇年的除夕夜遇到寇特，當時他自己一個人坐在蒙特的公園鞦韆上，一邊盪鞦韆一邊吹口哨。崔弗邀請寇特去他父母家，然後兩人一邊看迪克・克拉克（Dick Clark）的電視節目，一邊抽大麻。由於吸了過量自家種的大麻，他倆就在嘔吐中跨完了年。

寇特短短幾年前還覺得很適合上學的悠閒小鎮很快就成了他的牢籠。他多次與朋友談話時，都像批評父母一樣批評蒙特小鎮。剛讀完哈波・李（Harper Lee）的《梅岡城故事》（To Kill a Mockingbird），他就說這本書完美描述了蒙特。一九八一年初，寇特的另外一面開始出現，或者應該說他經常都「不出現」了。他有愈來愈多的時間都是獨自一人。在弗利特街的家裡，他搬到了重新裝修過的地下室。他告訴朋友，換房間讓他有種被驅逐的感覺。在他位於地下室的房裡，他都在玩耶誕節收到的蒙哥馬利沃德牌（Montgomery Ward）彈珠臺，用一部唐納和珍妮留給他的音響聽一疊專輯。這些專輯包括艾爾頓・強（Elton John）、大放克鐵路（Grand Funk Railroad）和波士頓樂團（Boston）。寇特這一年最喜歡的專輯是旅程樂團（Journey）的《進化》（Evolution）。

寇特和唐納與珍妮的衝突已經達到了一個極限。他們試過各種方法想讓他融入家庭，但都失敗了。他開始拒絕參加家庭聚會。由於他內心深處覺得自己被拋棄，所以就決定透過外在的行為來拋棄家庭。「我們會叫他做家事，只是一些很基本的事情，但他就是不願意做，」唐納回想。「我們試過用零用錢收買他，但要是他不做家事，我們就扣他的零用錢，不過他還是什麼都不願意做，最後變成他欠我們錢。他會暴怒、摔門、衝到樓下去。」他的朋友似乎也變少了。「我注意到他有些朋友輟學了，」珍妮說，「他變得更常待在家，但即使他在家的時候也不是跟我們在一起。他似乎變得內向很多，又安靜又陰沉。」羅德・馬許記得寇特那年殺了一隻鄰居的貓。他把還活著的貓塞進他父母家的煙囪裡，貓死後把家裡弄得臭氣沖天，他卻哈哈大笑。這場青少年虐待事件跟他成年之後的人生大相逕庭。

一九八一年九月，寇特開始在蒙特沙諾讀高一。這年秋天，他因為想融入群體而加入足球隊。儘管他體型瘦小，卻在第一輪選拔時就入選了，從這裡可以看出蒙特沙諾的學校有多小。他練習了兩個星期，卻因為覺得太辛苦而退出。同年他還加入了田徑隊，負責擲鐵餅——以他的體型來說非常了不起，還有跑一百八十公尺短跑。他不管怎麼說都不可能是隊上最好的運動員——他常常缺席不去練習，但他是跑得比較快的男孩之一。當年的年刊上有一張田徑隊的照片，照片中的他在陽光下瞇著眼睛。

・・・

那年二月，在機緣巧合之下，查克舅舅告訴寇特可以選腳踏車或電吉他當作十四歲的生日禮物。對一個平時會在筆記本裡畫搖滾明星的小孩來說，他的選擇不言而喻。寇特之前把唐納的夏威夷吉他拆開來研究裡面的結構，結果弄壞了吉他。查克買給他的也不是什麼好貨，是一把便宜的二手日本吉他，經常故障，但對寇特來說，這吉他就跟空氣一樣重要。他不知道怎麼上弦，因此他打給瑪麗阿姨，問她是不是依照英文字母的順序來上。他上好弦之後就經常彈奏，還把吉他帶去學校炫耀。「每個人都一直問他吉他的事，」崔弗・布里格斯回想。「有一次我看到他拿著吉他走在路上，他跟我說：『不要叫我彈什麼歌，這吉他已經壞了。』」但這並不重要——對他來說，與其說是樂器，吉他更像是一種身分象徵。

運動也是他身分的一部分。他繼續練習摔角，從高一開始一直練到加入學校代表隊。這一年，蒙特沙諾鬥牛犬隊（Montesano Bulldogs）以十二勝三敗的成績獲得了聯賽冠軍，但寇特對此貢獻不大。他愈來愈少去參加練習和比賽，而且在校隊裡，他的體型是很大的劣勢。兩年前在少年摔角隊的時候，他的態度是覺得摔角很好玩，能用來發洩情緒。相較之下，在校隊裡就正經很多。練習時，他經常很快就被別的男生壓倒在地。賽季快結束時，寇特在校隊合照時穿著條紋及膝長襪——他身邊的都是高大的隊員，彷彿他是教練而不是隊員。

寇特對父親最盛大的宣戰發生在校隊的摔角墊上。在冠軍賽當天，根據寇特的說法，他上場比賽是為了向觀眾席上的唐納傳達一個訊息。寇特之後告訴麥可・阿澤拉德（Michael Azerrad）：「我一等到比賽的哨聲響起，就用力盯著唐納，然後我故意不動，把雙手縮起來，讓別人把我壓倒。」寇特聲稱他連續四次這麼做，每次都立刻被壓倒在地，然後唐納不屑地離場。唐納・科本堅稱事情不是這樣，寇特的同學也不記得有這回事，而且他們說如果有人故意輸掉比賽，就算不會被其他隊員揍，也會被排擠。但李蘭・科本說他記得唐納在比賽後跟他提過這件事，還說：「那個小王八蛋就躺在那裡，完全不反擊。」

寇特很擅長把事情誇大，為的是抒發情感，而不是描述真實經過。當天比較有可能的情況是：寇特遇到了強大的對手，所以他決定不反擊，這就已經足以激怒他完美主義的父親了。但寇特說的那個故事，以及他與父親對視的描述，都說明了父子倆的關係在父母離婚的六年之後惡化了多少。他們曾經形影不離。唐納買輕型機車給寇特的那一天，他對父親的愛到達了極點。他們以前常在蒙特沙諾高中那條街上的餐廳安安靜靜地吃晚餐，共享孤獨——就只有他們兩個人，一個雙人組，一個家庭。那時的寇特只是個想要一輩子都和爸爸在一起的小男孩，而爸爸想要的也只是有人用不會消逝的愛去愛他。然而六年過後，這對父子被困在一場意志的角力中，而且就跟所有偉大的悲劇一樣，兩個參賽者都覺得自己輸不起。寇特迫切地需要一位父親，而唐納也需要被他的兒子需要，但兩人都不想承認這件事。

這簡直是莎士比亞等級的悲劇。不論摔角場事件過了多久，寇特的眼角總是盯著父親——或者準確來說，是盯著父親的鬼影——因為從那一刻起，他對父親就已經死了心。在寇特高一的摔角比賽過了將近十年後，他在一首名為〈為僕人服務〉（Serve the Servants）的歌中寫下了苦澀的歌詞，字句中隱藏了他與大敵永無止境的鬥爭中的又一次攻擊：「我努力想要有一位父親，但我只得到一個老爹。」

4

1982 年 3 月— 1983 年 3 月
華盛頓州，亞伯丁

草原牌香腸男孩

狠狠地切，用力點。
——摘錄自漫畫〈草原牌香腸男孩吉米〉(Jimmy, the Prairie Belt Sausage Boy)

一九八二年三月，寇特堅持要搬出弗利特街四一三號，不再接受父親和繼母的照顧。接下來的幾年，寇特會在宛如荒野一般的格雷斯港遊蕩。雖然他在兩個地方各待了一年，但之後的四年他一共換了十個不同的住所，和十個不同的家庭一起生活，沒有一個給他家的感覺。

他的第一站是他熟悉的地方，就是他爺爺奶奶位於蒙特沙諾郊外的拖車房。每天早上他都從這裡搭巴士到蒙特，所以他能待在同一個學校的同一個班級。但連他的同學都明白他遭遇的改變很不容易。在爺爺奶奶家時，他親愛的奶奶艾麗絲會傾聽他訴苦，而他和李蘭有時候也很親近。但大部分的時間他都是獨自一人，這讓他朝更深沉的寂寞又邁進了一步。

有一次他跟爺爺一起打造一個娃娃屋，要送給艾麗絲當生日禮物。寇特負責把迷你雪松瓦片整整齊齊地釘在娃娃屋的屋頂上。他還用剩下來的瓦片做了一個簡陋的棋盤組。一開始他先把形狀畫在木片上，再費力地用刀片割下來。做到一半時，爺爺向他展示要怎麼使用鋸子，然後就讓十五歲的寇特自己來，他則站在門邊看。寇特不時抬頭望著爺爺，尋求他的認可，然後李蘭就會告訴他：「寇特，你做得很好。」

但李蘭也不是一直都這麼親切，因此寇特發現他再次陷入了之前和唐納在一起時的那種父子關係。李蘭總是語帶批評地對寇特說教。在這裡可以為李蘭說句話：寇特有時真的很難搞。他從進入青春期開始就不斷挑戰李蘭的極限，而且身邊有這麼多長輩，卻沒一個人管得住他，最後所有的長輩都受不了他。他的家人形容他是一個倔強、固執的男孩，既不聽話也不做事。他似乎天生就易怒又懶散，跟他其餘的家人正好相反。連他的妹妹金都曾經去送報紙來貼補家用。「寇特很懶惰，」他的叔叔吉姆．科本（Jim Cobain）回憶道。「這單純是因為他是個典型的青少年，還是因為他很憂鬱，沒有人知道。」

一九八二年夏天，寇特離開蒙特沙諾，去跟叔叔吉姆一起住在南亞伯丁。吉姆很驚訝這個責任會落到他身上。「我很意外他們願意讓他跟我一起住，」吉姆．科本回憶。「我那時會吸大麻，不關心他的需求，更不用說我不務正業。」但至少，沒什麼經驗的吉姆不太會去管寇特。吉姆是唐納的弟弟，比他小兩歲，也比他新潮，收藏了很多專輯。「我有一組很好的音響，還有很多死之華樂團（Grateful Dead）、齊柏林飛船和披頭四的唱片。我常常放音樂放得很大聲。」寇特與吉姆一起住的幾個月裡，最大的樂趣就是和他一起重組音箱。

吉姆和他太太有一個女嬰，由於空間不夠，所以很快就叫寇特搬出去。之後他就住在溫蒂的兄弟姐妹家。「寇特在親戚之間被踢來踢去，」吉姆回想。他是那種典型的鑰匙兒童。比起父母，他和其他親戚相處得較好，但權威的問題依舊揮之不去。他的親戚沒那麼嚴格，但在那些比較鬆散的家庭裡，大家也比較不會努力去經營家庭的歸屬感。他的親戚也有自己的問題和煩惱——不管是在空間上還是情感上，寇特都沒有容身之處，而他很清楚這一點。

寇特跟舅舅查克一起住了幾個月，他就是在這個時期開始學吉他的。查克的樂團裡有一個人名叫華倫・梅森（Warren Mason），他是格雷斯港最受歡迎的吉他手。每次他們在查克家排練時——排練總少不了大麻和一瓶傑克丹尼爾威士忌，寇特就會在角落觀看。他看著華倫的樣子就好像飢餓的人看著肉丸三明治一樣。有一天，查克問華倫可不可以教寇特音樂，寇特的正式訓練就這樣開始了。

根據寇特的說法，他只上過一、兩次課，在那短短的時間內就把所有該學的都學會了。但華倫記得他們上課上了好幾個月，而且寇特是個很認真的學生，常常花好幾個鐘頭努力鑽研。華倫要處理的第一件事就是寇特的吉他——這把吉他比較適合拿去學校炫耀，而不適合演奏。華倫幫他找了一把一百二十五美元的伊班娜電吉他（Ibanez），而吉他課本身的費用是每半小時五美元。華倫問了寇特一個他會問所有年輕學生的問題：「你想學哪幾首歌？」寇特的回答是「〈通往天堂的階梯〉（Stairway to Heaven）」。當時他已經會粗略地彈奏〈路易，路易〉。他們練完〈通往天堂的階梯〉之後，就繼續學 AC/DC 樂團的〈回到黑暗〉（Back in Black）。後來吉他課程終止是因為寇特的成績太差，舅舅覺得應該幫他選擇其他的午後娛樂活動。

寇特繼續在蒙特讀高中，但高二的第二個月就轉學到亞伯丁的韋瑟瓦克斯高中（Weatherwax High）。他的父母也是從這間學校畢業的，但雖然他的家人是校友，而且學校離他母親的家也很近——只隔十個街區，他在這裡卻還是個外地人。韋瑟瓦克斯高中建於一九〇六年，有五座建築，跨越了三個街區。寇特那一屆有三百個學生，規模是蒙特高中的三倍大。寇特發現他在亞伯丁的學校分成四個派系——吸大麻的、運動員、富家子和書呆子，而他哪一派都不是。「亞伯丁有很多小圈子，」瑞克·米勒（Rick Miller）指出，他也是從蒙特轉學到韋瑟瓦克斯高中的學生。「我們兩個在這裡都沒有認識的人。雖然比起西雅圖，亞伯丁只是個鄉下地方，但比起蒙特，亞伯丁算是大城市了。我們都找不到自己的容身之處。」對大多數適應良好的青少年來說，在高二轉學都已經很難熬了，對寇特來說更是折磨。

雖然寇特在蒙特很受歡迎——他因為穿伊佐德牌的衣服而被當成富家子弟、因為參與體育活動而被當成運動員，但在亞伯丁，他只是個外來者。他持續跟蒙特的朋友保持聯絡，但即使每個週末他都和好友見面，孤獨感卻是與日俱增。他的體育能力在這間大學校裡並不足以讓他成為風雲人物，所以他不再參加體育活動。再加上因為家庭破碎和顛沛流離的生活而懷疑自我，他繼續過著脫離社會的生活。後來寇特不斷講述他在亞伯丁被人霸凌的故事，說他經常被學校裡的野孩子揍。但他在韋瑟瓦克斯高中的同學都不記得有這種事——他把自己的孤立感誇張化，變成了虛構的霸凌事件。

寇特在學業上至少有一項可取之處：韋瑟瓦克斯高中有很好的美術課程，而他在這門課上依然表現優異。他的老師鮑伯・亨特（Bob Hunter）發現他是個很出色的學生。「他不但很會畫畫，也很有想像力。」亨特會讓學生一邊聽收音機一邊創作——他自己也是藝術家兼音樂家，常常鼓勵學生發揮創造力。對寇特來說，他是理想的老師，而跟之前的坎諾老師一樣，他也是寇特敬重的少數長輩之一。

他在韋瑟瓦克斯高中的第一年選了商業美術和基礎美術課程，時間是第五和第六節課，為時五十分鐘——就安排在午餐後，他每天的這個時候都一定在學校。他的能力讓亨特老師很欣賞，有時也讓同學很震驚。有一次的作業要畫諷刺漫畫，寇特畫了麥可・傑克森，他一隻手戴著手套，舉在空中，另一隻手則抓著褲襠。在另一堂課上，學生必須展示出某個正在發展中的物品，寇特畫了一個正在變成胚胎的精子。他的畫工非常傑出，但同學真正注意到的是他扭曲的思想。「那個精子讓我們很震驚，」他的同學泰瑞莎・馮・坎普（Theresa Van Camp）回想，「他的思維方式跟我們很不一樣。大家都開始談論他，很好奇『他究竟在想什麼？』」亨特老師告訴寇特，麥可・傑克森的畫作可能不適合在學校走廊上展示，所以他就畫了一張不太討喜的雷根總統（Ronald Reagan）畫像，把他的臉畫得像葡萄乾一樣。

寇特本來就對畫畫很狂熱，但如今在亨特老師的鼓勵下，他開始幻想成為畫家。塗鴉成為他學習的一部分。他很擅長畫漫畫，並且透過這種方式第一次學習到講故事的技巧。在這段時間裡，他經常畫的一系列漫畫叫〈草原牌香腸男孩吉米〉，這個名字來自一個肉品罐頭。畫裡講述童年悲慘的吉米——完全就是寇特的影子——被迫忍受他嚴厲的父母。有一張全彩的連環漫畫直白地講述了寇特與父親的衝突。在第一組漫畫中，父親的角色教訓吉米：「這油太髒了，我都聞到裡面的汽油味了。把九毫米的扳手給我拿過來，你這討厭的傢伙。要是你想住在這裡，就得遵守我的規矩，我的規矩就跟我的鬍鬚一樣嚴肅：誠實、忠誠、奉獻、榮譽、英勇、嚴格、紀律、上帝和國家，這些才是讓美國成為世界第一所應該具備的品格。」另外一組漫畫裡，有個母親大叫：「我要生下你的兒子，墮掉你的女兒。七點要去開家長會，兩點半要上陶藝課，然後要煮俄式酸奶牛肉，三點半要帶狗去看獸醫，還要洗衣服，對，對，嗯……親愛的，我後面好舒服，嗯，我愛你。」

看不太出來漫畫裡的母親是珍妮還是溫蒂，但去韋瑟瓦克斯高中讀書這個決定代表寇特必須搬回去東一街一二一〇號，跟他生母一起住。這裡算是寇特擁有過最接近永久住家的地方，因為他樓上的臥房還沒被人動過，像個聖地一樣，紀念他早年在原生家庭度過的日子。他會時不時到這裡度週末，繼續用樂團海報裝飾牆壁，此時很多海報都是手繪作品。當然了，他房裡——還有他生命裡——最棒的東西就是他的吉他。溫蒂這間房子比他這幾年待過的其他地方都還空曠，所以他可以專心練吉他。但他的家庭關係沒有太大的改善。他的母親終於和法蘭克・弗蘭奇分手了，但寇特和溫蒂還是經常吵架。

溫蒂已經不是寇特六年前離開時的那個母親了。此時她三十五歲，但總是跟比她年輕的男人約會。她似乎正在經歷一種通常是剛離婚的男人會有的中年危機。她酗酒，而且還成了亞伯丁多家酒館的常客，這是寇特搬出唐納家後沒有馬上搬回媽媽家的主要原因之一。這一年，她跟二十二歲的邁克・梅達克（Mike Medak）展開一段不正經的戀情。他們剛交往的那幾個月，溫蒂甚至沒有告訴梅達克自己有孩子的事。大部分都是她去梅達克家，直到他們交往好幾個月之後，他才見到她的孩子。「她感覺就像是個單身女人，」梅達克回想，「又不是說我們得等到星期五晚上褓姆來了才能出去——感覺就像她根本沒有小孩一樣。」跟溫蒂約會就和跟二十二歲的女孩子約會沒什麼分別。「我們會去最近的酒館或舞廳狂歡。」溫蒂會跟他抱怨弗蘭奇打傷她手臂的事，還有她在經濟方面有多困難、唐納對她有多冷漠。她講過一個關於寇特的故事：寇特五歲時勃起走進客廳，被唐納和一群朋友看到。唐納覺得很尷尬，就帶著兒子離開客廳。這件事後來變成他們的家庭趣聞，溫蒂講述時還會忍不住笑出來。

二十二歲的梅達克跟三十五歲的女人約會主要是為了生理上的需要。對他來說，溫蒂是個迷人的年長女性，如果想要一段不需要承諾的關係，她就非常適合。連十五歲的寇特也意識到這一點，而且他很快就有了批判。寇特跟朋友討論母親的約會對象時，用字非常苛薄，雖然他沒有提及看著母親跟只大他七歲的男人約會時他感受到的心理衝突。「他說他恨他媽媽，說他覺得她是個蕩婦，」

約翰・菲爾茲回想。「他不認同她的生活方式，他一點也不喜歡她，還說過要離開。只要她在屋子裡，寇特就會離開，因為她總是對他大吼大叫。」

溫蒂的兄弟姐妹記得他們當時都很擔心她的酗酒問題，但由於這一家人的溝通方式就是不直接對峙，所以這件事他們也很少討論。

寇特母親的魅力也讓他覺得很尷尬。他所有的朋友都暗戀過溫蒂，而且溫蒂時常穿著比基尼在後院做日光浴，引來寇特的朋友透過圍欄偷看。每次朋友來家裡過夜時，都會開玩笑說要是空間不夠，他們很樂意去跟溫蒂睡。只要有人開這種玩笑，寇特就會揍人，而且他真的揍了不少人。這些男孩子喜歡溫蒂的另一個原因是她經常會買酒給他們喝。「寇特的媽媽有好幾次買酒給我們喝，」邁克・巴利特（Mike Bartlett）回想，「前提是我們只能在房子裡面喝。」有一次，溫蒂幫這些孩子買了啤酒，然後讓他們看平克・佛洛伊德樂團（Pink Floyd）的電影《迷牆》（The Wall）。「有一次我們幾個人在那裡過夜，」崔弗・布里格斯說。「我們說服他媽媽幫我們買第五杯龍舌蘭。我們喝醉之後就出去散步，回來的時候，看到他媽媽在沙發上跟一個男的親熱。」寇特當時十五歲，還喝醉了酒。他的反應是對媽媽的情人大喊：「放棄吧，老兄！你嚐不到甜頭的，快回家吧！」雖然這只是個玩笑，但他對於傳統家庭的渴望卻不是玩笑。

這年耶誕節，寇特最想要的就是歐英格博英格樂團（Oingo Boingo）的專輯《無所畏懼》（Nothing to Fear）。在弗蘭登堡家慶祝耶誕節時，瑪麗阿姨拍了一張他拿著這張專輯的照片。照片中的他還是短髮，就像個小男孩，完全看不出來有十五歲。瑪麗阿姨送了他一張傻瓜狗狗樂團

（Bonzo Dog Band）的專輯《蝌蚪》（Tadpoles），裡面有〈印度獵虎〉（Hunting Tigers Out in Indiah）這首新奇的歌。它是寇特這年冬天最喜歡的歌曲，還學會用吉他彈奏。耶誕節前，他拜訪了搬去西雅圖的瑪麗阿姨，目的是去唱片行尋寶。寇特的願望清單上有他很喜歡的《魔法龍帕夫》（H. R. Pufnstuf）電視節目原聲帶，還有一張是他阿姨從來沒聽過的快速馬車合唱團（REO Speedwagon）的《高度背叛》（Hi Infidelity）。

那年二月，他滿十六歲，也考到了駕照。但那年春天最大的事件遠遠比駕照還要重要，是他整個青春期都不斷談論但成年以後就絕口不提的一個里程碑。一九八三年三月二十九日，寇特到西雅圖中心競技場去看山米・海格（Sammy Hagar）和閃光合唱團（Quarterflash）的表演，這是他人生中第一場演唱會。他是西雅圖電臺 KISW 的超級樂迷——這個電臺的訊號在晚上比較清楚。他很喜歡海格的「狗屁搖滾」*（butt rock），也很愛閃光合唱團的熱門歌曲〈狠下心腸〉（Harden My Heart）。他是跟戴倫・尼斯里一起去的，戴倫的姊姊開車載他們去。「這件事意義重大，因為這是我們兩個看的第一場演唱會，」尼斯里說。「我們弄到了六罐裝的施密特啤酒（Schmidt）。去的路上，寇特和我坐在汽車後座，我們簡直嗨翻天了。到了演出地點，我記得我們是站在看臺下方偏後面的場地。閃光合唱團表演完之後，他們就是在這裡設置燈光效果的。燈光和表演讓我們完全看呆了。突然，一個威士忌酒瓶從高處飛來，就砸碎在我們身邊，我們嚇到差點漏尿，所以就擠了出

---

* 出自硬式搖滾電台的廣告詞「搖滾，就是要搖滾」（Rock. Nothing but Rock），後來被拿來調侃通俗、格調不高的搖滾樂。

去，找了一個上層的位置看山米表演。我和寇特都買了一件T恤。」後來寇特又講了另一個版本的故事，聲稱他看的第一場演唱會是龐克的黑旗樂團（Black Flag），不過韋瑟瓦克斯高中的所有同學都記得十六歲的寇特隔天穿著超大號的山米・海格T恤去學校，像個剛從聖地回來的朝聖者一樣高談闊論。

一九八三年的學年結束時，寇特認識到龐克搖滾，而那件山米・海格T恤也被塞到了抽屜底層，再也沒有拿出來過。這年夏天，他看了麥爾文樂團（Melvins）的表演，從此改變了他的人生。他在日記裡寫道：

一九八三年夏天……我記得我在華盛頓州蒙特沙諾的平價超市（Thriftway）閒晃。有一個負責裝箱、長得很像空中補給樂團（Air Supply）成員的短髮店員給了我一張傳單，上面寫著：「『他們音樂節』（The Them Festival）：明晚在平價超市後方的停車場舉行，免費搖滾現場演出。」蒙特這個小鎮不常舉辦現場搖滾表演，這裡的主要人口是幾千個伐木工人和他們百依百順的老婆。我跟幾個吸大麻的朋友坐貨車去了現場。那位長得像空中補給樂團成員的裝箱店員手上拿著一把萊斯・保羅（Les Paul）型吉他，上面還有一張酷香煙（Kool Cigarettes）的雜誌廣告。他們演奏音樂的速度快到超乎我的想像，也比我收藏的鐵娘子樂團（Iron Maiden）唱片

還要熱血。這正是我一直在尋找的。啊，龐克搖滾。其他吸大麻的傢伙都覺得很無聊，不斷大喊：「來點威豹樂團（Def Leppard）的歌！」天哪，我真是太討厭這些白癡了。我來到這聖地般的雜貨店停車場，找到了自己的使命。

他在「這正是我一直在尋找的」這句話下方畫了兩條底線。

那是他悟道的一刻——在那一瞬間，他原本的小宇宙突然爆發了。那個長得像空中補給成員的裝箱店員是羅傑．「巴斯」．奧斯本（Roger "Buzz" Osborn），他是寇特之前在蒙特沙諾高中的學長，看起來很高冷。表演結束後，寇特稱讚巴斯，拍了他不少馬屁，因此巴斯很快就扮演起他的導師，還給了他很多龐克搖滾唱片、一本關於性手槍樂團（Sex Pistols）的書，以及一些翻得破爛的《克里姆》雜誌。雖然寇特在日記上寫了那段文字，但他實際上的轉變其實沒有那麼大——這年夏天，他還是去塔科馬圓頂體育場（Tacoma Dome）看了猶大祭司樂團（Judas Priest）的演出。他跟亞伯丁的其他孩子一樣，既愛聽龐克，也愛聽重金屬音樂，但他在巴斯面前不會提起這點，而且他更喜歡龐克T恤。

麥爾文樂團是在一年前成團的，他們的團名是故意搞笑，取自平價商店的另一個員工。巴斯聲稱他是聽了衝擊合唱團（Clash）的前兩張唱片之後，自己學會彈吉他的。在一九八三年，麥爾文樂團還沒什麼真正的樂迷——他們受到格雷斯港的很多金屬樂迷挑釁和嘲笑。然而，有十幾個男生很欣賞他們，會聚在鼓手戴爾．克洛維（Dale Crover）位於亞伯丁西二街六〇九號住處後方的練習場地。這群樂迷三教九流都有，人稱「克林貢」（Cling-Ons，緊抓不放之意）。這個綽號是巴斯想出來的，用來形容他們身上那種《星艦迷航記》（Star Trek）般的古怪特質，而且對他所說的每一句話都照單全收。巴斯自己頂著個爆炸頭，與其說他像空中補給裡的那傢伙，倒更像理察・西蒙斯（Richard Simmons）。

巴斯會為「克林貢樂迷」指點迷津，並為他們製作錄音帶。他就像是蒙特沙諾的蘇格拉底——一個老道的政治家口若懸河地向追隨者闡述他對世間一切的看法。他會決定哪些人可以出席練習、哪些人不可以，並為每一個出席者取外號。格雷格・歐坎森（Greg Hokanson）變成「可樂森」。寇特在韋瑟瓦克斯高中認識並很快成為朋友的傑西・里德（Jesse Reed）則是「黑色里德」，取自黑旗樂團。但其實他和所有黑旗樂團裡的成員一樣都是白人。寇特從來沒有一個可以流傳下來的外號。他這個時期的朋友都叫他「科本」。沒有外號這件事並不表示他地位特殊。事實恰恰相反——大家覺得這個小鬼不配擁有外號。

麥爾文樂團和寇特一樣，活動範圍都在蒙特和亞伯丁。蒙特是巴斯與父母一起住的地方，亞伯丁則是克洛維的練習場地。麥爾文樂團的貝斯手是麥特・盧金（Matt Lukin），他一樣來自蒙特，寇特之前在少年棒球聯盟就認識他了，他們很快就成了朋友。每次寇特來到蒙特，幾乎都是來拜訪巴斯或是盧金，而不是去看他爸爸。

這年夏天，寇特有一次前往蒙特並不是因為他對龐克搖滾的新喜好，而是因為一個女孩。安德麗雅・凡斯（Andrea Vance）是寇特的朋友戴倫・尼斯里的妹妹。有一次，她在蒙特當褓姆，剛好遇到寇特。「他很有魅力，」她回憶道。「他的藍眼睛很好看，笑容可以迷死人。他的中長髮又漂亮又柔軟。他的話不多，說起話來輕聲細語的。」他們一起看電視劇《脫線家族》（The Brady Bunch），寇特還跟孩子玩襪子布偶的遊戲。第二天下午，寇特再次準時出現，結果凡斯賞了他一個吻。兩人連續見面一個星期，但他們之間的互動僅止於親親抱抱。「他很貼心，也很尊重我，」她回想。「我不覺得他是那種用下半身思考的男生。」

但私底下，寇特感覺慾火焚身。同年夏天，寇特經歷了他後來稱為「性愛初體驗」的事件，對象是一個弱智的女孩。根據寇特的日記，他是因為自身處境令他沮喪到想自殺的地步，才會去追那個女生。「那簡直是集我母親精神虐待之大成的一個月，」他寫道。「連大麻也沒辦法讓我逃離煩惱，我居然開始喜歡做一些叛逆的事，像是偷酒或砸破商店的窗戶……就在接下來那一個月裡，我決定了我不會再坐在屋頂上只是想著跳下去，我會真的去自殺。但我絕對不要連性愛的滋味都沒體驗過就離開這個世界。」

他唯一的選擇就是這個「半智障的女孩」。有一天，崔弗・布里格斯、約翰・菲爾茲和寇特跟著她回家，並偷了她爸爸的酒。這種事他們已經做過很多次了，但這次，寇特在朋友都走了之後留下來。他坐在那女孩腿上，還摸了她的胸部。她跑進臥室，在他面前脫衣服。但寇特突然覺得對自己和對她都感到噁心。「我嘗試要上她，但我不知道要怎麼做，」他寫道。「她陰部的味道讓我覺得很噁心，而且她的汗味也很臭，所以我就走了。」雖然寇特半途就收手了，但那羞恥感還是伴隨他一生。他恨自己企圖占她便宜，但也恨自己沒有執行到底，這對一個十六歲的處男來說是更大的恥辱。那個女生的爸爸向學校抗議，說他女兒被性騷擾了，而寇特是嫌疑犯。他在日記中寫道，他是好運才躲過刑罰：「他們拿了一本年刊，要她從照片上指認我，但她做不到，因為那一年我沒有出現在照片上。」他說他被帶到蒙特沙諾警察局問話，但沒有被判刑，因為當時那個女生已經滿十八歲，而且法律上來說也「不算是智障」。

回到亞伯丁，寇特在韋瑟瓦克斯高中升上高三，並開始和十五歲的賈姬・哈加拉（Jackie Hagara）約會。她家就在兩條街外，他會算好時間，好讓兩人能一起走路上學。當時他的數學進度落後，所以只好去上高一的數學課，他們就是這樣認識的。雖然班上很多同學覺得寇特進度落後很奇怪，但賈姬被他的笑容迷住了。有一天放學後，寇特給她看了一幅他自己畫的畫，是一個搖滾巨星在一座荒島上，手上拿著萊斯・保羅型的吉他，還有一部馬歇爾牌（Marshall）音箱插在棕櫚樹上。這就是十六歲的寇特心目中的天堂。

賈姬說她很喜歡這幅畫。兩天後，寇特又送了她一個禮物。他把同一張畫重新畫了一遍，不過這次是海報的大小，並用噴槍來收尾。「這是送給你的，」他看著地板說。「給我的嗎？」她問。「我想跟你約會，」他解釋。賈姬告訴他說她已經有男朋友了，他聽了只是有一點失望。他們繼續一起走路上學，有時還會手牽手。有一天下午，在賈姬家門前，寇特把她攬過來吻了。「我覺得他很可愛，」她說。

在關鍵的高三這年，寇特的形象開始有所轉變。他從大家公認的「可愛」變成了韋瑟瓦克斯高中有些同學口中的「可怕」。他開始留長髮，而且很少洗頭。他不再穿伊佐德牌襯衫和長袖橄欖球衣，取而代之的是上面印有龐克樂團名稱的自製T恤。有一件他經常穿的衣服上面寫著「有組織的混亂」（Organized Confusion），這是他想的口號，想作為他的第一支樂團的名稱。至於外套，他經常穿著一件風衣——他整年都穿同一件，不論是下雨天還是攝氏三十二度的大熱天都一樣。到了這年秋天，他夏天在蒙特交的女朋友安德麗雅・凡斯在一個派對上遇到他，居然認不出他。「他穿著黑色風衣和高筒網球鞋，頭髮染成深紅色，」她回想。「簡直判若兩人。」

他的社交圈子慢慢從蒙特的朋友變成亞伯丁的兄弟，但不管是哪一個圈子，他們主要的活動都是透過各種方法酗酒。他們沒辦法從父母那裡偷到酒時，就會利用亞伯丁大量的流浪漢來幫他們買啤酒。寇特、傑西・里德、格雷格・歐坎森、艾瑞克（Eric）和史蒂夫・希林格（Steve Shillinger）想出了一個辦法。他們經常跟一個很特別的傢伙做交易，他們都叫他「胖子」，是個無可救藥的酒鬼，跟他的智障兒子巴比（Bobby）住在破敗的莫克旅館（Morck Hotel）。胖子很樂意幫他們買酒，只要他們肯付錢並幫忙他移動到商店。這是個大工程，執行起來有點像巴斯特・基頓（Buster Keaton）**的喜劇，有時會花上他們一整天。傑西・里德說：「首先，我們要把購物車推到莫克旅館，然後去他房間叫醒他。他會穿著邋遢的內衣褲，臭氣熏天，還有蒼蠅到處飛，噁心死了。我們得幫

** 美國演員，以充滿肢體動作的喜劇默片而聞名。

忙他穿上運動長褲，然後扶他下樓梯。他大概有兩百二十公斤重，胖到沒辦法自己走到賣酒的商店，所以我們會把他放在購物車裡面，再把他推過去。如果我們只是想喝啤酒的話，就會推他去雜貨店，因為感謝老天，雜貨店比較近。最後我們只要幫他買一夸脫的麥芽酒作為報酬就好了。」

胖子和巴比是個很奇怪的兩人組，不知不覺中，他們成了寇特早期創作故事的素材。寇特會寫關於他們的短篇故事，還會把他們的冒險編成歌，並在日記裡畫他們的插畫。他用鉛筆畫的胖子長得很像伊格納修斯・雅克・萊利（Ignatius J. Reilly），也就是約翰・甘迺迪・圖爾（John Kennedy Toole）的《愚人聯盟》（A Confederacy of Dunces）中的反派角色。寇特最喜歡模仿巴比尖尖的聲音，把他的朋友逗得哈哈大笑。他跟胖子和巴比並不是完全沒有感情，對於他們看似絕望的處境，寇特有某種程度的同情。這年耶誕節，寇特送胖子一臺烤吐司機還有一張在「好心二手店」（Goodwill）買的約翰・丹佛（John Denver）專輯。胖子用他那雙粗大的手接過禮物時，他不敢相信地問：「這些是給我的嗎？」然後就哭了起來。接下來的幾年，胖子不斷告訴亞伯丁的大家，說寇特・科本是個多麼好心的人。從這個小小的例子可以看出，即使在寇特陰暗的世界裡，有時也會有溫馨。

由於胖子會固定幫忙買酒，所以這年春天，寇特的酗酒情況依然繼續，而他與母親的爭執也因此增加了。寇特喝醉或是嗑了迷幻藥之後，他們的爭吵會更激烈，這也變成他們生活的常態。格雷格・歐坎森記得有一次跟傑西・里德一起去寇特家，聽到溫蒂對寇特大吼了一個小時。由於寇特嗑了迷幻藥，所以對她的吼叫完全沒反應。「溫蒂對他很爛，」歐坎森說，「他非常恨她。」他們三人一有機會溜出去，就跑到「想念我之丘」，爬到那裡的水塔上。傑西和歐坎森成功爬了上去，但寇特爬到一半就停了下來。「他太害怕了，」歐坎森回想。寇特從來沒有成功爬到塔頂過。

崔弗・布里格斯記得有一天傍晚去科本家，寇特和溫蒂吵了整個晚上。「我覺得她有點喝醉了。她上樓到他的房間，想跟我們一起尋歡作樂。寇特因為這樣而很生氣。然後她說：『寇特，你再不小心一點，我就告訴你朋友你跟我說過的那些話。』他就大叫：『你在說什麼？』最後她終於離開了。我就問他她剛剛要說什麼。他說：『我之前跟她講過，一個人蛋蛋上長毛並不代表他是大人或比較成熟。』」長陰毛這件事對寇特來說是一個尷尬無比的點。比起大部分男孩，他的陰毛長得比較慢，所以他著魔似地每天檢查睪丸，但他的朋友卻一個個超越他。「那邊的毛」是他對陰毛的稱呼，這個主題經常出現在他的日記裡。「那邊的毛還不夠多，」他寫道。「流逝的時光。豐富的思想。未能發育。歲月匆匆，那邊的毛還沒長。」體育課時，他會去廁所關起門換衣服，而不是在男生更衣室眾目睽睽之下換。他十六歲時終於長了陰毛，但毛色比較淺，看起來不像其他男生的那麼明顯。

大約到了寇特十七歲的時候，溫蒂開始跟帕特・奧康納（Pat O'Connor）交往。奧康納的年紀跟溫蒂差不多，是個碼頭工人，薪水有五萬兩千美元。他的薪水被記錄在案，因為他跟溫蒂交往不久後，就被捲入了華盛頓州的最早期的贍養費訴訟案之一。訴訟是由他的前女友提出的，她告他說服自己辭掉當地核電廠的工作，之後有了溫蒂，就把她給甩了。這個案子很棘手，持續了兩年。根據法庭的文件，帕特列出的資產包括一間小屋、幾千美元的存款還有帶有三把槍的槍架——奇怪的是，這些槍在寇特的事業中扮演了重要的角色。帕特的前女友贏了官司，被判得兩千五百美元的現金、一臺車，並由帕特支付她的律師費。

這年冬天，帕特搬到溫蒂家住。溫蒂的兩個孩子都不喜歡他，而且寇特還愈來愈恨他。帕特就和寇特的生父還有弗蘭奇一樣，被寇特作為歌曲和漫畫的素材，嘲弄了一番。而且幾乎從第一天起，帕特和溫蒂就吵得很激烈，唐納和溫蒂之前的爭執跟這一比都不算什麼。

其中一場爭執事件為寇特自己的音樂神話提供了基石。某一次大吵過後，溫蒂出去找帕特。根據金的說法，她發現帕特「跟往常一樣，出軌還酗酒。」溫蒂氣沖沖地跑回家，嘴裡唸唸有詞，說她要殺了帕特。倉皇之下，她叫金把帕特的槍收進一個大塑膠袋。帕特回來時，溫蒂說要殺了他。根據寇特的說法，溫蒂企圖用槍射殺帕特，卻不知道要怎麼上膛，但他妹妹不記得有這回事。帕特離開後，溫蒂和金把那袋槍拖到離家兩個街區外的威西卡河岸。她們一邊拖，溫蒂一邊不斷自言自語：「必須把這些丟掉，不然我遲早會殺了他。」然後就把槍都丟進了河裡。

第二天早上，帕特和溫蒂和好了。寇特問金她們把槍丟在哪裡。於是寇特在十三歲妹妹的指引下，和兩個朋友一起把來福槍打撈上來。後來寇特敘述這個故事時，說他用這些槍換來了他的第一把吉他，但其實他十四歲就已經有了第一把吉他。然而，寇特絕對不會讓真相毀了他的精采故事。他用繼父的槍去換來第一把吉他的故事實在太絕妙，愛說故事的他完全抵擋不了。從這個故事可以看出他非常渴望被當成藝術家——他用鄉巴佬的武器換來了龐克搖滾的利器。事實上，他確實有把槍拿去典當，但他是把錢拿去買一臺芬達牌（Fender）高級音箱。

「河中槍」事件只是溫蒂和帕特的眾多衝突之一。寇特避免這些衝突的方法——或者說避免成為他們爭吵的主題，因為帕特最喜歡針對溫蒂管教問題兒子的方式來教訓她——就是快速從正門直衝自己的房間。從這個角度來講，他和大部分的青少年沒什麼兩樣，只是他的進出總是充滿怒氣。當他需要為一些瑣事而離開房間時——例如打電話或到廚房拿吃的，他就會努力算準時機，避開帕特。他的房間成了他的避難所。幾年後，他在日記裡描述了一次回家的旅程，不論在情感上還是實體上都極具衝擊性：

每次回來，那些似曾相識的記憶都讓我背脊發涼。完全的憂鬱、完全的恨意、好幾個月都不會消散的怨念。老舊的皮奇牌（Pee Chees）筆記本裡有許多畫作：彈吉他的搖滾樂手、各種怪物，封面上還有各種標語，像是「來一瓶百威啤酒」或「嗨翻天」，還有複雜的水煙槍草圖和關於快樂網球女孩的改編黃色笑話。轉頭就能看到鐵娘子樂團的海報，邊邊角角都已經裂開或破洞。牆上有一些釘子，上面依然掛著印有拖拉機的帽子。桌上的凹痕來自玩了五年的彈硬幣啤酒遊戲。地毯因為吐不準的口含煙而汙漬斑斑。環視四周，我看到的就是這一切他媽的垃圾，而最能讓我想起我那狗屁倒灶的少年時代的，是每次進入房間，我都會用手指劃過天花板，去感受那黏稠的大麻和香煙沉積物。

一九八四年春天，寇特與家裡大人的衝突到達了頂點。他恨溫蒂面對男人時的懦弱，就如同他恨父親再婚。他更恨帕特，因為這個老傢伙總是對寇特的缺點說三道四。家裡的這兩個男人對於該怎麼對待女人也有不同的看法。「帕特很喜歡操縱女人，」金說，「但寇特不會這樣。他很尊重女人，雖然他的女朋友不多。他在等待真愛。」帕特總是喋喋不休地說：「男人就該表現得像個男人，該有男人的樣子。」由於寇特常常達不到帕特的要求，所以帕特會叫他「娘炮」。一九八四年四月的一個星期日，帕特說了特別過分的話：「你怎麼從來都不帶女生回家？」他問寇特。「我在你這個年紀的時候，一天到晚都有女生上我的床。」

被他這番大男人主義的話語刺激後，寇特去了一個派對。他在派對上巧遇賈姬・哈加拉。她和另一個女生想離開時，寇特就建議她們去他家——也許他認為這是個機會，可以向帕特表現自己。但他還是把兩個女生偷偷帶到樓上，沒有吵醒大人。另外那個女生醉得很厲害，昏睡在寇特臥室外遊戲間的一張單人床上。由於賈姬的朋友不省人事，也走不了，寇特就跟她說：「你可以在這裡過夜。」

寇特等待已久的一刻就這麼突然降臨。他一直都想擺脫年少時期的性幻想，也想誠實地向高中同學證明他不再是處男（事實上，他跟同年齡的大多數男生一樣，對於這一點已經說了好幾年的謊）。在他成長的那個環境，男女之間很少有肢體接觸，只會偶爾在背上拍一下，所以他很渴望這種肌膚之親。賈姬也樂意之至。雖然才十五歲，她卻已經經驗豐富。她去寇特房間的這一晚，她男朋友正好在牢裡。他們一進寇特的房間，她就已經知道接下來要發生什麼事。根據賈姬的回憶，有一瞬間，他們看著彼此，兩人都慾火焚身。

寇特熄了燈，兩人脫掉衣服，興奮地跳上床擁抱。這是寇特第一次抱著裸女，是他夢寐以求的一刻，也是青春期的他一直以來在同一張床上手淫時的幻想。賈姬開始親吻他。但就在他們的舌頭觸碰的那一瞬間，門突然開了，寇特的母親走了進來。

不論在什麼樣的情況下，溫蒂都不想看到兒子跟一個裸女在床上。她也很不高興看到另一個女生倒在走廊上。「滾出去！」她大叫。她上樓是想叫寇特看外面的閃電——這對小情侶完全沒有注意到外面起了風暴——卻發現兒子跟一個女的在床上。溫蒂一邊下樓一邊大叫：「你他媽的滾出我家！」帕特對這件事完全沒有開口，他知道任何意見都只會讓溫蒂更生氣。寇特的妹妹金聽見騷動，也從隔壁的房間跑出來看。她看見寇特和賈姬幫一個不省人事的女生穿上鞋子。「搞什麼啊？」金問。「我們要走了，」寇特回答妹妹。他和賈姬拖著另外那個女生下樓，然後走出門外，外頭正颳著那年最大的其中一場風暴。

當寇特和兩個同伴走上第一街時（新鮮的空氣讓那個酒醉的女生醒了過來），雨開始落下。雖然這像是一個不好的兆頭，但在那天太陽升起之前，寇特就會失去處男之身。他抖得很厲害，體內翻滾的荷爾蒙混雜著憤怒、恥辱和害怕。他還在勃起，卻得在賈姬面前穿上衣服，這讓他覺得很丟臉。就像他之前和那個弱智女生接觸時一樣，他內心的慾望和恥辱感是一樣強烈的，兩者絕望地交織在一起，讓他十分困惑。

他們來到賈姬朋友的家，但才剛踏進家門，賈姬的男友就出現了，是剛剛才出獄的。賈姬之前就警告過寇特說她男友有暴力傾向，因此為了避免衝突，寇特就假裝自己是另外那個女生的對象。賈姬和男友離開後，寇特就和另外那個女生共度春宵。那不是多棒的性經驗，至少她之後是這麼告訴賈姬的，但他們確實是發生了關係，而寇特在乎的就只有這個。他終於跨過了處男的門檻，不必再為自己的性經驗說謊了。

第二天早上，寇特很早離開，在亞伯丁的晨曦中散步。風雨已經過去，鳥鳴啁啾，世界上的一切似乎都更有生命力。他遊蕩了幾個小時，思考著這一切，等待學校上課時間開始，一邊看日出，一邊好奇自己的人生會往哪個方向去。

5

1984年4月—1986年9月
華盛頓州，亞伯丁

本能的意志

本能的意志，令我驚嘆。
——摘錄自〈波莉〉（Polly）的歌詞，一九九〇年

星期一清晨，寇特在亞伯丁的街道上遊走，品嚐他手指上性愛的餘味。對一個對氣味著迷的人來說，這次經驗無比醉人。每當他想重新體驗這種感覺時，只要把手指伸進他的褲襠，再聞一聞，就可以聞到她的味道。他已經忘了他的性愛初體驗幾乎是場災難。反之，他還在記憶中把它改寫成一場勝利。事實是什麼並不重要——不論這場性愛是不是很糟糕，他都已經不再是處男了。性格浪漫的他認為這次的性愛初體驗代表以後還會和這個女生有很多次美好的經歷，他以為這是他成年性經驗的開始，也是他可以依靠的慰藉，就和啤酒與大麻一樣，能幫助他逃離現實。在前往韋瑟瓦克斯高中的路上，他從別人院中偷摘了一朵花。賈姬看見寇特害羞地走向學校外面的吸煙區，手上拿

著一朵紅玫瑰，以為是要送給自己的。結果寇特把花送給了和他上床的那個女生，只是她不為所動。寇特不明白其實喜歡他的人是賈姬。反之，另外那個女生卻因為自己的輕率而感到丟臉，接著又因為被送了花而覺得尷尬。這是一場慘痛的教訓，而對於像寇特這麼敏感的人來說，這件事又讓他更加難以釐清自己對愛的渴望與成年人性愛的複雜性。

放學後，寇特馬上就遇到了更急迫的問題。第一件事就是找到住的地方。巴斯載他回家拿東西，而且就跟寇特猜想的一樣，這次爭執和之前的不同。他們到家的時候，母親還在發脾氣。「她從頭到尾都是抓狂的狀態，一直罵他是個他媽的魯蛇，」巴斯回憶道。「他一直說：『好啦，媽，好啦。』她清楚表明甚至不想看到他出現在家裡。」寇特拿了他的寶貝吉他和音箱，把衣服裝進好幾個海夫蒂牌垃圾袋（Hefty），最後一次在情感上和實體上逃離這個家。他以前也離家過很多次。在父母離婚後不久，離家出走就成了他的習慣，但之前都是他自己採取行動，而這次他感到特別無力，對於該怎麼照顧自己感到很害怕。寇特當時十七歲，正在讀高三，但大多數科目都不及格。他從來沒工作過，也沒有錢，他所有的家當都裝在四個海夫蒂牌垃圾袋裡。他很確定自己必須離開，但卻不知道該往哪裡去。

如果說父母離婚是他第一次感覺受到背叛，父親再婚是第二次，那麼這第三次被拋棄的感覺也是一樣強烈。溫蒂已經受不了他了。她向他的妹妹們抱怨，說她「已經不知道該拿寇特怎麼辦了。」他們的戰爭導致她與帕特的關係變差，而她正打算要跟帕特結婚。就算只是為了錢，她都不能讓這段關係告吹。寇特認為他的父母再一次選擇了新伴侶，而不是選擇他，而他這想法也有可能是對的。

這種被邊緣化的感覺會糾纏他一輩子：和之前的情感創傷結合在一起，他會一再回想起這次被踢出家門的經驗，始終無法完全擺脫這個創傷。它會一直潛藏在表面之下，使他一生都被籠罩在匱乏的恐懼之中。錢永遠不夠花、他永遠得不到足夠的關注，或者最重要的是，永遠沒有足夠的愛，因為他明白這一切都可能在短時間內消逝無蹤。

七年後，他把這段期間的經歷寫成一首歌，名叫〈有些事難以釋懷〉（Something in the Way）。由於歌詞寫得很隱晦，所以這「事」究竟是什麼並不清楚，但幾乎可以肯定，「難以釋懷」的就是他。這首歌暗指歌者住在一座橋下。寇特被問到這件事時，總是會講述自己被趕出家門、輟學，然後住在青年街橋（Young Street Bridge）下的故事。這座橋最後會成為他自身文化的一塊試金石、造就他傳奇形象的利器，也是他人生故事重要的一部分，在任何一段生平簡介中都少不了：這個孩子沒人要，淪落到住在橋下。這是個很有力的暗黑形象，而超脫合唱團成名後，雜誌就開始刊登青年街橋底部的照片，光看照片都幾乎可以聞到橋下的惡臭。從此，這座橋的暗黑形象就更能引人共鳴了。那裡看起來比較像妖怪住的地方，不是給孩子住的。它離寇特母親家只有兩個街區，寇特說這段距離用再多的愛也跨越不了。

然而，這個「住在橋下」的故事就跟之前「用槍換吉他」的故事一樣，都是經過寇特添油加醋的作品。「他從來沒有住在那座橋下過，」克里斯特．諾弗賽立克堅稱。「他是有在那裡閒晃過，但那裡潮起潮落，河岸泥濘不堪，不可能住人。這只是寇特編的故事。」寇特的妹妹說法也一樣：「他從來沒有住在那座橋下。那裡是附近的孩子會去抽大麻的地方，就這樣而已。」當地人說，就算寇特真的有在亞伯丁的任何一座橋下住過一晚，那也會是第六街橋（Sixth Street Bridge）。第六街橋在八百公尺外，空間比較大，橫跨一個小峽谷，是亞伯丁的流浪漢很喜歡的地方。但就算是這種地方也不太可能，因為寇特是個世界級的抱怨狂，這樣的人很難在室外熬過亞伯丁幾乎天天都下大雨的春季。然而，這個住在橋下的故事仍然意義非凡，就算只是因為寇特強調了它無數次。某種程度上，他一定連自己也開始相信真有這麼一回事。

寇特在這段期間的住處比他杜撰的故事還要令人鼻酸。他的旅程始於戴爾・克洛維的門廊上，他睡在一個冰箱的紙箱裡面，像隻小貓一樣蜷縮著。這家人趕他走之後，他的機智發揮了用途：亞伯丁有很多舊公寓大樓，走廊上有中央空調，他在這裡度過了許多夜晚。他會在很晚的時候溜進來，找一個比較寬的走道，把上方的燈泡轉鬆、弄熄，拿出睡墊來睡覺，然後確保在住戶醒來之前起床離開。幾年後，他在一首歌裡面完美總結了這種生活：「本能的意志，令我驚嘆。」他本能的生存技巧派上了用場，而且他的意志很堅強。

如果這些方法都行不通，寇特就會和另一個名叫保羅・懷特（Paul White）的少年走上山，到格雷斯港郡社區醫院，然後睡在等候室裡。寇特是兩人之中比較大膽——或者說比較窮途末路——的一個，他會厚著臉皮地走到醫院餐廳，用假的病房號碼排隊領食物。「等候室裡有電視，我們會看一整天，」懷特回想。「別人都以為我們是病患的家屬，以為我們的家人可能生病或是快死了，所以也就沒有人會多問。」這才是〈有些事難以釋懷〉這首歌所傳達的感情真相背後的真實故事，或許也是寇特生命中最大的諷刺——他回到了自己出生的地方。十七年前，他就是在這座俯瞰港灣的醫院出生的。現在他像個難民一樣，睡在等候室裡，從餐廳裡騙麵包來吃，還要假裝成死了家人的病患家屬，但真正的病其實是他內心的孤獨。

流落街頭大約四個月後，寇特終於回去和父親一起住。這對寇特來說並不容易，他還會考慮搬回去，說明了他的處境有多絕望。唐納和珍妮聽說寇特無家可歸，發現他睡在溫蒂家對面巷子車庫裡的一張舊沙發上。「他當時對所有人都很生氣，而且希望大家都以為沒有人肯收留他，事實上也真的是這樣，」珍妮回想。

回到蒙特沙諾，寇特搬回他在弗利特街住家的地下室。他與父親之間的權力鬥爭又變嚴重了——他離開唐納的這段時間好像只是變得更堅決。大家都知道寇特在這裡住不久——他們已經過了需要彼此的那段時間。寇特的吉他是他生活中唯一的慰藉，而且他一練就是好幾個小時。朋友和家人都注意到他彈吉他的技巧進步了。「任何歌曲他只要聽過一次，就能彈出來，不管是空中補給樂團還是約翰・考格爾・麥倫坎普（John Cougar Mellencamp）的歌他都會彈，」他的繼弟詹姆斯回想。他們家租了《搖滾萬歲》（This Is Spinal Tap）的錄影帶，寇特和詹姆斯連續看了五次。寇特很快就能背誦影片中的對話，也能彈奏片中樂團的歌曲。

寇特回去跟唐納和珍妮住的期間，他們家族裡又發生了另一起自殺事件。李蘭剩下的唯一一個兄弟肯尼斯・科本（Kenneth Cobain）因為走不出喪妻之痛，用一把口徑點二二的手槍射向自己的額頭。這種打擊讓李蘭幾乎無法承受：他父親、他兒子邁克還有他三個兄弟的這一連串死亡悲劇讓一向易怒的他變得十分悲傷。如果把厄尼斯特的死看成是酒精自殺，那麼李蘭的三個兄弟就都是死於他們自己手中，其中兩個還是舉槍自盡。

寇特跟這些伯公叔公並不親近，但一家人都籠罩在一種哀悼的氛圍中，彷彿全家上下都被詛咒了。寇特的繼母努力幫他找了一份除草的工作，因為這是蒙特除了伐木之外唯一找得到的工作。寇特只除了幾次草就覺得無聊。他看了一、兩次徵才廣告，但蒙特沙諾沒有太多工作選擇。全郡最大的公司薩特索普核電站（Satsop Nuclear Power Plant）還沒建設完畢就先破產了，導致失業率高達百分之十五，是全州失業率的兩倍。事情到了這個地步，唐納宣布要是寇特不去上學也不去工作，那他就得去當兵。隔天晚上，唐納就請了一個海軍招聘人員來跟兒子談話。

結果招聘人員看到的不是一個強壯而有主見的男人——若是換成若干年後，寇特可能會揪著他的領口把他扔出門外——而是一個悲傷絕望的孩子。令大家驚訝的是，寇特竟然聽完了他說的話。當天晚上，寇特說他會考慮考慮，這才讓爸爸鬆了一口氣。對寇特來說，軍隊聽起來像地獄一樣，但至少這個地獄的郵遞區號不一樣。寇特告訴傑西・里德：「至少海軍可以讓你三餐溫飽，還有地方讓你睡覺。」對一個曾經流落街頭、睡在醫院等候室的小伙子來說，可以不必聽父母管教就享有安穩的住處和食物，聽起來滿誘人的。但當唐納企圖說服寇特隔天晚上再讓那個招聘人員來一趟時，寇特卻說算了。

絕望之際，寇特投向了宗教。自一九八四年起，他和傑西就變得形影不離，連上教堂也一樣。

傑西的父母艾瑟兒（Ethel）和戴夫・里德（Dave Reed）是重生基督徒，他們會去蒙特和亞伯丁之間的中央浸信會教堂（Central Park Baptist Church）。寇特開始固定在每個星期日去做禮拜，甚至會參加星期三晚上的基督教青年團（Christian Youth Group）。這年十月，他在這間教堂受洗，雖然他沒有一個家人出席。傑西甚至還記得寇特重生的經驗：「有一天晚上，我們經過舍黑利斯河橋，他忽然停下來，說他接受耶穌走進他的生活。他請上帝『走進他的生命』。我清楚記得他談論那些天啟、那份平靜，跟所有接受基督的人一樣。」在接下來的幾個星期裡，寇特展現出重生後的福音派基督徒的氣質。他開始責罵傑西，因為他吸大麻、不尊重《聖經》，而且沒有盡到基督徒的本分。這段時間正好是寇特眾多沒有酗酒的時期之一。對於毒品和酒精，他總是一下放縱，一下禁慾。他在這個月寫給瑪麗阿姨的信中闡述了他對大麻的看法：

> 我剛在音樂電視臺上看完《大麻狂熱》（Reefer Madness）……那是三〇年代製作的，人嚐了一口大麻這惡魔的藥之後，就會變得極度昏沉，他們會互相殘殺、出軌、開車輾過無辜的路人。他們把一個看似海狸*（Beaver）的年輕人送上謀殺罪的法庭。哇，這真的是駭人聽聞，誇張到極點。但我明白背後的訊息。大麻很糟糕，我親身體驗過這一點，因為有一段時間，我變得像塊發霉的起司一樣恍惚。我想這是我和我媽的一大問題。

* 一九五七年美國電視劇《天才小麻煩》（Leave It To Beaver）中的人物。

但寇特幾乎是才剛把信寄出去、才剛開始適應基督徒的生活，就像丟棄穿不下的褲子一樣拋棄了信仰。「他當時非常渴望宗教，」傑西說，「但那只是基於恐懼、暫時性的一刻。」一旦恐懼消散了，他就又開始吸大麻。他接下來的三個月裡還是有去中央浸信會教堂做禮拜，但傑西記得，他說的話「愈來愈背離上帝，然後他就變了一個反上帝的人。」

傑西的父母對寇特已經培養出感情，而且由於寇特經常都待在他們家，他們就建議他搬進來。他們家住在北河（North River），是個距離亞伯丁約二十二公里的鄉下地方。當時這兩個男孩似乎都為對方彌補了彼此生命中的不足之處。里德一家討論能不能讓寇特搬過來北河，而溫蒂、唐納與珍妮都覺得值得一試。溫蒂告訴里德夫婦：「我已經無計可施了。」唐納和珍妮也同意這一點。「戴夫・里德來找我們，」珍妮回想，「他說他覺得自己能為寇特做點什麼。他們是個宗教家庭，戴夫覺得在別人都沒辦法的情況下，他能夠讓寇特聽話。」「我們真的很愛寇特，」艾瑟兒・里德解釋。「他是個很可愛的孩子，只是迷失了方向。」九月，寇特再次打包行李——這次用的是露營包，搬到了北河。

里德家有三百七十一平方公尺大，男孩們常常在寬闊的二樓跑來跑去。或許這間房子最大的優點就在於位置偏遠，他們彈電吉他彈得多大聲都沒問題。他們會彈一整天。雖然戴夫・里德是基督教青年團的顧問——他留短髮、有鬍鬚，長得很像《辛普森家庭》（The Simpsons）裡的「魯肉」弗蘭德（Ned Flanders）——但並不是個古板的人。他已經玩搖滾樂玩了二十年，之前還跟寇特的舅舅查克一起參加流浪者樂團，所以寇特的家人都認識他。里德家堆滿了音箱、吉他還有專輯。里德夫婦不像唐納那麼嚴格，他們會讓寇特跟巴斯和盧金去西雅圖看早期龐克的黑旗樂團表演。《火箭》（The Rocket）雜誌稱這場演出是一九八四年第二好的演出。但對寇特來說，能贏過這場表演的就只有麥爾文樂團在停車場的表演。後來他在每一次採訪時，都聲稱這次才是他人生中第一場演唱會。

寇特第一次跟克里斯特・諾弗賽立克一起即興演奏是在里德家。諾弗賽立克比寇特大兩歲，但他在格雷斯港特別顯眼，因為他身高兩百公分，簡直就像年輕版的亞伯拉罕・林肯。諾弗賽立克有克羅埃西亞血統，也經歷過父母離婚，而且他家庭不正常的程度和寇特有得比（之前在亞伯丁，別人都稱克里斯特為「克里斯」（Chris），到了一九九二年，他把名字的拼法改回了出生時的克羅埃西亞原名）。

寇特在高中以及在麥爾文樂團的練習場都見過克里斯特，但他們的生活還有另一個交集點，是兩人都不願提起的，那就是中央浸信會教堂。克里斯特也會上教堂，但連像里德先生這樣的長輩都知道他只是來「泡妞」的。有一天下午，傑西邀請克里斯特來家裡，三個人就即興演奏了一段。當時克里斯特是彈吉他的，傑西和寇特也一樣，所以他們像平常一樣模仿吉米・佩奇（Jimmy Page）時，演奏起來就像電影《反鬥智多星》（Wayne's World）的場景。克里斯特和傑西有一陣子會交換吉他來彈，而左撇子的寇特一直都是彈自己的吉他。這個吉他三人組也演奏過幾首寇特原創的歌曲。

寇特搬到里德家之後，曾經幾度短暫地嘗試回韋瑟瓦克斯高中念書。他的進度已經落後太多，所以自然沒辦法跟同屆的同學一起畢業。寇特告訴朋友，他可能會假裝弱智，以便進入特殊教育班。傑西因為他成績不好而笑他「腦子慢」。他在學校唯一認真參與的是美術課，就只有這個科目他不覺得跟不上。他拿課堂上的作品去參加一九八五年區域高中藝術展，而他的作品被收入公共教育管理人的永久收藏裡。亨特老師告訴寇特，只要他肯努力，就有可能拿到獎學金去念藝術學校。若想拿獎學金上大學，寇特就必須從韋瑟瓦克斯高中畢業，他覺得除非留級一年，否則不太可能發生（後來他謊稱自己拿到了好幾個獎學金的邀約）。最後寇特還是輟學了，但在那之前，他報名了亞伯丁的高中補校。教學內容和韋瑟瓦克斯高中差不多，但沒有正式課程，師生之間是一對一教學。邁克・波特拉斯（Mike Poitras）教了寇特一個星期左右，但寇特連新生課程都還沒上完就放棄了。兩個星期後，他又從這所為輟學生而準備的學校輟學了。

寇特完全輟學之後，戴夫・里德幫他在格雷蘭（Grayland）的點燈人餐廳（Lamplighter Restaurant）找了一份工作，時薪是四點二五美元，他負責洗碗盤、備料、當替補廚師以及打雜。當時是冬天，餐廳常常都沒什麼人，對寇特來說再好也不過。

寇特之所以會幻想自己在音樂產業界有所發展是受到戴夫・里德、查克舅舅和瑪麗阿姨的影響。戴夫和查克和流浪者樂團早期錄了一支單曲——〈紫花生〉（Purple Peanuts），是以〈特技車〉（The Wheelie）為基礎而創作的——這是里德家的珍寶。寇特和傑西經常聽這張唱片，並彈吉他模仿。

寇特自己也專心致志地寫歌——他有好幾本皮奇牌筆記本，裡面有好幾頁歌詞，其中的一些歌名是〈小屋裡的瓦特燈〉（Wattage in the Cottage）、〈破壞武士〉（Samurai Sabotage），還有一首關於里德先生的歌，名叫〈鑽石戴夫〉（Diamond Dave）。寇特還寫了1首歌來嘲笑亞伯丁一個自殺的同學，那個男孩名叫博（Beau），而他寫的這首歌叫〈紀念博〉（Ode to Beau），曲風是鄉村西部風。

流浪者樂團有一名前團員後來去西雅圖的國會唱片公司（Capitol Records）當推廣人。寇特一知道這件事，就緊緊抓著這個機會不放。他當時並不知道推廣人不是星探，所以總是吵著戴夫把他介紹給自己。「他老想認識他，因為他以為這對他的事業會有很大的幫助，」傑西回想。這是寇特・科本朝職業樂手發展的初期，而他一天到晚央求戴夫為他引見（這事始終沒發生），就證明了十七歲的寇特已經開始幻想往音樂界發展了。如果寇特在麥爾文樂團的練習小屋承認自己想和大唱片公司合作，那他應該會被當作異教徒看。這樣的抱負他一直藏在心裡，但也不斷想辦法去改變自己的境遇。

住在里德家的生活似乎讓寇特重新擁有一個他在父母離婚後就失去的家庭。里德一家人會一起吃晚餐、一起上教堂，里德夫婦還會鼓勵孩子表演音樂。可以明顯感覺到這一家人之間真摯的親情，寇特也被包括在內。一九八五年二月，寇特滿十八歲時，里德一家幫他辦了一場慶生會。瑪麗阿姨送了他兩本書：齊柏林飛船的傳記《諸神之錘》（Hammer of the Gods），以及諾曼・洛克威爾的插畫集。寇特在寫給阿姨的一張感謝函中描述了他的生日派對：「教會裡所有青年團的孩子都來了，他們帶了蛋糕給我和傑西，然後我們還玩了一些蠢遊戲，羅伊德牧師（Pastor Lloyd）也唱了幾首歌（他長得跟羅傑斯先生一模一樣）。知道有人在乎你的感覺真好。」

然而，即使有教會的青年團、羅伊德牧師和扶養他的里德一家，寇特在心理上仍然無法拋開被破碎的原生家庭拋棄的感覺。「他對自己很苛刻，」戴夫・里德觀察道。雖然寇特很少跟母親聯絡，但戴夫・里德每個月都會向溫蒂報告他的近況。一九八四年八月，溫蒂跟帕特・奧康納結了婚，隔年春天她就懷孕了。她懷孕期間，寇特曾經去她家拜訪過一次。溫蒂看見他有多迷惘時，忍不住哭了起來。寇特跪下來抱住母親，告訴她自己沒事。

他確實沒事，至少在那一刻是這樣，但接著問題又來了。一九八五年三月，寇特工作洗碗盤時劃傷了手指，慌張之下，他就辭職了。「他必須去縫線，」傑西回想。「他跟我說要是他手指受傷，彈不了吉他，那他就會去死。」寇特沒了工作，手受傷又不能練吉他，所以就宅在家裡。他說服傑西蹺課，然後兩個人整天喝酒、嗑藥。「他變得愈來愈孤立，」艾瑟兒・里德回想。「我們想把他拉出來，但就是沒辦法。我們漸漸覺得自己並不是在幫他，我們做的一切只是讓他有個地方窩著，讓他更遠離人群。」

四月，寇特的自我孤立達到了一個極點。有一天下午，他忘了帶鑰匙，所以就打破窗戶進門。這是里德一家能忍受的極限了，他們告訴寇特他得找別的地方住。當時是格雷斯港陰雨綿綿的四月天，而當大多數同年齡的孩子都在煩惱畢業舞會或準備畢業時，寇特卻再一次開始尋找住處。

無家可歸的寇特繼續沒完沒了地借住在朋友家的車庫或是睡在走道上。情急之下，他終於向政府尋求援助，每個月領取四十美元的食品券。他透過當地的失業辦公室找到了一份在基督教青年會（YMCA）的工作，五月一日開始上班。這是一份兼職工作，由當地的青年工作基金管轄，但根據他後來的描述，這份短期兼職是他最喜歡的工作。說好聽一點，他是當警衛，但如果其他員工請病假，他就會負責當候補救生員或活動指導員。寇特很喜歡這份工作，尤其是跟小孩相處。雖然寇特本身並不特別擅長游泳，但他很喜歡充當救生員。住在基督教青年會一個街區外的凱文・希林格（Kevin Shillinger）曾經看過寇特教五、六歲的孩子打兒童棒球，整堂課上，寇特臉上都掛著笑容。跟孩子在一起時，他能夠找到在其他地方所缺乏的自尊，因為他對小孩很有一套，而且他們也不會評斷他。

他還兼了第二份差，雖然這件事他很少提起。他在韋瑟瓦克斯高中當清潔工。每天傍晚，他都會穿上一件咖啡色連身衣，在他輟學的學校用拖把拖過走廊。雖然他開始工作時，學年已經差不多結束了，但他的同伴都在準備上大學，與他的處境形成強烈的對比，這讓他感到前所未有的自卑。他做了兩個月就辭職了。

寇特離開里德家之後，傑西也步上他的後塵。有一陣子，他們兩人住在傑西的爺爺奶奶位於亞伯丁的房子裡。接下來，在一九八五年六月一日，他們搬到北密西根街（North Michigan Street）四〇四號的一間公寓。不管用哪種標準來看，這間每個月一百美元租金的單間公寓——由於牆壁漆成粉紅色，所以名為「粉紅公寓」——都是個垃圾堆，但至少是他們自己的垃圾堆。公寓本身有一些簡單的家具，他們自己再擺上一些草坪用的裝飾品、「大輪子」（Big Wheels）三輪車以及從鄰居家偷來的後院搖椅。房間有一扇面向街道的大型景觀窗，寇特拿來當他的公告板，用肥皂在玻璃上寫上「六六六」或是「撒旦最強」。屋裡還有一個用繩索套著的充氣人偶，上面覆滿刮鬍凝膠。在這間公寓裡，到處都可以看到刀鋒牌刮鬍凝膠（Edge Shaving Gel），這是因為有人在附近發刮鬍凝膠的試用品，而寇特和傑西發現吸凝膠罐裡的氣體很過癮。有一天晚上他們嗑了一些迷幻藥，這時格雷斯港郡的警長來敲門，叫他們把人偶拿下來。幸好那名警長沒有進到公寓裡，否則他就會看到水槽裡有三個星期沒洗的碗盤、好幾樣偷來的草坪家具、塗滿了刀鋒牌刮鬍凝膠的牆壁，還有他們最近一次惡作劇的戰利品——從墓園的墓碑上偷來十字架，而且上面還畫了圓點花樣。

這並不是寇特在一九八五年夏天唯一一次遊走法律邊界。寇特、傑西和幾個朋友會像狼人一樣，等到天黑之後就出發去社區裡搞破壞。他們會偷草坪上的家具或在建築上噴漆。雖然寇特後來聲稱他的塗鴉都帶有政治訊息（他舉了幾個他寫的口號作為例子：「上帝是同性戀」、「把耶穌墮掉」），但事實上，他寫的東西大部分都沒什麼意義。有一次，他在鄰居的一艘船上用紅色噴漆寫了「船艾克」（Boat Ack），船身的另一面則寫了「有船的人滾出去」，結果惹怒了他的鄰居。還有一天晚上，他在基督教青年會的建築物牆壁上塗鴉，結果第二天就受到應有的懲罰，被派去把這些字清乾淨。

一九八五年七月二十三日晚上，警探麥可・班斯（Michael Bens）在市場街（Market Street）巡邏——這裡距離亞伯丁警察局只有一個街區。他看見巷子裡有三個男人和一個金髮少年。班斯的車一靠近，幾個男人就逃走了，但金髮少年卻愣著不動，就好像一隻被車頭燈照到的鹿，班斯看見他原本拿著的塗鴉筆掉了下來。他背後那道牆上的文字好像預示了將要發生的事：「我沒有那個什麼東西」。從字體樣式上來說，他寫的是藝術字，因為每個字母的大小寫都是隨意的，而且每一個「T」都比其他字母大四倍。

突然間，金髮少年迅速逃開，警車追了兩個街區才追到他。少年被抓住後就被戴上手銬。他說他的名字叫「寇特・唐納・科本」，而且他表現得很有禮貌。到了警察局，他寫了一份聲明書並簽上名，全文如下：

> 今天晚上我站在西雅圖第一銀行（SeaFirst Bank）後面圖書館旁的巷子裡，跟另外三個人講話的時候，我一邊在西雅圖第一銀行的建築上塗鴉。我不知道為什麼要這麼做，但我就是做了。我寫的內容是「我沒有那個什麼東西」。現在我知道這是個愚蠢的行為，我很後悔。警車開進巷子裡時，我看見警察來了，就把之前塗鴉用的紅色塗鴉筆放下。

他蓋了手印、拍了入案照，接著就被放出來，不過幾星期後他必須出席一場聽證會，還得繳一百八十美元的罰款，被判處緩刑三十天，還被警告不能再闖禍。

對十八歲的寇特來說，這說起來比做起來容易。有一天晚上，傑西在上班，他們的常客「克林貢樂迷」就帶著吉他過來一起即興演奏。有一個留鬍子的大個子鄰居大力敲牆壁，叫他們安靜點。後來根據寇特的說法，這個鄰居狠狠揍了他好幾個小時。這只是其中一件寇特講述他經常被亞伯丁的鄉巴佬虐待的事件。「事情並不是這樣，」史蒂夫・希林格回憶道，「那傢伙確實是有過來叫他安靜，但寇特對他嗤之以鼻，那傢伙就揍了他幾下，還叫他『閉上臭嘴』。」傑西當晚並不在場，但他認識寇特這麼長的時間裡，只記得他打過一次架。「他通常都是忙著逗大家笑。我總是在旁邊保護他。」傑西跟寇特一樣都不高，但傑西有在練舉重，身材很健壯。

生活在粉紅公寓的這段期間，傑西為了寇特什麼都肯做，而寇特也利用了這一點。有一天，寇特宣布兩人都要剪龐克頭。他們走去希林格家，準備好理髮器後，傑西很快就剪了龐克頭。但輪到寇特的時候，他卻突然說這個想法太蠢了。「有一次，寇特說他要在我額頭上寫字，我也可以在他額頭上寫字，」傑西回想。「他用永久性墨水在我額頭上寫了『六六六』，寫完他就跑了。我太蠢了，大家都拿我來當試驗品。如果有什麼化學藥品或是飲料，大家都會要我先試。」寇特這樣折磨死黨，顯示出一個黑暗面。傑西雖然整天游手好閒，但那年春天，他居然還是畢業了。有一天晚上，傑西去漢堡王打工的時候，寇特把傑西在年刊上的照片撕下來貼在牆壁上，然後用紅筆畫叉叉。這反映出來的比較像是寇特的自我厭惡，而不是他對傑西的感覺。也許他突然對自己的憤怒感到羞愧，因此決定把傑西趕出公寓，儘管押金是傑西付的。傑西很快就搬去跟他奶奶一起住，寇特又剩下自己一人。傑西本來就打算要加入海軍了，因此寇特有種危機感。他一輩子不斷重複這樣的行為模式：與其失去自己在乎的人，他寧願自己先收手，方法通常都是製造一些假衝突，以便減輕那種他自覺無可避免的遺棄感。

寇特住在粉紅公寓時持續寫歌。他大部分的歌曲素材都是來自身邊的人事物，再稍微改編，很多都充滿了幽默感。這年夏天，他寫了一首關於肉類罐頭的歌，名叫〈世棒〉（Spam）。還有一首歌叫〈八五年那一屆〉（The Class of 85），是用來攻擊傑西和他那一屆畢業生，歌詞有一句是「我們都一樣，就像糞便上的蒼蠅」。雖然寇特的歌都關於他孤立的世界，但即使在這個時期，他都已經展現出巨大的野心。「我要創造出比 U2 樂團或 R.E.M. 樂團還厲害的唱片，」他向史蒂夫・希林格吹噓。寇特很喜歡這兩個樂團，而且不停誇讚碎片樂團（Smithereens）有多棒，但他在巴斯面前會謹慎地避免談到這些，免得打破龐克不愛流行音樂的規矩。他把所有樂迷雜誌和音樂雜誌都讀遍了，這些在亞伯丁並不好找。他甚至還寫了一大篇假想的訪談記錄，訪談對象是他自己，出版社也是虛構出來的。寇特和史蒂夫聊過要出自己的樂迷雜誌，他們甚至還做出了一期樣刊。但後來史蒂夫發現寇特在為他從沒聽過的唱片寫正面評論，於是就退出了。寇特也提過要自己開唱片公司。有一天晚上，他和史蒂夫替一個名叫史考蒂・克拉提（Scotty Karate）的朋友錄了一篇口頭獨白，而這件事也跟他這個時期的眾多想法一樣無疾而終。

他沒有錢自己出樂迷雜誌或開唱片公司，甚至連付房租都有困難。傑西離開兩個月後，寇特也被趕了出去。寇特的房東趁他不在家的時候進來，把他為數不多的家當裝進箱子裡，包括偷來的十字架和「大輪子」三輪車，然後丟在大街上。

・・・

這是寇特兩年來第三次無家可歸，於是他再次考慮加入海軍。崔弗・布里格斯當時也報名要參軍，他叫寇特利用海軍的夥伴制度，好讓兩人能被分配到同一個訓練營。當時格雷斯港的失業率不斷攀升，一個十八歲輟學生的選擇很有限。寇特來到州街（State Street）的海軍招募辦公室，花了三個小時做美軍職業性向測驗（ASVAB）。他通過了測試，海軍也願意收他。後來寇特聲稱他拿到這個測驗的史上最高分，但這不太可能，因為測驗內容包括數學。而到了最後一刻，寇特就像之前一樣，在要入伍時退出了。

大多數的夜晚，寇特都睡在格雷格・歐坎森的母親那輛破破爛爛的富豪汽車（Volvo）後座，這臺車被寇特戲稱為「陰門」（vulva）汽車。到了十月，天氣開始變差，夜晚睡在汽車裡非常難熬。後來寇特在希林格家找到了一個新的施主，他被寇特說服，答應讓他住進家裡。

拉蒙・希林格（Lamont Shillinger）是寇特在韋瑟瓦克斯高中的英文老師，他跟戴夫・里德一樣來自宗教家庭。雖然他好幾年前就離開摩門教了，但根據他自己的說法，他還是想當一個「自由的大好人」。希林格家跟里德家還有很多相似的地方：希林格一家人會一起吃晚餐，共度家庭時光，而且他們也會鼓勵兒子玩音樂。寇特被他們當成家人一樣，而且也必須幫忙輪流做家事，他對此沒有怨言，並很感激自己能夠融入。希林格家的空間不太夠——他們自己就有六個孩子，所以寇特睡在客廳的沙發上，白天時就把睡袋收到沙發後面。一九八五年的感恩節和耶誕節早晨，他都和希林格一家一起度過。拉蒙・希林格買了一件寇特非常需要的新的Levi's牛仔褲送給他。耶誕節當天稍晚，寇特去溫蒂家，當時她剛生下寇特同母異父的妹妹布莉安妮（Brianne）。新生兒讓奧康納一家比起以前溫馨許多，但沒有人說要讓寇特搬回去。

一九八五年十二月，寇特開始排練一些他自己寫的歌，並由戴爾・克洛維擔任貝斯手，格雷格・歐坎森擔任鼓手。他把這個團體命名為「糞便樂團」（Fecal Matter），這是他第一個真正的樂團。他說服克洛維一起去瑪麗阿姨家錄製歌曲。瑪麗回憶：「他來的時候帶著一本厚厚的筆記本，裡面寫滿了歌詞。我教他怎麼調整一些設定還有怎麼用盤式錄音器，然後他就開始錄了。」寇特先錄製他的人聲部分，然後他和克洛維再把吉他、貝斯和打鼓的部分錄上去。瑪麗不太喜歡〈自殺武士〉（Suicide Samurai）的歌詞，但她只把這當成典型的青少年行為，沒再多管。他們還錄了〈殺戮斑比〉（Bambi Slaughter，這首歌講述一個男孩把父母的結婚戒指拿去典當）、〈布菲懷孕了〉（Buffy's Pregnant，布菲是《闔家歡》（Family Affair）電視劇裡面的人物）、〈鎮靜劑〉（Downer）、〈成層效應〉（Laminated Effect）、〈打屁股〉（Spank Thru），還有〈丹提志之聲〉（Sound of Dentage）。寇特回到亞伯丁之後，用希林格家的錄音機錄了好幾捲複本。他把看得見、摸得著的錄音帶拿在手中，這是他才華的鐵證，是他透過音樂找到自尊的第一個實體證據。然而，糞便樂團連一次演出都沒有辦過就解散了。

雖然外在的環境不理想，但寇特內心的藝術生命卻突飛猛進。他持續用超八錄影機拍片。在這段時期的一支短默片裡，寇特穿著KISW電臺推出的印有「西雅圖最佳搖滾」的T恤，穿越一棟荒廢的建築物，戴著全罩式太陽眼鏡，想要模仿電影《斷了氣》（Breathless）裡的尚－保羅・貝爾蒙多（Jean-Paul Belmondo）。在另一部影片裡，他戴著T先生**（Mr. T）的面具，假裝吸入一大堆看起來像古柯鹼的東西，這是他用麵粉和吸塵器做出來的效果。不用說，這些影片都非常原創——且跟他其他所有作品一樣，也讓人感到不安。這年春天，他嘗試創業，幫人用塗鴉裝飾滑板。他甚至還在鎮上到處貼傳單，但他唯一的顧客是一個青少年，對方請他在滑板上畫一顆爆炸的頭。寇特很開心地畫了——這是他的專長，但這個客人一直沒付錢，這樁事業也失敗了。

一九八六年五月十八日，寇特再次受到亞伯丁警察局的關照。半夜十二點半，警察接到電話，來到西市場街（West Market）六一八號的一棟廢棄建築。警官約翰・格林（John Green）發現寇特爬到屋頂上，看起來好像喝醉了。格林警官記得寇特是個「乖巧的孩子，只是有點怕生」。寇特因為非法入侵和未成年飲酒而被起訴。警察發現他有一筆蓄意破壞他人財產的不良記錄（他之前亂塗鴉被抓，還沒繳罰款），再加上在西雅圖時因為非法飲酒被逮捕，而且他付不出保釋金，所以把他關進牢裡。他待的牢房簡直跟舊黑幫電影裡的牢房一樣：鐵欄杆、水泥地、不通風。根據寇特的筆錄，他在健康狀況裡填了「背痛」，還自稱「已經十九歲，體重六十一公斤，身高一百七十五公分，棕髮，藍眼」。他誇大了自己的身高和體重。

寇特用他唯一一次打電話的機會打給拉蒙・希林格，求他保他出去。拉蒙覺得自己對寇特的照

** 原名勞倫斯・托多德（Laurence Tureaud），美國演員、前職業摔角選手。

顧已經仁至義盡，認為寇特這次必須靠自己離開這裡。隔天，拉蒙還是去看了寇特，而且雖然有違他的宗教理念，但他還是幫寇特帶了一盒香煙。由於寇特繳不出保釋金，所以在牢裡待了八天。

幾年後，寇特利用這次經驗來創造他的個人傳奇，強調自己的機智和適應力。他聲稱在牢裡時，他畫色情圖畫供獄友打手槍。他還說，他的手繪色情畫太受歡迎，他還拿它們來換香煙，結果很快就收集到了牢裡所有的香煙。故事發展到此時，他已經成為「掌管大牢」的「老大」。這個虛構的故事他只敢告訴不認識的人，因為他在亞伯丁的朋友都記得，他多年來看過的監獄電影讓他嚇到從頭到尾都無法跟其他獄友說一句話。

寇特在希林格家的生活很快就要結束了。他已經在這裡住了一年，而且他已經十九歲——超過法定監護年齡，既不是希林格家的親戚，也不是他們正式的養子。他也開始跟艾瑞克・希林格起衝突，希林格覺得寇特早就該滾了。在一個週末，希林格一家出去旅行，卻沒有帶上寇特。他們回家時，發現寇特強迫家裡的兩隻狗在艾瑞克的床上大便。但就連這個侮辱都不是壓死駱駝的最後一根稻草。真正讓他們受不了的是在一九八六年八月的一天晚上，艾瑞克和寇特為了一個托蒂諾牌（Totino）迷你披薩而吵架。所有人都說，這是寇特經歷過最嚴重的打架事件，他試圖用一根二乘四的標準木材打艾瑞克。「我隔天看到艾瑞克時，他的一隻眼睛掛了黑輪，」凱文・希林格回憶道，「而寇特則是兩個眼睛都黑輪。」當天晚上寇特就離開了。他扶著腫脹的臉回到麥爾文樂團的練習室。隔天，他給史蒂夫・希林格十美元，叫他把剩下的行李拖到克洛維家。他的人生可以總結成一個再熟悉也不過的循環：親密、衝突、遺棄，以及隨之而來的孤獨。

當時唯一讓寇特開心的事情就是克里斯特．諾弗賽立克似乎有興趣一起組樂團。寇特早期把糞便樂團的錄音帶給了幾個人，而克里斯特就是其中之一。「他有一捲試聽帶，裡面有〈打屁股〉這首歌，」克里斯特回想。「我覺得這是一首很棒的歌。」克里斯特的女友雪莉．迪利（Shelli Dilly）從高中開始就跟寇特是朋友，他們讓寇特睡在克里斯特停在家後面的福斯貨車上。「我都會確保他的毯子夠用，免得他凍死，」雪莉說。每次寇特去她工作的麥當勞時，她都會免費給他食物。

一九八六年九月初，有一天接近傍晚的時候，亞伯丁森林圖書館（Aberdeen Timberland Library）的管理員希拉蕊．里奇羅德（Hilary Richrod）聽見敲門聲。她透過鑰匙孔看見一個紅著眼睛、身材高大的男孩還有寇特。她認得寇特，因為他下午經常去圖書館讀書或睡覺。里奇羅德看見這怪異的雙人組出現在她門前，開門時就有警戒之心——這個小鎮上偷竊和搶劫十分常見。當寇特把手伸進大衣裡時，她又更加警覺了，但寇特掏出來的是一隻翅膀受傷的小鴿子。「牠受傷了，不能飛，」寇特說。里奇羅德一時愣住了。「你會照顧鳥，對吧？」寇特問，聽起來有點不耐煩。她確實會照顧鳥，而且她還是亞伯丁野鳥救助組織的負責人。但有鳥受傷時，大家通常都是用電話聯絡她。從來沒有人直接出現在她家門前，更不用說兩個看起來像嗑了藥的青少年。

寇特告訴她自己是在青年街橋下發現這隻鴿子的。他們一看見鴿子，就走了十五分鐘來到她家。他們並沒有解釋是怎麼知道她會照顧鳥的，但兩人都仔細看著她幫鴿子治療。他們進屋時看見了里奇羅德丈夫的吉他，寇特馬上就打量了一番：「這是萊斯．保羅型的吉他，雖然是複製品，但是是很早期的複製品。」他說想買下這把吉他，但里奇羅德說不賣。她還想過他們會不會把吉他偷走。

但他們唯一關心的就是小鴿子的安危。他們回到廚房裡，仔細觀看里奇羅德慢慢移動鴿子的翅膀，好確認牠傷得有多嚴重。「牠受傷了，對不對？」寇特問。里奇羅德在廚房裡養了兩隻夜鷹，是這個物種唯一一對由人類飼養的。她告訴他們，這兩隻鳥曾經上過《亞伯丁世界日報》頭版的專題報導。

「我有在玩樂團，」寇特回答，說話的樣子彷彿這是眾所皆知的事。「但就連我都沒有機會登上《亞伯丁世界日報》頭版。這兩隻鳥比我厲害多了。」

6

1986 年 9 月— 1987 年 3 月
華盛頓州，亞伯丁

不夠愛牠

顯然我之前不夠愛牠，不像我現在這麼愛。
——摘錄自一九八七年的日記

一九八六年九月一日，溫蒂借寇特兩百美元付押金和第一個月的房租——寇特搬進了他的第一個「房子」。這棟建築在法律上的描述是亞伯丁東二街（East Second Street）一千又二分之一號，但這麼說實在太好聽了。這棟破屋如果在其他有合理建築法規的大城市裡，可能會被認定為不適合居住。屋頂爛掉了，前廊上的木板掉到地面上，也沒有冰箱或爐子。室內很奇怪地被分成五個小房間，分別是兩個客廳、兩個臥室和一個浴室。這棟房子坐落在另一棟房子後方，所以地址才會這麼奇怪。

不過房子的地點——距離媽媽家兩個街區——對一個還沒完全脫離溫蒂精神控制的十九歲少年

來說非常理想。過去一年來，他們的關係變好了。寇特離開家後，兩人在感情上更親密了。他仍然非常需要溫蒂的認同和關注，儘管他努力想隱藏這個弱點。溫蒂有時會拿食物給他，他也可以去她家洗衣服、用電話或從冰箱拿食物，前提是他的繼父不在家。寇特住的破屋位在救世軍（Salvation Army）所在的建築附近，同時也在一間雜貨店後面。由於家裡沒有冰箱，寇特會把啤酒放在屋後門廊的冰桶裡，直到被鄰居家的小孩發現。

寇特選了麥爾文樂團的麥特・盧金當室友。他一直都想加入麥爾文樂團，而跟盧金住在一起已經是離目標最接近的了。寇特對這棟屋子的主要貢獻是把一個裝滿烏龜的浴缸固定在客廳裡，並在地板上鑽了個洞，讓牠們的排泄物從地板下流走。盧金至少還用他的裝潢技巧來重新布置牆壁。跟盧金住的另一個好處是他已經滿二十一歲，所以可以合法買啤酒，「胖子」很快就會成為遙遠的記憶。

這棟屋子不但是派對場地，後來也變成了樂團練習的地方。由於盧金是室友，所以巴斯・奧斯本和戴爾・克洛維也經常來訪，而且因為客廳裡到處都是樂器，他們經常即興演奏。麥爾文樂團的一群「克林貢樂迷」也在小屋裡住了下來。雖然這些人主要是靠喝醉酒來聯繫感情，但是在東二街一千又二分之一號平靜的日子是寇特生命中交際最多的時光。他甚至跟鄰居也友好了起來，或者至少跟鄰居家的青少年孩子關係不錯。這些孩子都是胎兒酒精症候群的受害者，但寇特還是照樣給他們啤酒。還有另一個年長的鄰居，外號叫「林納・史金納樂團嬉皮士」（Lynyrd Skynyrd hippie），他每天都來找寇特聽林納・史金納樂團的《精選集》（Greatest Hits），一邊跟著打鼓。

為了繳房租，寇特在洋濱市（Ocean Shores）附近的波利尼西亞公寓度假村（Polynesian Condominium Resort）找了一份維修工人的工作。他會搭四十公里的巴士到海岸度假村上班。這個工作很輕鬆，因為他主要負責修東西，而這座六十六房的度假村不怎麼需要修繕。後來度假村有女侍者的職缺，他就推薦克里斯特的女友雪莉來應徵。「他都會在巴士上睡覺，」她回想，「我覺得很好笑，因為他根本不適合當維修工人。他常常都在度假村的房間睡覺，或是等客人走了再去冰箱裡找食物。」這份工作除了有每小時四美元的底薪之外，還有一個好處，就是他只要穿咖啡色的工作襯衫，不用穿他討厭的制服。

他會跟朋友吹噓這份工作有多簡單——說自己是個「維修男寵」，還說他常常溜進房間裡看電視打發時間。但他沒有告訴任何人自己有時候也要打掃房間。寇特・科本本身不會打掃房間的程度都可以登上名人榜了，結果現在他竟然得當清潔工。每天早上搭公車去度假村時（常常都是宿醉的狀態），他都會幻想一個不需要刷馬桶和鋪床單的未來。

他倒是心心念念地想要組樂團。這個想法在他心頭盤旋不去，他花了無數個小時思考該怎麼達成夢想。巴斯就做到了——而若巴斯能想出辦法，那麼他確定自己也可以。一九八七年，他擔任過十多次麥爾文樂團的隨行助手，一起到奧林匹亞演出。奧林匹亞是往東一小時車程的大學城，他發現這裡有為數不多但十分熱情的龐克搖滾聽眾。雖然他要搬樂器並徹夜工作，但當他隨團來到西雅圖時，他看到了一個更大的世界。擔任麥爾文樂團的助手並不是什麼光鮮亮麗的工作，因為既沒有錢拿，也沒有想跟他上床的樂迷，而且巴斯是出了名的喜歡使喚人。但寇特樂意接受他的使喚，因為他學到太多東西了。他開始感到驕傲，特別是對於他的吉他技巧。他幫巴斯搬音箱時，會想像兩人的角色互換。他一有機會就練習，不斷進步是他找到能夠建立自信的少數途徑之一。在奧林匹亞一個叫格斯克俱樂部（Gessco）的最後一場秀上，巴斯和戴爾叫他一起即興演出，他的期待終於有所回報。雖然只有大約二十人看了這場表演——宣傳海報把樂團名稱寫成「棕色毛巾」（Brown Towel），但他們的名字其實是「棕色母牛」（Brown Cow）——但這一夜是他第一次為付費的觀眾演出。不過他沒有彈吉他，而是隨著巴斯和戴爾瘋狂的樂器聲朗誦詩歌。

他在粉紅公寓裡很多自我毀滅的習慣也延續到破屋裡。他在這一時期認識的崔西・馬倫達（Tracy Marander）說，他迷幻藥的用量非常驚人。「寇特服用了很多迷幻藥，有時候一個星期五次，」她回想。奇怪的是，他增加用藥的原因至少有一部分是出於對工會的忠誠。當時亞伯丁的雜貨店罷工，所以要買啤酒就必須開車到奧林匹亞或是穿越警戒線，而寇特通常都是選擇服用迷幻藥來代替。他若真的出去買啤酒，通常都會買「動物啤酒」，因為施密特啤酒的罐子上有野生動物的圖片。他有錢的時候就會奢侈一下，買滾石（Rolling Rock）啤酒，因為「它看起來很像把搖滾（rock 'n' roll）倒過來寫」，他這麼告訴朋友。

住在破屋的這一年是寇特吸毒時間最長、最嚴重的時期之一。他之前吸毒的模式都是狂吸一陣然後再戒掉，但住在破屋裡時，他那種吸法就好像他沒有其他興趣一樣。「他老是愈要愈多，」史蒂夫・希林格回想，「總是要比別人多吸一點，效果剛退下來就要再吸。」沒錢買大麻、迷幻藥或啤酒時，他就去吸氣霧罐。「他真的很喜歡把自己搞得一團糟，毒品、迷幻藥，任何藥物他都愛，」諾弗賽立克說。「他大白天就整個人昏昏沉沉的，簡直亂七八糟。」

他也繼續談論自殺和早逝的話題。萊恩・艾格納（Ryan Aigner）住在一個街區外，他記得剛認識寇特時，寇特每天都在談論死亡。有一次，萊恩問寇特：「你三十歲的時候要做什麼？」「我才不擔心三十歲要做什麼，」寇特回答，講話的語氣就像在談論壞掉的火星塞一樣。「因為我活不到三十歲。你也知道三十歲之後的人生是怎麼樣，我才不要那樣。」這種想法對萊恩來說很陌生，當時他是個眼裡充滿各種可能性的年輕人，所以一時愣住了。他看得出寇特內心的折磨。「他整個人就是自殺的模樣。他看起來像要自殺，走起路來像要自殺，談論的也是自殺。」

春天快結束的時候，寇特辭掉了度假村的工作。由於急需用錢，他有時會跟萊恩一起去當地毯安裝工。地毯公司的上級很喜歡寇特，萊恩告訴他有一個全職的職缺，但他拒絕了，因為正經的工作對他來說實在太討厭，而且他也很怕用雙刃刀割地毯會傷到他彈吉他的手。「我的手太重要了，」寇特說。「只要一個不小心，我的吉他演奏事業就毀了。」他說要是割到手，沒辦法彈吉他，那他就活不下去了。

寇特用「事業」一詞來形容自己的音樂演出，是他生活中唯一展現樂觀的地方。他無止境的練習開始有了回報。他以驚人的速度寫歌，在他的筆記本上潦草地寫下歌詞。他從自己看過的演出和聽過的唱片中快速學習和吸收，別人彷彿能看見他腦中拼湊出一個計畫來。他的重點不是放在「樂團」上，因為當時連一個成員都還沒有，反而是他太過熱中演奏，同時跑去三、四個團隊裡演出。早期在破屋練習的團體中，寇特負責彈吉他，克里斯特彈貝斯，再加上當地鼓手鮑伯·麥克法登（Bob McFadden）。在另一個團體裡，寇特負責打鼓，克里斯特彈吉他，而史提夫·「瞬間」·紐曼（Steve "Instant" Newman）則是貝斯手。寇特後來把這些團體稱為「樂團」，但這有點誇大其詞。他們只是寇特想像中的樂團，他只是像別人幻想完美的棒球隊一樣，把一些人組合在一起。他看到麥爾文樂團一個晚上表演可以賺六十美元，於是也和克里斯特組了一個樂團，名叫售完樂團（Sellouts）。他們只會排練克里登斯清水復興合唱團（Creedence Clearwater Revival）的歌，因為他們知道這些歌在亞伯丁的酒館裡會很受歡迎。寇特把這幾個樂團說得好像經歷過漫長的職業生涯一樣，但其實大多數都只是排練過而已。他們只有在一個高中生的啤酒聚會上公開穿過印有團名稱「硬木」（Stiff Woodies）的衣服，聚會上沒有人在注意他們。

雖然寇特一直忙於參加即興表演和派對，但到了一九八七年初，他已經不太想留在亞伯丁了。他的朋友發現，當所有人都把音樂當成度過星期五晚上的消遣活動時，寇特卻連星期六早上都在練吉他或寫歌。他唯一缺乏的就是創作音樂的平臺，但情況很快就會改變。他和克里斯特開始跟一個社區裡的鼓手亞倫·柏克哈德（Aaron Burckhard）組成無名樂團。克里斯特彈貝斯，柏克哈德打鼓，寇特則是彈吉他和唱歌。這是超脫合唱團的雛形，也是寇特初次體驗到在音樂上擔任領袖。在一九八六年的前幾個月裡，他們幾乎每天晚上都練習，一直練到寇特覺得夠了為止。練完之後，他們會開車去肯德基。「寇特很喜歡肯德基的小雞堡，」柏克哈德回想。「有一次，寇特拿了絕緣膠帶，在得來速的對講機上貼了一個逆十字符號。店員不得不出來把膠帶撕下來，我們從貨車裡面看著，都快笑死了。」

初春時，巴斯宣布他要搬去加州，麥爾文樂團也要解散了。這是亞伯丁樂團史上一個重要的時刻，而寇特見證著，必定覺得自己看到了一個叛徒。「事情是這樣的，」盧金回憶道，「我被踢出去了。樂團說什麼要解散，但那只把我踢出去的一個手段而已。巴斯說：『不是，我也不會在樂團裡了，我要搬去加州。』但他搬家一個月之後，麥爾文樂團又開始表演了。我覺得很不好受，因為巴斯之前就是這樣把我們的前鼓手踢出去的。」

室友離開麥爾文樂團是寇特的發展過程中一個重要的里程碑。在這場爭執中，每個人都選邊站，而寇特第一次鼓起勇氣挑戰巴斯。「那一天，在藝術上和情感上，寇特都離開了麥爾文樂團，」萊恩回想。寇特已經看出自己受流行音樂影響太深，永遠都不可能讓巴斯滿意。雖然他還是繼續談論自己對麥爾文樂團的喜愛，但他已經不再把巴斯當作偶像了。這是他發展出自己的方向必經的一步，雖然很痛苦，卻也解放了他的創造力、給了他更大的藝術空間。

寇特和盧金也開始看對方不順眼，因為寇特不太喜歡盧金的一些朋友。他直接把電視劇《我愛露西》（I Love Lucy）中的橋段拿出來用，在房子中間貼了一條紙膠帶，把房子分成一半，然後叫盧金和他的朋友留在他們那一邊。盧金的朋友抱怨說要跨過紙膠帶去上廁所，結果寇特的回應是：

「你去院子裡上，因為浴室在我這一邊。」後來盧金就搬出去了。有一陣子寇特沒有室友，直到一個來自奧林匹亞的朋友迪倫・卡爾森（Dylan Carlson）搬進來。迪倫留著棕色長髮，鬍子亂糟糟的，看起來有點像海灘男孩樂團（Beach Boys）的布萊恩・威爾森（Brian Wilson）落魄時的樣子，但他對宗教、種族和政治都有大膽的見解。迪倫雖然很古怪，但他聰明、有才華又友善，這些都是寇特欣賞的特質。他們之前在棕色母牛樂團那場演出上認識，就此成了朋友。

迪倫以要跟寇特一起做地毯工的名義搬去亞伯丁。這個工作有個好處：「我們的老闆經常喝得爛醉，」迪倫回憶道。「我們有時早上去工作，他就已經躺在辦公室地上了。有一次，他醉倒在門前面，我們打不開門，沒辦法去叫醒他。」雖然這份工作後來他們也沒做下去，但兩人的友誼維持了下來。有了一個樂團、一個新的死黨和一些好歌，寇特帶著比較樂觀的心情迎接一九八七年以及他的二十歲。令人驚訝的是，沒多久，連他的性生活也開始美滿。崔西・馬倫達成了他的女朋友。

他們是因為養老鼠才發展出感情的——寇特和崔西兩人都有養寵物鼠。寇特第一次遇見她是兩年前在西雅圖一家龐克俱樂部外——這也是他某次非法飲酒被抓的地方。當時他和巴斯在車上喝酒，崔西過來打招呼，寇特因為太開心而沒注意到警車靠近。接下來的一年，他們也曾經相遇。一九八七年初，他們開始交往。「我已經跟他調情了好一陣子，」崔西說，「我覺得他可能很難相信會有女生喜歡他。」

崔西對二十歲的寇特來說是理想的女朋友，而且她也是象徵寇特長大成人的重要里程碑。她比寇特大一歲，看過幾百場龐克搖滾表演，對音樂有豐富的知識，這對寇特來說有很大的性吸引力。

她是個質樸的美女，態度務實，有一頭深色頭髮，身材凹凸有致，還有一雙棕色的大眼睛，跟寇特的藍眼睛一樣引人注目。她跟每個人都能成為朋友，而從這方面來看，或者從很多方面來看，她跟寇特都是天差地遠。他馬上就被她吸引住，儘管一開始他覺得自己配不上她。即使到了他們交往初期，他內心的傷痛和他周而復始的退縮就已經顯現出來。他們剛開始上床沒多久，有一次事後，她看著他的裸體說：「天哪，你還真瘦。」雖然崔西沒有意識到，但這句話讓寇特深受打擊。他的反應是穿上衣服然後衝出門外。但他後來還是回來了。

崔西決定要更愛他，讓他不再害怕。她要愛他到讓他有辦法去愛自己。但這對寇特來說卻是一片凶險之地，在每個轉角處都有讓他自我懷疑和恐懼的藉口。

這年春天，寇特唯一比崔西更愛的就是他的寵物鼠「奇弟」（Kitty）。這隻公老鼠他從小就開始養，剛出生的幾週還用眼藥水瓶子來餵食牠。這隻老鼠通常都會待在籠子裡，但有時候寇特會讓牠在房子裡到處跑，因為一點老鼠屎也不會影響原本就已經很髒的地毯。有一次奇弟在破屋裡跑，寇特在天花板上看見一隻蜘蛛，就叫奇弟去抓牠。「我說：『看到那個王八蛋了嗎，奇弟？去抓牠，弄死牠，去抓牠，弄死牠。』」寇特在日記上這樣寫。但奇弟沒有抓到那隻蜘蛛。當寇特拿一罐布魯特牌（Brut）除臭噴霧想噴死蜘蛛時，他聽見了一個令人心碎的聲音，於是低下頭去看：

我的左腳……踩在我的老鼠頭上。牠邊跳邊尖叫，還一邊流血。我喊了大約三十次「對不起」，然後用一條髒內褲把牠撿起來放進袋子裡，再找一根二乘四標準木材，把牠帶到室外用力打。接著再把牠翻到側面，在袋子上狂踩。我感覺到牠的骨頭和內臟碎裂。我花了兩分鐘結束牠的痛苦，然後自己繼續痛苦整個晚上。顯然我之前不夠愛牠，不像我現在這麼愛。我回到臥室，看見地上的血跡還有那隻蜘蛛。我對著牠尖叫：「去你的。」我本來想殺牠，但最後還是放了牠，最後牠在我徹夜難眠的時候從我臉上爬過。

7

1987 年 3 月
華盛頓州，雷蒙德（Raymond）

褲襠裡的索比・賽爾斯

我的褲襠裡有個索比・賽爾斯（Soupy Sales）。
——寇特在超脫合唱團的第一場演唱會上對十五名觀眾說的話

寇特・科本作為樂團領導人的職業生涯差點在開始前就結束了。一九八七年三月初一個下雨的晚上，他的樂團終於開著裝滿器材的箱型車離開亞伯丁，去舉行他們的第一場演出。這個樂團還沒有名字，但寇特已經花了無數個小時在思考各種選擇了，其中包括便便盒（Poo Poo Box）、設計師毒品（Designer Drugs）、鬍子餅乾（Whisker Biscuit）、脊柱裂（Spina Biffida）、內臟炸彈（Gut Bomb）、蛋鞭（Egg Flog）、嘔吐腹瀉（Pukeaharrea）、嘔吐蟲（Puking Worms）、魚飼料（Fish Food）、蝙蝠巨蜥（Bat Guana）和「吾」能傻瓜（Imcompotent Fool，故意拼錯）等等。但到了一九八七年三月，他始終還沒決定。

他們要前往位在亞伯丁南部半小時車程的雷蒙德，這個地方比亞伯丁還要更像亞伯丁，實實在在是個充滿伐木工人和鄉巴佬的地方，因為每一份工作都跟伐木有關。他們選擇雷蒙德作為處女秀的地方，就好像在卡茨基爾*（Catskills）舉行百老匯開場演出——這是個試水溫的好地方，因為這裡的觀眾比較不挑剔，也沒那麼懂行。

萊恩・艾格納由於交際手腕好，所以暫時充當他們的經理人，這場演出就是他安排的。他常叫寇特在公開場合演出，寇特不置可否時，萊恩就會擅自安排派對上的表演。萊恩從公司借來一輛搬運地毯的貨車，把他們的器材裝上車，然後把寇特、克里斯特、柏克哈德、雪莉、崔西都找來，幾個人就坐在一捆捆地毯上。由於這次演出是沒有報酬，寇特在旅途上不斷抱怨他們的樂團配得上更高檔的表演——他們除了在他的小破屋之外從來沒有在其他地方表演過。「我們要在雷蒙德演出，」他說起這個地名時好像把它當成汙點一樣，「而且還是在某個人的家裡。他們甚至不知道廣播是什麼，他們一定會討厭我們的。」萊恩觀察道：「寇特的理論是，觀眾可能會討厭他們，這他們欣然接受，或者很愛他們，這樣也不錯。兩種情況他都可以。」這是個經典的例子，寇特整個職業生涯都是用同一種方式來應對：他會矮化成功，提出最糟的情境，覺得這樣就能保護自己免於真正的失敗。假如後來事實沒有他想像的那麼糟，那他就可以宣告自己取得了某種程度的勝利，說他又戰勝了命運。然而這一次，他的悲觀預言還真的應驗了。

---

* 位於美國紐約市不遠處的一座高原，遠離都市喧囂，有一片森林保護區。

演出的房子位在雷蒙德十一公里外的努斯鮑姆路（Nussbaum Road）十七號，經過一條碎石路，房子就在一片田中央。他們到達時已經是晚上九點半，寇特一看到陌生的年輕觀眾就害怕了起來。「看到這個樂團時，我就說：『糟糕了。』」當時在派對上的薇兒・史蒂芬（Vail Stephens）回想。「他們跟我們經常一起混的那些人很不一樣。」寇特審視眼前十幾名穿著齊柏林飛船T恤、留著鯔魚頭的青少年時，心裡也有同樣的想法。相對之下，克里斯特光著腳，寇特穿著一件《怪胎一族》（Munsters）的T恤，還戴著有尖釘的金屬手環，看起來簡直就像從一九七八年的倫敦國王路（King's Road）買來的一樣。

他們走進屋內，裡面的裝飾品有一張《厄尼斯特》（Ernest）的海報、一張金屬製品樂團（Metallica）專輯的折疊海報，還有威豹樂團最新專輯的海報。橫梁上釘著幾個偷來的街牌，包括一個「六十九英里」的公路標示牌。狹小的客廳角落擺了一組固定式的多摩鼓（Tama）和馬歇爾牌音箱組，廚房外面還有一個啤酒桶。

樂團的幾個人花了好一陣子準備器材，當時這群初來乍到的客人並沒有去討好主辦方。「他一個字也沒說，」金・梅登（Kim Maden）這樣描述寇特。「他的頭髮放下來遮住臉，看起來有點油。」至少寇特還只是冷漠而已，不像克里斯特跑去廁所尿尿，連裡面已經有個女生他也不管。他打開藥品櫃，發現一小瓶萬聖節用的假血，就把血塗在他光著的胸膛上，並在乳頭上貼膠帶，然後開始搜括處方藥。接著他離開廁所，看也不看啤酒桶，就直接去冰箱裡拿了一瓶麥格淡啤酒（Michelob Light），然後大叫：「嘿，這裡有高級啤酒！」這時，寇特已經開始演奏，克里斯特只好跑過去拿貝斯，因為超脫合唱團的第一場演唱會已經開始了。

他們以〈鎮靜劑〉開場，這是寇特早期寫的歌之一，歌裡有經典的科本式哀悼，感嘆人類的可悲。「進行額葉切除術／挽救小家庭」，寇特唱著。雷蒙德的觀眾完全沒有注意到這暗黑的歌詞，他們只聽到吉他和貝斯沉重的重複樂段。寇特快速彈完一曲，但這首歌和接下來的幾首都出奇地專業。在他們的第一場公開秀，所有的元素就都已經出現了。幾年後超脫合唱團會用來征服世界的所有元素都在這裡：唱腔、態度、狂暴感、稍微失衡的節奏、尤其悅耳的吉他和弦、絕對能讓人搖擺身體的動聽貝斯樂段，還有最重要的，是寇特那令人著迷的專注力。他當時還不算是完全成熟的表演者——事實上，在這場派對上，沒有人記得他曾抬起頭或是把頭髮撥開露出臉——但所有最原始、重要的基礎都已經到位。就算只是因為他的熱情也值得一看。

不過觀眾並沒有注意到這些，因為他們就跟所有派對上的年輕人一樣，顧著喝酒和交際。目前為止，這場演出中最令人震驚的事是第一首歌結束時，觀眾並沒有鼓掌。克里斯特似乎是唯一興奮的人，他說：「我這裡聽起來還不錯。」或許他這麼說只是想挽救寇特脆弱的自尊心。聽得如癡如醉的萊恩回答：「你們表演得比平常好多了。」「我覺得你們得買一個好一點的音箱，」這是寇特公開演奏完他第一首原創的歌曲後唯一的評論。「我們的音箱很好啊，」住在這棟房子裡的東尼・普庫拉（Tony Poukkula）說，「只不過老是破音。」雪莉對著克里斯特大吼，叫他穿好褲子——那是他身上僅有的衣物了——而寇特則開玩笑說：「我的褲襠裡有個索比・賽爾斯**。」「唱野獸男孩樂團（**Beastie Boys**）的歌！」有個女人大叫。「獸性男孩，」寇特回應她。

在歌曲和歌曲之間調音時，寇特看見普庫拉，他是當地有名的吉他手。他拿起他的芬達牌吉他，走向寇特的樂團。萊恩並沒有告訴寇特，他跟普庫拉說當天晚上他們是來即興演奏音樂的。寇特的表情很害怕，因為即使在他音樂事業的早期，他也不願意跟別人分享焦點。「要即興可以呀，」寇特有技巧地對東尼撒謊，「但可以讓我們先把曲目演奏完嗎？有點流行的歌曲我都不懂。要即興演出沒問題，但我只有喝醉的時候才想即興表演——醉了我就什麼都不管了。」普庫拉聽完就乖乖坐下。此時娛樂觀眾的任務就落到了寇特身上，但柏克哈德和克里斯特都躺在落地電視座上，還沒準備好。「趕快開演吧，」寇特不耐煩地命令他們，「我們看看怎麼表演比較好。」他說完就開始用吉他彈〈空中齊柏林〉（**Aero Zeppelin**）的開場獨奏，一邊等其他團員加入演出，而他們也加入了。這首歌一演奏起來，成熟度就和他們一年後的錄音版本一樣完整。

演奏完〈空中齊柏林〉之後，當地人開始覺得不耐煩。他們還是沒有鼓掌，而這次也有人開始噓寇特，不過說句公道話，大部分都是克里斯特和萊恩在起鬨，他們都醉到不行，幾乎站不起來。樂團剛才是靠演奏的音量來壓過群眾，他們早期的很多演出都是這樣，但在歌曲間的空檔就沒那麼

** 美國喜劇演員，在一九六〇年代的電視節目《索比・賽爾斯秀》中曾說過：「我的湯裡有隻蒼蠅」（There’s a fly in my soup.），「蒼蠅」與「拉鍊」的英文同樣是 fly，寇特藉此玩了文字遊戲。

幸運了。

「嘿，誰有大麻？」克里斯特大叫。

「迷幻藥，我要迷幻藥！」雪莉大吼。

「你們應該喝酒就好，」一個雷蒙德的女人說。

「我只想要一些上好的大麻，」克里斯特回應。

「再說大麻你就死定了，」萊恩威脅他。「演奏一些翻唱作品，什麼歌都好。我受不了你們的蠢樣了，真他媽的太智障了，白痴。」

「我們來表演〈負心人〉（Heartbreaker）吧！」克里斯特大叫著彈了開場的貝斯樂段。

「你們喝醉了嗎？」一個男人問。

「像齊柏林飛船那樣彈，」另一個男人大叫。

「像東尼・艾歐密（Tony Iommi）那樣彈，」又有另一個男人大叫。

「表演黑色安息日樂團（Black Sabbath）的歌，」有人從廚房尖叫。

整個表演快要亂套了，寇特在崩潰邊緣搖擺。克里斯特一直在大叫：「彈〈負心人〉！」寇特則用青澀的聲音回應：「我不會那首。」但他們還是開始表演這首齊柏林飛船的歌，而寇特彈吉他也沒什麼問題。歌曲演奏到一半時，寇特忘了歌詞，整個演奏快要不行了。但他一停下來，觀眾就催促他，並大喊「獨奏」。他盡力模仿吉米・佩奇的方式來彈〈負心人〉，並加入了一些〈多少次〉（How Many More Times）的段落，但結束時，他們還是沒有得到任何掌聲。寇特睿智地喊：「各位，

〈墨西哥海鮮〉(Mexican Seafood)。」然後就開始表演他們的原創歌曲。

他們接著表演了〈筆帽煙葉〉(Pen Cap Chew),然後是〈髮膠皇后〉(Hairspray Queen)。這首歌結束時，寇特站在電視機上，伸出舌頭模仿接吻樂團(Kiss)的動作。寇特和亞倫繼續彈奏時，克里斯特從一個窗口跳到室外。看起來就像個三歲小孩在夏日衝過灑水器一樣。他回到室內後，又重複了一次。「那真的是太瘋狂了，」克里斯特回想起，「當時我們想，與其只是普普通通地表演，不如弄成一個狂歡派對吧。那也確實是個狂歡派對。」

接下來發生的事情讓這個表演成了一個難忘的派對。雪莉和崔西也決定加入這場怪異秀，她們揉著克里斯特的胸部，互相親吻。寇特馬上引入下一首歌：「這首叫〈打破法規〉(Breaking the Law)。」他們表演的這首歌後來被命名為〈打屁股〉，是一首關於自慰的歌。雷蒙德的觀眾或許不是很精明，但他們也開始感覺到自己被開了某種玩笑。

雪莉試圖去偷一些昂貴的麥格啤酒時，不小心把項鍊勾在冰箱門上。薇兒・史蒂芬關上冰箱門，弄斷了項鍊，於是一場鬥毆開始了。「你他媽的下賤肥婆，」雪莉大叫，並和薇兒在車道上纏鬥在一起。「我們是故意讓他們對我們反感的，」雪莉回憶道。「對我們來說，他們就是一群鄉巴佬，而我們不想變成他們那樣。」

寇特看到他的處女秀變成一場混亂，放下吉他走出門，心裡覺得又有趣又討厭。屋外有個迷人的年輕女性向寇特走過來。她靠近的時候，寇特一定覺得自己年幼時成為搖滾巨星、吸引樂迷跟他上床的夢想終於成真了。但這個金色蓬蓬頭的女子並不是癡心的樂迷，她只是想知道〈髮膠皇后〉

的歌詞。顯然，她覺得這首歌是在寫她，而且有可能是見到她之後當場寫的。寇特的歌詞被人誤解，這只是第一次而已，之後還會有很多這種情況。即使是第一場表演，寇特都無法接受觀眾誤解自己的歌詞。「我來告訴你歌詞，」他告訴她，一副受到侮辱的樣子。「歌詞就是『操、蕩婦、混蛋、王八蛋、吃屎、雜種、插菊花、操你媽……』」女子氣沖沖地走了。

寇特去找克里斯特，結果在箱型車的車頂上找到他，他當時正往其他客人的車子上撒尿。寇特看到這一幕，一向聰明又善於自我保護的他就告訴大家該離開了。他們收拾了器材要離開，已經做好被主辦方的人拳打腳踢的準備。然而，雷蒙德的觀眾儘管忍受了各種瘋狂的行為和侮辱，而且還被當成鄉巴佬，但他們的接受度卻比之後幾年付錢來看超脫合唱團表演的許多觀眾還要大。有幾個人甚至說：「你們還不差嘛。」這些話對寇特來說是一種靈藥，他從觀眾身上得到的回饋雖然不算熱情，但也比他無盡且殘忍的自我批評要好多了。只要觀眾沒有把他吊在附近的路燈上，就已經算是勝利了。這群觀眾雖然被各種事件分了心——女人打架、酒醉鬥毆、還有個半裸的男人跳出窗戶，但他們卻讓寇特淺嚐了他一輩子夢寐以求的甜頭——關注的迷藥。

都擠上箱型車後，大家對於誰沒那麼醉有一點爭執。雖然寇特是當時最清醒的人，但沒有人信得過他的開車技術。他坐在後座，柏克哈德負責開車。「大家都跑去車道上看他們離開，」住在這棟房子裡的傑夫・法蘭克斯（Jeff Franks）回想起。「他們都坐在箱型車後座一捆一捆的地毯上，後門還開著。他們狂飆而去的時候，我們才看見他們把側門放下來，輪子碾在地上，濺起一堆碎石子。」

箱型車裡面沒有窗戶，側門放下來之後就是一片漆黑。他們還要等好幾個月之後才會再一次公開演出，但他們已經在展望未來，他們的傳奇也已經有了一小片雛形。

8

1987 年 4 月—1988 年 5 月
華盛頓州，奧林匹亞

重返高中

媽的，感覺就像回到高中！我想搬回亞伯丁。
——摘錄自一封給戴爾・克洛維的信

在雷蒙德表演的兩個月之後，寇特再次展開了一段重要的旅途：他第一次也是永遠地離開了亞伯丁。他人生的前二十年都待在這個地方，但離開之後就很少回去。他打包好行李，當時的行李包括一袋用海夫蒂牌垃圾袋裝的衣物、一箱專輯，還有如今空著的寵物鼠籠子。他把這些裝進崔西的車，然後開一百〇四公里到達奧林匹亞。雖然奧林匹亞只比亞伯丁稍微大一點，但卻是個大學城，也是華盛頓州的首府。這裡是紐約東村（East Village）以西最怪異的地方之一，人口組成也很不尋常，有龐克搖滾歌手、藝術家、未來的革命家、女性主義者以及純粹的怪胎。常青州立學院（Evergreen State College）的學生——通稱為「綠人」（Greener）——都是自己設計課程。寇特沒有打算上大學，但他至少到了適合融入這個群體的年紀。對於這個城市的藝術家，他有種矛盾的感情，既渴望被他們接受，又感受到自己的不足。他的人生中不斷出現這種情況。

他搬到奧林匹亞，跟崔西一起住在梨街（Pear Street）一一四又二分之一號的套房。這裡原本是一棟老房子，後來改建成共有三戶的公寓。空間很小，但房租每個月只要一百三十七點五美元，還包水電。它距離市中心只有幾個街區，位置很適合寇特，因為他經常沒有車可以開。搬來的第一個月，他找工作一直都不順利，崔西則在西雅圖波音飛機工廠的自助餐廳打工，維持生計。她上大夜班，通勤距離很遠，所以晚上十點去上班，要到隔天早上九點才能回到家。這份工作確實帶來了穩定的收入——他們兩人都知道寇特做不到這一點，而且她除了賺錢，還可以偷偷拿一點食物回來。由於崔西的上班時間比較特別，所以她會幫寇特列出待辦事項，這種交流方式後來變成他們關係中的一種固定模式。在一九八七年末的一張清單上，她寫了「寇特：掃廚房的地板，要掃到貓砂盆後面、垃圾桶還有貓飼料下面。抖一抖地墊，把髒碗盤放到水槽裡，把角落打掃乾淨，掃地，抖一抖地墊，用吸塵器打掃前廳。拜託，拜託，拜託。」她在簽名的地方畫了愛心還有笑臉。寇特回應她：「請幫我設定十一點的鬧鐘，我到時候會洗碗，好嗎？」

一開始寇特會幫忙做家事，他會洗碗，有時候甚至會拖地。雖然公寓很小，但因為他們養了一群寵物，所以經常需要打掃。根據壽命，他們養的寵物數量在接下來的兩年內會有所變化，但一共包括五隻貓、四隻老鼠、一隻澳洲鸚鵡、兩隻兔子，還有寇特的一些烏龜。客人來拜訪時，通常會說這裡聞起來有寵物店的臭味，但這也算是一個家。寇特把一隻寵物兔取名為「燉肉」（Stew）。

他還把浴室漆成血紅色的，並在牆上寫了「殺謀」（REDRUM），這是模仿史蒂芬・金（Stephen King）的《閃靈》（The Shining）裡面的一幕。由於寇特很喜歡在牆上寫字，所以他們想了個聰明的辦法，在牆上貼了許多搖滾樂海報，大部分都是翻到背面，好讓寇特有更多創作空間。少數幾張正面朝上的海報也在某些程度上做了修改。有一張巨大的披頭四海報上的保羅・麥卡尼（Paul McCartney）被加上了黑人爆炸頭還有眼鏡。床鋪上方貼了一張齊柏林飛船的海報，寇特在上面加了一段散文：「廢物，酒鬼，酒精狂，人渣，垃圾，墮落，頭蝨，疤，感染，肺癌，腹瀉，吐血，尿，大腸肌肉失調，關節炎，壞疽，精神病，無法組成句子，在雪中的盒子裡照顧他自己。」在這篇長文旁邊有一張圖畫，畫了一瓶雷鳥牌（Thunderbird）烈性葡萄酒，還有一張伊吉・帕普*（Iggy Pop）的諷刺漫畫。冰箱上貼了一張寇特用肉的照片和受感染的陰部舊醫學照片組成的拼貼畫。「他對於噁心的東西很著迷，」崔西回想。而且雖然寇特本身很少談到宗教——「我覺得他相信神，但比起神，他更相信魔鬼，」崔西說——但牆壁上有許多十字架和其他宗教相關的文物。寇特很喜歡從墓園裡偷聖母瑪利亞的雕像，並在她的眼睛下方畫血淚。崔西從小在路德教派的家庭長大，他們對宗教的討論大多是關於上帝究竟可不可能存在這個恐怖的世界，而寇特的觀點是撒旦更勝一籌。

寇特當了幾個月的家庭主夫之後，就在檸檬清潔服務公司（Lemons Janitorial Service）找了一份時薪四點七五美元的短期工作，這是一個家庭式的小型清潔公司。他向朋友宣稱他會打掃醫生和

* 美國樂手兼創作人，被譽為龐克搖滾教父。

牙醫的辦公室，趁機偷藥物。但根據公司老闆所說，寇特打掃的地方大部分都是工業建築，沒什麼機會偷東西。寇特用他賺來的錢買了一部老舊且鏽跡斑斑的達特桑（Datsun）汽車。關於這份清潔工作，有一點可以肯定：不管在體力上還是精神上，寇特都沒有餘力打掃自己的公寓了，這導致他和崔西的第一場爭執。就算在他辭職以後，他也似乎一輩子都不再想打掃了。

在奧林匹亞，他內心的藝術生命以一種他從沒想過的方式蓬勃發展。沒有工作以後，他開始了一種日常作息，這將會貫串他的一生。他會睡到中午才起床，然後吃一點早午餐之類的東西。卡夫牌（Kraft）起司通心粉是他的最愛。他也試過其他品牌，但他挑剔的味蕾發現在加工的起司通心粉方面，卡夫牌是市場第一名。吃完之後，他一整天只會做三件事：看電視，他一看就停不下來。練吉他，他每天都會練習好幾個小時，通常都是一邊看電視一邊練習。再來就是創作藝術作品，有可能是油畫、拼貼畫或是立體藝術裝置。他從來不曾嚴肅地看待這滑活動——他很少把自己當作藝術家，但卻每天花好幾個小時在搞藝術。

他也會寫日記，但他內心的對話並不是日常生活的流水帳，反而比較像一種強迫式的治療，讓他能夠發洩內心的想法。他的寫作充滿想像力，也常常令人感到不安。有時候他的歌曲和日記內容會有所重疊，但都是專注在人體的機能，生育、排尿、排便、性都是他經常探討的主題。其中一段文字描寫了他反覆探討的熟悉話題：

博亞迪大廚（Chef Boyardee）比一隻雄性大猩猩更壞、更強壯、更不容易生病、更愛主導一切。他晚上會來找我。撬開我的門鎖、弄彎我的鐵窗。害我在防盜裝置上花了很多錢。他會來我的臥室。全身光溜溜、刮完毛、塗滿油。他的手上起了雞皮疙瘩，又黑又濃的手毛全豎了起來。站在一灘披薩油裡。嘴裡吐出的麵粉進到我的肺部。我一咳嗽，他就笑。他騎到我身上，我想踢他那又臭又醜的屁股。**

寇特內心的想法經常充滿暴力，這和他的外在世界形成強烈的對比。他有生以來第一次有了穩定的女朋友，她不但很寵他，還把他照顧得無微不至。有時候崔西給他的關注就像母親對孩子一樣，而且正好就是他需要的那種母愛。他曾經對朋友說過，她是「全世界最好的女朋友」。

作為一對情侶，他們表現得恩愛祥和。他們會一起走去自助洗衣店，如果身上的錢夠用，他們還會叫第四街酒館（Fourth Avenue Tavern）的外賣披薩（他們家隔壁就有另外一家披薩店，但寇特覺得很難吃）。寇特很喜歡做菜，而且經常為崔西煮他的招牌料理「香草雞」或「奶油乳酪醬拌義式寬麵」。「他常常吃那種容易讓人發胖的食物，但是他自己卻吃不胖，」崔西說。他很在意自己的體重，還會去訂雜誌後面增重廣告裡的藥粉，但沒什麼效果。「他的髖骨很明顯，而且膝蓋骨也凸出來，」崔西回想，「除非真的太熱，不然他都不會穿短褲，因為他很在意自己的腿太細。」有

** 一種美國製罐裝義大利麵的品牌包裝上的人物。

一次他們去海灘玩，寇特穿了一條打底長褲和兩條疊在一起穿的 Levi's 牛仔褲、一件長袖衣服、一件 T 恤和兩件運動衣。「他想讓自己看起來壯一點，」崔西說。

生活中唯一讓寇特感到強壯的就是他的音樂，而且到了一九八七年夏天，他的樂團已在茁壯當中。他們還沒想好固定的名字，曾經用過的名字從「喉嚨生蠔」（Throat Oyster）到「泰德、艾德、弗萊德」（Ted, Ed, Fred；取自格雷格・歐坎森母親的男朋友）都有。一九八七年初，他們在幾場派對中表演過，到了四月，他們甚至在奧林匹亞的大學廣播電臺 KAOS 演出。崔西把電臺演出的錄音帶拿給塔科馬（Tacoma）社區世界劇院（Community World Theater）的吉姆・梅（Jim May），慫恿他預約他們的演出。崔西和雪莉在樂團早期的貢獻不容小覷，她們擔任非正式的媒體公關、經理人、演出登記人還有樂團產品周邊銷售人。而且她們還努力工作，確保男友有得吃、有得穿，能夠去排練。

梅給了他們第一次非派對的表演機會。他們以史奇洛樂團（Skid Row）的名義演出——當時寇特並不知道紐約有一個輕金屬樂團也叫這個名字。但這也無所謂，因為他們早期每次演出都換不同的名字，就好像社會名流試戴帽子一樣。雖然這次演出距離雷蒙德的派對沒多久，但樂團已經展現出驚人的進步。就連崔西（由於她是主唱的女友，所以可能不太客觀）也很驚訝他們進步了多少：「他們開始演奏的時候，我看得目瞪口呆。我說：『這些人真厲害。』」

他們的音樂或許很好聽，但可以肯定的是他們的樣子很古怪。在這場演出上，寇特試圖穿出華麗風格。就如同他這一年的許多演出，他穿了喇叭褲、夏威夷絲質襯衫，還穿了十公分高的厚底鞋，好讓自己顯得高一點。樂手約翰・波奇（John Purkey）當晚正好去了社區世界劇院，而雖然寇特的樂團的打扮很奇怪，他還是記得當時「覺得很震撼。我聽到這個人的歌聲，十分驚豔。我從來沒聽過他那種聲音，非常有識別性。有一首叫〈愛情嗡嗡〉（Love Buzz）的歌真的特別出眾。」

〈愛情嗡嗡〉正好就是他們樂團缺少的那幾片拼圖之一。克里斯特在一個名叫駭藍（Shocking Blue）的荷蘭樂團的專輯裡發現了這首歌，寇特馬上就愛上了，並把這首歌打造成他們的招牌音樂。開場是中速鼓的節奏，接著很快進入醉人的吉他重複樂段。他們對這首歌曲的演繹結合了迷幻感以及來自克里斯特貝斯緩慢而沉重的震撼音。吉他獨奏的部分，寇特則是躺在地上彈。

他們開始經常在社區世界劇院表演，但如果說他們是在這裡鞏固了觀眾群，那就太誇張了。這個劇院的前身是色情電影放映廳，唯一的暖氣來源是一個丙烷風箱，甚至在樂團演出時也經常發出噪音。寇特還說這個地方「一直都有一股尿騷味」。他們早期演出時，觀眾大多都是來看其他樂團表演的——寇特表演的前一晚，演出陣容是濺血者樂團（Bleeder）、驚慌樂團（Panic）和致命劑量樂團（Lethal Dose）。「吉姆・梅在他們還無人問津的時候就預約了他們的演出，」巴斯・奧斯本解釋，「這裡就是他們開始成長的地方。」總是向巴斯學習的寇特意識到，就算只是在朋友面前表演，也是成長的機會。「只要我需要他們來表演，他們就會出現，」梅回想。「寇特從來都不收錢，這對我來說也是好事，因為我每個月只舉辦十二場演出，其中只有兩場能賺錢。」寇特明智地衡量了自己的情況，他知道只要樂團願意免費演出，就能有更多表演機會，累積更多經驗。反正他們要錢幹嘛？他們已經有崔西和雪莉了。

雪莉也跟崔西一起到波音公司的自助餐廳打工。她和克里斯特搬到塔科馬的一間公寓，位在奧林匹亞北部四十八公里處。他這樣一搬，樂團就得暫時解散了。之前克里斯特和亞倫還住在亞伯丁時，寇特可以坐公車回來排練，但現在克里斯特在塔科馬打兩份工（一份在西爾斯百貨，另一份是當工業塗料工），唯一看起來比較有時間投入樂團的只剩寇特了。他寫了一封信給克里斯特，想說服他回到團裡。「那封信很有趣，像封廣告信一樣，」克里斯特回想。「裡面說：『回來加入樂團吧。不需承諾，沒有義務（好啦可能會有一點）。』所以我打給他說：『好呀，我們再試一次。』我們在屋裡的地下室蓋了一個練習場地。我們去建築工地到處找廢棄物，用一些舊的二乘四標準木材和舊地毯來蓋。」寇特和克里斯特已經認識好一段時間了，但這次二度組團讓他們的關係變得更加緊密。雖然他們都不善於表達情感，但兩人之間的那份兄弟情恐怕比他們人生中的其他任何感情都來得堅固。

但即使在塔科馬有了一個練習場地，一九八七年接近尾聲時，他們依然面臨沒有鼓手的困境，而且這個問題在接下來的四年中會一直困擾他們。柏克哈德還住在格雷斯港，而且在亞伯丁的一家漢堡王找到助理經理的新工作，所以沒辦法再與他們一起演出。因此寇特在一九八七年十月的《火箭》雜誌上刊登了一份「尋求樂手」的廣告：「尋求認真的鼓手。地下樂團的態度，類似黑旗樂團、麥爾文樂團、齊柏林飛船樂團、搔酸樂團（Scratch Acid）、艾索爾・摩曼（Ethel Merman）等，風格極為多元。科德特（Kurdt）電話：352-0992。」沒有什麼認真的應徵者，所以到了十二月，寇特和克里斯特開始與從加州回來的戴爾・克洛維一起練習，還討論要製作一張試聽帶。一九八七年，寇特寫了幾十首歌，也非常想把這些歌錄下來。他看到了互惠錄音室（Reciprocal）的廣告，錄音只要每小時二十美元，於是他和一位新銳製作人傑克・恩迪諾（Jack Endino）預約了一月的時段。恩迪諾完全不認識寇特，他在行事曆上寫下「寇特・柯凡」（Kurt Covain）。

一九八八年一月二十三日，諾弗賽立克的一個朋友開車載樂團和他們的所有器材去西雅圖。他的車子是帶有瀝青瓦屋頂的露營車，用燒柴的火爐來供暖，看起來就像把一間森林小屋搬到一臺皮卡車上，而這臺車也確實是一臺皮卡。他們在大城市裡開著冒煙的露營車，看起來就像比佛利的山間野人。這臺卡車嚴重超重，經過不平的路面時，車底都刮到了。

互惠錄音室的經營者是克里斯・漢賽克（Chris Hanszek）和恩迪諾。蜜漿樂團（Mudhoney）、聲音花園樂團、媽媽愛老二樂團（Mother Love Bone）都和他們合作過。這個錄音室在一九八八年就已經是個傳奇了。錄音室的面積有八十三平方公尺，還有一個很小的控制室，連三個人站在裡面都很勉強。「地毯磨損得很嚴重，門框都快要脫落了，好幾次都絆住腳，可見這裡有多老舊，」漢賽克回想起。「看得出來這個地方有一萬名樂手來去的痕跡。」但這正是寇特和克里斯特要找的地方，因為他們渴望錄製一張試聽帶，也同樣渴望與這些樂團齊名。他們很快自我介紹完後，就開始錄音。不到六個小時，他們就完成了九首半歌曲的錄製和混音。最後一首歌〈筆帽煙葉〉沒有錄完，因為當時錄音帶用完了，而他們不想多花三十美元來買一捲帶子。恩迪諾滿欣賞這個樂團的，但也沒有到真的很喜歡的地步。這一天結束時，寇特付了一百五十二點四四美元的現金，他說這是他做清潔工存下來的錢。

樂團把器材再次搬回露營車上，然後往南方開，因為同一天，他們在塔科馬的社區世界劇院還有安排好的演出。在一個小時的車程裡，他們聽了兩次試聽帶。錄好的十首歌依次是〈如果你必須〉(If You Must)、〈鎮靜劑〉、〈佛洛伊德理髮師〉(Floyd the Barber)、〈剪紙〉(Paper Cuts)、〈打屁股〉、〈髮膠皇后〉、〈空中齊柏林〉、〈蜂蠟〉(Beeswax)、〈墨西哥海鮮〉還有錄到一半的〈筆帽煙葉〉。他們演出時也是依照這個順序表演這十首歌。這對寇特來說是勝利的一天，也是他作為「真正的」樂手的一天。他去了西雅圖的一間錄音室，接著在二十名崇拜他們的觀眾面前進行又一場表演。當晚戴夫・佛斯特(Dave Foster)在另一個樂團演出，他記得當時的表演特別具有啟發性：「他們很厲害，尤其是克洛維。不過當晚真的很冷，丙烷風箱的聲音很大，很難聽到他的聲音。」

在後臺發生了一件寇特沒有料到的事。比起克里斯特和寇特，克洛維的經驗更老道，他之前跟麥爾文樂團在社區世界劇院表演過好幾次。他問寇特表演收了多少錢，而寇特告訴他沒有收錢時，他就抗議了。梅解釋說在他們樂團的最後幾場表演時，他曾經想要付錢——俱樂部的生意終於好了一點點——但寇特還是拒絕收錢。克洛維開始大聲嚷嚷，直到寇特宣布：「我們不會收任何錢。」克洛維說就算只是收個二十美元，那也是原則問題：「你絕對不能這樣，寇特，這些人故意占你便宜，你老是被人占便宜，你一定要收錢才行。」但寇特和克里斯特明白梅的處境。最後梅想出了一個折衷的辦法，讓寇特能夠堅守原則，也能讓克洛維滿意：他說服樂團收十美元的油費。寇特把十美元的鈔票放進口袋，然後說了聲「謝謝」。當晚是他生平第一次以職業樂手的身分離開俱樂部。他一路上都把玩著這張鈔票。

一個月後，寇特慶祝他的二十一歲生日。他終於體驗到美國的成人禮，可以自己合法買酒了。他和崔西都喝醉了——這次是寇特買的酒，還點了披薩。寇特跟酒精的關係就像斷斷續續的調情。比起之前住在亞伯丁的破屋時，他跟崔西在一起的時候，飲酒量和吸毒量都減少了。所有的朋友都記得，團體中他永遠不是喝得最凶的——喝最多的通常是克里斯特或是迪倫·卡爾森，當時迪倫已經搬到寇特位於梨街的公寓隔壁。有時寇特顯得非常有節制。他們的另一個鄰居馬修·「史林」·穆恩（Matthew "Slim" Moon）兩年前就戒了酒，所以寇特身邊也有幾個清醒的好榜樣。寇特在一九八八年很窮，連吃的都快要買不起，所以像酒精這樣的奢侈品只有在慶祝時或是有機會翻別人冰箱時才能享用。

寇特二十一歲時暫時戒了煙，而且還堅持不讓別人在他身邊點煙（當年他寫給一個朋友的紙條署名是「抱怨煙味太臭的自大搖滾明星」）。他覺得抽煙對他的嗓子不好，也對健康不好。寇特一直都是個很奇怪的人，集自我保護和自我毀滅於一身。要是某天晚上碰到他，兩個星期之後再碰到他，也很難想像這兩個是同一個人。「有一次我們去參加塔科馬的一個派對，」崔西回憶道，「他醉得很厲害，第二天早上他問我他在派對上怎麼了。我告訴他他抽了煙，他覺得很震驚！」

寇特滿二十一歲那一陣子，他妹妹金來拜訪他。他們有了感情上的交流，這是過去那些年不曾發生過的，並一起回味孩童時代的痛苦回憶。「我在他家，他給我喝長島冰茶喝到醉，」金回想。「我覺得很不舒服，但這段時光還蠻愉快的。」到了一九八八年，寇特開始不在演出前喝酒——他都專注在樂團上，樂團比任何事情都重要。二十一歲是他最認真看待音樂的時期，他生活、睡覺、呼吸都離不開樂團。

即使在樂團還沒有固定名稱之前，寇特就堅信只要能讓音樂電視臺播放他們的音樂錄影帶，他們就能成名。為了達到這個目的，寇特說服樂團在亞伯丁的電臺小屋電子產品店（RadioShack）表演，而另一個朋友用租來的廉價錄影機錄下來，再加上好幾種特效。寇特看到完整的影片時，連他自己都覺得看起來比較像業餘人士假裝成搖滾明星，而不是職業樂手的作品。

在電臺小屋電子產品店表演完不久後，克洛維就離開了寇特的樂團，回到加州重新加入麥爾文樂團。寇特他們一直都知道克洛維只是暫時的鼓手。麥爾文樂團的出走指出了當時許多西北部樂團的想法：距離上一次有任何西北部樂團成名已經很久了——紅心合唱團（Heart）是最後一次成功的樂團——搬到人口比較稠密的中心地帶似乎是成名的唯一道路。克洛維的離開對寇特來說是很大的打擊，但這也幫助他找到自己的身分。在大家眼裡，他的樂團不再只是麥爾文樂團的分支。甚至到一九八八年中旬，奧林匹亞的大多數人都還只知道寇特是麥爾文樂團的隨行助手，而不知道他是自己樂團的領袖。

這一點很快就會改變。克洛維向他們推薦戴夫・佛斯特，他是個打法猛烈、個性堅強的亞伯丁鼓手。雖然鼓手住在格雷斯港還是會造成通勤上的問題，但這時候寇特已經有他的達特桑汽車，可以解決這個麻煩。只要車能跑起來（雖然常常都沒辦法），他就會先開去亞伯丁載佛斯特去塔科馬練習，然後當天晚上或隔天早上再循原路送他回去，來回要好幾個小時的車程。

他們第一次和佛斯特一起表演是在奧林匹亞的一場派對上，地點在一棟外號叫「瘋狂高爾夫」（Caddyshack）的房子裡。奧林匹亞有一個奇怪的特徵，就是八〇年代每一個學生的住處都有一個綽號——瘋狂高爾夫就位在高爾夫球場附近。這次演出跟他們在 KAOS 電臺演出以及在格斯克俱樂部以棕色母牛的名義演出不一樣，這是寇特第一次在奧林匹亞公開演出，並會成為他痛苦蛻變過程的一部分。在一個滿是大學生的客廳裡表演，對寇特來說是一個文化衝擊。他精心打扮了一番——穿著破洞的牛仔夾克，背面繡著《最後晚餐》的圖畫，肩章上黏了卡通《馬赫 GoGoGo》（**Speed Racer**）裡面的塑膠猴子奇奇（Chim Chim）。佛斯特穿了一件 T 恤和水洗牛仔褲，還留了鬍子。樂團還沒有機會開始演奏，一個龐克頭的年輕人就拿起麥克風大喊：「亞伯丁來的鼓手真的看起來很奇怪。」雖然這個年輕人批評的人是佛斯特，但寇特也覺得很受傷，因為他只想被當成奧林匹亞的行家，而不是亞伯丁的鄉巴佬。階級歧視是他一輩子都得對抗的一場鬥爭，因為不管他離開格雷斯港多遠，他總是覺得被貼上土包子的標籤。大多數的「綠人」都來自大城市——他們跟很多過著優越生活的大學生一樣，對鄉下地方來的人都帶有偏見，這和他們推崇的種族自由形成強烈的對比。「瘋狂高爾夫」的這場表演與雷蒙德的那場派對相隔將近一年，結果寇特發現自己處於一個他從未預想過的境地：他的樂團對雷蒙德的人來說太過新潮，但在奧林匹亞，他們卻不夠新潮。

他跟幾個團員討論，希望他們能表現成熟一點，才不會被人瞧不起。寇特叫佛斯特把他的鼓組從十二件減少到六件，然後又批評起他的打扮：「戴夫，你要時髦一點才行。」佛斯特憤怒地回應：「取笑我頭髮短很不公平，我可是有工作的人。就算我們把頭髮染成綠色也擺脫不了鄉巴佬的形象。」儘管採訪時都說不在乎，但寇特其實非常在意別人怎麼看他。如果要他換下他那件白羊毛領的水洗牛仔夾克（此時這件衣服就在他公寓的衣櫥裡），那就這樣吧。除了鬍子以外，佛斯特的打扮就跟兩年前的寇特差不多，也許就是因為這樣，寇特才會對這個批評如此介意。寇特發現龐克搖滾雖然被視為解放派的音樂，卻也有自己的社會習俗和風格，而且這些框架甚至比他們理論上要對抗的規矩還要嚴格很多倍。他們是有自己的穿著規定的。

寇特或許是想要放下自己的過去，並斬斷樂團與亞伯丁之間的關係，於是想出了樂團的最終名稱。佛斯特第一次聽到「超脫」這個新名字，是因為在寇特家看到一張傳單。「那是誰？」他問。「就是我們的樂團，」寇特回答，「意思是達到完美。」在佛教中，「超脫」（涅槃）是指一個人跨越重生與人間苦難的無盡輪迴之後到達的境界。求道者透過放棄慾望、遵循八聖道、進行冥想和靈修來達到涅槃，藉此從人生的痛苦中解脫。寇特當時自詡為佛教徒，儘管他對這個信仰唯一的實踐方式就是看了一檔深夜電視節目。

他們的樂團初次在西雅圖得到關注時，用的就是「超脫」這個名字。西雅圖有五十萬人口，寇特覺得他那件〈最後晚餐〉夾克跟這個地方非常搭調。傑克・恩迪諾把一月二十三日的錄音做成了混音帶並拿給幾個朋友聽。其中一個朋友是道恩・安德森（Dawn Anderson），也就是《火箭》雜誌的撰稿人，她還經營自己的樂迷雜誌《反擊》（Backlash）。另一捲錄音帶給了雪莉・卡爾森（Shirley Carlson），她是華盛頓大學電臺 KCMU 的志願 DJ。第三捲錄音帶則給了喬納森・龐曼，他是次流行唱片的老闆之一，這是一家西北部的獨立唱片公司。這三捲錄音帶會深深影響超脫合唱團的未來。安德森非常喜歡這捲帶子，打算為此寫一篇樂評。卡爾森在 KCMU 電臺播了〈佛洛伊德理髮師〉，這是他們樂團的歌第一次在電臺上播放。龐曼則從恩迪諾那裡問了寇特的電話號碼。他打給寇特時，寇特正跟前來作客的戴爾・克洛維在一起。

這場對話寇特已經等了一輩子。之後他會說自己成名不費任何功夫，但那完全不是事實。他一拿到試聽帶就立刻複製了很多捲，寄到全美國各個唱片公司，希望能達成交易。他還寄了長長的手寫信給所有他能想到的唱片公司。次流行唱片公司不在此列，這只顯示出這家公司當時不夠出名。寇特最有興趣跟 SST 唱片公司或是一觸即發唱片公司（Touch and Go）合作。格雷格・吉（Greg Ginn）是 SST 唱片的老闆之一，也是黑旗樂團的成員，他記得收到過寇特早期寄來的試聽帶：「我覺得他們不算非常原創，只是照本宣科的另類樂團。他們表現得不差，但也不算好。」一九八八年期間，寇特寄了幾十張試聽帶到一觸即發唱片公司，甚至還在他的筆記本裡把這些歌取名為「一觸即發試聽帶」。不過這些帶子沒有給人留下深刻的印象，唱片公司裡沒有人記得收到過他的試聽帶。

這張試聽帶在龐曼那邊得到比較大的回響。他把錄音帶到他白天工作的地方——發行電梯音樂的穆扎克公司（Muzak Corporation），拿給合夥人布魯斯・帕文特。有趣的是，穆札克的錄音帶複製室是很多西雅圖的搖滾精英要找正職時的優先選項。龐曼把這張帶子播給在場的人聽，包括蜜漿樂團的馬克・阿姆（Mark Arm）。他們都不看好。阿姆批評說：「有點類似面板圍場樂團（Skin Yard），但比不上他們。」儘管如此，龐曼還是把超脫合唱團作為最後一組樂團，排入西雅圖一家叫時尚（Vogue）的俱樂部的每月展演「次流行星期日」（Sub Pop Sunday）裡。這門票只要兩美元的展演會有三個樂團演出，雖然衝著特價啤酒去的人和衝著音樂去的人幾乎一樣多。龐曼問超脫合唱團能否在四月的最後一個星期天到時尚俱樂部演出。寇特強壓著內心的興奮，馬上答應了。

時尚俱樂部位在西雅圖第一大道（First Avenue）上，是一間以變裝酒侍出名的小俱樂部。這裡以前曾經短暫是一家主打新浪潮音樂的俱樂部，再之前是一家同性戀車手酒吧。在一九八八年，這裡最大的賣點是迪斯可之夜以及特價啤酒，例如三瓶「啤酒中的啤酒」只要三美元。從這一點看來，時尚俱樂部反映了當時西雅圖俱樂部普遍的慘淡光景，原創樂團找不到地方可以演出。就如同一九八七年十二月，帕文特在《火箭》雜誌上寫的：「西雅圖非常缺少優秀的俱樂部，但卻從來沒有出現過這麼多樂團。」時尚俱樂部不像社區世界劇院一樣有著濃濃的尿騷味，但確實是有一陣淡淡的香草味，是迪斯可之夜的人在地上砸了亞硝酸戊酯爆竹之後留下的氣味。

儘管如此，寇特・科本還是等不及要站上舞臺。就像老人家去看牙醫一樣，樂團成員為了這場極其重要的演出，早早就到了現場——在表演開始前四小時就已經到了。由於沒事做，在城市裡也沒什麼認識的人，他們開著車漫無目的地到處晃。試音之前，寇特在表演場地旁的停車場吐了。「因為他太緊張了，」佛斯特回想。「他當時沒有喝酒。」在叫到他們的名字之前，他們只能在貨車裡面等，因為佛斯特還沒成年。

根據佛斯特的描述，等到他們出場時，寇特就變得「非常拘謹」。他們上臺時，很驚訝看到觀眾跟之前在社區世界劇院時一樣少。「幾乎沒什麼人來，」DJ雪莉・卡爾森回想，「來的幾個人都是因為在派對上認識崔西或是寇特，或者聽過錄音帶。我們甚至不知道是誰唱的。」

這次的演出充其量只是沒出大問題。「我們沒真的搞砸，」佛斯特回想，「沒有唱一半需要停下來過。但真的蠻嚇人的，因為我們知道這場演出會決定我們能不能跟唱片公司簽約。」他們表演了十四首歌，沒有觀眾要求加唱。他們用〈愛情嗡嗡〉開場，跟以往的做法不一樣。寇特覺得把最好的歌排在第一首比較明智，免得觀眾提早離開。

有些觀眾確實提早離場了。卡爾森是少數幫他們說好話的人，把他們比作廉價把戲樂團（Cheap Trick）：「我記得當時我心想，寇特不但會唱歌又會彈吉他，雖然組合在一起效果不是很好，但他的嗓音很出眾，很像羅賓・贊德爾（Robin Zander）的聲音。」大部分西雅圖搖滾界的人士都覺得他們的樂團很爛。攝影師查爾斯・彼得森（Charles Peterson）很不看好他們，甚至不想浪費底片在他們身上，還質疑龐曼為什麼要簽這支樂團。

如同以往，把樂團批評得最狠的人就是寇特自己。當攝影師里奇・漢森（Rich Hansen）在演出之後替樂團照相時，寇特拿著酒大叫：「我們爛透了！」「他們對自己的表演做了很嚴厲的批評，」漢森回想，「好像討論了漏掉幾個和弦的事情。我很驚訝他們居然這麼菜。他們散發著一種徹頭徹尾的天真感。」

漢森當晚的照片呈現出這個樂團如同怪胎的造型。身高兩百公分的克里斯特站在寇特和佛斯特旁邊，猶如巨人，留著長長的鬢角和中等長度的捲髮。佛斯特身高一百六十五公分，只到克里斯特的胸膛而已，而且可以想像，他的穿著一定又會被寇特教訓：水洗牛仔褲、有山脈輪廓絹印的白色T恤，還有反戴的棒球帽，上面印了可樂娜啤酒的標誌。他看向遠方，眼神空洞，大概是想起他早上七點要去工作。至於寇特，漢森說服他坐在克里斯特腿上，這樣構圖比較好看。他穿著牛仔褲、反過來穿的灰色運動衫，還有一件深色毛衣。他的金髮留到肩下七點公分左右，而且當時已經五天沒有刮鬍子，所以看起來很像耶穌基督。在其中一張照片裡，寇特連表情——痛苦地看著遠方，好像在銘記這一刻——都很像李奧納多・達文西〈最後晚餐〉中的耶穌。

回家的路上，寇特跟樂團成員說這是他們第一次真正的挫折，並發誓再也不會這樣丟人現眼了。他們一直到清晨四點才回到家。在漫長的旅程中，寇特對自己還有團員承諾，他會加緊練習、寫更多歌，以後他們不會再表現得這麼差了。但是幾天後，龐曼打電話來，要他們再錄一次音。突然之間，寇特對這場演出的記憶就改變了。兩個星期後，寇特寫了一封信給戴爾・克洛維，標題是「噢，我們最後把樂團名字定為超脫合唱團」。他寫這封信的目的是想吹噓，同時也想尋求建議。這只是其中一封他寫了卻沒有寄出去的信。信的內容詳細描述了當晚的情況，他選擇性地記住了一些事，也選擇性地忘記了一些事，也按照自己的喜好重塑了一些事。全文如下：

在過去的幾個月裡，我們的試聽帶被盜錄、複製，整個西雅圖油漬搖滾音樂界的精英都在討論我們。然後喬納森・龐曼那個傢伙（還記得你在我這邊的最後一天，那個打電話給我的人嗎？）剛繼承了一大筆錢，是布魯斯・帕文特的得力助手，也是次流行唱片公司的投資人。他讓我們在時尚俱樂部的「次流行星期日」上演出，這可是件大事。我猜廣告宣傳可能有幫助，而且我們的歌經常在KCMU電臺上播放。有一群人過來評論我們，他們不是來酒吧裡買醉、看表演尋歡的，他們來就只是為了看這場展演，演出時間花了一個小時。每一個西雅圖的樂團代表都來觀看，我們覺得他們手上應該要拿著分數牌呢。表演結束後，布魯斯興奮地跟我們握手，還說，「哇！表演得真好，我們來錄張唱片吧。」接著相機閃光燈閃個不停，《反擊》雜誌的那個女生說：「天啊，可以採訪你們嗎？」當然可以，怎麼會不行呢？然後大家紛紛過來讚美我們，說我們有多厲害，如今我們要變成社會名流，會見到各種人物，被到處介紹之類的。媽的，感覺就像回到高中！我想搬回亞伯丁。唉，奧林匹亞也一樣無聊，我可以很驕傲地說，今年我只去了史密斯菲爾德咖啡館（Smithfield）大概五次而已。所以因為這場鬧劇，至少我們拿到了一份唱片合約，八月底要出三首單曲的唱片，九月或十月要出一張迷你專輯。我們想說服他們再出一張完整大碟。現在喬納森是我們的經理人了，他能幫我們爭取到遠在俄勒岡州（Oregon）或是溫哥華（Vancouver）的演出。他會承擔所有錄音和發行的費用，現在我們不用再付高額電話費了。戴夫表現得還行。明年次流行唱片公司要用車隊載兩、三支西雅圖的樂團去巡演，到時候再看看吧。根據你的經驗，我們該不該要求他們出錄唱片和發行的收據呢？唱片的話題就到此為止。

對了，上個月有一天晚上，我跟克里斯嗑了迷幻藥，我們在看深夜節目（模仿強尼・卡森（Johnny

Carson）的節目），保羅‧瑞佛和奇襲者樂團（Paul Revere and the Raiders）也上了那個節目。他們真是他媽的太蠢了。留著鬍子跳來跳去，故意搞笑耍白痴。我們看得都快氣死了。我問克里斯，你有沒有保羅瑞佛和奇襲者樂團的專輯？

即使在他事業中這麼早的階段，寇特就已開始把自己的故事塑造成另外一種樣子。他著手打造他最棒的角色，也就是傳奇的「科德特‧科本」，故意拼錯自己的名字。當他必須把自我和他的言行或處境中切割開來時，就會小心搬出這個他精心塑造的幻影。關於這場他自認為很糟糕的演出，他誇大了每一個面向：當時的觀眾非常少，根本不能說「每一個西雅圖的樂團代表都來了」。相機閃光燈閃個不停頂多只是個比喻而已，因為漢森只是零星拍了幾張。描述次流行唱片公司的老闆來找他時，他甚至企圖把自己描寫成不太想成功的樣子。但此時的寇特也只是個菜鳥演員，他承認自己打算「說服（次流行唱片）」讓他們錄一張完整的專輯。值得一提的是，基本上寇特對於次流行唱片公司每一個商業上的期望，至少在短期來說都落空了。

9

1988年5月—1989年2月
華盛頓州，奧林匹亞

《人類過多》

《人類過多》（Too Many Humans）。
——《漂白》（Bleach）專輯原名

次流行唱片公司是在一九八七年秋天創立的，一開始發行了綠河樂團（Green River）和聲音花園樂團的專輯。二十八歲的喬納森·龐曼是合伙人之一，他長得像是年輕且眼皮下垂版本的魯本·金凱德（Reuben Kincaid），也就是電視劇《鷓鴣家庭》（The Partridge Family）中的樂團經理人。龐曼的推廣策略也像是直接從金凱德那裡學來的一樣，尤其是用次流行唱片公司的貨車載樂團去巡迴演出這一招。公司旗下的許多樂團都注意到他狡詐的性格，所以不太信任他。他用他繼承的一小筆遺產開公司，期望公司會成為美國西北部的斯塔克斯唱片公司（Stax）或是摩城唱片公司（Motown）。作為一個推廣人，他有很多優點，但細心思考和精打細算並不在其中。

龐曼的搭檔布魯斯・帕文特是西北部搖滾音樂界的老手，讀過常青州立學院。在奧林匹亞，帕文特結識了很多樂團成員，並創立了樂迷雜誌《次流行》（Subterranean Pop，後來簡稱為Sub Pop），還開始發行錄音帶合輯。他後來停止發行樂迷雜誌，但在一九八三年到一九八八年間，他為廣受歡迎的《火箭》雜誌專欄撰稿，而就在多數男孩只顧沉迷於棒球賽的比分時，寇特就是熱中的《火箭》雜誌讀者之一了。帕文特在次流行唱片公司裡是個充滿藝術氣息的夢想家，連外表都符合這個形象：瘋狂的眼睛、受到驚嚇似的表情，還喜歡留奇怪的鬍子，神似俄國的瘋狂教士格里戈里・拉斯普丁（Grigori Rasputin）。

到了一九八八年，次流行唱片公司每個季度都會發行好幾張單曲和迷你專輯，主要都是來自西北部的樂團。這些計畫不怎麼賺錢，因為製作單曲的費用和整張專輯差不多，但賣的錢卻少很多。次流行唱片公司的選擇不多，因為旗下許多樂團都才成立不久，寫的歌沒有多到能夠錄製一張完整的專輯。從一開始，他們就好像網路新創公司一樣不斷地燒錢，但也偶然遇到了一個小小的市場契機：獨立單曲非常吸引唱片收藏家，而在龐克搖滾界，這些行家就是引領風潮的人物。透過打造品牌的優良口碑——以及確保所有發行的唱片都有一致的風格設計，他們吸引了許多樂團爭先恐後地想跟他們公司合作，就算只是為了向朋友炫耀。寇特也跟不少數學很差的年輕樂手一樣，對於在這個公司旗下錄製唱片有很浪漫的幻想。

寇特青澀的幻想很快就破滅了。他的樂團第一次跟龐曼面對面開商業會議——地點在西雅圖的羅馬咖啡館（Café Roma）——就幾乎以災難收場。克里斯特一出現就拼命喝一瓶他藏在桌子下面的酒。寇特一開始很害羞，但當他發現龐曼願意給的遠遠達不到樂團的要求時，他就生氣了。錢不是問題——每個人都知道錢不會多——但寇特希望能出一系列專輯、迷你專輯和單曲來為樂團啟動。龐曼建議他們先出一張〈愛情嗡嗡〉的單曲，看看賣得怎麼樣。寇特承認〈愛情嗡嗡〉是他們最強的一首現場演出歌曲，但是身為一個創作人，他覺得用一首翻唱歌曲來作為首發專輯太不誠懇了。儘管如此，會議結束時，大家都同意讓超脫合唱團跟恩迪諾一起錄一首單曲，由次流行唱片公司承擔費用。對寇特來說，發行自己的單曲可以說是夢想成真。

回到格雷斯港，卻發生了一件可能會毀了這個夢想的事。在時尚俱樂部演出後不久，戴夫·佛斯特不幸揍了科斯莫波利斯市長的兒子一頓。他被關了兩個星期、駕照被吊銷，而且還得付幾千美元的醫療費。對超脫合唱團來說，這個時間點再糟糕不過了。他們當時正在為下一場錄音排練，所以寇特決定炒了佛斯特。從他解僱團員的方式，可以看出他是怎麼處理爭端的——就是不處理。寇特一直都有點怕佛斯特。他雖然比寇特矮，卻跟大力水手一樣強壯。一開始，樂團找回了亞倫·柏克哈德，但他後來卻開著寇特的車酒駕被抓，於是他們只好再次打廣告徵求鼓手。找到鼓手後，寇特寫了一封信給佛斯特：「我們覺得一個樂團如果想有所成就，至少一個星期要練習五次……我們不會騙你說我們要解散，也不會放著這件事不管，我們就誠實跟你說，我們已經找到新的鼓手了，他的名字叫查德（Chad）……而且他有辦法每天晚上都來練習。最重要的是我們跟他有共鳴。面對事實吧，你來自完全不同的文化背景。很抱歉我們沒有勇氣當面跟你說，我們不知道你會發多大的脾氣。」很明顯，寇特沒膽子寄出這封信，信一直沒寄出去。當然，佛斯特並不像寇特所說的「來自完全不同的文化背景」——他的文化背景和寇特一樣，儘管這是寇特一直很想逃離的過去。佛斯特在《火箭》雜誌上看到超脫合唱團下一場演出的廣告時，就知道自己被炒了。

寇特和克里斯特是在社區世界劇院演出時發現查德・錢寧（Chad Channing）的。「寇特當時穿著厚底鞋，還有寬鬆閃亮的藍色喇叭褲，」查德回想。寇特和克里斯特會注意到查德是因為他那巨大的諾斯鼓組（North drums）——這是他們看過最大的鼓組，讓查德顯得特別矮小。他的身高才一百六十七公分，留長髮，本身看起來就已經有點像小精靈了。寇特向來都不會有話直說：他沒有直接問查德願不願意加入樂團，而是不斷邀請他來練習，直到事情很明顯，他已經是樂團的一員了。

此時他們的排練地點已經回到亞伯丁，就在克里斯特母親的髮廊樓上，所以可以練一整晚。有一天練習結束後，超脫合唱團的舊成員決定帶新鼓手去逛一逛當地的景點。查德來自班布里治島（Bainbridge Island），在加入超脫合唱團之前從沒來過亞伯丁。這次觀光讓他很吃驚，尤其是對於寇特長大的社區。「感覺好像來到布隆克斯（Bronx）的南邊一樣，」查德回憶。「我心裡想，『老天爺啊！』這裡太恐怖了。這裡可能是華盛頓州最貧窮的地帶。突然間，你就走進了一片貧民窟。」

他們開車來到哥德風格的韋瑟瓦克斯高中時，查德才有了比較好的印象。他們還帶他去看五層樓高、廢棄的芬治大樓（Finch Building），寇特說他青少年時期曾經在這裡嗑過迷幻藥，但這件事他在亞伯丁的很多地方都做過。他們還指出迪爾斯舊二手店（Dils Old Second Hand Store）給查德看，這家店裡售價二十五美分的專輯箱就放在六公尺長的電鋸旁邊。接著他們來到貧民酒館（Poorhouse Tavern）喝啤酒，克里斯特似乎認識酒館裡的所有人。「這是個充滿鄉巴佬的城市，」查德說，「很多人都嚼著乾杯牌（Skoal）口嚼煙，戴著有乾杯牌口嚼煙標誌的帽子，穿著螢光粉色的T恤，開有擋泥板的貨車，還留鬍鬚。」

離開酒館後，寇特和克里斯特兩個當地人打算帶查德去小鎮後山上的一間鬼屋。克里斯特開著小貨車往北走，來到亞伯丁的富人區，滿山都是豪華的維多利亞式建築，由早期的木材大亨所建。到達山頂後，克里斯特把貨車開進森林裡，寇特開始講述亞伯丁鬼屋的故事，當地人都稱這個鬼屋為「城堡」。他說很多人進去之後就沒有再出來過。有一個房間的牆上用血畫了很多小丑。他一邊說，車子一邊來到山坡上樹木叢生的窄路。

到達「城堡」時，克里斯特把車停在車道上，熄了車燈，但卻沒有關掉引擎。他們面前是一座建築物坍塌後的廢墟，前身是三層樓高的屋子。屋頂上長了苔蘚，門廊陷了下去，似乎所有房間都被吞噬了一般。黑暗中，被樹枝覆蓋的房子確實看起來很像坐落在偏遠的外西凡尼亞（Transylvania）的破敗城堡廢墟。

車停著的時候，查德很納悶為什麼克里斯特和寇特都不下車。他們只是坐在那裡盯著房子，好像看著幽靈一樣。最後，寇特問克里斯特：「你真的想進去嗎？」克里斯特回答：「算了，媽的，我不要進去。」

查德後來回想，他當時有叫他們進去探險，因為寇特的故事讓他很好奇：「我很興奮，想看看到底是什麼東西這麼可怕，但是到了之後，他們卻只是坐在車道上盯著房子，一動也不動。」查德以為他們是想試探他，這只是他們精心設計的試膽儀式，而他決定不管房子有多可怕——確實非常可怕——他都會鼓起勇氣進去。但他看到了寇特臉上的表情，那是實實在在的恐懼。「這裡真的死過人，」寇特解釋。從酒館開車到鬼屋的十五分鐘裡，寇特講了非常有說服力的鬼故事，連他自己都相信這番鬼話了。他們掉頭開車回鎮上，查德的亞伯丁觀光之旅告一段落。克里斯特從來不曾對寇特的表裡不一多作他想，但對查德來說，寇特臉上的表情是最早的幾個證據之一，顯示這位團長比他看起來還要複雜得多。

超脫合唱團新的錄音時段安排在六月的第二個星期，寇特滿心期待又興奮。整個五月，他開口閉口都是這件事，對所有認識的人宣布錄歌的日期，甚至連不認識的人他都說了——就像個驕傲的新手爸爸一樣，他甚至還把這件事告訴郵差或是雜貨店店員。這個月，為了讓查德適應樂團，他們演出了幾場，包括再次回到時尚俱樂部表演，以及在女巫店（Witch House）為奧林匹亞樂手吉莉・哈納（Gilly Hanner）舉辦的派對上演出。一九八八年五月十四日，哈納滿二十一歲，一個朋友邀請他們來表演。「他們跟常青州立學院的樂團很不一樣，」她回想，「他們的歌能震撼人心，會讓人覺得『我以前聽過這首歌』，但其實沒有。他們的音樂比那個時代的音樂更搖滾，不是隨便彈彈的。」在派對上，寇特加入吉莉，一起唱搔酸樂團的〈最佳禮物〉（The Greatest Gift），寇特還躺在地上表演〈愛情嗡嗡〉。當時〈愛情嗡嗡〉是他們的最佳演出曲目——寇特仍在奮力尋找一把獨門的唱腔，必須夠原始，能夠滿足他身為龐克樂手的感性，但也要能展現他那愈來愈複雜的歌詞。只是樂團的表演經常變得全是嘈雜的回授音，吵到完全聽不到寇特的聲音。

就在寇特愈來愈期待這支單曲的同時，次流行唱片公司的財務問題卻差點讓計畫泡湯。五月的一個下午，寇特接到一通電話，竟然是帕文特打來跟他借兩百美元。這實在太可笑，因此寇特沒有生氣，但克里斯特、查德和崔西都勃然大怒。「我們太吃驚了，」查德回想。「就在那一刻，我們對那些傢伙產生了懷疑。」如果寇特知道次流行唱片對他們樂團的創作能力有疑慮，他一定會更難過。唱片公司想要再考慮一下，所以龐曼匆忙在六月五日星期天晚上於中央酒館（Central Tavern）安排了一場表演。整晚共有三場演出，訂場地的簡・格雷戈爾（Jan Gregor）把超脫合唱團安排在第二組登場。就在演出的前一晚，龐曼打給格雷戈爾，問是否能把順序改一下，讓超脫合唱團先表演。龐曼解釋：「因為是星期天的晚上，我們不想在外面待太晚。」樂團開始表演時，有六位觀眾。KCMU電臺的克里斯・納博（Chris Knab）就在其中：「布魯斯和喬也在舞臺前，上下甩著他們的腦袋。他們想必是看到了一些別人沒發現的東西，因為我覺得這個樂團爛透了。」這場表演——以及之後的很多場——都遇到了音效問題，讓寇特的心情很差，進而毀掉了演出。儘管聲音很糟糕，表演也乏善可陳，龐曼與帕文特還是決定要繼續單曲的製作。

六月十一日，超脫合唱團回到互惠錄音室錄音。這次，製作人恩迪諾拼對寇特的名字了，但錄音過程並沒有像上次一樣快速又輕鬆。他們花了五個小時，只錄完一首歌。一部分原因在於寇特帶了一捲拼貼音樂的帶子，想放進單曲裡。由於錄音室的設備簡陋，想要做到這一點，唯一的辦法就是在混音過程中，在確切的時間點按下錄音臺的「播放」鍵。

樂團在六月三十日又回來錄了五個小時，並在七月十六日完成了最後三小時的錄製。結果總共花了十三個小時錄製四首歌：〈愛情嗡嗡〉、新版的〈打屁股〉，以及兩首科本的原創歌曲——〈大起司〉（Big Cheese，錄在B面）和〈平淡無奇〉（Blandest）。

次流行唱片公司僱用了愛麗絲・惠勒（Alice Wheeler）來幫樂團拍專輯封面照。八月的最後一個星期，他們開著克里斯特的貨車到西雅圖去接她。他們都對第一次正式攝影感到非常期待，還都特地請了假。克里斯特把大家載到塔科馬，他們在這裡的好幾個地點拍了照，包括第凡恩斯角公園（Point Defiance Park）的永無永無島（Never-Never Land）以及塔科馬海峽吊橋（Tacoma Narrows Bridge）下。克里斯特穿著一件短袖襯衫，在所有照片裡，高大的他都讓兩個團員顯得格外矮小。查德穿著細菌樂團（Germs）的T恤、戴著一頂貝雷帽和圓形太陽眼鏡，看起來好像樂團的領導人。寇特當天心情很放鬆，在大部分的照片裡都微笑著。他留著一頭少女般的長髮，穿著哈雷摩托車T恤，上面寫了「為疾馳而生」。他的樣子看起來還不到騎重機的年齡，更不用說是組搖滾樂團了。在拍照的一個星期前，他長了痘痘，這是從高中就困擾他的問題，讓他覺得很不自在。惠勒告訴他，她用的是紅外線底片，到時候會看不出他的痘痘。等他們開車回到西雅圖時，他們花在拍照上的時間已經跟待在錄音室的時間一樣長了。

八月底，寇特又收到另一通不尋常的電話，是龐曼打來的，而且這次也跟之前的對話一樣，讓寇特覺得自己被騙了。龐曼告訴寇特，次流行唱片公司開始了一個新的純訂閱制單曲服務，而且打算用〈愛情嗡嗡〉這首歌作為他們「單曲俱樂部」的首發。寇特不太相信他所聽到的，與團員討論之後，他大發脾氣。這首單曲已經比他們預計的多花了好幾個月的時間，而現在甚至連在商店裡賣都沒辦法，感覺他們的努力完全不值得。寇特身為一個收藏家，很認同「單曲俱樂部」的點子，但他不想看到自己的樂團被當白老鼠。不過由於他沒有簽合約，而且錄歌的費用是次流行唱片出的，所以他也沒什麼選擇。

四月在時尚俱樂部的演出過後不久，寇特接到一通道恩・安德森的電話，邀請超脫合唱團接受她的《反擊》樂迷雜誌的採訪。寇特沒有選擇用電話接受採訪，而是主動提議要開車去西雅圖，顯得一副他在那裡已經有一份事業的樣子，但其實並沒有。雖然這一刻寇特已經等了很多年——他少年時代還曾經自己模擬過問題來採訪自己——但在第一次媒體採訪中，他卻表現得緊張又害羞。在一個小時的採訪裡，他大部分時間都在談麥爾文樂團，他談這個話題似乎比談自己的樂團還自在。如果光看腳本，別人可能還會以為他是麥爾文樂團的一員，而不是超脫合唱團的一員。「他很崇拜麥爾文樂團，」安德森觀察道。在格雷斯港的這些年來，這一點顯而易見。

然而，就如同次流行唱片公司把單曲再次推遲到八月底一樣，這篇文章也延遲了好幾個月才刊出。一次次無法控制的延遲事件讓寇特覺得他是全世界唯一一個準備好面對他音樂事業的人。《反擊》雜誌的文章終於在九月刊出了，而且就連寇特也很驚訝，在安德森五百字的報導中，麥爾文樂團出現的次數是超脫合唱團的兩倍。「我看過上百次麥爾文樂團的表演，」寇特說，「我還開過小貨車載他們去演出，順便說一下，大家都討厭他們。」這篇文章對超脫合唱團讚譽有加，而且也有助於宣傳即將發行的〈愛情嗡嗡〉單曲，但當寇特說「我們一開始最害怕的就是被人看成麥爾文樂團的翻版」時，一個漫不經心的讀者可能也會有這樣的感覺。寇特對於他們在時尚俱樂部的初次演出也有所解釋：「我們當時很緊張……感覺大家都在評判我們，好像每個人手裡都拿著分數牌。」

這個「分數牌」的比喻之前就已經出現在寇特寫給克洛維的信中。在後來的採訪裡，他也用過同樣的詞彙。這個觀點來自他的另一個自我，也就是那個把自己名字寫成「科德特・科本」的人。採訪他的人——以及讀了這些採訪的樂迷——從來都不知道，幾乎他所說的每一個字都是排練過的：搭著貨車到處巡演時在腦海中練習過，很多時候甚至真的在日記裡寫過。他會這麼做並不單純是因為他心機重，或是想展現出最有利行銷、最吸引人的形象，而是因為他的許多先見都是出自本能——但也必須說，他雖然推崇龐克文化的理想，卻終究還是跟所有人類一樣，本質上必須為這件事負責。自從父母離婚、他把自己從外在世界抽離之後，他就開始想像這樣的時刻，躲在房間裡把想法都寫在皮奇牌筆記本上。因此當世界拍拍他的肩膀說：「科本先生，我們要幫你拍特寫了」的時候，他早就已經想好要怎麼靠近相機，甚至連聳肩的方式都是排練過的，彷彿要讓人覺得他只是勉強答應而已。

這年夏天，寇特寫了一篇樂團簡介，連同恩迪諾製作的試聽帶一起寄出去。從這篇介紹裡最能看出寇特的深謀遠慮。他之前就幫錄音帶下過許多標題，但最經常用的就是「比天堂還安全」，這是什麼意思只有寇特知道。他寫過幾十篇樂團簡介的草稿，一次比一次還誇張。其中一篇是這樣的：

超脫合唱團來自華盛頓州距離西雅圖九十六公里的奧林匹亞。樂團的吉他手兼主唱科德特・科本以及貝斯手克里斯特・諾弗賽立克住在亞伯丁，距離西雅圖兩百四十一公里。亞伯丁的居民主要是極度固執的鄉巴佬伐木工人，喜歡口含煙、射殺鹿隻、屠殺同性戀，而且「不太喜歡奇怪的新浪潮樂手」。查德・錢寧（鼓手）來自一個島嶼，那裡全是愛嗑迷幻藥的富家子弟。超脫合唱團是個龐克風格的重型搖滾三人組。團員通常都失業在家，所以隨時可以巡迴演出。超脫合唱團從來不曾即興表演〈格洛莉亞〉（Gloria）或〈路易，路易〉，也從來不需要重新改寫這些歌曲然後聲稱是自己的作品。

他還寄了另外一篇大同小異的文章給一觸即發唱片公司，文後加了一小段低聲下氣的請求：「我們願意自己支付發行一千張大碟的大部分費用以及錄音的全部費用。基本上，我們只是想要成為你們公司旗下的樂團，能不能拜託你們回覆『快滾』或『不感興趣』，好讓我們不用浪費錢寄更多錄音帶呢？」在錄音帶的反面，他還錄了好幾首歌曲的片段組合，包括雪兒（Cher）、《鵰鴞家庭》、齊柏林飛船、弗蘭克・扎帕（Frank Zappa）、迪安・馬丁（Dean Martin）還有其他十幾個樂手的作品。

為了發行唱片，寇特願意自己付錢給唱片公司，從這裡可以看出他愈來愈孤注一擲。他擬了一封信，向狂吼樹樂團（Screaming Trees）的馬克・藍尼根（Mark Lanegan）求助（藍尼根是寇特的偶像之一，他經常在日記裡寫信給他，但很少真的寄出去）。信上說：「我們覺得一點成就都沒有……結果我們的單曲要到十月才會發行，但是短期內都沒什麼希望能出迷你專輯，因為次流行唱片公司有財務問題。龐曼答應我們今年之內要出迷你專輯或是大碟，這都是狗屁，為的是讓我們不去找其他唱片公司。」寇特也寫信給好友傑西・里德，說他們會自己發行大碟，因為他們已經受不了次流行唱片了。

雖然寇特覺得很挫折，但其實樂團的發展比起之前已經有了起色——儘管好轉的速度對寇特來說永遠都不夠快。雪莉跟克里斯特分手了，克里斯特也因此有更多時間練習。寇特很開心兩個樂團成員終於跟他一樣投入樂團了。十月二十八日，他們迎來了目前為止最重要的一場演出，是在西雅圖聯合車站（Union Station）替屁眼衝浪客樂團（Butthole Surfers）開場。寇特一直都把屁眼衝浪客樂團的主唱吉比・海恩斯（Gibby Haynes）當作偶像，所以這場表演對他來說非常重要。演出時，音效問題再一次讓超脫合唱團沒辦法發揮出最好的實力，但如今寇特已經可以向朋友炫耀「我的樂團幫吉比・海恩斯開過場。」這個事實讓他的自尊心大增。

兩天後，他們又進行了一場有名的演出，這場演出贏得了奧林匹亞樂迷的心。表演地點在常青州立學院的K宿舍，時間是萬聖節前一天，寇特和克里斯特在脖子上倒了假血作為打扮。超脫合唱團之前還有三個樂團演出，分別是萊恩・艾格納的賽克羅德樂團（Cyclods）、戴夫・佛斯特新組的地獄鱒魚樂團（Helltrout）以及由寇特的鄰居史林・穆恩帶領的新樂團尼斯夸利三角洲無名惡夢樂團（Nisqually Delta Podunk Nightmare）。尼斯夸利三角洲無名惡夢樂團表演到一半時，鼓手往史林臉上揍了一拳，於是他們打了起來。場面亂成一團，寇特不知道超脫合唱團在這種情況下還能不能吸引觀眾的注意。結果他們差點連表演的機會都沒了，因為校警來到現場，想解散派對。幸好萊恩・艾格納出面說服警察讓超脫合唱團演出，但警察要他們動作快。

終於輪到超脫合唱團上臺，或者準確來說，是移動到房間裡被當成舞臺的一個角落。他們只表演了二十五分鐘，但這場演出卻讓他們從亞伯丁的鄉巴佬搖身變了為奧林匹亞最受歡迎的樂團。寇特的激情——這是其他表演所缺少的——達到了新的境界，全場沒有一個人的視線離得開他。「雖然他在臺下很內斂，」史林・穆恩回想，「但他想表現熱情時，就真的是火力全開。而在那個晚上，他更是展現了我從來沒有見過的激情。」他們當晚表演的歌曲和樂段跟以往一樣，但這次主唱彷彿被附身一樣，讓觀眾看得如癡如醉。令人驚訝的是，他如今在麥克風前找到了他在生命中其他地方無法找到的自信。寇特愈發高漲的情緒似乎也感染了克里斯特，他左跳右跳，用貝斯撞到了幾個在場的觀眾。

不過好戲這才要上場。短短的表演結束後，也就是剛演奏完〈愛情嗡嗡〉時，寇特忽然舉起他還頗新的芬達野馬（Mustang）吉他，大力往地上砸。吉他碎片四處飛濺，彷彿從大炮裡射出的砲彈。他愣了五秒鐘，手裡還舉著吉他的殘骸，一邊高舉，一邊望著觀眾。寇特臉上的表情莊嚴而詭異，就好像有人把鬼馬小精靈的萬聖節面具貼在一個二十一歲男子身上。他把吉他舉到空中，然後砰一聲，再一次往地上摔。然後他丟下吉他，走出房間。

他以前從來沒有砸過吉他，甚至可能沒有想過要這麼做，因為吉他可不便宜。「他一直沒有解釋他為什麼會突然抓狂，」約翰・波奇回想，「但他當時是在笑的。此舉帶有一種完結感——彷彿是他個人小小的慶祝。沒有人受傷，但他砸吉他的時候，感覺好像也不在乎會不會傷到人。這個舉動突如其來。表演結束後，我跟他說了一下話，同時吉他就這樣擺在地上，一直有人來撿吉他的碎片。」此時「綠人」已經迷上了超脫合唱團。

三個星期後，寇特接到次流行唱片公司的電話，說〈愛情嗡嗡〉的單曲終於準備好了。他跟克里斯特開車到西雅圖去拿唱片。次流行唱片的丹尼爾・豪斯記得當時寇特堅持要用公司的音響來聽：「我們播給他們聽，我好像沒看到寇特這麼開心過。」寇特和克里斯特都特別高興這次發行的唱片中，有幾個內行人才會明白的笑話：寇特的名字拼成了「科德特」，這一直讓樂評人和樂迷摸不著頭緒。唱片發聲槽的盡頭處還印了一小句話：「你們怎麼不用那些吉他來換幾把鏟子呢？」他們在亞伯丁練習時，克里斯特的爸爸經常用帶有克羅埃西亞口音的破英文對他們吼這句話。

吉他換鏟子，槍換吉他，從亞伯丁到次流行唱片公司。此時寇特手裡握著自己的唱片，那一切似乎都成了模糊的記憶。他已經是個貨真價實的樂手了，這就是最實在的證明。就像之前連壞了他都要帶去蒙特沙諾學校的那把吉他一樣，這首單曲是否成功對他來說並不重要：這張唱片的實體就是他多年來夢寐以求的東西。

〈愛情嗡嗡〉單曲唱片一共出了一千張，樂團自己留了大約一百張。他們還在西雅圖時，寇特拿了一張去給大學校園電臺 KCMU。他對這張單曲有很高的期望，並向電臺描述「這首歌美妙而輕柔，是一首低吟的搖籃曲，商業風格濃厚。」他以為 KCMU 電臺馬上就會把這首歌加入重播的行列，所以整天都在聽這一臺。崔西來到西雅圖載寇特回奧林匹亞，他們準備回家時，還是沒聽到這首歌。他們向南行駛，快要收不到 KCMU 電臺信號的時候，寇特再也等不下去了。他叫崔西在加油站停車，然後用加油站的電話打去電臺點他自己的歌。至於電臺的 DJ 有沒有覺得很奇怪——才剛收到一個樂團的單曲，兩個小時後就立刻冒出一個樂迷來點歌——這一點無從得知。寇特在車上等了超過半個小時，電臺終於播了〈愛情嗡嗡〉。「他坐在那裡聽著自己的聲音從收音機傳出來，」崔西回想，「臉上露出了大大的笑容。」

一九八八年十二月初是寇特這輩子最快樂的時光之一。單曲的發行讓他心情很好，而且大家也還在談論 K 宿舍那場表演的事情。他有時會去史密斯菲爾德咖啡館或士邦商店（Spar）的咖啡館，他一走進去，裡面的大學生就會竊竊私語。大家開始邀請他去派對上表演。當時的表演依然是沒有報酬的，但至少有邀約了。另外，《火箭》雜誌也為樂團寫了他們的第一篇樂評，稱那首單曲為「驚人的處女作品」。《火箭》雜誌對他們讚譽有加，但也提出警告，說次流行唱片公司的其他樂團得到愈來愈多關注，不論是在整個油漬搖滾圈子裡，還是在這家公司裡，超脫合唱團都可能會相形失色。「他們展現了高超的音樂技巧，」格蘭特・艾爾登（Grant Alden）寫道。「超脫合唱團似乎在西北部音樂圈獨樹一格——說是鞭擊金屬，他們又太過乾淨；說是金屬樂團，他們又太純粹；總之他們非常出眾，不容忽視。」這是第一次來自外界的肯定，證實了寇特內心的想法：樂團變得愈來愈好了。

在次流行唱片公司旗下的樂團中，聲音花園樂團和蜜漿樂團明顯是最受歡迎的，而超脫合唱團也迎頭趕上。「單曲俱樂部」終究是個聰明的商業點子——第一批〈愛情嗡嗡〉都賣完了。儘管超脫合唱團一分錢都沒賺到，這聽起來也是個了不起的成就。還有另一個好消息：龐曼和帕文特為〈打屁股〉籌畫了混音版本，將收錄於三張迷你專輯合輯《次流行兩百》（Sub Pop 200），這是公司目前為止最引人注目的一次唱片發行。現在次流行唱片公司有興趣跟寇特談出完整專輯的事了，不過他們也提醒寇特，由於公司沒錢，所以超脫合唱團得自己預先支付錄製唱片的費用。一般的唱片公司都不是這樣運作的，而次流行跟他們旗下的其他樂團通常也不是這樣交易的。雖然寇特那封「我們願意自己支付發行費用」的信沒有寄給次流行唱片公司，但是精明的龐曼看出了他顯露無遺的飢渴與無知。支票簿準備好之後，樂團興奮地計畫在十二月底再次跟傑克・恩迪諾回錄音室錄音。

寇特一投入到專輯的製作當中，就立刻拋下了〈愛情嗡嗡〉這首單曲，儘管才兩個星期前，他還把這首歌當作世界上最珍貴的寶物。他跟史林・穆恩談過，穆恩說他感覺「寇特完全不喜歡這首單曲，他只是很高興能發行作品而已。」寇特寄了一張單曲給約翰·波奇，裡面還附了一張紙條：「這是次流行唱片幫我們出的限量版單曲，封面照片是非常商業化的搖滾巨星風格，又蠢又模糊，正反面都可以看到科德特·科本。我很慶幸只發行了一千張。大碟會不一樣，非常不一樣，製作會更原始，歌曲會更低俗。」即使是寫信給朋友，他也是用第三人稱來稱呼自己。他對於這支單曲又愛又恨的感情反映出他對自己所有作品的感受。樂團的任何作品，不論是錄音室的作品還是在臺上的演出，都達不到他心目中的標準。他一直很想出唱片，等到真的出了唱片，他又馬上去挑毛病。這只是他內心一股更大的不滿當中的一小部分。

這一點最明顯地反映在他與崔西的感情上。崔西全心全意愛著他，但他卻拒絕她的感情，還說她不應該這麼愛他。他們主要還是靠交換紙條的方式來溝通，而崔西給他的待辦事項清單也愈來愈長，因為他幾乎沒有完成任何她要求的事，儘管他失業，還要靠她養。一九八八年十二月，她留了一張紙條給寇特：「嗨，寇特！我兩點半或三點才會回家。你看電視之前能不能先整理臥房？你可以摺好我的衣服，放進抽屜裡，或者直接放進左邊的衣櫥裡。一、墊上乾淨的報紙。二、把浴室和廚房的墊子抖一抖。三、清理浴缸、水槽和馬桶。抱歉，抱歉，抱歉，我最近很嘮叨，對你太壞了。我愛你。今晚我們喝醉酒（微醉）來上床吧。我愛你。」

克里斯特和雪莉狼狽分手，寇特和崔西都很難接受。從寇特的角度來看，這樣克里斯特就能花更多時間在樂團上，但崔西覺得這次分手讓他們失去了最喜歡的情侶檔好友。就好像露西（Lucy）

和李奇（Ricky）必須看著愛瑟兒（Ethel）和佛雷德（Fred）離婚一樣*。崔西發現自己老是在擔心她和寇特會不會是下一對分手的，因為她知道若是分手，寇特就會把每一分每一秒都投入到樂團裡。她決定威脅分手，藉此測試他的真心。她並不是真的想分手，只是希望寇特能告訴她他是真心的。然而，測試寇特的意志力本身就是個錯誤。崔西告訴他他得搬出去住時，他頑固又實際地回答：「如果你想要我出去，那我就住車上，」他說。他之前也住過車裡，要再住一次也可以。當然了，崔西告訴他這太荒謬了。但她實在不該與格雷斯港的現任冠軍比賽「誰先眨眼」。

寇特的樂團雖然有起色，他的生活卻和之前沒兩樣：每天睡到很晚才起床，然後整天寫歌，或是一邊彈吉他一邊看電視。有一天下午，崔西向他抱怨，說他寫歌的內容涵蓋了他生活中的方方面面——從手淫到電視劇《梅伯里R.F.D.》（Mayberry R.F.D，〈佛洛伊德理髮師〉）裡面的角色都有——但就是沒有她。寇特對這個提議一笑置之，但卻在日記裡認真考慮了：「我很樂意為她寫一首優美的歌，儘管我沒有權利代表她說些什麼。」在同一頁日記上，內容就沒有那麼浪漫了。他把自己描述成沒有手臂的人物：「我示意、咕噥，想要你的愛，用我的鰭肢如風車般畫圓；想與你唾液交流卻無法，骯髒的圍兜兒，口水在我胸前風乾。」他非常著迷於「鰭肢嬰兒」，也就是沒有手臂的嬰兒。這是他經常書寫的主題，還把想像中這些嬰兒的樣子畫成恐怖的插畫。

一個星期後，他寫了一首關於他女朋友的歌。副歌的歌詞是：「我無法夜夜免費見你」，這很

* 美國電視喜劇《我愛露西》中的情節。

明顯是指他們的爭吵。奇怪的是，雖然寇特在她面前排練並表演這首歌，他卻從來不承認歌曲是關於她。他反而還告訴她：「我只是把腦海中浮現的寫下來，我不會為你或是任何人寫歌。」當然，他這是在說謊。然而，他願意為她創作，卻不願意冒險獻出這份作品以示親密，就足以說明他們的關係以及他對這份感情的真心。就像國中男生送情人節卡片給女生卻不敢署名一樣。他演奏這首歌給查德和克里斯特聽時，他們馬上就覺得很喜歡，問他這首歌叫什麼名字。「我不知道，」寇特說。「這首歌是關於什麼的？」查德問。「關於一個女孩，」寇特說。他們決定把這個當作歌名，反正寇特大部分的歌名都和歌詞沒什麼關係。

〈關於一個女孩〉是寇特創作過程中一首很重要的歌——這是他第一首直截了當的情歌，而即使歌詞非常扭曲，旋律卻毫不害臊，在超脫合唱團早期演出時，觀眾還誤以為他們是翻唱披頭四的歌。寇特告訴史蒂夫・希林格，他寫〈關於一個女孩〉的那一天，為了進入狀況，連續聽了三個小時的《跟披頭四見面！》。但其實也沒什麼必要，因為他從還在學走路的時候就已經開始研究披頭四的作品了，儘管披頭四在龐克音樂的圈子裡被視為過時的東西。

在一九八八年底，寇特受到的音樂影響可說是個大雜燴，包括他之前崇拜巴斯・奧斯本時學到的龐克、他青少年時期聽的重金屬，以及童年早期發現的流行音樂。這個大雜燴的組合沒有規律也沒有理由。他錯過了一大段的音樂史，純粹是因為他沒有機會去接觸而已（他還沒聽過帕蒂・史密斯〔Patti Smith〕或紐約娃娃樂團〔New York Dolls〕），但在其他小眾的音樂領域，例如搔酸樂團，他卻可以算是專家，能夠說出他們發行的每一首歌。他有一種傾向，就是一旦愛上某個樂團，就把他們的音樂捧上天，並且像家門口的傳教士一樣對他的朋友洗腦。克里斯特比較能夠掌握主流搖滾作品，這是他在樂團裡不可或缺的原因之一——他知道什麼是媚俗，而寇特對這方面比較不會拿捏。一九八八年底，寇特找朋友達蒙・羅梅羅（Damon Romero）來他的公寓作客，告訴他：「我發現一張很棒的唱片，你一定要聽聽看。」羅梅羅到的時候，寇特拿出技巧合唱團的《找到技巧》（Get the Knack），準備拿去唱片機上播放。羅梅羅對這張一九七九年發行的唱片再熟悉不過，這張唱片非常主流，所以他以為寇特是故意在諷刺他，於是他問：「你在開玩笑吧？」「不是，你一定要聽聽看，這是一張很棒的流行專輯，」寇特不動聲色地說。於是羅梅羅不情願地坐著聽完了專輯的兩面，一直在想寇特是不是隨時要說笑話，但他卻只是沉默地閉著雙眼，隨著唱片轉動，一邊假裝在打鼓，似乎在獻上無聲的敬意。

〈愛情嗡嗡〉發行不久後，寇特為他的朋友譚姆・奧蒙德（Tam Orhmund）製作了一張混音帶，裡面收錄了他當時最喜歡的音樂。A面包括雷德・克羅斯樂團（Redd Kross）、奧茲・奧斯本（Ozzy Osbourne）、皇后樂團（Queen）、灣市狂飆者樂團、甜美樂團（Sweet）、糖精信任樂團（Saccharine Trust）、地下絲絨樂團（Velvet Underground）、毒液樂團（Venom）、披頭四樂團以及技巧合唱團的歌曲。他把技巧合唱團的〈我的夏洛娜〉（My Sharona）歌名改成了〈我的陰囊〉（My Scrotum）。B面的歌曲則是來自完全不同的樂團，像是聲音花園樂團、金髮美女樂團（Blondie）、幻覺皮衣樂團（Psychedelic Furs）、金屬製品樂團、傑佛森飛船樂團（Jefferson Airplane）、麥爾文樂團，以及寇特故意寫的「AC他媽的DC樂團」。錄製一張這樣的帶子要花好幾個小時，但寇特什麼沒有，時間最多。

寇特送給奧蒙德這份禮物，是希望能夠挑起她擔任超脫合唱團經理人的興趣。他意識到次流行唱片公司並不是真的為他著想，所以認為雖然沒有經驗但個性外向的奧蒙德也許更適合當他們的代表。寇特和崔西甚至一度考慮要跟譚姆搬去塔科馬。他們去看了好幾間房子，但寇特看到一面牆上有彈孔時，就打消了這個念頭。

後來反而是奧蒙德搬到西雅圖，光是這一點就足以讓寇特覺得她夠格擔任樂團的經理人。他們去拿〈愛情嗡嗡〉單曲的那一天順便去了奧蒙德家，寇特宣布她就是樂團新的經理人。他給了她一大疊唱片，要她拿去給一觸即發唱片公司以及任何有可能會感興趣的人。她整理了一份簡陋的宣傳資料，包括之前在K宿舍表演的照片以及一些零碎的媒體報導。奧蒙德記得，「寇特表現得好像他很恨次流行唱片公司的樣子。」

當年秋天，寇特從圖書館借了唐納德・帕斯曼（Donald Passman）的《你所需要知道關於音樂產業的一切》（All You Need to Know About the Music Business）。讀完後，他跟克里斯特分享書裡的內容。他愈來愈懷疑自己所屬的唱片公司，所以決定要簽合約。一個星期後，克里斯特開車去西雅圖，醉醺醺地敲布魯斯・帕文特的門，大嚷：「王八蛋，我們要簽合約！」次流行唱片公司草擬了一份簡短的合約，從一九八九年一月一日開始生效。合約規定他們三年之內要出三張專輯（寇特覺得這個進度太慢了），而且唱片公司第一年要付他們六千美元，第二年要付一萬兩千美元，第三年要付兩萬四千美元。

幾乎整個十二月，樂團都在為接下來的演出做準備。由於他們練習的場地在亞伯丁，通勤時間可能就會用掉將近一整天。查德偶爾才能用車，而寇特的車也不太可靠。大部分時候都是克里斯特用他的貨車從亞伯丁開到奧林匹亞去載寇特，再往北開去西雅圖，去載從班布里治島搭渡輪過來的查德，然後再一起回到亞伯丁。一天結束的時候，他們再往反方向重複一次。有時候他們得行駛六百四十公里才能完成三個小時的練習。不過通勤還是有好處，能讓他們培養感情，也可以不受打擾地聽音樂。「我們會聽蜜漿樂團、泰德樂團、棺材休息樂團（Coffin Break）、小妖精樂團（Pixies）和方糖樂團（Sugarcubes）的歌，」查德回想。他們聽的樂團完美地反映出超脫合唱團在一九八八年的音樂風貌。他們成功地模仿這些樂團，但依然保有原創性，有時候在同一首歌裡就能兼具這兩點。但寇特還在學習，而且進步得很快。

一九八八年十二月二十一日，他們第一次以超脫合唱團的身分回到故鄉格雷斯港正式演出。雖然他們在奧林匹亞和西雅圖已經吸引了不少觀眾，但在這場演出裡，觀眾只有二十個人，而且大部分都是「克林貢樂迷」。表演場地是荷奎安老鷹廳（Hoquiam Eagles Hall），距離寇特父親之前當技工的雪佛龍加油站只有兩個街區。表演時，克里斯特脫得只剩內褲，而且再次往自己身上倒血。他們表演了齊柏林飛船的〈遷徙者之歌〉（Immigrant Song），這是他們第一次，也是唯一一次在演唱會上表演這首歌，這首翻唱得到的回響比其他寇特原創的歌曲還要大。這次演出是寇特還在讀高中的妹妹第一次看見哥哥在演唱會上表演。「我坐在舞臺邊緣，一邊跟著唱，」金回憶道。「我唱到嗓子都啞了。我隔天應該去上學，要做讀書報告，但是我沒辦法。」

這個星期，寇特送了一張賀曼賀卡公司的耶誕卡給他的爺爺奶奶李蘭和艾麗絲。卡片上說明了他職業發展的近況：

親愛的好久沒聯絡的爺爺奶奶：我很想念你們。雖然這不是不去拜訪你們的理由，但我住在奧林匹亞，我跟我的樂團沒在巡演的時候，我依然很忙碌。最近我們發行了一張單曲，已經賣光了。我們這個星期一要為首張大碟錄製歌曲，三月會發行。我們二月又要去加州巡迴演出，然後四月會回來短暫休息，接著又要上路了。現在是我這輩子最快樂的時候，如果能收到你們的回覆那就太好了。耶誕快樂。愛你們的寇特。

寇特誇大了樂團的巡演行程。他們還沒有那麼多演出，但演出的數量確實在增加中。不過他說「現在是我這輩子最快樂的時候」，這一點倒是沒有誇大。比起真正發生的事件，他對於接下來職業里程碑的期待總是感到更開心。能夠發行他自己的完整專輯——在他看來，這比發行一首單曲更有意義得多——讓他飄飄然，甚至反常地談起自己內心的感受。他很少承認自己內心的感覺，更少用快樂來形容自己。

在荷奎安演出的兩天後，樂團開車到西雅圖去錄製專輯，那天是耶誕前夕。「反正我們也沒事做，」克里斯特解釋。前一晚，他們待在詹森・艾弗曼（Jason Everman）家，他是查德和迪倫的朋友。寇特和往常一樣，已經寫好了旋律，但想不太到歌詞，所以幾乎整晚沒睡，一直在琢磨字句。他跟團員說反正他也睡不著。

他們隔天下午來到錄音室，一直忙到深夜。這段期間，他們錄好了十首歌的基本音軌，但寇特不喜歡他的人聲部分。他唯一喜歡的一首是〈吹〉（Blew），這首歌是機緣巧合之下的產物：克里斯特沒有注意到他用的是哪一個調，歌曲原本是用降D調弦法寫的，他卻不小心低了一個調，結果讓這首歌聽起來比他們以往的歌更沉重、更黑暗，簡直就是完美的錯誤。〈吹〉的歌詞就跟寇特早期寫的許多歌一樣，沒什麼意義——寇特後來解釋，這些歌只是「唱起來很酷」而已——但旋律和歌詞都有效地傳達出一種無助和絕望的感覺，寇特大部分的歌曲都是這些主題。

快要半夜的時候，樂團終於決定收工，回到亞伯丁。漫長的旅程中，他們把錄好的作品連續聽了六次。一九八八年的耶誕節當天凌晨一點半，克里斯特把寇特載到亞伯丁溫蒂的家。他打算先在這裡過節，然後再去看崔西。表面上看來，寇特和溫蒂的關係似乎變好了。這年秋天，他在日記裡寫了：「我搬出去之後，我們的關係變得很好。我達到了我母親的要求，她認為我有一份受人尊敬的工作、有女朋友、有車、有房。我得回家拿一些我留在那裡的舊東西，我的老家，我真正的家，而現在那裡只是我母親的家。」

耶誕節時，寇特通常都會送自己做的禮物給家人，一方面是出於他的藝術喜好，另一方面也是因為經濟上的限制。一九八七年，他送的是自製的鑰匙圈。不過一九八八年，連想都不必想就知道他的禮物是什麼：他送給每個人一張他的單曲，包括他的長輩。這張唱片為他創造了一種衣錦返鄉的感覺——他如今有證據向親戚證明自己的成就了。溫蒂用家裡的音響播了這張單曲，但很明顯，她不覺得有多厲害。她告訴寇特他需要「其他能仰仗的東西」。寇特充耳不聞。

比耶誕節更讓人興奮的是十二月二十八日樂團的另一場引人注目的演出，地點是西雅圖的「地下夜店」（Underground），為的是慶祝《次流行兩百》合輯的發行。次流行唱片公司雖然付不出錢給旗下的樂團，卻舉辦了許多奢華的派對，這一場派對也不例外：活動長達兩天，在大學區的俱樂部舉行，一共有八個樂團演出。超脫合唱團在第一晚出場，史蒂文・傑西・伯恩斯坦（Steven Jesse Bernstein）用「一個主唱嗓音很乾冷的樂團」來介紹他們。這場演出是超脫合唱團第一次能跟次流行唱片公司的其他陣容並駕齊驅——之前他們一直被視為不太成熟的樂團。他們待在西雅圖，接下來三天內又花了十五個小時跟恩迪諾待在錄音室，一直工作到新年前夕，然後寇特才終於回到奧林匹亞，和崔西一起迎接一九八九年。

一月的第二個星期，樂團繼續工作，又混了兩次音，已經差不多完工了。他們在錄音室裡待了將近三十個小時，完成了九首歌。他們從克洛維的試聽帶裡選了三首歌收錄到專輯裡，然後重新混音。寇特決定把專輯取名為《人類過多》。專輯裡沒有一首歌叫這個名字，但卻總結了他作品中的黑暗主題。然而在二月初，樂團前往加州巡演。經過舊金山時，寇特看見一張預防愛滋病的海報，上面寫著「漂白你的工具」，他覺得很好笑。「漂白，」貨車開下街道時，他對兩個團員說。「我們的新專輯就叫這個名字吧。」

10

1989 年 2 月—1989 年 9 月
華盛頓州，奧林匹亞

非法搖滾

如果搖滾是非法的，那就把我關進監獄吧。
——寇特寫在吉他上的一句話，一九八九年七月十五日

寇特二十二歲生日的前一天寫了一封信給他的母親：「現在是週日下午，外面下著雨，我跟平常一樣沒什麼事做，所以我想寫封簡短的信給你。事實上，每天都漫長而多雨，所以我最近寫了不少東西，我想這總比什麼都不做好。我要嘛就是寫歌，要嘛就是寫信，現在我寫歌寫得有點煩了。明天是我二十二歲生日，（而我還是不知道怎麼寫）。」這封信他沒有寫完，也沒有寄出去。

儘管寇特在信中說生活很無趣，但他內心的藝術生命卻在璀璨綻放。他的二十二歲幾乎完全投入到創作中——不論是在音樂方面還是藝術方面。他早就放棄了成為商業藝術家的抱負，但某程度上來說，這種自由讓他的藝術能無拘無束地發展。一九八九年，他大部分的時間都沒有工作，除非

把經營超脫合唱團也算是工作。崔西已經變成他的捐助人，在他們交往的大部分時間裡，她都扮演著這個角色。

一九八九年，不管你在哪一下午走進寇特的公寓，都會看到他手上拿著畫筆或是吉他。但與其說他是個畫家，不如說他是一個創作家。他可以把眼前的任何一種工具當成畫筆，並把眼前任何平面的物體都作為畫布。他買不起真正的畫布，甚至連品質好一點的畫紙也買不起，他的作品經常都是畫在二手店買來的舊桌遊紙背面。他不是用顏料來畫畫（他也經常用不好），而是用鉛筆、原子筆、木炭、麥克筆、噴漆，有時候甚至會用血。有一天，他的鄰居艾米・穆恩（Amy Moon）剛好經過家門前，寇特看起來就像是剛孕育出自己第一個小生命的瘋狂科學家一樣，咧著嘴跟她打招呼。他告訴她自己剛畫完一幅畫，這次是用壓克力顏料完成的，但是有一個特別的添加劑。「這是我的祕方。」他告訴艾米。只要完成的作品他很喜歡，他就會加上這個原料作為最後修飾，然後就大功告成。他解釋說這個祕密原料就是他的精液。「這幅畫上面有我的種子，」他告訴她，「你看，閃閃發光！」艾米不敢問寇特是用什麼方法把他的「種子」塗上去的，但她沒有看到刷子，也沒有看到調色盤。

雖然寇特的行為模式很怪異，但艾米還是僱用他幫自己畫一幅畫，這是寇特唯一一次受僱幫人畫畫。她向寇特描述了一個夢境，要他畫出來。寇特接下這份工作，她則付給他十美元的材料費。最終的成品畫得很粗糙，但把她的夢展現得淋漓盡致。艾米很難想像寇特單憑她的描述就畫出這幅畫。「夢境中是半夜，」艾米描述，「冥冥之中有一股奇怪的力量。背景裡有很多模糊的樹，只有影子而已。前景有一輛車的車燈和剛被撞到的鹿，可以看到那隻鹿呼出的氣息，還有從牠身上散發出來的熱度。前方有一個很瘦的女人，正在吃那隻可能還沒死的鹿。他畫的就跟我夢到的一模一樣。」

寇特大多的作品都讓人覺得不安，有時候是極度的不安。他探討的大部分主題都跟高中美術課畫的主題一樣，只是如今更為黑暗。他還是會畫外星人和爆炸的吉他，但除此之外，他的插畫本裡也包括達利（Dalí）風格的景觀，例如融化的時鐘、在無頭生物身上加上情色的身體部位，還有殘肢的插畫。他的作品在一九八九年開始出現愈來愈多立體的特色。他每個星期都會去奧林匹亞眾多的二手店逛一逛，只要是便宜又古怪的東西就有可能成為他畫作的一部分。他在一張鐵蝴蝶樂團（Iron Butterfly）的專輯背面畫了蝙蝠俠，並把一個裸體的芭比娃娃貼在他上面，然後在芭比的脖子上掛了一個繩索。他把這個作品送給崔西當生日禮物。他開始收集娃娃、汽車模型、午餐盒、舊桌遊（其中有一些他會完好地保存，例如他很喜歡的伊夫・尼韋爾*〔Evel Knievel〕的遊戲）、人偶模型，還有各種便宜的物品。這些收藏品既沒有被珍藏，也沒有放到架子上。寇特可能會在燒烤的時候把這些東西拿去後院燒到融化，或者黏在桌遊的後面。崔西抱怨說她每次轉身都一定有個娃娃盯著她看。整個公寓開始變得像低俗的路邊博物館，但這博物館若不是處於建造中的狀態，就是在毀滅之中。「他整個人亂七八糟，」克里斯特回想。「整間房子都亂成一團，到處都是東西，但

---

* 美國特技演員，此遊戲為一款特技桌遊。

他是個很認真的藝術家，而這就是他表達自我、過濾外界的方式之一。他表達的方式有很多種，其中某些方式很病態也很扭曲。事實上，所有的藝術都是頹廢又扭曲的。他的主題還滿一致的，一切都有點混亂又黑暗。」

寇特最喜歡的一招就是轉換畫中人物的性器官。男性人物的頭部有女生的陰道，女性則會同時有陰莖和乳房。他這一時期的一幅作品上，有四個裸體女人坐在巨大的撒旦旁邊，而撒旦則有一個巨大勃起的陰莖。雖然這幅畫是用鉛筆畫的，但女人的頭卻是從《好管家》（Good Housekeeping）雜誌上的廣告剪貼過來的。每個人物彼此相連，形成一個巨大的人鏈：其中一個女人在大便，另一個女人把手放進自己的陰道裡，第三個女人把手放進另一個女人的肛門裡，最後一個女人正在生孩子。這些人物的頭上都有惡魔的角，而且畫得很寫實，看起來像九〇年代舊金山藝術家合作社的作品。

寇特大部分的藝術作品都沒有標題，但他這一時期的其中一幅作品卻有個精心打造的標題。這幅畫是用黑色蠟筆畫在白色的二十磅銅版紙上，畫中有一個牙籤人，臉上掛著巨大的微笑，他用斧頭砍斷了左腳。作品的標題是〈陽光先生自殺了〉。

雖然寇特抱怨生活無聊，但一九八九年是他的樂團最忙碌的時期之一。在一九八八年年底，超脫合唱團已成立了整整兩年，卻只表演了二十多次，而且還是用不同的團名、換過四個不同的鼓手

（柏克哈德、佛斯特、克洛維、錢寧）。但光是在一九八九年，他們就演出了一百次，寇特的生活型態也愈來愈像一個職業樂手。

一九八九年的第一場演出是西岸巡迴秀。他們來到舊金山，並在這裡看到「漂白你的工具」的標誌。他們當時只出了一張單曲就去巡演，以這樣的潛在樂迷數量，這個做法是前所未見的。他們在全球銷售的單曲還不到一千張，在聖荷西（San Jose）這樣的地方，要指望有人聽說過他們，而且喜歡他們到願意去看表演，簡直太荒謬。最初的幾場演出真的就只有六名觀眾，通常都是對次流行唱片公司有興趣的樂手，他們是被這家公司吸引，而不是被超脫合唱團吸引。迪倫・卡爾森當時也跟他們一起去巡演，他記得寇特感到很挫敗。「簡直就是災難一場，」他說，「好幾場表演都被取消了。」取消演出的通常都是夜店老闆，因為唯一的觀眾就是酒侍和門衛。觀眾最多的一次是超脫合唱團幫生活色彩合唱團（Living Color）開場的演出。這是一個比較主流的搖滾樂團，上過前四十強單曲榜。在場有大約四百名觀眾，但他們都不喜歡超脫合唱團。

如果說這第一場巡演的各種低潮中的還有個低潮，那就是出現在舊金山。他們在有頂馬車夜店（Covered Wagon）幫麥爾文樂團開場，寇特對於這次重聚一直都滿懷期待。但當他發現比起之前在格雷斯港，麥爾文樂團在加州並沒有更受歡迎時，他的信心就受到了打擊。這次也跟其他巡演一樣，他們幾乎付不起油錢、找不到地方睡，也沒有東西吃。崔西開車載朋友艾米・穆恩和喬・普雷斯頓（Joe Preston）跟超脫合唱團一起來到加州，樂團共有七個人隨行，但這麼多人的錢加起來都買不起一個墨西哥玉米捲。路上有人告訴他們可以去施食處吃飯。「這家施食處有可能是國際奎師那知覺協會（Hare Krishnas）開設的，寇特因此覺得很不自在，」艾米回想。就在大家都狼吞虎咽地吃施食處的食物時，寇特只是頹喪地盯著他的碗。「他不願意吃，」艾米說。「最後他起身走了。這令他很沮喪。」國際奎師那知覺協會的食物、十個人的聽眾、油錢是討來的、麥爾文樂團在商業上的失敗、打電話去點自己的單曲——這一切丟臉的程度是他從來沒有想像過的，他毫無心理準備。這天晚上，七個人都在一個朋友套房公寓的地板上過夜。

二月二十五日，他們回到西雅圖，在華盛頓大學進行了一場比較成功的演出。表演用「四塊錢四個樂團」作為噱頭，這是超脫合唱團目前為止吸引過最多觀眾的一次，大約有六百人。跟他們同場演出的還有液體樂團（Fluid）、面板圍場樂團和女孩麻煩樂團（Girl Trouble），這三個樂團都比超脫合唱團還要出名，但觀眾對超脫合唱團的反應最熱烈。在八〇年代晚期，西雅圖的觀眾已經開始跳碰碰舞——這是一種暴力又激烈的舞步，通常都是一群青少年在舞臺前跳，人多的時候，一波一波的人群就會開始撞在一起，就好像在觀眾群裡颳起的龍捲風一樣。超脫合唱團狂暴的音樂就是碰碰舞的最佳配樂，因為他們的音樂節奏一直都很快，而且每首歌之間幾乎沒有停頓。有時候會有觀眾爬上舞臺，然後又跳回觀眾群裡面——這叫「舞臺跳水」——跳完之後，這儀式性的碰碰舞就算結束。寇特平靜地唱歌演奏，而幾十個年輕人跳上臺，就只為了馬上再跳下去。有時候一次有太多年輕人從舞臺上往下跳，看起來就好像寇特是站在一群抱負滿滿的傘兵的跳傘訓練場地一樣。這是一場精心安排的混亂，正是寇特想要的，用他的音樂來製造混亂。其他許多樂團也吸引了類似的愛跳碰碰舞的觀眾，但很少有樂手能像寇特一樣這麼冷漠地站在舞臺上，不理會觀眾的襲擊。他給人一種他已經習慣在表演時有觀眾跑上臺的感覺。而在西雅圖，他也確實已經對此司空見慣。

這一天，寇特跟華盛頓大學的學生報紙《日報》（Daily）做了一個簡短的採訪。訪談中，他談到西北部音樂圈，並稱之為「搖滾音樂的最後一波浪潮」以及「終極老調重彈」。他告訴報紙的寫手菲爾・韋斯特（Phil West），超脫合唱團的音樂有一種「建立在仇恨上的陰鬱、復仇的元素」。這篇文章開啟了寇特之後很喜歡的一個娛樂，就是用傳奇故事來糊弄容易上當的記者。「在亞伯丁，我對我最好的朋友有滿腔的仇恨，因為他們都是白痴，」寇特宣布，「這種仇恨感大部分都還沒消退。」他確實有感謝崔西在經濟上支持他，但他也發誓有一天他會「靠樂團吃飯」。「如果沒辦法，」他發誓，「那我就帶著幾百美元去墨西哥或是南斯拉夫退休，種馬鈴薯，然後看過期的《克里姆》雜誌來學搖滾音樂的歷史。」

這年春天，詹森・艾弗曼作為第二吉他手加入樂團，樂團首次有了四位成員。由於寇特的歌變得更複雜了，他讓詹森補充他覺得處理得不夠好的部分。詹森之前曾經和查德在同樣的樂團待過，是個出了名熱情的吉他手。他還借了寇特六百美元，算是討好樂團，寇特用這筆錢來支付《漂白》的錄音費用。雖然詹森沒有要求任何回報——寇特始終沒有還錢給他，但寇特把沒有演奏的詹森也列在《漂白》的專輯封面上。

超脫合唱團以加上詹森的新陣容，於六月九日在次流行唱片公司舉辦的「擺爛音樂節」（Lamefest）上演出，地點是西雅圖摩爾劇院（Moore Theater）。他們為兩支次流行最知名的樂團開場，也就是蜜漿樂團和泰德樂團。這次的表演也標誌了《漂白》的正式發行。超脫合唱團是第一個出場的，表演算是波瀾不驚地完成，唯一可以說的就是寇特的吉他弦卡到了他的頭髮。而整晚的亮點是寇特親眼看到有年輕人排隊購買《漂白》。

一九八九年中旬，西北部音樂圈開始受到全世界的關注。帕文特和龐曼明智的舉動奏效了，顯示出他們真正的才華在於行銷，而不在於經營唱片公司。把年度展演取名為「擺爛音樂節」可以說是神來一筆，因為這一舉立刻就消除了所有潛在的批評，而且還吸引了很多穿「敗類」T恤的不滿歌迷（次流行唱片的這款T恤銷量不比唱片少）。儘管次流行唱片公司的財政吃緊，但在一九八八年初，他們大手筆出錢買機票讓幾個英國的搖滾樂評人來西雅圖度假。這筆錢花得很值得。幾個星期內，次流行旗下的樂團就登上了英國的音樂週刊，而且至少在英國，像蜜漿樂團這樣的團體成了「油漬搖滾」運動的巨星。這個詞原本是用來形容吵鬧、失真的龐克搖滾。但是很快，這個詞就被用來囊括所有西北部的樂團，就連像超脫合唱團這種比較偏流行風格的樂團也在內。寇特很討厭這個詞，但炒作宣傳已經停不下來，西北部音樂圈因此繁榮起來。雖然在西雅圖能演出的場地不多，但是每一場演出都成了大型活動，觀眾人數呈指數型增加。

幾年之後，寇特回想起為什麼當時西北部音樂圈會爆紅，他在日記裡做了以下推論：「很多英國職業記者大肆宣傳……導致次流行唱片一夜成名（只是加油添醋或炒作）」。一九八九年初的媒體通常會提及超脫合唱團，但在大部分的文章裡，他們都只是在側欄的小版面上被順道提及而已，例如一九八九年三月《旋律製造者》（Melody Maker）的篇章〈西雅圖：搖滾之城〉。在寇特讀到第一篇關於他的樂團的英國報導時，最讓他吃驚的大概是艾弗列特・楚（Everett True）的推論。

他推測超脫合唱團的幾個人如果不是音樂家，那他們可能會做什麼工作：「你們在講的這四個傢伙……他們要是不做這一行，可能就是去超市或木材廠工作，或是去修車。」他列舉的三個工作裡，其中兩個是寇特的父親做過的，而另一個則是巴斯曾經做過的工作。

超脫合唱團能從同時期樂團的陰影中走出來，和《漂白》有很大的關係。這張專輯裡的歌差異很大，既有寇特四年前寫的歌，也有最的〈關於一個女孩〉，但也有具啟發性的部分。在〈過篩〉（Sifting）這樣的歌曲中，和弦的推進很粗糙，但是歌詞——如果聽得清楚的話——卻很有巧思。吉蓮・戈爾（Gillian Gaar）在《火箭》雜誌中評論這張專輯時，指出超脫合唱團探索的另一個方向：「超脫合唱團從鞭擊金屬的一端傾斜到另一端，一方面致敬車庫油漬搖滾樂、另類噪音搖滾樂和喧鬧的金屬樂，另一方面又不拘泥於這些風格。」在專輯發行的同一段時期，寇特在日記裡也表達了相似的看法：「我的歌詞充滿了矛盾，一半是非常誠摯的想法和情感，另一半則是我對那些俗套東西的幽默、嘲笑、又帶點期許的反駁，特別是對那些近年來已經被玩到爛掉的波西米亞式的理想。我確實想要表現出熱情與誠懇，但我也很貪玩，喜歡耍白痴。」

寇特精確地指出《漂白》是一張結合了真摯和媚俗情感的專輯，但兩個特性都很到位，足以受到各個大學校園電臺的喜愛。他們用崔西拍的照片作為專輯封面照，用反轉負片的形式印出來，恰好適合黑暗歌曲與流行旋律的鮮明對比。寇特的兩面性是樂團成功的關鍵，由於他們的歌曲風格非常不一樣，電臺可以播好幾首，聽眾都聽不膩。這張專輯的人氣成長得很慢，但最終，像〈吹〉、〈學校〉（School）、〈佛洛伊德理髮師〉和〈愛情嗡嗡〉這些歌都成了全國校園電臺的常客。

超脫合唱團還有很長一段路要走。「擺爛音樂節」隔天，他們在最後關頭作為貓屁股樂團（Cat Butt）的替補，在波特蘭（Portland）演出。十八歲的羅伯・卡德（Rob Kader）跟他們一起開車前往演出地點，他是他們的樂迷，從來沒有錯過一場演出。一路上，卡德帶樂團一起歡樂地唱著電視劇《脫線家族》的主題曲。但他們到了演出地點時，卻只有十二個人買票，而且還都是貓屁股樂團的樂迷。寇特臨時決定不表演原本預定的曲目，並告訴卡德：「我們每次唱完一首歌，就會問你下一首想聽什麼，然後我們就表演那首歌。」每首歌結束時，寇特就走到舞臺邊緣，指著卡德，然後他就大聲喊出下一首歌的歌名。除了卡德（他顯得非常自豪），其他觀眾的反應都很冷淡，只有他們表演接吻樂團的〈你愛我嗎？〉（Do You Love Me?）時除外——這是超脫合唱團最近為一張翻唱專輯錄製的，卡德很聰明地點了這首歌。

一九八九年六月下旬，超脫合唱團把行李裝上克里斯特的道奇貨車，展開他們的第一場大型巡演。巡演為期兩個月，橫跨全美各地。卡德和一群朋友幫他們舉辦了一場歡送會，他帶了二十四瓶裝的激浪（Mountain Dew）飲料作為送行禮物，這種飲料由於咖啡因很重，所以受到樂團的喜愛。他們在貨車裡裝滿了樂團的新 T 恤，上面寫著「超脫合唱團：喜歡肛交、吸古柯鹼、崇拜撒旦的混蛋」。克里斯特和雪莉最近才剛復合，這次分別時，兩人眼裡都含著淚水。就連寇特也因為離開崔西而感到難過——這次是自從他們在一起以來，分開最久的一次。

由於他們沒有經理人，所以克里斯特開始負責起演出預訂的工作。這輛貨車是他專有的財產，他還訂了嚴謹的規矩。其中一條規矩釘在貨車上：「除了埃克森美孚公司（Exxon）之外，不准去其他加油站。」為了省錢，他們也不能開空調，而且時速還不准超過一百一十二公里。在這場初次巡演中，他們輪流開車，但寇特很少開，因為樂團成員覺得他開得太慢了。「他開起車來像個老太婆一樣，」崔西回想。這只是寇特性格中的眾多矛盾之一。他會吸刀鋒牌刮鬍凝膠罐裡的氣體，但他卻不想出車禍。

他們的第一場演出在舊金山，觀眾不多，但至少不用淪落到去施食處討吃的。雖然這次巡演時，他們已經出了一張專輯，但次流行唱片公司的發行通路很糟糕，想買專輯都找不到地方買。兩天後，他們在洛杉磯的犀牛唱片公司（Rhino Records）做現場演出時，店裡只有五張專輯的存貨。他們在洛杉磯接受樂迷雜誌《對立面》（Flipside）的採訪，雖然寇特的名字在被印錯成「科克」（Kirk），但他們覺得這篇採訪幫樂團建立了在龐克音樂圈的威信。這篇文章中，寫手問寇特關於嗑藥的事：「我能嗑的藥都嗑了，從迷幻藥到大麻都試過，」寇特回答，聽起來非常節制。「我已經嗑到極限了。一旦過了學習的階段，就是一路走下坡。我從來沒有把嗑藥當成逃避現實的方法，我嗑藥都是為了學習。」

他們東進到中西部和德州時，觀眾群明顯少了很多——有時候只有十幾個人，通常都是什麼樂團表演都看的樂手。「我們不會根據觀眾的數量來衡量自己的演出，」查德回想，「而是根據大家怎麼說。很多人都說他們喜歡我們。」他們在一場場表演中不斷進步，吸引原本對他們不熟悉的觀眾。他們跟之前的地下絲絨樂團一樣，很快就發現一千個樂手觀眾比一萬個普通觀眾更有影響力。他們一找到機會就去跟其他搖滾樂團打交道，以便在他們家的地板過夜。這種私人關係就跟表演一樣，都對提振士氣很重要。在丹佛（Denver）的時候，他們跟液體樂團的約翰・羅賓森（John Robinson）在一起，他當時就已經注意到寇特很害羞。「大家都在廚房吃東西，享用自製的菜餚，」羅賓森說，「我問克里斯特寇特在哪，他說：『噢，不用擔心他，他一定是躲在什麼地方。』我的房子不大，所以我就去找他，結果發現他在我女兒房間裡發呆，燈也沒開。」

開車經過芝加哥的時候，寇特在車庫拍賣上買了一個很大的十字架——這大概是他第一個不是偷來的宗教文物。他會把十字架伸出貨車車窗外，對著路人揮擺，然後在開走的時候拍下路人的表情。每次寇特坐在貨車的乘客座時，他手上就會拿著十字架，好像把這當成隨時要用到的武器一樣。

許多個夜晚，超脫合唱團都是在貨車裡或者路邊過夜，所以很少有獨處的時候。他們勉強才湊到錢加油和買食物，所以要住旅館根本是不可能的事。只有在賣了夠多T恤的時候，他們才有辦法加油——「喜歡肛交」的那件T恤拯救了他們的巡演。有一天晚上，在華盛頓特區，他們很晚才到達，所以把貨車停在加油站後方，打算在這裡過夜。這天太熱了，沒辦法睡在貨車裡，所以他們就睡在室外，以為睡的地方是住宅區的草坪。隔天早上，他們才發現其實是睡在安全島上。

「我們通常都得在買食物和買汽油之間二選一，而我們必須選擇買汽油，」詹森回想。「我們大部分的人都可以接受，但寇特很不喜歡這樣。他的身體不太好，很容易生病。而只要他生病，所有人的日子都不好過。」巡演途中，寇特經常胃痛，可能是因為不常吃東西造成的，而且他似乎很容易感冒，連在夏天也一樣。但他的健康問題並不是因為他不顧身體。在一九八九年，他是所有團員中最有養生意識的人，很少喝酒，甚至不太讓其他團員在他附近抽煙，因為他怕這會對他的嗓子不好。

超脫合唱團經過麻州的牙買加平原（Jamaica Plain）時，他們住在攝影師 **J・J・**剛森（J. J. Gonson）和她男友——喧鬧樂團（Hullabaloo）的史樂哥（Sluggo）——家裡。超脫合唱團這晚在綠街站（Green Street Station）的表演是少數寇特沒有彈吉他的演出。他在前一天晚上把樂器弄壞了。當時他拿吉他出氣，因為他的肚子痛到要喝草莓快客（Strawberry Quik）飲料來緩解灼熱感，而且他想家了。表演結束後，他打給崔西說他想回家。第二天早上，剛森拍了一張樂團睡在她家地板上的照片：幾個人共用一張床墊，寇特和克里斯特靠在一起睡了整晚，就像兩隻小狗。

史樂哥的牆上有一把破吉他，寇特問他可不可以拿來用。「琴頸還沒折斷，我可以修好，」寇特說。他用一把舊野馬吉他和史樂哥交換，他先在野馬上簽了名，並寫上「嘿，史樂哥，謝謝你跟我交換。如果搖滾是非法的，那就把我關進監獄吧。」由於他覺得自己的簽名沒什麼價值，就署名「超脫合唱團」。

當天稍晚，寇特做出了一把新吉他。這把吉他東貼西補的，看起來像科學怪人，但剛好趕上他們的下一場表演，而這又是一次恐怖的經歷。他們答應去麻省理工學院的一個兄弟會表演，因為賺的錢比俱樂部的演出多。表演之前，寇特躺在一張撞球桌上，像個鬧脾氣的三歲小孩一樣踢著腿，大喊：「我不要彈！這太蠢了。我們配得上更好的，這真是浪費時間。」克里斯特告訴他，要是沒有這場演出，他們連回家的油錢都不夠，他的脾氣才漸漸消退。他們就像是遷怒於觀眾一樣，表演得特別使勁，但克里斯特把一個用骨頭排出兄弟會名稱的標誌給拆了，還把骨頭送給觀眾。兄弟會成員堅持要克里斯特道歉並把標誌修好。克里斯特平時跟人吵架從來都不示弱，就算形勢對他極度不利也一樣，但這回他倒是不好意思地拿起麥克風，請大家把骨頭還回來，並且道了歉。最後兄弟會的觀眾很喜歡這場演出。

寇特和詹森的第一次公開衝突也是發生在麻州。詹森在表演後邀請了一個女生回來，這在其他團員眼裡是一件很沒水準的事。在忠貞以及和樂迷上床這方面，寇特和克里斯特的態度都出奇地保守。他們認為，一個為了泡妞而加入樂團的樂手有損樂團的名譽——確實有很多人是這樣，但詹森並非其中之一。

事實上，寇特和詹森一直都合不來，因為從很多方面來說，他們都太相似了。他們兩人都很喜歡沉思和獨處，而且把對方的孤僻視作威脅。詹森留著長長的捲髮，這樣他打鼓的時候就可以一邊甩頭，而寇特說他覺得這個動作很煩，儘管他自己也一樣喜歡甩頭。詹森跟上一任鼓手佛斯特一樣，都代表了一部分寇特不想面對的自己。歌都是寇特自己寫的，雖然抱怨壓力很大，但他又不准其他團員干涉。「他不想放棄主控權。每個人都知道這是寇特的單人秀，」查德觀察道。寇特叫詹森想出一些新的吉他獨奏，而當詹森真的想出來時，寇特又表現得一副他喧賓奪主的樣子。但他們並沒有談論這件事，甚至也沒有衝著對方大吼大叫，而是悶在心裡，不理對方。寇特人生中的很多衝突都是這樣：他把工作上的事變成了私事，兩人從此成了仇敵。

樂團在紐約的金字塔俱樂部（Pyramid Club）進行了一場表演，是新音樂論壇（New Music Seminar）的一部分。這是他們目前為止最引人注目的一場演出，面對的觀眾都是音樂圈的人，包括寇特的偶像音速青春樂團。但表演到一半，一個喝醉酒的人突然爬上舞臺，拿著麥克風大吼大叫，還踢倒樂團的器材，毀了這場演出。詹森把這個人趕下臺，然後跳進觀眾群裡去追他。

第二天，寇特決定把詹森炒掉。他們當時住在珍妮特・比利格（Janet Billig）位於字母城（Alphabet City）的公寓，這棟公寓以「龐克搖滾六號旅館」在紐約為人所知。詹森和查德出去觀光，但寇特和克里斯特把剩下的錢用來買古柯鹼，寇特自從巡演以來一直戒的毒癮又打破了。他決定不再讓詹森留在樂團裡，但由於他一向不喜歡正面衝突，所以除了克里斯特，他沒有跟其他人講。他只跟其他團員說巡演結束，他們要回家了。而且也跟平常一樣，沒有人質疑他。樂團取消了兩個星期的表演——這是他們第一次退出演出。開貨車回家的路上非常煎熬。「整個旅程中，沒有人說過一句話，」詹森回想。「我們一路上除了加油之外都沒有停。」他們從紐約開回西雅圖，在三天之內行駛了大約四千八百公里。寇特其實一直都沒有告訴詹森他被炒了，他只是再也沒有聯絡他。

・・・

寇特和崔西熱情重逢。他告訴她，他比自己意識到的還要想念她。寇特幾乎從來不會談論自己的感情，崔西是少數他能傾訴的對象。這年八月，寇特寫了一封信給傑西．里德，炫耀他的女朋友有多棒：「我女友有一部全新的八八年豐田特色兒汽車（Toyota Tercel）、一個微波爐、一臺食物處理機、一個攪拌機還有一部義式咖啡機。我完全就是個嬌生慣養、被她寵壞的米蟲。」對寇特而言，特色兒簡直是豪華汽車。

寇特回來後，兩人又找回了浪漫的感覺。然而，崔西自己生活了兩個月，已經看不慣寇特的喜怒無常了。她覺得兩個人的東西塞不下小小的單間公寓，尤其是寇特又有收集癖。八月初，她寫給寇特一張紙條：「過了十五號，我就不要再住在這發霉的地獄裡了，他媽的噁心死了。」雖然當時是西北部的盛夏，他們的公寓卻還是長了很多霉菌。

會有人注意到發霉已經是個奇蹟了，因為他們養了很多動物，公寓本來就散發出異味。達蒙．羅梅羅形容這個味道像是活體解剖實驗室。公寓裡有烏龜、老鼠、貓，但味道最重的是兔子。「燉肉」是一隻母兔子，牠是寇特和崔西領養的寶貝，他們把牠當成獨生女一樣寵著。燉肉經常自己跑出籠子，所以寇特和崔西還得貼出警告牌，叫來訪的客人小心不要踩到兔子大便。八月初有一天，寇特在跟他們僱來的演出預訂人蜜雪兒．弗拉西姆斯基（Michelle Vlasimsky）講電話，請她幫忙重新安排他們取消掉的演出。他們講到一半卻斷線了。一分鐘後，寇特又打回去解釋：「兔子扯掉電話線了。」他開玩笑說他的公寓外號叫「動物農莊」。幾個星期後，史林．穆恩親眼看到寇特瘋狂地把寵物籠子搬到室外。「我用刀子幫冷凍庫除霜，結果刺了一個洞，我不希望冷媒漏出來把動物害死，」他解釋。

後來，同一棟公寓建築裡有一房一廳的公寓空出來，他們就把「科本的行動博物館」搬進去。每個月要多付五十美元，但空間比較大，而且正對著房子的車庫，這裡變成了寇特的地盤。車庫裡有一個工作臺，他用來修壞掉的吉他，並裁切了更多琴頸，給未來壞掉的吉他用。在一個星期之內，車庫裡就已經塞滿了壞掉的音箱、被砸爛的音箱櫃，還有其他超脫合唱團巡演後留下來的東西。

八月中旬，寇特第一次因為胃部問題向醫生求助，也諮詢了增重的意見。他一直都很在意自己瘦弱的體型，嚴重到他會買很多深夜電視購物廣告上的藥品，但試了都沒效。他到塔科馬聖約瑟夫醫療中心（St. Joseph's Medical Center）的飲食失調門診部看了一位專科醫生。雖然做了很多測試，但卻診斷不出造成他胃痛的生理原因。這年夏天稍晚，寇特又去見了一個內科醫生，但崔西發現他在預約時間的十分鐘過後就回到家了。寇特的解釋是：「他們要幫我抽血，我不喜歡針頭，所以我就走了。」崔西記得他「非常害怕針頭」。他胃部的症狀時好時壞，有好幾天晚上他吐了整夜。崔西覺得是因為他的飲食習慣造成的。他不聽醫生的建議，吃了很多高脂肪和油炸的食物。克里斯特和查德也認同她的看法，他們經常叫寇特多吃蔬菜，但寇特完全不願意。「我不要吃任何綠色的東西，」他宣布。

八月的第一個星期，樂團前往音樂之源錄音室（Music Source Studio），跟製作人史蒂夫．費斯克（Steve Fisk）一起錄製迷你專輯，這是為了推廣接下來的歐洲巡演用的。他們錄了兩天，也漸漸習慣了沒有詹森的樂團，儘管他們的器材因為巡演的關係而有點磨損。「他們有很大的諾斯鼓組，」費斯克回想起，「踏板鼓常常裂開，必須用兩捲膠帶黏起來。他們會開玩笑說這是『自由鐘鼓』。」

他們錄了五首科本寫的新歌：〈為人子〉（Been a Son）、〈汙點〉（Stain）、〈即使在他青春時〉（Even in His Youth）、〈波莉〉、〈東方象徵之歌〉（Token Eastern Song）。這些歌的品質展現出寇特在創作上的顯著進步。他早期的曲子大部分都是單一面向的咆哮——講述社會的可悲，但像〈波莉〉這樣的歌，靈感則是來自寇特看過的一篇剪報。他加入了自己的情感，跟著標題而創作出新聞背後的故事。這首歌的原標題是〈搭便車的人〉（Hitchhiker），原型是一九八七年的一個真實事件：一個少女被綁架，遭到殘忍的性侵和焊炬的折磨。令人驚訝的是，這首歌是從加害者的視角和聲音來寫的。寇特捕捉到強暴的恐怖（「讓我剪斷你骯髒的翅膀」），但同時巧妙地指出加害者人性的一面（「她跟我一樣無聊」）。這首歌的文學力量在於其內心對話，就好像楚門・卡波提（Truman Capote）在《冷血》（In Cold Blood）一書當中找到一種理解殺人犯的方法一樣。這首歌的主題與旋律形成了強烈的對比，就如同〈關於一個女孩〉，旋律甜美而緩慢，彷彿是精心設計要讓聽眾卸下心防，在不知道的情況下哼著愉快的旋律，歌詞卻是關於恐怖的罪行。結尾的最後一句歌詞，寇特寫下一句話，足以作為強暴犯、受害者或是他自己的墓誌銘：「本能的意志，令我驚嘆。」幾年之後，巴布・狄倫（Bob Dylan）第一次去看超脫合唱團的演唱會時，特別從他們所有的歌曲中選了〈波莉〉，稱之為寇特最有勇氣的作品，還如此評價寇特：「這孩子有顆善良的心。」

他們這次錄製的其他歌曲也一樣出眾。〈為人子〉這首歌說的是唐納・科本希望寇特有一個弟弟，而不是妹妹；〈即使在他青春時〉和〈汙點〉也都是唐納自傳式的歌曲，講述寇特對他的排斥感；在〈即使在他青春時〉中，寇特寫道：「爸爸很羞愧自己一無是處」；在〈汙點〉中，寇特用了「仇恨」和家族的「汙點」等辭彙。唯一一首敷衍的作品是〈東方象徵之歌〉——內容關於創作瓶頸，基本上就是把那封他生日時寫給母親而沒寄出去的信變成一首歌。

這些歌的編曲也是寇特目前為止寫過最複雜的，樂段充實而多元。「我們想要很氣派的搖滾聲響，」寇特告訴費斯克，而他們也真的做到了。他們錄完播來聽時，寇特興奮地說：「我們現在在大型錄音室，有那種流行歌曲榜前四十強的鼓聲了。」為了慶祝，他們問了一下能不能在桌子上跳。「某程度上那是非常高興、重要且值得慶祝的時刻，」費斯克回想。他加入寇特、克里斯特和查德，一起爬到桌子上，高興地跳上跳下。

這年八月稍晚，寇特跟狂吼樹樂團的馬克・藍尼根組了一個分支樂團，克里斯特當貝斯手，而狂吼樹樂團的鼓手馬克・皮克爾（Mark Pickerel）負責打鼓。寇特和藍尼根已經一起寫歌好幾個月了，儘管他們在一起的時候大部分都在討論他們有多喜歡歌手李德・貝利（Leadbelly）。他們已經排練了好幾次，地點就在超脫合唱團之前租來的練習空間，也就是西雅圖的大陸旅途巴士（Continental Trailways）車站樓上。「我們第一次排練完全是獻給李德・貝利的，」皮克爾回想。「馬克和寇特都帶了李德・貝利的錄音帶，我們用一部小小的手提音箱來播放。」寇特和克里斯特想把新的樂團取名為「鋰樂團」（Lithium），而皮克爾則建議取為「陪審團樂團」（The Jury），他們最後採取了這個建議。但他們在八月二十日去錄音室跟恩迪諾合作製作時，這個計畫卻失敗了。「感覺好像馬克和寇特都太尊敬對方，不願意對彼此發號施令，甚至連建議對方做什麼都不願意，」皮克爾說。「他們都不想當做決定的人。」這兩名歌手甚至連誰來唱哪一首歌都決定不了。他們最後錄了〈豈不是一種恥辱？〉（Ain't It a Shame）、〈灰鵝〉（Gray Goose）、〈昨夜你在何處過夜？〉（Where Did You Sleep Last Night?），全都是李德・貝利的歌，但他們一直沒有錄完整張專輯。寇特又因為另一個跟超脫合唱團無關的計畫而分心了：他暫時去波特蘭跟迪倫・卡爾森的地球樂團（Earth）一起進錄音室錄音。

接下來，超脫合唱團又得繼續上路巡演，要完成兩個星期的中西部演出。令他們很驚訝的是，這次的巡演吸引到比較多觀眾，觀眾也比較熱情。《漂白》開始在大學電臺播放，而且他們的某些表演還可以吸引到兩百個知道這些歌的樂迷。他們賣了很多T恤，有史以來第一次真的賺到錢。他們回到西雅圖時，算了一下收支，發現賺了幾百美元。寇特很驚訝，並向崔西炫耀，一副好像三百美元就可以彌補多年來崔西對他的經濟支持的樣子。

這年夏天，次流行唱片公司為超脫合唱團規畫了第一場歐洲巡演。《漂白》已經在英國發行，並且得到很好的回響。寇特從來沒去過海外，他相信樂團在歐洲會更紅。他答應崔西會賺幾千美元回來，而且每到一個新的國家都會寄明信片給她。

11

1989 年 10 月—1990 年 5 月
英格蘭，倫敦

糖果、小狗、愛

在你附近的商店：超脫合唱團。花朵。香水。糖果。小狗。愛。
——摘錄自超脫合唱團第二張專輯想像中的廣告

一九八九年十月二十日，寇特來到倫敦。第一場表演開始前，他有三天的時間，他想去參觀大英博物館，但因為身體不舒服，所以只在入口處拍了照。他的團員逛了逛英國的酒吧，但寇特常有支氣管炎的症狀，所以就留在飯店裡——他這段時間胃痛，所以不吸大麻也不喝酒。為了讓自己好受一點，他會用拳頭打自己的胸口，覺得這樣重擊能打散他的痰。

他們跟泰德樂團一起在歐洲巡演。泰德樂團也是次流行唱片公司旗下的樂團，領袖是泰德・道爾，他體重一百三十六公斤，以前是個屠夫，來自愛達荷州。由於兩個樂團都是低沉的重型曲風，再加上泰德胖到近乎病態，一位聰明的英國推廣人就為這場演出想了一個廣告詞：「沉重天堂」。

這個雙關語變成了巡演的正式名稱，印在海報和報紙廣告上，巧妙地結合了兩支樂團所製造的「聲音攻擊」。若單純的大音量還沒辦法征服觀眾，那麼像超脫合唱團的〈鎮靜劑〉和泰德樂團的〈氰化物沐浴〉（Cyanide Bath）這種黑暗的歌曲主題肯定可以。為了表達兄弟情誼，他們打算共同領銜演出，並為對方開場。

寇特本來希望能在歐洲成名賺錢，結果卻發現這是一場低成本的巡演。樂團必須在四十二天之內到九個國家進行三十七場演出。這樣的行程安排，他們必須開夜車才有可能做到。他們的車是次流行唱片公司租來的，是一輛飛雅特（Fiat）十人座小貨車。車裡載著他們的器材、巡演周邊商品、三個超脫合唱團的成員、四個泰德樂團的成員和兩個隨行工作人員。基於泰德的體型、克里斯特的身高，還有泰德樂團一名堅持要站著的鼓手，他們每次上車都得花一個小時，簡直就像馬克思兄弟（Marx Brothers）演出中的橋段。而且因為腸胃問題，泰德・道爾每次出發前都要吐一次，就像每天的儀式一樣。他這種症狀發生得太規律，簡直可以寫到巡演時間表裡面：「早上十點：裝貨。十點十分：泰德嘔吐」。

寇特對於泰德的身體運作很著迷。他自己也飽受胃痛折磨，但只能吐出膽汁和血。寇特宣稱泰德的嘔吐物就像藝術品一樣。「泰德上車之前，寇特會幫他拿著塑膠盆，」泰德樂團的庫特・丹尼爾森（Kurt Danielson）回想。「他很有耐心地拿著塑膠盆站在那裡，眼睛閃閃發亮。他會滿懷期待地望著泰德，等泰德終於吐的時候，吐出的是閃亮又鮮豔的流質嘔吐物，而寇特會用盆子接好接滿。除了寇特，沒人有機會拿盆子。這是寇特的職責，也是他的榮幸。」泰德也常常需要跑廁所，所以巡演途中，他們經常得在路邊停下。開車經過的英國人看到一個一百三十六公斤的大胖子在安全島上解決都感到十分驚奇。某程度上，泰德的腸胃系統是寇特這年秋天的靈感來源。他寫了一首歌〈樂必寧〉（Imodium），是關於道爾的止瀉藥。

樂團的一行人探索漢堡（Hamburg）惡名昭彰的紅燈區和色情超市時，「排泄」依然是他們的主題。寇特自己也算是一個業餘色情攝影師，他對女性的臀部很著迷，有時候還會拍下崔西的臀部。他覺得一般的色情片都太性別歧視了，但他找到古怪的色情片時就會興高采烈，就好像人類學家發現了一個未知的部落。他對於描繪他稱之為「屎戀」的雜誌尤其感興趣，這種性癖好的正式名稱是「戀糞癖」。「寇特對於一切不尋常的事物都很感興趣，一切反常的，心理上、身理上或社會上奇怪的東西，」丹尼爾森說。「如果是跟身體機能有關的，他更喜歡。比起喝酒或抽大麻，觀察人性的怪癖更能讓他興奮。」寇特買不起任何色情雜誌，但泰德倒是買了一本琪秋黎娜（Cicciolina）的雜誌。她是一位色情明星，被選上義大利國會議員之後就受到全球關注。有一張照片裡，琪秋黎娜一邊離開豪華轎車，一邊往一個男人的嘴裡撒尿。每天早上，泰德都會在飛雅特貨車上拿出這本雜誌，宣布：「圖書館開門了」，然後大家就互相傳閱這本受歡迎的雜誌。

在這令人麻木又打擊士氣的時程安排下，他們孩子氣的舉動是巡演中唯一的解脫。「我們去了巴黎，卻沒時間看艾菲爾鐵塔，」查德回想。寇特堅稱，這樣的時程安排似乎是故意要讓他們身心崩潰。這倉促的步調也開始影響到演出：有時候他們表現得異常出色（例如在諾里治〔Norwich〕，有一群瘋狂樂迷把他們叫回來加唱），有時候卻又分崩離析（例如在柏林，寇特唱完第六首歌就把吉他砸了。「他們要嘛就是表現非凡，要嘛就是糟糕透頂，」隨行經理人亞歷克斯・麥克勞德（Alex MacLeod）回想。「但即使是糟糕透頂的時候，他們還是充滿活力。」大多數觀眾都很熱情，也很熟悉他們的歌，很多場表演門票都賣光了——對超脫合唱團來說這可是第一次。但由於場地很小，兩個樂團都沒賺到什麼錢。

他們倒是受到很多媒體報導，再加上一位很有影響力的DJ約翰・皮爾（John Peel）不斷重播他們的歌，因此《漂白》登上英國獨立專輯榜前十名。而在柏林，超脫合唱團第一次上了雜誌封面，刊登在西雅圖的《火箭》雜誌。寇特告訴寫手尼爾斯・伯恩斯坦（Nils Bernstein），他目前受到少年小刀樂團（Shonen Knife）、小妖精樂團和他近期最喜歡的凡士林樂團（Vaselines）的影響，這些都是「可愛的樂團」。他還提到西雅圖的嬉皮士對超脫合唱團的偏見：「我覺得我們被貼了標籤，被當成不識字、會跟表兄弟姐妹亂搞、什麼事都不知道的鄉下野孩子，但根本就不是這樣。」

雖然寇特終於能夠為一群欣賞他的觀眾演出，但他卻被一種可怕的憂鬱籠罩。在住得起飯店的時候，他經常跟庫特・丹尼爾森同房，兩人就這樣整晚不睡覺，關了燈在房間裡看著天花板，談論他們為什麼會搭上那輛地獄般的飛雅特貨車。寇特說起他早年的精采故事，也談了「胖子」的故事，還提到亞伯丁的監牢以及迪倫・卡爾森創立的一個奇怪宗教，結合了山達基教（Scientology）和撒旦崇拜，但其中最奇怪的故事是他自己家裡的事：關於唐納和溫蒂、河中槍、他的高中同學暗戀他母親的事情。有天晚上，他們睡不著，寇特坦承說他想回家。「我來巡演的第一個星期就已經想回家了，」他躺在飯店的床上說。「我可以回家的。如果我真的想要的話，我現在就可以回我媽家，她會讓我回家。她會匯錢給我。」他笑了出來，好像在說一個精心設計的謊言。「她會接納我的。」

幾天後，來到羅馬，寇特在舞臺上崩潰了。首先演出的是泰德樂團，他們大喊「去你的教皇」來炒熱氣氛，這句話很受義大利的龐克搖滾人士歡迎。到了超脫合唱團上場時，所有的觀眾都興奮不已。但音響系統的問題讓寇特很生氣，他們表演了四十分鐘之後，寇特就爬上了九公尺高的音箱組，對著觀眾大喊：「我要自殺！」現場沒有任何人——包括克里斯特、查德或專程為這場演出而來的龐曼和帕文特——知道是怎麼回事。連寇特自己也愣住了，他突然面對著一群用破英文大喊「跳」的觀眾。他繼續彈著吉他（樂團的其他成員都已經停下來觀看），似乎不確定接下來該怎麼辦。「要是他當時跳下去的話肯定會摔斷脖子，而且在某一刻，他也意識到了這一點，」丹尼爾森指出。寇特終於爬下來，但他的崩潰還沒結束。在後臺，演出承辦人抱怨說麥克風壞掉了。而樂團的隨行經理人麥克勞德跟他吵了起來，並展示給他看，說麥克風還好好的——他們根本付不起換麥克風的錢。寇特抓起麥克風，像羅傑・達爾屈*（Roger Daltry）一樣快速旋轉然後砸向地板。「看吧，現在真的壞了，」他一邊大聲說，一邊衝出去。

他恢復平靜之後，又在歐洲表演了五場，並以參與倫敦又一場擺爛音樂節作為巡演的結束。在

---

* 英國搖滾樂手，招牌動作是把麥克風像套索一樣甩。

這最後一場演出上，寇特全力以赴，在舞臺上蹦蹦跳跳，跳到膝蓋都流血了。但對他來說，在心理上，這場巡演在羅馬就結束了。他已經沒有可以開除的吉他手了，所以這次他乾脆開除自己的公司。帕文特和龐曼是坐飛機到羅馬的，而寇特忍不住一直拿貨車的情況跟他們擺闊坐飛機來做比較。雖然超脫合唱團還會在次流行唱片公司待一年，但他們就像處在一場逐漸惡化的婚姻關係中一樣，寇特在情感上已經拋棄了他所屬的唱片公司。

超脫合唱團在十二月初回到美國時，克里斯特和雪莉宣布訂婚，並決定在新年前夕於塔科馬的家裡舉行婚禮。寇特和崔西也參加了，不過從奧林匹亞開車到塔科馬的三十分鐘車程是他們交往過程中最糟糕的一段時間之一。眼看雪莉就要結婚了，崔西忍不住提起和寇特之間的承諾問題，儘管她知道這個話題注定會讓她心痛。在歐洲巡演期間，克里斯特經常打電話給雪莉，而崔西只有偶爾收到寇特的明信片而已，雖然其中一張上面寫了二十次「我愛你」。然而，開車前往塔科馬的路上，寇特唯一一次提起婚姻就是開了個崔西嫁給別人的玩笑。「到時候我還是會想跟你上床，因為我真的很喜歡，」他告訴她，以為這樣是在誇她。在婚禮上，寇特幾乎整個傍晚都獨自待在屋頂上等著跨年，一反常態地喝了個爛醉。

這年耶誕節，寇特和崔西已經在一起將近三年。雖然他手頭很緊，但還是買了一本一百美元的精裝畫冊《搖滾的藝術》（The Art of Rock）送給崔西。表面上看來，他們仍是一對親密的情侶，但寇特內心有什麼東西已經變了，而且他和崔西兩個人都知道這一點。他巡演回來後，變得必須花比較久的時間才能對她再熱絡起來，而且兩人不在一起以及在一起的日子之間的對比一直在考驗她的耐心。她感覺自己正在失去寇特，輸給了全世界。

某程度上來說，也確是如此。隨著超脫合唱團的情況愈來愈好，樂團也為他帶來了更多的自尊和經濟上的支持，而這些過去都來自崔西。從一九九〇年開始，寇特每天都有樂團的事要忙，崔西明白她不該拿自己和樂團的事來比較，但事實上，她也在慢慢地遠離他。她是一個理性的女人，而寇特則變得愈來愈奇怪。她好奇這一切什麼時候會結束。這年二月，他在日記裡寫了一篇半真半假的文章，任何情人看了這種內容都會感到憂慮：「我是一個二十三歲的男人，而我正在分泌乳汁。我的胸部從未這麼瘦過，就算被校園惡霸擰乳頭也沒有這樣。我已經好幾個月沒有自慰了，因為我已經失去了我的想像力。當我閉上眼，我看到我父親、小女孩、德國牧羊犬、電視新聞評論員，但卻看不見豐滿、噘著嘴唇的裸女，像性感小貓一樣銷魂地抽搐。我看到的是蜥蜴和鰭肢嬰兒。」這篇文章和其他類似的文章都讓她擔心他的心理狀況。

寇特一直都睡不好，晚上還會磨牙，抱怨自己一直做惡夢。「自從他有記憶以來，就一直夢到有人想殺他，」崔西回想。「在夢裡，他試過拿球棒擊退攻擊他的人，他還夢見過有人拿刀追著他，或者夢見吸血鬼。」他醒來時，有時候眼中泛著淚水，而崔西則會像母親安撫小孩一樣安撫他，把他抱在懷裡，撫摸他的頭髮。崔西告訴他，她會一直在他身邊，永遠不會離開。而他只是躺在那裡盯著天花板，一身冷汗。「他總是做這種夢。」崔西很擔心寇特巡演的時候不知道該怎麼讓自己冷靜下來。

表面上看來，白天的他一切正常，從來都不談惡夢，反而是表現出只夢見樂團的樣子。新一年的開始，超脫合唱團花了短暫時間在錄音室，錄完了〈感傷〉（Sappy）這首歌。早在歐洲巡演的時候，他們就已經開始談夏天要出新專輯的事了。這是寇特職業生涯中，第一次他不是唯一急著要出新專輯的人——現在次流行唱片公司、媒體、大學電臺，甚至是持續增加的樂迷都想聽他的新歌。他依舊以驚人的速度寫歌，而這些歌也愈來愈好。妮基・麥克盧爾（Nikki McClure）搬到他隔壁的公寓，她隔著牆，經常聽見寇特彈吉他。在一個冬天的午後，她透過空調孔聽見一陣悅耳的旋律，演奏的聲音斷斷續續的，彷彿寇特當下正在創作一首歌。當天傍晚，她收聽 KAOS 電臺，聽到了寇特現場演奏這首他先前練習的歌曲。

一九九〇年一月十九日，超脫合唱團又在奧林匹亞進行了一場將被記入歷史的演出，不過這次的原因卻跟其他演出不一樣。這場演出在城外的農莊交誼廳舉行，超脫合唱團與麥爾文樂團、節奏事件樂團（Beat Happening）同場演出。服裝方面，寇特用假血在手臂上做出針孔的效果，他不太確定毒蟲看起來應該是什麼樣子，所以把針孔畫過頭了，導致他看起來像個活死人。比起毒蟲，他看起來反而比較像艾德・伍德（Ed Wood）電影中的殭屍。「他穿著短袖衣服，從手腕到袖子的部分都是瘀青，」加思・里夫斯（Garth Reeves）說，「看起來好像有病一樣。」儘管如此，寇特原本只是想開玩笑，卻引發了意外的後果。觀眾看不懂他的笑話，反而傳出他真的是毒蟲的謠言。不過這場演出也算是一個分水嶺：雖然主要的表演者是麥爾文樂團，但超脫合唱團現在已經比他們的導師更受歡迎了。麥爾文樂團以翻唱尼爾・楊（Neil Young）的〈在自由世界搖滾〉（Rockin' in the Free World）作為收場，相當有活力。當時寇特在前排，跟其他觀眾一起高舉拳頭，但他不禁注意到，在超脫合唱團演出完畢後，已經走了三分之一的觀眾。

隔天晚上，麥爾文樂團跟超脫合唱團在塔科馬的傳奇大廳（Legends）演出時，又發生了更驚人的事。演唱會的門票售罄，超脫合唱團當天就賺了五百美元，這是目前為止他們賺過最多錢的一次。表演過程中，有上百人在玩舞臺跳水，場面一片混亂。其中最討人厭的是蜜漿樂團的麥特・盧金，他用後臺通行證走上前臺，然後頭先著地，跳到觀眾群中。超脫合唱團表演時得三次停下來，好阻止盧金和保鑣打架。「他是我們的朋友，」寇特不斷告訴保鑣，聽起來既擔心又尷尬。超脫合唱團以林納・史金納樂團的〈情歸阿拉巴馬〉（Sweet Home Alabama）收場。結束時，有五個保全人員站在他們前方。這並不讓寇特感到奇怪，但讓他又驚又喜的是，他看到蜜漿樂團的馬克・阿姆站在舞臺右邊，在超脫合唱團的整場演出中，他都使勁地甩頭。

馬克・阿姆的真名是馬克・麥克勞克林（Mark McLaughlin），當之無愧是西雅圖龐克搖滾的先鋒。帕文特和龐曼狡猾地用油漬搖滾來賺錢，而這種音樂風格正是阿姆和他的蜜漿樂團以及他先前所屬的綠河樂團所發明的，就連「油漬搖滾」這個詞也是早在八〇年代初期，他們在一本樂迷雜誌上首創的。阿姆聰明、辛辣、有才華，而且出了名地愛參加派對，他流露出一種自信，讓人覺得他生來就是當明星的料。簡單來說，他是一個缺乏安全感的亞伯丁孩子覺得自己永遠無法成為的那種人物。能讓阿姆來參加並享受一場演唱會，簡直就像邀請到賈桂琳・甘迺迪・歐納西斯（Jacqueline

Kennedy Onassis）來你婚禮上跳整晚的舞一樣。大家都看得出寇特很仰慕阿姆，但巴斯・奧斯本應該看得最清楚：自己以前的崇拜者已經移情別戀了。

寇特試過要跟阿姆做朋友，但不怎麼成功。在西雅圖的時候，他經常去阿姆的公寓，他的龐克搖滾單曲收藏讓寇特感到很震撼——這是他們圈子裡的終極身分象徵。「顯然他非常崇拜馬克，」阿姆的女友嘉莉・蒙哥馬利（Carrie Montgomery）回想。「當然，馬克不怎麼在乎。」當時，蜜漿樂團仍然是次流行唱片公司的首席，也是西北部音樂圈的王牌。許多主流唱片公司都對他們有興趣，但因為阿姆和帕文特有交情，所以他們堅持留在次流行唱片公司。

但即使是蜜漿樂團，在一九九〇年，這段交情也受到了考驗。次流行唱片公司的財務問題導致他們差點倒閉，也威脅到旗下的所有樂團。雖然泰德樂團、超脫合唱團和蜜漿樂團的唱片一直都賣得不錯，但賺到的錢距離在經濟上支持帕文特和龐曼創造的龐大事業還差得遠。「事實上，次流行還跟我們借第一次歐洲巡演的一半的預付款，」蜜漿樂團的史蒂夫・特納（Steve Turner）回想。唱片公司窮到想拿股票來抵欠下來的版權費用。「我們說：『這樣有什麼意義？』」麥特・盧金回想，「反正你們兩個星期後就要破產了。」盧金尤其看不下去次流行對待他在超脫合唱團好朋友的惡劣方式。「我看到布魯斯答應要幫他們出另一張唱片，但他卻一拖再拖，」盧金回想。「他們一直沒有處理超脫合唱團的事。」

寇特巡演賺來的錢很快就花光了。這年春天，他又開始找工作。他從《奧林匹亞日報》（Daily Olympian）上圈出清理公寓和在獸醫院清理狗籠的工作。他申請了獸醫院的工作，但卻被拒絕了。

他和克里斯特創立自己的清潔公司，取名為「松樹清潔公司」（Pine Tree Janitorial）。這是寇特其中一個快速致富的計畫之一。為了這門生意，他甚至還自己畫了傳單，插畫中是寇特和克里斯特在掃地的模樣。上面的廣告詞寫著：「我們特地減少商務客戶的數量，以便親自為您提供盡心盡力的服務。」儘管傳單貼滿了奧林匹亞各地，卻沒有一個客戶找上門。

寇特不忙著當松樹清潔公司的執行長時，就會寫歌或是巡演。在二月的第一個星期，他們跟泰德樂團一起出發去西岸巡演，這是他們目前為止最成功的巡演，在波特蘭和舊金吸引到大批熱情的觀眾（在情人節當天的演出，他們樂團的噱頭是「性感猛男」）。即使是在憤世嫉俗的好萊塢，大家也搶著要到羅吉斯夜店（Raji's）看他們的演出。「他們在這一晚贏得了洛杉磯觀眾的心，」訂場地的普萊森・吉曼（Pleasant Gehman）回想。「大家都覺得很震撼。這家夜店只能容納兩百人，但我發誓當時有四百個人在場。」他們在洛杉磯時住在L7樂團的珍妮佛・芬奇（Jennifer Finch）家裡，她形容他們當時的演出「好像馬戲團裡大丹狗和貴賓狗的表演，因為查德非常矮小，他的頭髮留到屁股，眼神充滿野性。寇特比查德稍微高一點，頭髮又長又亂。然後是克里斯特，他太高了，抬頭去看他都覺得脖子痛。」

在這場巡演上，寇特也和他的老朋友傑西・里德團聚了。傑西現在住在聖地牙哥城外，他們約在聖思多羅（San Ysidro）的麥當勞見面，這裡因為曾經是一場血腥槍擊案發生的地點而惡名昭彰，寇特堅持要來觀光一下。傑西開車載樂團到提華納（Tijuana）參加演出。當天晚上，因為距離寇特二十三歲生日只剩幾天，這兩個老朋友為了慶祝，就喝下一點八公升的酒，還吸了冰毒。儘管寇特還是會胃痛，但到了一九九〇年初，他又開始喝酒了。雖然他不常喝，但是一喝起來就沒有節制。

寇特回到奧林匹亞時，再過三週就要展開另一場漫長的巡演，期間會在威斯康辛州錄製《漂白》的下一張專輯。寇特和崔西試圖重燃愛火，但大家都看得出他們之間關係緊張。「他們在公眾場合不再有什麼互動了，」史林・穆恩回想。寇特向史林抱怨崔西的性需求比他還要頻繁。對崔西來說，這是維持感情的一部分，但對寇特來說，這代表必須給出他無法做到的情感承諾。

這年三月，有一天晚上，達蒙・羅梅羅來家裡拜訪。他們租了影片來看，這是寇特這種宅男常有的娛樂。他挑了亞歷克斯・考克斯（Alex Cox）的最新電影《直入地獄》（Straight to Hell），由喬・史楚默（Joe Strummer）和艾維斯・卡斯提洛（Elvis Costello）主演。看影片的時候，羅梅羅指著一個女演員說：「嘿，那個女的來自波特蘭的一個樂團，」羅梅羅指的是寇特妮・洛芙。雖然這部電影的風評不好，寇特還是很愛看。「這部電影夠媚俗，所以寇特才喜歡，」羅梅羅回想。

三月二十日，樂團跟幾個朋友偷偷溜進常青州立學院的一間教室裡拍片，寇特夢想這支影片能成為他個人正式發行的作品。他打算讓樂團一邊表演，一邊在背景播放他之前從電視上錄下來的片段。「他拍這鬼東西拍了好幾個小時，」導演喬・史耐德（Jon Snyder）回想。「他錄下了《尋星》（Star Search）加上《青春樂》（Donny and Marie）的招牌片段，一點《神祕島》（Fantasy Island），以及一大堆愚蠢的『李氏美甲貼片』深夜廣告。」在第一首歌《學校》裡，樂團一邊彈，《青春樂》

的唐尼與瑪麗一邊在背後跳著踢踏舞。而〈大起司〉這首歌的背景照片則是來自一部寇特特別寫信叫人送來的關於女巫的默片，並搭配一些用超八錄影機錄的寇特童年時的片段。「他有一些壞掉的玩偶、著火的玩偶，還有類似《玩具總動員》裡面那種玩偶亂組合起來的畫面，」亞歷克斯・科斯特尼克（Alex Kostelnik）回想起，他是操作其中一部攝影機的人。寇特提出要加入更多的內容，還說要去亞伯丁他小時候玩的地方加拍一些片段。但就像他很多其他的想法一樣，這些提議都沒有實行。

一個星期後，他們又開著貨車，再一次踏上巡演之路。寇特離開的時候，崔西正在睡覺，但她已經在寇特的日記本裡寫好了一則留言：「再見，科德特，祝你巡演和錄音順利。加油，我們七週後再見。我會想念你的。愛你的崔西。」這則留言看起來很甜蜜，但即使在她的愛意中也能看出一種挫敗感。就連崔西現在也用他的分身「科德特」來稱呼他了。她已經失去了她的寇特。

四月二日，他們在芝加哥首次表演〈綻放〉（In Bloom）。演出結束後，他們開了整晚的車來到威斯康辛州的麥迪孫（Madison），也就是智慧錄音室（Smart Studios）以及製作人布奇・維格（Butch Vig）所在的地方。他們只有一個星期可以錄製專輯，但寇特提醒大家，他們之前錄第一捲試聽帶的時候，成功在五個小時之內錄完了許多首歌。他們的很多新歌都還處在萌芽階段，這是一個寇特不想張揚的事實。但由於維格曾經跟上百個另類搖滾樂團合作過，所以他們非常有信心他能夠正確演繹他們的想法。結果維格也確實讓樂團感到很驚豔。他自己也是鼓手，因此成功地捕捉到該有的鼓聲，寇特覺得他們的其他作品都沒有展現出這一點。

他們瘋狂地趕進度，錄了八首歌，包括翻唱地下絲絨樂團的〈她來了〉（Here She Comes Now），這首歌是為了一張合輯而錄的。在短短幾天之內，他們錄了五首新歌，還重錄了兩首老歌。當然，寇特很失望他們沒有錄更多歌曲。在智慧錄音室錄的五首歌曲最後被收錄到《從不介意》專輯中。

寫這些新歌時，寇特是從自己人生的情感深處尋找素材。歌曲的內容都是來自他身邊的人物。〈綻放〉這首歌描述了迪倫・卡爾森，只有稍作改編。〈收費演出〉（Pay to Play）是嘲弄俱樂部向樂團收取表演費用。〈繁衍〉（Breed）是這次錄音中最複雜的一首歌，原名叫〈樂必寧〉，內容是關於泰德的止瀉藥，不過在智慧錄音室錄的版本跟泰德沒什麼關係。寇特採用這個名字是想暗示有人嘴巴講個不停。它比寇特早期的作品多了更多細節，並在最後以「她說」作結尾，暗指這首歌是截取自一個對話，讓這段文字又多了一層解讀的意思。

寇特想出了一個專輯名稱：《綿羊》（Sheep）。這個標題是他的小圈子內的私人笑話，用來嘲笑那些他確定會買他的下一張專輯的人。「因為你很想不要；因為其他每個人都是，」他為《綿羊》寫了一個假想的廣告詞：「願女人掌管世界。墮胎墮胎掉耶穌。兩害相權輕重皆殺。偷《綿羊》。在你附近的商店。超脫合唱團。花朵。香水。糖果。小狗。愛。世代團結。殺害你的父母。《綿羊》。」大約在同一時期，他又寫了另一篇假想的樂團簡介，而儘管充滿孩子氣的笑話，這篇簡介卻詭異地預言了未來。他把樂團描述為「三次葛萊『霉』獎得主，其作品連續三十六『粥』登上告『屎』牌百大單曲榜第一名，兩度登上滾『球』雜誌封面，被『屎』代雜誌和『猩』聞週刊評為近十年來最原創、最發人深省、最重要的樂團。」

在智慧錄音室完成最後混音的幾個小時之後，他們又繼續上路。維格把他們的母帶寄給次流行唱片公司，儘管樂團嚴重懷疑他們到底想不想要讓這家公司發行這次的作品。兩個星期後，在麻州，寇特打電話給崔西談了很久——這場對話他們兩人都預料到了，但她極力推遲和避免。寇特告訴崔西他們是不會有結果的，或許不應該繼續住在一起了。這並不算是徹底分手，因為寇特面對衝突總是不有話直說。「他覺得也許我們應該分開住一段時間，因為我們兩人都需要更多空間，」崔西回想。寇特提出的建議裡充滿了「也許」，還給了一個緩和的保證：「即使我們不住在一起了，還是可以出來約會。」但兩人都知道已經結束了。

接下來的一個月，寇特在巡演途中跟另一個年輕女人上了床。這是他的團員唯一一次看到他出軌。這場性愛感覺很糟糕，寇特恨自己的軟弱。他巡演回來後就向崔西坦白這件事。這些年來，寇特有很多次出軌的機會，但他偏偏選在這個時候，顯現出他想在情感上疏離，讓崔西有理由去恨他，這樣分手才會容易一點。

這次也跟超脫合唱團的所有巡演一樣，上路大約一個月之後，整個樂團——還有寇特——似乎都崩潰了。四月下旬，在金字塔俱樂部表演時，他們又遇到音效的問題。不過發生了一件讓寇特精神為之一振的事情：在紐約的嬉皮士觀眾群中，他發現有一個人連樂團正在調音時都在蹦蹦跳跳。他意識到這個人就是伊吉・帕普時，簡直不敢相信自己的眼睛。不過他的歡喜只維持了一下子就變成了尷尬，因為當時他正穿著伊吉・帕普的T恤。其他人可能會對這個巧合一笑置之，但對寇特來說，這卻是他搖滾偶像崇拜的證據，而他極力想隱藏這一點。最後他弄壞了查德的鼓組，結束了演出。

查德必須時時注意寇特的情緒，留意他會不會來破壞自己的鼓組。這既是一種自虐，也是一種攻擊行為——寇特對於查德打鼓的方式愈來愈不滿意。在波士頓的時候，寇特朝查德丟了一整壺的水，差一點就砸到他的耳朵。

到了五月底，超脫合唱團回到西北部的時候，查德離開樂團的事已經不言而喻。當然，他們之前什麼話都沒有說。不過巡演結束大約兩個星期後，查德在他班布里治島的家中透過窗戶往外看，看見樂團的貨車沿著長長的車道開上來，他就像海明威短篇故事裡難逃劫數的人物一樣，知道時辰到了。其實他很驚訝寇特會出現在他家——這證明了寇特有多喜歡查德，儘管他很快就會聲稱查德「跟樂團合不來」。樂團的三人組曾好幾次睡在同一張床上，寇特和查德靠在克里斯特旁邊，共用一張毯子。話是克里斯特說的，寇特幾乎一個字都沒講，他在談話過程中一直盯著地板。但即使對查德來說，他也覺得鬆了一口氣。「過去三年，我跟他們真的很親近，」查德回想，「我們一起熬過很苦的日子，經歷過很多鳥事，在小貨車裡共度時光，努力表演卻沒有錢收。我們沒有富爸爸替我們撐腰。」寇特擁抱查德，向他道別。查德知道他們之間曾有過友誼，但現在已經結束了。「我們說再見的時候，我就知道很久都不會再見到他們了。」

12

1990年5月—1990年12月
華盛頓州，奧林匹亞

愛你太深

愛你太深，讓我噁心。
——摘錄自〈動脈瘤〉（Aneurysm），一九九〇年

就在寇特開除查德的同一個星期，他也跟崔西分手了。這也算是某種開除，而他很不擅長處理這種分離。寇特向崔西宣布他們不該繼續住在一起了。話是這麼說，但他既沒有錢，也因為懶惰而沒有能力搬出去。而且由於崔西已經把她所有的錢都用來支付兩人的開銷，所以也沒辦法搬出去住。他們繼續一起住在公寓裡，直到七月，她才在塔科馬找到了新的住所。這三個月之間，他們像是生活在平行宇宙中，雖然共享同一個空間，感情上卻非常遙遠。

寇特活在一個背叛的世界裡，因為他雖然向崔西承認了在德州的出軌行為，卻沒有告訴她更嚴重的背叛：他愛上了另一個女人。他的新歡是二十歲的托比・韋爾（Tobi Vail），她是個奧林匹亞

的樂手。寇特已經認識托比兩年了，但一直到一九九〇年初，寇特才有機會跟她整晚在一起。第二天，他告訴迪倫，這是他第一次遇到讓他這麼緊張的女人，緊張到他都吐了。他把這樣的經驗寫進歌曲〈動脈瘤〉，其中一句歌詞是「愛你太深，讓我噁心」。雖然她比他小三歲，教育程度卻比較高，而且他會花好幾個小時聽托比和她朋友凱瑟琳・漢納（Kathleen Hanna）閒聊關於性別歧視和她們打算組一個名叫比基尼殺戮樂團（Bikini Kill）的事。托比有自己的樂迷雜誌，在雜誌上，她自創了「暴女」（riot grrrl）這個詞，用來形容一九九〇年代的龐克女權主義。她主要負責打鼓，但也會彈吉他，她有很多龐克搖滾的唱片收藏，寇特覺得她就是女版的自己。「從來沒見過像她這麼懂音樂的女生，」史林・穆恩觀察道。

儘管兩人對音樂的喜好相同，寇特卻愛上了一個永遠不可能像崔西那麼愛他的人。更重要的是，托比永遠都不需要他。托比的愛情觀比寇特隨意，她不想找老公，也不想當他的褓姆。「對托比來說，男朋友比較像時尚配件，」愛麗絲・惠勒觀察道。寇特想在感情中找到他童年時所缺少的家庭親密關係，但托比卻拒絕這種她視為性別歧視的傳統感情。

在奧林匹亞的龐克搖滾圈子裡，就連「女朋友」這個詞都有不同的意思，這裡很少人會承認自己和誰是一對。彷彿如果表現出穩定交往的樣子，就表示你接受了傳統社會的規範，而這是所有來到奧林匹亞的人都想逃避的東西。「在奧林匹亞，沒有人會去約會，」迪倫指出。以這種標準來看的話，寇特跟崔西的關係可以說是老派至極，而他和托比的關係則不會拘泥於這種刻板的角色。

他們一開始是地下戀情的關係——他第一次跟托比上床的時候，還跟崔西住在一起。但即使在崔西搬出去之後，他們的關係也只受限於在咖啡館討論事情以及偶爾的深夜性愛。他時時刻刻都想著她，像是著了魔一樣，而且他因為怕漏接她的電話而很少離開公寓，但她卻很少打電話過來。他們在一起的時候大部分都是去看演唱會、忙樂迷雜誌的事或談論政治。他開始透過自己的眼光來解讀她對龐克搖滾的看法，這也啟發了他，讓他寫下一系列自己所相信及討厭的東西，以及他應該去聽的唱片。有一個他不斷重複的口號是「龐克搖滾就是自由」。他開始在每一次採訪中強調這句話，但卻從來沒有解釋他究竟是逃離了什麼去得到自由的。這句話變成了他解決人生中所有矛盾的箴言，托比也覺得聽起來很棒。

雖然他們在思想上有所共鳴，但奧林匹亞很多人都不知道他們是一對。史林說：「他們在一起的那一段時間，我都搞不清楚他們到底是不是在正式交往。也許寇特跟崔西分手的事讓她感到很不自在，因為某種程度上，這讓她覺得很尷尬。我覺得她並沒有打算長期跟他交往。」寇特發現托比對貓過敏，所以他沒辦法帶她去看家裡的動物農莊。現在家裡變得一團糟，崔西一離開，整間公寓就變成垃圾場：還沒洗的碗盤堆積如山、髒衣服滿地都是，還有寇特那些被殘害過的娃娃用瘋狂爆裂的眼睛看著這一切。

一年前，寇特才剛抱怨女性主義威脅到他，但他開始跟托比上床之後，就比較能夠接受「暴女」女權，而且很快就把這當成新發現的信仰。之前會看琪秋黎娜色情圖片的他，現在卻會使用「厭女症」這樣的詞彙，還談論起政治迫害。寇特在筆記本上寫了兩條引用自托比的搖滾規則：「一、學習不要去演奏樂器；二、跳舞的時候（或者其他任何時候）不要傷害女生」。「學習不要去演奏樂器」這一點是卡爾文·強森（Calvin Johnson）的眾多教條之一，他認為情感表達比音樂技巧更重要。

寇特最初是在前進樂團（Go Team）的演出時認識托比的。這是一個奧林匹亞的樂團，以卡爾文為中心，不過當時大部分奧林匹亞的樂團都圍繞著卡爾文。強森有一頭孩子氣的短髮，喜歡穿白色T恤，看起來像個頑強的海軍陸戰隊招募人員。但他一玩起龐克搖滾，即使外表不像，舉止上也像個獨裁者，彷彿是剛加冕的暴君制定憲法一樣，為龐克搖滾定下了許多教條。他是節奏事件樂團的領袖、K唱片公司（K Records）的合夥老闆、KAOS電臺的DJ，也是當地搖滾音樂演出的推廣人。他提倡低音質的獨立搖滾精神，他引領奧林匹亞，就如同巴斯·奧斯本引領格雷斯港。「卡爾文很不搖滾，」約翰·古德曼森（John Goodmanson）回想。「好笑的是，假如你的樂團裡有貝斯手，就沒辦法跟K唱片公司合作。」卡爾文的追隨者甚至有他們自己的稱號——「卡爾文主義者」。托比不只是卡爾文主義者，她還是強森的前女友。

寇特與托比的感情每一步都在挑戰他的自尊。他想融入西雅圖大都會的音樂圈已經夠難了，但即使是在小小的奧林匹亞，他也感覺自己像是在參加龐克搖滾版的《危險邊緣》（Jeopardy），只要答錯一題，就得收拾東西滾回亞伯丁。對於一個從小穿山米·海格T恤長大的小孩來說，他發現自己必須經常以「科德特」這一面作為偽裝，以免洩露自己真實的過往。他在日記裡很少見地承認「我所做的一切都過度刻意又神經質，為的就是想向別人證明我至少比他們所想的還要聰明、還要酷。」一九九〇年，他在採訪中被問到影響他的樂手時，他列舉出與前一年完全不同的名單，因為他漸漸意識到在龐克搖滾的精英圈，一個樂團愈不知名、愈無人問津，提起他們的名字就顯得愈時尚。寇特身邊的朋友也開始注意到他的分裂人格，當他在托比身旁，就會批評自己同一天還誇讚過的樂團。

這年夏天，克里斯特和寇特都非常講究地複製在智慧錄音室錄的試聽帶，但這次他們沒有把錢浪費在寄給一觸即發唱片公司，而是寄給哥倫比亞唱片公司（Columbia Records）和華納兄弟唱片公司（Warner Brothers）。他們在次流行唱片公司遇過太多問題，所以決定要跟大公司合作，才能有更好的銷路。對托比來說，這可是大忌。她說她的樂團絕對不會跟大型唱片公司合作。寇特受到她的影響，於是稍微修飾了他跟主流唱片公司合作的抱負，跟採訪者說超脫合唱團會跟主流唱片公司簽約，拿到預付款之後就解約，然後在K唱片公司旗下發行唱片。這是個絕妙的幻想，但就和他腦海中其他天馬行空的想法一樣，他根本不打算採取這麼愚蠢的作法，破壞自己成名賺錢的機會。

超脫合唱團短暫僱用了譚姆・奧蒙德之後，他們就自己當經理人，並請蜜雪兒・弗拉西姆斯基負責預訂演出的事務，而克里斯特掌管大部分的財務安排。「我是超脫合唱團裡唯一一個有讀完高中的人，」克里斯特解釋。一九九〇年五月，次流行唱片公司給他們一份新擬的合約，一共有三十頁，而且賦予唱片公司許多明確的權利。寇特知道他不想簽這份合約，他和克里斯特向聲音花園樂團備受景仰的經理人蘇珊・西佛（Susan Silver）求救。她看了看合約，就告訴他們，他們需要請個律師。

西佛很驚訝他們會這麼堅定地想離開次流行唱片公司。他們抱怨《漂白》完全沒有得到宣傳，公司也沒有告訴他們銷售量是多少。寇特宣布，他想跟有大企業撐腰的主流唱片公司簽高額合約，儘管當時樂團還少了一個鼓手。他這番言論在卡爾文的標準裡可是要判死刑的，而且即使跟其他西雅圖的樂團相比也是非比尋常。這番話也跟寇特三個星期前採訪中說的話相抵觸。四月二十七日，WOZQ電臺問他，樂團會不會考慮跟主流唱片公司簽合約？他的回答是：「我們對主流唱片公司沒興趣。如果有更好的銷路當然是好事，但主流唱片公司的其他一切都是狗屎。」

但那次採訪之後，他就跟崔西分了手，因此無人資助。此時他宣布想要簽下「百萬美元的合約」。不過或許是受到托比的影響，他又宣告，超脫合唱團就算跟大公司簽了約，他們「還是會搭貨車巡演」。寇特之前就聽說過這個圈子裡的王牌律師彼得・帕特諾（Peter Paterno），他問蘇珊能不能幫忙介紹。「我明天要去洛杉磯，」她說，「如果你們來的話，我就帶你們去見他。」寇特回答：「我們今晚就開車出發，幾天後就能見到你。」

兩天後，他們在洛杉磯跟西佛碰面，她把他們介紹給知名經紀人唐・穆勒（Don Muller）。當天帕特諾沒有空，所以她就介紹了律師艾倫・明茲（Alan Mintz）給他們認識，他對超脫合唱團的印象是「很天真卻充滿抱負」。明茲專門擔任新興樂團的代表，但他發現就算是新興樂團，「他們絕對是我見過最邋遢的樂團之一。」當時，次流行唱片公司也在跟律師談，試圖要利用超脫合唱團不斷增長的名氣來讓主流唱片公司投資他們。明茲向樂團提起這件事，他說樂團在次流行或許能得到他們想要的發行。寇特把身子往前靠，堅定地回答：「讓我離開這家公司吧！」寇特說他想要讓自己的唱片大賣。明茲對他們的試聽帶感到很佩服，於是當天就開始幫他們找公司。

這並不困難。即使在九〇年代中期，超脫合唱團在現場表演方面的活躍度和在大學電臺一炮而紅的《漂白》，為他們吸引到許多藝人與製作部經紀人的注意，這些人是唱片公司請來跟樂團簽約的。首先對他們產生興趣的是MCA唱片公司的布雷特・哈特曼（Bret Hartman），他在一九九〇年代早期就已經跟龐曼和帕文特討論過超脫合唱團的合約。哈特曼發現他的關注沒有轉達給樂團，於是取得了寇特家的電話號碼，並在答錄機上留了好幾個留言。

克里斯特和寇特從洛杉磯回到西雅圖之後，在七月十一日來到錄音室錄製單曲〈碎片〉，準備在下一次英國巡演之前就先發行。他們僱用了蜜漿樂團的鼓手丹・彼得斯（Dan Peters）來演奏，同時一邊面試新鼓手。這次錄音非常倉促簡陋，他們是在泰德樂團錄製專輯的晚餐空檔時間錄好的。這首單曲的標題又是出自科本的創作，跟歌詞沒有關聯，不過這次晦澀的只有標題而已，歌詞內容非常直白，而且在創新上有所突破。寇特選擇了他最熟悉的主題——家庭。寇特跟李察・普瑞爾*（Richard Pryor）很像，普瑞爾曾在喜劇事業中苦苦掙扎，直到他開始把自己在妓院長大的經歷當成笑話來講之後，事業才有所起色。寇特也是在書寫關於家庭的主題時，才終於找到了他獨特的聲音。他的寫作天賦幾乎是在無意間發現的。

〈碎片〉講述一個小男孩被送到爺爺奶奶家，不希望他父母離開。他求奶奶帶他回家，但沒有

* 美國演員、編劇、製片人和導演，是大家公認史上最具影響力的脫口秀喜劇演員之一。

結果。他吃馬鈴薯泥當晚餐。他很難消化肉類。他騎腳踏車時踢到了腳趾。他想看電視，但卻睡著了。副歌部分也很樸實：「奶奶帶我回家／我想要一個人待著」。歌曲以小男孩在母親懷中醒來作為收尾。「這或許是我們錄過最直白的歌，」寇特向《旋律製造者》解釋。這也是超脫合唱團幾首最早使用對比力度的歌曲之一，這將會成為樂團的標誌：主歌的部分安靜而緩慢，但副歌卻是震耳的音牆。單曲發行之後，有人問寇特這首歌的含意，結果他竟厚著臉皮聲稱這不是他自己的故事。但大家——只要是認識他的人——都不相信這個說法。「這首歌是在說一個小男孩只想跟媽媽待在家，不想被爺爺奶奶照顧，」寇特的妹妹金解釋。

八月，超脫合唱團出發到西岸進行短暫的巡演，幫音速青春樂團開場，並且找來戴爾・克洛維當臨時鼓手。這次巡演讓寇特有機會認識音速青春樂團的瑟斯頓・摩爾（Thurston Moore）和金・戈登（Kim Gordon），寇特對他們的印象是他們一點架子都沒有。當寇特發現他們把自己當成同儕來看待，他的自尊心大增，兩個團隊很快就成了好友。最棒的是，摩爾和戈登還給了他們一些商業上的建議，說超脫合唱團應該考慮和他們的經紀公司金山（Gold Mountain）合作。

他們絕對需要幫助。儘管這場巡演讓他們很有面子，賺的錢卻很少。他們開著可笑的小道奇貨車，跟在音速青春樂團的大型巴士後面。與其說是明星，他們還比較像追星族。在洛杉磯表演時，MCA 唱片公司的布雷特・哈特曼和他的老闆保羅・阿特金森（Paul Atkinson）在演出完畢時來到後臺跟超脫合唱團見面，結果看到寇特和克里斯特自己在收拾器材，因為他們太窮，請不起隨行助手。阿特金森邀請他們來 MCA 唱片公司參觀，但克里斯特說他們要開車回去，因為他還有工作要忙。

他解釋說他要去賣 T 恤時，話題就僵住了，他們得靠賣 T 恤賺錢才付得起出城的油錢。

巡演來到西北部時，當地樂迷對於同鄉的超脫合唱團的興趣遠高於音速青春樂團。在波特蘭和西雅圖。他們受歡迎的程度水漲船高，每表演完一場秀，就又多了一群稱讚他們的樂迷。不過根據某個開場樂團的成員莎莉・巴瑞（Sally Barry）的觀察，寇特的性格似乎沒有因為受到關注而改變。「他是我見過第一個拿著吉他跳到觀眾群裡，而且毫不在意的人，」她回想。「如果是其他人，你都可以看出他們是經過清楚思考的。但寇特不一樣，他那是很本能、很誠實的舉動。」幾乎每場演出都以寇特跳入觀眾群中，或者觀眾跳向他作為收尾。這場巡演中，寇特沒有去招惹他的鼓手，因為克洛維說過，如果他的鼓壞掉，他絕對不饒寇特。

由於克洛維還得回到麥爾文樂團，所以超脫合唱團就僱用丹・彼得斯來當新的鼓手，並且開始規畫英國的巡演。不過就在彼得斯為九月二十二日的演出努力打鼓的時候，觀眾中出現了另一個候選人，寇特和克里斯特之前還特地搭飛機去聽他演奏過。彼得斯在這場演出中表現得很好，但這卻是他唯一一場跟超脫合唱團合作的演出。

新的鼓手是二十一歲、來自維吉尼亞州的大衛・格羅爾（David Grohl），曾隸屬尖叫樂團（Scream）和損傷腦樂團（Dain Bramage）。光是「損傷腦樂團」這個名字調換字母順序的手法就足以讓寇特對他有好感了，因為這恰恰顯示出格羅爾跟他有同樣的幽默感。是巴斯介紹格羅爾給超脫合唱團的，巴斯又回到他作為導師的角色，而這次介紹或許是他給超脫合唱團最好的禮物。寇特和克里斯特一跟格羅爾一起練習，就知道他是鼓手的最終人選。

短短二十天後，大衛・格羅爾就跟超脫合唱團進行了第一場演出。當時他對這些歌的名字都還不熟，更不用說對歌曲打鼓部分的演繹。但這對格羅爾來說都不重要，因為克里斯特和寇特發現他在鼓架後面簡直像頭野獸。以前，寇特一直都對鼓手不太滿意，他會如此追求完美是因為他自己也擔任過鼓手。常常在檢查音效設備時，寇特都會坐在鼓組後面表演幾首曲子過過癮。但自從有了格羅爾擔任鼓手之後，寇特就很慶幸自己是吉他手。

格羅爾加入之後的第一場演出是在奧林匹亞的北岸衝浪俱樂部（North Shore Surf Club）。這天晚上，超脫合唱團遇到了職業生涯中最糟糕的技術問題。電路問題造成電源時有時無，他們只好把一半的音箱都關掉，避免再次斷電。當時現場唯一的光源來自觀眾手裡的手電筒，創造出一種很詭異的效果，好像某種低成本的獨立電影。格羅爾的鼓組雖然很小，他的力量卻很強大，他打得太用力，小鼓都被他打壞了。

一個星期後，樂團到英格蘭巡演，推廣單曲〈碎片〉。按照慣例，單曲會等到巡演過後才發行。但他們還是吸引到一群瘋狂的樂迷，當時他們在英格蘭的名聲遠遠超過美國。在倫敦的時候，寇特去看小妖精樂團表演，這是他最喜歡的樂團之一。第二天，他打給小妖精樂團的經理人肯・高斯（Ken Goes），問他是否願意當超脫合唱團的經理人。高斯跟寇特不熟，但同意和他見面。

他們在飯店大廳碰面時，高斯發現，比起幫自己的樂團打廣告，寇特似乎更有興趣談小妖精樂團。「他不是普通的樂迷，不是那種平常等在後臺門口的樂迷，」高斯回想。「事實上，他不能算是樂迷，反而比較像小妖精樂團的學生。他顯然非常崇拜他們所做的一切，開口閉口都在談這些。」他們聊到一半時，小妖精樂團的主唱查爾斯・湯普森（Charles Thompson）走進飯店，引起一陣騷動。高斯提出要介紹寇特給他的偶像認識，但寇特卻愣住了。「還是不要吧，」寇特說，一邊稍微往後退，「我……我做不到。」說完就快速撤退，一副好像他不配出現在這種天才面前的樣子。

超脫合唱團從英格蘭回來後，格羅爾就決定搬到梨街的公寓，之前他一直跟克里斯特和雪莉住在一起。同一個星期，MCA唱片公司給寇特和克里斯特前往洛杉磯的機票，邀請他們去公司參觀。這家唱片公司不是他們樂團的首選——MCA唱片已經很久沒有出熱門唱片了，大家還開玩笑說MCA是「美國音樂之墓」（Music Cemetery of America）——但他們無法拒絕免費機票。公司安排他們住在喜來登環球大飯店（Sheraton Universal Hotel）。他們到了之後，布雷特・哈特曼還前來詢問他們對住宿滿不滿意。他看到房間的小冰箱是半開著的，而寇特和克里斯特坐在地板上，周圍有一堆小酒瓶。「是誰把這些放到我們房間裡的？」寇特問。雖然他們已經在美國巡演過五次，在歐洲巡演過兩次，但寇特從來沒有見過自助酒吧。哈特曼告訴他們可以隨便享用冰箱裡的東西，MCA唱片會負責買單，寇特難以置信地望著他。哈特曼回想：「我這才發現，也許這些人不像我以為的那麼世故。」

雖然他們沒聽過自助酒吧，但隔天去MCA唱片公司參觀時，他們知道自己被輕視了。哈特曼和阿特金森已經把《漂白》拿去公司裡傳閱，還囑咐員工對超脫合唱團要熱情親切一點。然而，當他們帶著樂團來到公司時，似乎每一個大人物都去吃午餐了。公關部的主管安吉・詹金斯（Angee Jenkins）簡短地跟他們談了一下，並給予鼓勵；收發室的幾個員工也一樣，他們是MCA唱片公司裡少數幾個聽過《漂白》的人。樂團來到理查・帕爾梅斯（Richard Palmese）的辦公室時，算是見到了大人物。他只是簡單地跟他們握了手，然後低聲說：「真的很高興能見到你們，我很喜歡你們的音樂，但我五分鐘後跟人約了吃午餐，不好意思，我先走了。」寇特甚至還搞不清楚這個人是誰，所以他問阿特金森，「那個傢伙是誰？」「MCA唱片公司的總裁，」阿特金森回覆，還做了個鬼臉。就這樣，MCA唱片公司也出局了。在洛杉磯時，寇特和克里斯特跟音速青春樂團碰面，音速青春樂團再一次向他們推薦金山經紀公司，還說超脫合唱團應該跟他們的唱片公司DGC簽約，這家公司隸屬於格芬唱片公司（Geffen Records），是當時少數還沒對他們表示興趣的公司之一。

等到寇特回到西北部時，格羅爾已經搬了進來，有他在暫時讓寇特精神振奮了一些。獨居向來都有損寇特的心理健康，而他離群索居的情況在一九九〇年夏天最為嚴重。從他身上可以看出所有經歷過嚴重創傷的孩子會有的跡象：除非有人跟他講話，否則他不會開口；他每天除了撫摸自己一小撮鬍子、凝視遠方之外，好幾個小時什麼都不做。他跟托比也很少見面，即使見了面，他似乎也沒辦法讓兩人的感情更進一步。他苦澀地在日記裡寫道：「炮友和男女朋友唯一的區別就只有名稱不同而已。」

格羅爾搬進來之後，事情暫時好轉了起來。他容易相處的程度和寇特孤僻的程度相當。妮基・麥克盧爾回想：「他們住的地方變成了男孩子的樂園。現在寇特隨時都有個伴，感覺好像一對夫妻住在這裡。」由於寇特基本上完全不懂得收拾，所以格羅爾就會幫他洗衣服等等。很少人能受得了公寓的情況，但格羅爾之前有好幾年都是在路上生活的。「大衛從小就住在貨車上，他是被狼養大的，」珍妮佛・芬奇說。他教寇特用針和墨汁自製刺青。但當寇特決定要在手臂上刺**K**唱片公司的標誌（在盾牌裡面寫著字母「**K**」）時，他卻跟另一個朋友去了奧林匹亞的一間刺青店。

這個刺青只是他又一次想打動托比——和卡爾文——所做的嘗試。寇特跟不熟悉**K**唱片公司的人解釋，說這個刺青是為了表達他對凡士林樂團的熱愛。奇怪的是，凡士林樂團並不隸屬於**K**唱片公司，儘管他們的唱片是由**K**唱片發行的。「誰知道他為什麼要刺那個刺青？」迪倫・卡爾森說。「我想，比起**K**唱片自家推出的專輯，他更喜歡**K**唱片發行的專輯。他應該把刺青刺成「**K**發行」。

把「凡士林樂團」刺在他手臂上或許才是更好的主意。自從寇特把凡士林樂團的〈莫莉的嘴唇〉（Molly's Lips）加入超脫合唱團的歌單，他們就一直在讚嘆這個樂團。對寇特來說，他們是完美的樂團。他們幼稚、業餘，除了英國和少數美國的狂熱樂迷之外，沒人知道他們。知道凡士林樂團不久後，寇特就又在他的日記裡開始了他那改了又改的寫信攻略，試圖與凡士林樂團的尤金・凱利（Eugene Kelly）成為朋友。這些信件很有閒聊的感覺（在其中一封信裡，寇特提到他「荒唐的睡眠規律：我總是在清晨時間去睡覺，這樣就能成功地避開任何一丁點的日光。」）而且自然是以稱讚凡士林樂團的話語來收尾：「我不想太矯情，但還是必須說，你和法蘭西絲**（Frances）寫的歌

** 法蘭西絲・麥基（Frances McKee），凡士林樂團的成員。

是有史以來最美妙的音樂。」

格羅爾和寇特的音樂品味相同，但並不像寇特那麼迷戀偶像。他對女生更感興趣，而女生也對他很有興趣。他開始與比基尼殺戮樂團的凱瑟琳・漢納交往。後來大衛和寇特與凱瑟琳和托比展開了奧林匹亞式的四人約會。他們會喝啤酒，並列出最重要的龐克搖滾唱片清單。大衛和寇特大部分的娛樂都很幼稚，但有托比和凱瑟琳在，每一個人都變得更會交際。由於一群人出去玩沒有單對單約會那麼嚴肅，對托比來說，寇特也顯得更有吸引力。「托比和凱瑟琳會說：『我們和超脫合唱團出去玩吧』，」鄰居伊恩・迪克森（Ian Dickson）回想。在寇特家裡的一個狂歡夜，漢納在臥室的牆上用噴漆寫了「寇特聞起來有少年仔的氣味」。她指的是一款給少女使用的體香劑，所以她的塗鴉是有所暗指的：托比用了「少年仔的氣味」（Teen Spirit）體香劑，她把這句話寫在牆上，是在嘲弄寇特和托比上床了，暗指他身上有托比的味道。

儘管寇特偶爾會享受狂歡之夜，但他還是很寂寞，不再抱有幻想。好幾次夜裡，他偷偷從街上望著托比的窗戶，像是害羞的情聖。好幾年來第一次，他對於自己的事業不再充滿希望，儘管許多唱片公司接連打電話來聯絡他。奇怪的是，經過多年的盼望，在真的要簽合約的那一刻，他卻又懷疑自己。他很懷念以前和崔西在一起時的歸屬感，也懷念他們的友誼。崔西搬出去幾個星期後，寇特終於向她坦承自己一直以來都跟托比上床，崔西聽了勃然大怒。「假如你連這都可以說謊，那你說的話一句都不能信，」她大喊，而一部分的寇特也相信了她說的話。

他確實短暫考慮過要在奧林匹亞買房子。在拿到預付款之前，他買不起任何東西，不過他很有信心能夠簽到高額合約，所以他付錢買了一份代售房屋的清單。他跟好友，也就是憂鬱發作樂團（Fitz of Depression）的麥克・尼爾森（Mikey Nelson），開車到處晃，尋找破舊的商用建築。他打算在屋子前面建一個錄音室，然後自己住在後面。「他似乎只對看起來像商業用的房屋感興趣，」尼爾森說，「他不想住在正常的房子裡。」

但在十一月的第一個星期，這個想法以及其他他對未來的幻想都灰飛煙滅，因為托比向他提出分手。他崩潰了。托比提出這件事時，他幾乎站不起來。他從來沒被人甩過，根本承受不了這種打擊。他和托比在一起不到六個月，他們之間的約會、性愛和浪漫都很隨意，但經歷了這些之後，他仍然期待很快就會有更深一層的親密。他又回到固有的模式，把這次被拋棄的經驗收在心裡，轉化成自我厭惡。他覺得托比離開他不是因為她太年輕，而是因為自己配不上她。他覺得很不舒服，甚至在一個星期後幫忙史林搬家時，他不得不停下車去嘔吐。

分手之後，寇特變得比以前更陰沉了。他在筆記本上寫滿了意識流式的咆哮，內容既暴力又悲傷。他用寫作、音樂和藝術來發洩他的絕望，並把痛苦轉化成歌曲。有些歌充滿了瘋狂及憤怒，但這也表現出他寫歌技能的新層次，現在他描寫的憤怒不再是陳腔濫調，而是有他早期作品所缺少的那份真實。這些新歌充滿怒氣、悔恨、懇求以及徹底的絕望。在他們分手後的四個月之內，寇特寫出了六首他最令人難忘的歌曲，全都是關於托比・韋爾。

第一首是〈動脈瘤〉，他寫這首歌是希望能挽回托比。不過他很快就放棄了，轉而像無數詞曲創作人一樣，用歌曲來表達自己深深受了傷。其中一首歌叫〈公式〉（Formula），但最後定稿的標題是〈榨乾你〉（Drain You），裡面的歌詞「寶貝對另一半說：『遇見你是我的幸運』」是出自托比對他講過的話。副歌的部分「現在我的職責是完完全全榨乾你」，這句話既是承認了她對他的掌控，也是一種控訴。

還有其他歌曲也是受到托比的啟發，有時候看不出明顯的關聯，但卻又有她的影子。「〈酒吧演出〉（Lounge Act）是關於托比的，」克里斯特說。這首歌裡有一句歌詞是在講寇特的刺青：「我要逮捕自己，我會拿起盾牌」。另一句歌詞則為他們的感情做了總結，說比起愛情，這段關係更像是學習：「我們說好，向任何人學習都可以，完全沒有規則」。〈酒吧演出〉更早期、未被錄下的歌詞中，寇特更直接地向他的舊情人對話：「我恨你，因為你太像我自己」。〈鋰〉這首歌是在認識托比之前寫的，不過歌詞改了好幾次，最後的版本也和她有關。寇特後來告訴《樂手》（Musician）雜誌的克里斯・莫里斯（Chris Morris），這首歌包含「一些我的個人經歷，像是跟女朋友分手還有失敗的感情，還有歌中主角所感覺到的死亡空洞——非常寂寞、非常難受。」

雖然寇特從來沒有明確說過他最有名的歌曲〈少年仔的氣味〉所指的是誰，但從「她極度無聊，又自信滿滿」這句歌詞看來，除了托比，不可能是別人了。〈少年仔的氣味〉這首歌受到許多事物影響——他對父母的憤怒、他的無聊沉悶、他永遠憤世的態度——但從好幾句歌詞都能看得出托比的影子。這首歌是在他們剛分手後就寫出來的，第一份草稿中包含一句歌詞，在最終版本中被刪掉了：「誰會是被遺棄的青少年中的國王與皇后？」曾經，在寇特的腦海中，這問題的答案就是寇特・科本和托比・韋爾。

這次分手讓他收穫最大的部分就是在寫歌方面，至於他的寫作以及藝術品則呈現出更憤怒、更病態的樣貌。他的一幅畫作上，畫了一個皮膚正在慢慢被撕下來的外星人。另一幅作品裡，一個戴著三K黨帽子的女人掀開短裙，秀出自己的陰部。還有一幅畫中，一個男人用陰莖去捅一個女人。另一幅畫中，一男一女正在做愛，文字說明是「強姦，強姦」。總共有幾十幅這樣的作品，還有一頁又一頁的故事，都是以悲劇結尾，充滿令人不安的意象。下面這一篇就是很典型的一段文字：

> 我長大後想變成基佬、黑鬼、婊子、妓女、猶太人、墨西哥佬、德國佬、娘炮、白人嬉皮士、貪婪、賺大錢、健康、流汗、多毛、陽剛、古怪的新浪潮人士、右翼、左翼、雞翅、雞屎、了不起、傻子、核子物理學家、匿名戒酒顧問、精神科醫生、記者、拳頭性交、浪漫小說家、同性戀、黑人、瘸子、毒蟲、艾滋病陽性、雌雄同體、鰭肢嬰兒、超重、厭食症、國王、王后、當鋪老闆、股票經紀人、抽大麻的人（一切都在膨脹，少即是多，上帝是同性戀，用魚叉獵捕）記者、搖滾記者、古板、暴躁、中年、苦澀、小、骨瘦如柴、固執己見、老、演出經紀人、把原本已經很小的群體分得更小的樂迷雜誌編輯。繼續分裂下去、畫分少數民族、團結、不要尊重他人的敏感。殺自己殺自己殺殺殺殺殺強姦強姦強姦強姦強姦強姦是好的，強姦是好的，強姦殺強姦貪婪貪婪好貪婪好強姦好殺。

不過他把大部分的憤怒都埋在心裡。如果要說他這年秋天寫作有一個中心主題的話，那就是自我厭惡。他把自己想像成「壞的」、「錯誤的」、「有病的」。在日記的一頁，他寫了個瘋狂的故事——完全是虛構的，說他很喜歡踢老婆婆的腿，因為「她們的腳踝上綁著塑膠尿瓶，用一條管子直通她們又老又破舊的陰道，黃色的尿跡濺得到處都是。」接著，他又寫了「五十歲的男同性戀一樣有肌肉失調問題，但是在不同的部位……我踢了他們的橡皮內褲，棕色的東西滲到他們米色的寬褲。」不過這些令人不安的故事最後也把暴力指向了作者本人：「沒有特殊癖好的人踢了我滿頭滿身，他們看著紅色的東西飛濺出來，啪達作響，染紅了我的藍色牛仔褲和白色上衣。」在這個故事的結尾，他重複寫了「我很壞」，接著又用大寫字體寫了二十遍「我、我、我」，字型大小跟他之前在亞伯丁牆面上噴漆一樣大，直到沒地方寫了為止，一整頁都被他寫滿了。他寫得非常用力，筆尖都穿過了紙張。他沒有試圖隱藏這些故事，反而是把日記打開來隨便放在公寓裡。當時，珍妮佛・芬奇開始跟格羅爾約會，寇特的日記本隨意放在廚房裡，她讀了這些故事，注意到寇特所受的折磨。「我很擔心寇特，」她回想。「他整個人都失控了。」

比起他對自己的暴力，他仇恨別人的程度要緩和得多。自殺成了他寫作中反覆出現的主題。在一篇謾罵的文章中，他仔細描述要把自己變成「海倫・凱勒，我要用刀子戳我的耳朵，然後把聲帶割掉」。他總是幻想天堂與地獄，並欣然接受，把這兩個地方都當作死後靈體的避難所，但卻又經常徹底反駁這個觀點。「假如你想知道來生是怎麼樣的，」他推測，「那就開啟降落傘、搭上飛機、在血管裡注射大量海洛英，然後立刻吸一口一氧化二氮，跳出飛機或是往身上點火。」

一九九〇年十一月的第二個星期，寇特的日記裡出現了一個新角色，而這個角色很快就會出現在幾乎每張畫、每首歌、每一個故事。他刻意把這個角色的名字拼錯，藉此賦予她自己的生命。奇怪的是，他給了她女性的形象，不過因為這個角色在這年秋天成了他的最愛（和托比一樣，讓他愛到想吐），所以選擇這個性別也是合情合理。他稱她為「海洛英」（heroine）。

13

1990年11月—1991年5月
華盛頓州，奧林匹亞

理查・尼克森圖書館

是時候該讓貝蒂・福特診所（Betty Ford Clinic）或者理查・尼克森圖書館（Richard Nixon Library）拯救我，讓我別再摧殘我貧血、嚙齒動物一般的身體了。

——摘錄自一封給托比・韋爾的信，一九九一年五月

「海洛英」是寇特自創的「海洛因」的說法，這個詞第一次出現在他八年級放肆的漫畫裡。從小就對搖滾音樂著迷的他非常清楚，許多他崇拜的樂手都深陷毒海。雖然他吸大麻成癮，也經常酗酒，還出了名地喜歡吸刮鬍凝膠罐裡的氣體，但他發誓絕對不會走上吸毒這條路。一九八七年，在寇特的戒毒期間，有一次好友傑西・里德建議要試一試海洛因，寇特因此責罵了他。「自從那次以後，寇特就不跟我玩了，」傑西回想。「我當時想找一些海洛因，我沒有試過這種毒品，他也沒試過，結果他就教訓我：『你為什麼想害死自己？你怎麼這麼想死？』」後來，在一篇寇特私人的藥物記錄當中，他寫了第一次嘗試海洛因是八〇年代晚期在亞伯丁的時候，但他的朋友

都反駁這一點，因為他那時很害怕針頭，而且他的圈子裡也弄不到海洛因。不過在亞伯丁，他倒是有時候會嗑復方羥可酮（Percodan），這是一種處方麻醉劑。日後回顧時，他可能把這類鴉片藥物誇大幻想成海洛因了。

到了一九九〇年秋天，為了托比而心碎的寇特也面臨了以前他自己質問過傑西的問題。十一月初，他克服了對針頭的恐懼，第一次和一個奧林匹亞的朋友一起嘗試注射海洛因。他發現藥物帶來的愉悅感能幫助他暫時逃離心痛和胃痛。

第二天，寇特打給克里斯特，告訴他：「嘿，克里斯特，我注射了海洛因。」「哇！那是什麼感覺？」克里斯特問。寇特說：「嗯，還好啦。」克里斯特告訴他：「你不該這樣的。你看看安迪・伍德（Andy Wood）。」伍德是西雅圖的一個新興樂團「媽媽愛老二」的主唱，他在一九九〇年三月死於海洛因使用過量。克里斯特還列舉出其他死於海洛因成癮的奧林匹亞朋友。寇特回覆說：「我好啦，我知道啦。」克里斯特像兄長一樣警告寇特，說海洛因跟其他他使用過的藥物不一樣：「我記得我當時很清楚跟他說，他這是在玩火。」

但寇特把這些警告當作耳邊風。雖然他答應克里斯特不會再嘗試海洛因，但他食言了。寇特為了不讓克里斯特或格羅爾發現，跑去其他朋友家施打海洛因。他找到一個名叫荷西（José）的賣家，是奧林匹亞許多「綠人」的毒品供應商。巧的是，迪倫・卡爾森也在這年秋天第一次嘗試海洛因，只是不是和寇特一起。但很快，他們的友情就發展到一起使用海洛因——通常一個星期只用一次，原因有許多，包括沒錢，還有他們不希望上癮。但有時候他們也會放縱一下，像是有一次，他們在西雅圖租了一個便宜的旅館房間，就只為了不被朋友和室友發現，偷偷過過癮。

不過寇特的朋友確實有注意到他在吸毒。崔西終於原諒了寇特，他們有時還會在一起。當雪莉告訴她寇特有在注射海洛因時，她簡直不敢相信。這個星期，寇特很晚的時候打給崔西，他很明顯吸毒吸嗨了，所以崔西就直接質問他。「他告訴我他注射了幾次，說他真的很喜歡，而且能讓他變得比較善於交際，但他說他不會上癮。我小心翼翼，想在不讓他有罪惡感的情況下告訴他不該繼續這樣。」一個星期後，有一天傍晚，他們一起參加好幾個派對。在派對的空檔，寇特堅持要回家上廁所。但由於他沒有回來，崔西就回家找他，結果發現他倒在地上，身邊有一瓶漂白水，手臂上插了個針頭。崔西氣得要命，因為寇特已經變成她最恐怖的夢魘裡都想像不到的樣子。現在，超脫合唱團第一張專輯標題的笑話對任何人來說都不再好笑。但在一九九〇年，對寇特來說，海洛因只是生活的一小部分。大部分時間他都遵守諾言，只會偶爾施打。他的事業有了前所未有的進展，這也轉移了他的注意力。這年秋天，他跟維京版權公司（Virgin Publishing）簽了合約，拿到他人生中的第一張高額支票。維京版權公司的總裁卡斯・宇都宮（Kaz Utsunomiya）親自飛到西北部來簽約。雖然卡斯已經是音樂圈的老手，與許多樂團合作過，包括衝擊合唱團和皇后樂團，但當他看到寇特骯髒的公寓時，還是感到很震驚。他們聊到了寇特受到的音樂影響，尤其是衝擊合唱團，寇特說《史坦迪尼始打！》（Sandinista!）是他擁有的第一批有龐克元素的唱片之一。

在這份版權合約中，寇特最初的分額是三千美元的支票。他付了房租，然後跟麥克・尼爾森和喬・普雷斯頓開車去南音商場（South Sound Mall）。寇特在玩具反斗城花了將近一千美元買任天堂遊戲機、兩部像素視覺牌（Pixelvision）攝影機、兩把造型像M16突擊步槍的自動空氣槍，以及好幾個伊夫・尼韋爾的塑膠模型人偶。他還買了玩具狗屎、玩具嘔吐物還有橡皮做的斷手。「他把這些都丟到籃子裡，」普雷斯頓回想。「他買的不過就是一些他可以破壞的垃圾。」寇特就好像一個八歲小男孩被帶到商店裡，讓他想買什麼就買什麼一樣。他馬上就拿了空氣槍去射對街華盛頓樂透公司（Washington's Lottery）的窗戶，還花了二十美元買了一臺二手的搖擺牌（Swinger）兒童腳踏車，在當時這並不是什麼很流行的款式。腳踏車太小，寇特騎上去的時候得把膝蓋彎到肩膀。他高興地騎腳踏車，直到天黑了為止。

幾天後，他在有生以來最重要的商業會議上仍然在騎腳踏車。在瑟斯頓・摩爾的推薦之下，樂團聯繫了金山經紀公司，這家公司由丹尼・戈德堡（Danny Goldberg）和約翰・席爾瓦（John Silva）共同經營。年輕的經理人席爾瓦負責和超脫合唱團商談。這個任務很簡單，由於他們和音速青春樂團有合作關係，所以本來就已經取得寇特的認同。席爾瓦和女朋友麗莎・范雪（Lisa Fancher）來到西雅圖跟樂團面談，並請他們吃晚餐。寇特很喜歡被音樂界的大老闆請吃晚餐，因為他只有在這種時候才能吃一頓好料。不過這天晚上，席爾瓦和樂團的其他人已經坐了幾個小時，寇特卻還在樂透公司的停車場騎他的搖擺牌腳踏車。「我們都覺得他一定會摔斷腿，」范雪回想。雖然這次長時間的延誤看似寇特又一個孩子氣的消遣，但比較憤世嫉俗的人或許會覺得，這是寇特為了與未來的經理人較勁而展開的第一個舉動。

寇特放下腳踏車去吃晚餐，後來卻宣布節奏事件樂團在城裡開演唱會。他這是在試探席爾瓦的品味，而席爾瓦就跟所有優秀的商人一樣，表現出很熱中的樣子，還跟寇特一起去看表演。後來席爾瓦向范雪抱怨，說他不喜歡卡爾文的樂團（她還記得他一開始也不喜歡音速青春樂團，說他們「很自大」）。不過他通過了寇特嚴苛的考驗，在同一個星期，超脫合唱團就和金山經紀公司簽了合約。

十一月二十五日，超脫合唱團在西雅圖的出口匝道俱樂部（Off Ramp）表演，吸引了西北部史上最多的藝人與製作部代表。哥倫比亞唱片、國會唱片、鞭擊唱片（Slash）、RCA唱片還有其他唱片公司的代表摩肩接踵。「各家的藝人與製作部人員都全場緊逼，」索尼（Sony）的達蒙・史都華（Damon Stewart）說。藝人與製作部的人員的驚人數量改變了超脫合唱團在西雅圖的聲望。「到了那時，大家都瘋狂地搶著要接近他們，」蘇珊・西佛解釋。

這場演出本身就很成功。寇特後來告訴一個朋友，這是他心目中超脫合唱團表演得最好的一次。演出的曲目共有十八首，其中十二首都是未發行的。他們以火爆的〈動脈瘤〉作為開場，這是他們第一次公開表演這首歌。觀眾跳起碰碰舞，玩起舞臺跳水，直到打破了天花板上的燈泡。「我覺得這場表演太精采了，」聲音花園樂團的金・泰伊爾回想。「他們翻唱了地下絲絨樂團的〈她來了〉，我覺得唱得好極了。然後我聽到他們唱〈鋰〉，這首歌在我腦海中縈繞不去。我們的貝斯手班（Ben）還過來告訴我：『這首歌太成功了，絕對會進主流四十強單曲榜。』」

藝人與製作部的人員也都覺得非常震撼。表演結束後——演出中還因為火災警報器響了而暫停——魅力唱片公司（Charisma Records）的傑夫・芬斯特（Jeff Fenster）成功說服了樂團，說他們公司才是最佳選擇。兩天後，超脫合唱團的律師艾倫・明茲打電話來，說樂團要和魅力唱片公司簽約，簽約的價錢是二十萬美元。這樣的預付款還算不錯，但並不誇張。但就在芬斯特準備好合約之前，超脫合唱團又在最後關頭決定跟格芬唱片公司旗下的 DGC 唱片簽約。雖然 DGC 唱片的藝人與製作部代表蓋瑞・格什（Gary Gersh）早期並沒有找他們簽約，但由於有音速青春樂團的背書，他們終究做了這個決定。格芬唱片也有很強大的推廣部門，由馬克・凱茨（Mark Kates）帶領，而金山經紀公司也很清楚，推廣是樂團成功與否的關鍵。與格芬唱片簽約讓超脫合唱團賺進二十八萬七千美元，當時西北部的樂團從來沒有人收過這麼大一筆預付款。明茲協助超脫合唱團跟次流行唱片公司解約，而與格芬唱片的合約內容之一，就是次流行可以獲得七萬五千美元以及接下來兩張專輯銷售額的百分之二。

雖然寇特有讀過音樂產業的書籍，但他沒有料到簽約過程會拖這麼久——他們一直到四月才簽約，也沒想到他一開始拿到的錢會那麼少。扣掉律師費、經理費、稅金以及債務，金山經紀公司還要收他每個月一千美元的聘用定金。他馬上就入不敷出，並抱怨手上的錢只夠買炸熱狗來吃，當時公寓的地板上已經到處都是炸熱狗的竹籤。

十二月大部分的時候，格羅爾都在東部度過。少了這個室友，寇特就得想盡辦法打發時間。他經常跟迪倫在一起，而且很快就踏入自己以前發誓不會涉獵的領域：迪倫對槍枝很癡迷，而寇特經常教訓他，說槍是野蠻人用的。有時寇特願意跟迪倫一起去森林裡，但他不願意碰槍，有一次他甚至連下車也不肯。不過最後寇特開始讓迪倫教他怎麼瞄準及開槍。他們都是拿槍去做一些無害的活動，像是射穿空罐頭，或者射擊寇特決定要犧牲的藝術品。

寇特也開始經常跟麥克・尼爾森去逛二手商店。「他總是有一些唱片想買，」麥克・尼爾森說。「其中一張他很喜歡的唱片是一群卡車司機透過對講機講話。他有一張查爾斯・曼森（Charles Manson）的專輯《謊言》（Lie），他也很喜歡《魔法龍帕夫》。」即使到了一九九〇年晚期，寇特還是經常誇讚技巧合唱團的《找到技巧》有多好聽。「他跟我說，這張專輯上所有好歌都是大家沒聽過的。」

那個月，約翰・波奇路過寇特的公寓，幫忙他一起買耶誕禮物。這一年，寇特最貴的耶誕禮物是一個訂製的大水族箱，給他的烏龜用的。購物前，他們抽了一點大麻。寇特問：「你知道海洛因要去哪裡找嗎？」波奇非常吃驚，並問：「你不會是要注射吧？」「沒有，」寇特說謊，「我什麼都抽。」從許多角度來說，是貧窮抑制了寇特的毒癮。他單純就是太窮了，沒本錢吸毒吸到上癮。

十二月十一日，寇特再次因為腸胃問題而看醫生，他去塔科馬就診。這次的診斷結果是腸躁症候群，醫生開了利多克斯（Lidox）給他，這是環奎二苯酯的一種。藥物似乎並沒有緩解他的疼痛。兩個星期後，他因為支氣管炎而停止服藥。

這一年的新年前夕，寇特在波特蘭的薩蒂利孔俱樂部（Satyricon）表演。史林和超脫合唱團一起前往，他記得這場表演非常傑出，儘管寇特不聽醫囑，喝威士忌加可口可樂喝醉了。此時已經看得出來，有樂迷想跟寇特上床。史林看到一個年輕女人整場演出都一直盯著他。「她的舉止好像在說：『我就是今晚想上你的女樂迷。』」然而，寇特並沒有留意到。他跟大多數的夜晚一樣，獨自回家。

一九九一年的第一天，他們從波特蘭開了三個小時的夜車，因為隔天已經安排好要去錄音。他們錄好了兩首歌，分別是〈動脈瘤〉以及重錄〈即使在他青春時〉。他們也開始錄寇特剛寫好的幾首歌，包括〈所有歉意〉（All Apologies）的早期版本。「他們有一大堆想挑戰的想法，」這幾首歌的製作人克雷格・蒙哥馬利（Craig Montgomery）回想。「但他們的器材狀況都很糟糕，而且他們當時挺醉的。」

寇特的好友傑西・里德回來西北部過節，錄完音的隔天，他們一起去亞伯丁拜訪傑西的父母。開車前去的路上，寇特和老友談論自己的未來。車子開進格雷斯港郡時，他承認了自己對這片土地及當地人的熱愛，這和他在採訪中講過的話完全相反。他們經過薩特索普外圍的幾片農場時——儘管薩特索普有個廢棄核電廠，仍是個田園般的谷地——寇特告訴傑西，他的夢想是用唱片公司給的預付款去買一片農場。他看見一棟很大的低矮平房，就指著問：「你覺得那邊那座房子怎麼樣？假如我們買下來，就可以想要演奏多大聲都沒關係，還可以辦大型派對，邀請大家過來，都不會有人有意見。」這間房子並不出售，而且寇特也還沒有錢，但他對傑西發誓，如果他真的紅了，一定會回到格雷斯港買一個牧場。「就跟尼爾・楊在加州也有一個牧場一樣。」

一九九一年初，寇特打了一通遲了多年的電話給他父親。自從寇特搬到奧林匹亞以後，大部分與唐納的聯繫都是透過爺爺奶奶。

這場對話很簡短，是兩個堅忍的科本家男人的典型交流。寇特大多都是在談跟樂團有關的事，他告訴唐納，他跟大公司簽了約。唐納不太確定這是什麼意思，但他問寇特錢夠不夠用，兒子回答夠。寇特問起唐納的其他孩子，然後也簡短談論了一下唐納最近的工作，他在華盛頓州巡警部當調查員。寇特告訴父親，他最近經常表演，唐納說有機會也想去看。這場對話只持續了幾分鐘，而且顯然兩人有很多話都沒有說出口。唐納開不了口去談長子離開對他的打擊；寇特也開不了口去談他所受到的任何傷害。他沒提父母離婚、沒提父母再婚，也沒提他的其他困擾。

寇特和母親的聯繫比較多。隨著寇特的名氣愈來愈大，她對他事業的興趣以及對他成為樂手的接受度也都提高了。一九九一年一月二日，家庭又發生一起悲劇，寇特和溫蒂的關係也因此更加親近——溫蒂的哥哥派翠克（Patrick）在加州死於愛滋病，死時四十六歲。派翠克的同性戀身分一直是弗蘭登堡家族想隱藏的祕密。他長得很帥，又受女孩子歡迎，所以他出櫃時，父母似乎無法接受。即使在診斷之前，他就已經飽受臨床憂鬱症所苦。但當他的愛滋病發展到晚期，他就徹底崩潰了。他對父母的憤恨太深，甚至打算把他一生的性史集結成文——其中包括被他舅舅戴爾伯特性侵——投稿到《亞伯丁世界日報》，讓他的家族蒙羞。而他的家人確實覺得很羞愧，於是決定不把死因列在訃聞上，並且把他的同居人稱為「特別的朋友」。寇特也受邀去參加追悼會，但他沒有參加，說他得準備下一張專輯。

這一次，寇特並不是因為不想出席家族事務而說謊。他確實在為下一張專輯做準備。一九九一年開始，他就對工作特別講究。超脫合唱團在塔科馬租了新的練習場地，每天都要練習好幾個鐘頭。有時候是在讓格羅爾熟悉他們的曲目，但大多數時候都是在琢磨寇特的新歌。一月，次流行唱片公司發行了最後一張超脫合唱團的官方單曲，是他們翻唱凡士林樂團的〈莫莉的嘴唇〉現場錄音版。

次流行在唱片在發聲槽的盡頭處印了一句告別詞：「再會」。

二月，寇特邁向二十四歲。為了這個特殊的日子，他坐下來寫起他的人生故事。多年來，他已經嘗試過數十次，每次嘗試都很短暫。在又一次半途而廢之前，他寫了三頁：「嗨，我二十四歲了。我是個男生，出生在華盛頓州海岸邊一個中下階層的白人家庭。我父母有一套仿木紋的小型組合音響，還有一套四碟裝的唱片套裝，裡面都是調幅廣播電臺熱播的七〇年代初期金曲，由龍科唱片公司（Ronco）發行，唱片名叫《美好感受》（Good Vibrations）。裡面的熱門曲目包括托尼・奧蘭多（Tony Orlando）和黎明樂團（Dawn）的〈繫一條黃絲帶〉（Tie a Yellow Ribbon）和吉姆・克羅斯（Jim Croce）的〈瓶中時光〉（Time in a Bottle）。在我苦苦哀求多年後，他們終於從西爾斯百貨訂了一套錫製鼓組給我，鼓面還是紙做的。才剛買來的第一個星期，我妹妹就用螺絲起子在鼓面上戳了洞。」

寇特的故事裡還寫到他記得母親用鋼琴彈奏芝加哥樂團（Chicago）的歌曲，以及他永遠感謝瑪麗阿姨送他披頭四的專輯。他寫說他最早的失望經驗之一是在一九七六年，他發現披頭四樂團早在六年前就已經解散了。他父母離婚的事似乎被一筆帶過：「我爸媽離婚了，所以我跟爸爸搬到了更小的伐木社區裡面的一個拖車公園。我爸的朋友說服他加入哥倫比亞唱片與錄音帶俱樂部，所以沒多久，我每週都能在拖車房收到新的唱片，我收集了好多。」然後，這次講述人生故事的嘗試就到此為止。他又回歸當時他最有興趣的日記主題：為下一張專輯寫內頁說明文字。他寫了好幾個不同的版本——最後專輯沒有採用任何一個，但比起他嘗試性的自傳，這段為專輯而寫的其中一段草稿更能說明他的童年：「感謝世界各地那些不鼓勵孩子的父母，讓孩子有意志去證明自己。」

三月，超脫合唱團到加拿大進行了四場演出的巡演，接著又馬上趕著排練。跟經理人以及唱片公司老闆多番爭辯後，他們決定再次找布奇・維格當製作人，並選定洛杉磯城外的聲音城市錄音室（Sound City）。唱片公司會付費，不過是從超脫合唱團的預付款裡面扣除。

超脫合唱團前往加州之前，四月十七日在西雅圖還有一場表演，地點在OK飯店（O.K. Hotel）。寇特會安排這場表演是因為聽說好友麥克・尼爾森欠了很多交通罰款，就快要入獄。演出陣容包括比基尼殺戮樂團和憂鬱發作樂團。寇特堅持把所有演出的收入都給尼爾森。表演的門票沒有賣光，因為在同一晚，電影《單身貴族》（Singles）舉辦了派對。超脫合唱團的表演包括翻唱退化樂隊（Devo）的〈轉身〉（Turnaround）、穴居人樂團（Troggs）的〈野東西〉（Wild Thing）、雨刷樂團（Wipers）的〈D7〉，不過真正的驚喜在於他們表演了一首新歌。寇特含糊地帶過歌詞，可能甚至不知道自己在唱什麼，不過吉他的演出已經很到位，狂野的鼓擊也很傑出。「我不知道他們表演的是哪首歌，」DGC唱片的推廣代表蘇西・田納特（Susie Tennant）回想，「但我知道表演得非常好。我還記得當時我跳上跳下，到處問別人『這是什麼歌？』」

田納特所說的跟三個星期以前諾弗賽立克和格羅爾說的話一模一樣。當時他們正在排練，寇特帶入了一小段新的樂段。「這首歌叫〈少年仔的氣味〉，」寇特對團員宣布，歌名來自凱瑟琳・漢納的塗鴉。當時，樂團裡沒有人聽過這個牌子的體香劑，一直到這首歌完成錄音、做完母帶後期處理，才有人指出歌名跟品牌的關聯。寇特最初在錄音室裡演奏這首歌時，歌曲的節奏比較快，也沒花那麼多心思在歌的橋段上。「寇特只彈了副歌的部分，」克里斯特回想。是克里斯特提出要放慢速度的，而格羅爾也本能地加上了強而有力的節奏。

在OK飯店裡，寇特只哼了幾段主歌。他修改了自己這段期間所有歌的歌詞，〈少年仔的氣味〉就有幾十個版本。在最初的一個版本中，副歌是這樣的：「來自陌生人的拒絕／來自恩人的復興／我們來到這裡，我們如此出名／我們如此笨拙，來自賭城」。另一個版本的開頭是這樣的：「出來玩樂，制訂規矩／盡情狂歡，知道必輸」。在同一個版本中，有一段不押韻的對句：「我度過最美好的一天，是明天不到來的時候」。

一個星期後，超脫合唱團前往洛杉磯。途中，寇特在環球影城停下來，搭了他十五年前和爺爺奶奶一起玩過的遊樂設施。在接下來的六個星期，樂團住進了奧克伍德公寓（Oakwood Apartments），距離聲音城市錄音室不遠。開始製作唱片之前，維格來拜訪他們，發現一片混亂。「牆上有塗鴉，」他回想，「而且沙發是倒著擺的。他們每天晚上都玩通宵，去威尼斯海灘（Venice Beach），到早上六點才回來。」三個團員靠喝酒來緩解錄音的緊張感，而且他們都喝過頭了。有一天晚上，克里斯特因酒駕被逮捕，約翰・席爾瓦只好努力把他保釋出來，帶他回錄音室。

他們大多數的錄音時段都是從下午三點開始，一直錄到半夜。中間休息的時候，寇特會在錄音室的走廊閒晃，看著拿下金唱片獎的專輯，例如佛利伍麥克樂團（Fleetwood Mac）的《謠言》

（Rumours）和湯姆・佩蒂（Tom Petty）的《該死的魚雷》（Damn the Torpedoes），不過他最喜歡的還是伊夫・尼韋爾在這裡錄的唱片。在超脫合唱團租下這間錄音室之前，輕金屬風格的拘捕令合唱團（Warrant）也在這裡錄過歌。有一次，在超脫合唱團錄音期間，拘捕令合唱團回來拿設備，寇特拿起錄音室裡的呼叫器，大聲喊：「給我來點〈櫻桃派〉（Cherry Pie）。」〈櫻桃派〉是拘捕令合唱團的熱門曲目。有一天晚上，寇特偷了伊夫・尼韋爾專輯的母帶，帶回奧林匹亞的家。

第一個星期，他們想要搞定基本的音軌，最主要都專注在琢磨鼓聲，這是維格的強項。兩個星期後，他們錄好了十首歌，不過大部分的曲目都只錄了不超過三次，因為寇特尖叫了許久，嗓子已經快要不行了。很多歌曲都是他們之前在智慧錄音室錄過的，這次他們主要專注在技術問題，而不是藝術上的雕琢。

比起之前幾次，這次錄音的問題不算多。在錄製〈鋰〉的時候，寇特的吉他一直彈不好，因此愈來愈挫敗，終於把吉他摔在錄音室的地板上。最後維格決定用寇特崩潰的那個錄音版本，這首歌取名為〈無盡，無名〉（Endless, Nameless），作為隱藏曲目收錄在唱片上。

這次錄音最嚴重的問題來自寇特的拖延。有好幾首歌的歌詞都還沒定稿，儘管許多歌曲他們已經演奏多年，例如〈波莉〉和〈繁衍〉。當他真的完成歌詞時，大部分的內容都很矛盾，同時又展示了某種真相。許多歌詞都讓聽眾搞不清楚他到底是在說內心感受還是外在世界。他拒絕解釋，但又透過一種情緒化的曲調與人交流。他在日記裡寫了一封信給去世已久的樂評人萊斯特・班斯（Lester Bangs），向他抱怨搖滾樂新聞界的現況——這個行業讓他既著迷又厭惡。他問：「他媽的，為什麼記者總是想要用二流的佛洛伊德式方法來解讀我的歌詞，而且九成的情況下都解讀錯誤呢？」雖然寇特的問題很有道理，但他也花了很多時間嘗試去理解自己偶像的歌曲意義。他也對自己的歌曲費盡心力，他覺得透露太多時，就會不時插入一些訊息，或是加以編輯。

〈有些事難以釋懷〉就是這種情況，這首歌是這次最後一首錄下的歌曲。歌詞訴說寇特在橋下生活的傳奇故事。他在一年前就寫好了這首歌，但一直沒有告訴他的團員。寇特最初想像的專輯中，他希望有一個「女面」（全都是關於托比的歌）以及一個「男面」（包括〈碎片〉、〈感傷〉、〈波莉〉等等，都是關於家庭和他內心世界的歌曲）。他一直都打算以〈有些事難以釋懷〉作為專輯的最後一首歌，儘管他從來沒跟製作人提起這件事。反而是在聲音城市錄音室錄製期間，他最後關頭才驚喜地拿出這首歌，並在錄音室裡寫下歌詞，一副他是當場寫出來的樣子，但其實他已經寫了好幾年。雖然寇特寫給萊斯特・班斯的信件上是這樣說，但最喜歡用弗洛伊德式的手法去解讀他歌詞的人，莫過於他自己。而且他很清楚，發行一首暗示他曾住在橋下的歌，會給他的家人帶來很大的痛苦。

錄音結束後，格羅爾的一個朋友來拜訪他們，並跟寇特打賭他們會在六個月內登上《滾石》（Rolling Stone）雜誌的封面。寇特回答：「啊，算了吧。」麥克・尼爾森和憂鬱發作樂團的其他團員也來了，並跟超脫合唱團一起待在奧克伍德公寓，麥爾文樂團也是——在同一個週末，一共有二十二個人睡在兩房的公寓裡。憂鬱發作樂團的運氣不太好，他們正需要演出的時候，一個俱樂部打電話來找他們表演，卻在最後關頭取消。「你再打回去給他，」寇特堅持，「跟他說我們也會表演。」錄音結束兩天後，超脫合唱團就在洛杉磯的一家小型俱樂部「鯊魚賈柏喬」（Jabberjaw）首次表演了〈平原上〉（On a Plain）和〈保持本色〉（Come As You Are），震驚全場。他們堅持把門票收入全部給尼爾森。寇特在一封給托比的信中描述了這場演出：「因為喝醉酒又吸了毒，所以一塌糊塗，還走音。表演得，呃，很馬虎。我花了十五分鐘換吉他弦，大家都在噓我，還說我喝醉酒。表演之後，我就跑出去外面吐。」在俱樂部的時候，寇特在觀眾群裡注意到伊吉・帕普，這次寇特沒有穿著那件令人尷尬的上衣。「這大概是我這輩子最光榮的時刻，」他說。

不過寇特信中最洩露天機的部分是他承認自己吸毒的情況變嚴重了。他用的藥物還包括安眠酮（Quaalude），他把這當成糖果一樣嗑。「我最近吸毒吸得很嚴重，」他寫信告訴托比，「是時候該讓貝蒂・福特診所或理查・尼克森圖書館拯救我，讓我別再摧殘我貧血、嚙齒動物一般的身體了。我等不及要回家了（不管家在哪裡），回到床上，神經兮兮又營養不良地抱怨天氣有多糟，把我的悲慘全都怪在天氣上。我愛你，比基尼殺戮樂團，我全心全意地愛你。」他的署名是「科德特」。

這封信就跟他寫過的其他許多信件一樣，並沒有寄出去，這或許是因為在鯊魚賈柏喬俱樂部演出的兩個星期前，他遇到了一個女人。這個女人將會在他生命中扮演比貝蒂・福特、理查・尼克森或托比・韋爾更重要許多的角色。他記得，她曾經在《直入地獄》中演過一個小角色。

14

1991年5月—1991年9月
華盛頓州，奧林匹亞

燃燒美國國旗

也許我們可以一起在國內巡演，然後在舞臺上燃燒美國國旗？
——摘錄自一封給尤金・凱利的信件，一九九一年九月

寇特・科本和寇特妮・洛芙第一次對上眼是在一九九〇年一月十二日星期五晚上十一點。他們剛見面不到三十秒，就開始在地上扭打。地點在薩蒂利孔俱樂部，這是一家位於俄勒岡州（Oregon）波特蘭昏暗的小型俱樂部。寇特為了超脫合唱團的演出而來到這裡，寇特妮則是陪朋友一起來。她的朋友在跟當天開場樂團的團員交往，也就是名字響亮的油膩血男樂團（Oily Bloodmen）。當時洛芙在波特蘭已經很有名氣，在餐廳的雅座上吸引了一群人的注意。在超脫合唱團準備要上臺表演的幾分鐘前，她看見了寇特。寇特妮穿著一件紅色點點洋裝。「你長得好像戴夫・皮納（Dave Pirner）」，」她對他說，並刻意讓這話聽起來有一點侮辱，但這也是她調情的方式。寇特確實有點

像皮納，也就是靈魂收容所樂團（Soul Asylum）的主唱，因為他留了打結的長髮——他一個星期只用肥皂洗一次頭。寇特也用他自己的調情方式回應：他抓住她，把她按倒在地。「那是在點唱機前面，」寇特妮回想，「當時正在播我最喜歡的生活色彩合唱團的歌。地板上有啤酒。」她很高興自己的言論受到注意，但她沒料到會被這個像小流浪漢一樣的男生按倒在地。至於寇特，他沒想到對手竟如此強悍：她比他高七點六公分，也比他強壯。假如他高中時沒練過摔角，搞不好會輸給她。不過這場扭打只是鬧著玩的，他伸出手拉她起來，並送給她「奇奇」的貼紙表示和好。「奇奇」是《馬赫GoGoGo》裡面的猴子，寇特把牠當作吉祥物。

寇特後來告訴麥可・阿澤拉德，他一看見寇特妮就被吸引了。「我覺得她長得很像南希・斯龐根（Nancy Spungen）。她很像那種典型的龐克搖滾小妞，我確實受到了她的吸引。我當晚本來想上她的，不過她離開了。」寇特的說法顯然是杜撰的，因為在波特蘭的時候，他還跟崔西在一起，就算他受到吸引，也不太可能會出軌。不過寇特和寇特妮之間確實是有性吸引力。寇特對摔角有某種迷戀，遇到像寇特妮這樣旗鼓相當的對手，確實讓他很興奮。

他們當晚各自回家。但接下來，寇特妮就像美國聯盟棒球投手跟隨國家聯盟選手一樣，跟著超脫合唱團到處跑。她會去讀搖滾新聞上超脫合唱團的文章，還把寇特送給她的奇奇貼紙貼在她的吉他箱子上，儘管她對這個樂團還沒有完全信服——她覺得他們早期的作品風格太金屬了。她也跟當時許多搖滾樂評家一樣，比較喜歡蜜漿樂團。她在唱片行裡聽了〈愛情嗡嗡〉後，決定不買這張單曲。後來她看了超脫合唱團的演出，對於他們奇怪的視覺組合感到很驚訝。「克里斯特實在太高大了，」她說。「他讓寇特顯得很矮，矮到看不出他的帥氣，因為他看起來就像個小男孩一樣。」

一九九〇年十月，她買了單曲〈碎片〉之後，對超脫合唱團和矮小男孩的感覺徹底改變。「我一播放，」她回想，「就覺得『我的天哪，我竟然錯過這首歌！』」單曲的B面是〈跳水〉（Dive），這首歌成了她最喜歡的超脫合唱團作品。「這首歌很性感、很煽情、很奇怪又難以忘懷，」她說，「我覺得真是太天才了。」

一九九〇年底，寇特妮的朋友珍妮佛·芬奇開始跟大衛·格羅爾交往，超脫合唱團和寇特就變成這兩個女生經常談論的話題。她們幫寇特取了一個外號「小小妖精」，一方面是因為寇特的體型很瘦小，另一方面也是因為他很崇拜小妖精樂團。寇特妮跟格羅爾坦白說她暗戀寇特，而當大衛告訴她寇特剛恢復單身時，她就送了寇特一個禮物，好讓他們的關係從之前的摔角比賽更進一步。禮物是一個心形的盒子，裡面放了一個小瓷偶、三朵乾燥玫瑰、一個小茶杯還有一些蟲膠漆包裹的貝殼。她是在紐奧良的杰拉德卡茨古董店（Gerald Katz Antiques）買到這個絲質蕾絲盒的，送出去之前還先在上面塗香水，好像在施魔法一樣。帶香氣的盒子送到奧林匹亞時，成了寇特在梨街的公寓裡最好聞的東西，不過要找到比這間公寓好聞的東西也不是多難的事。寇特對盒子裡的小瓷偶很著迷。一九九〇年，他經常用玩偶來當藝術作品的素材。他會把玩偶的臉重新上色，並把真人的頭髮黏在人偶的頭上，成品既美麗又怪誕，又像娃娃，又像兒童死屍。

寇特和寇特妮第二次見面是在一九九一年的五月。L7樂團在洛杉磯的智慧女神俱樂部（Palladium）演出，當時寇特在後臺直接從瓶子裡喝咳嗽糖漿。命運很巧妙，就像寇特和崔西當初因為養老鼠的愛好而相識，寇特妮從皮包裡拿出一小瓶咳嗽糖漿給寇特看，而且還是更強效的牌子。他們又一次在地上扭打成一團，不過這次與其說是打架，更像是親熱。根據在場的人所說，當時的氛圍非常火辣。寇特讓她起來後，氣氛才緩和下來，然後他們就開始談工作的事。寇特妮很快就吹噓起自己所屬的空洞樂團（Hole），說他們已經錄製好專輯《金玉其中》（Pretty on the Inside），製作人是音速青春樂團的金・戈登。寇特也談起他自己正在製作中的專輯。通常第一次見面時，寇特都表現得很溫和，不過為了打動寇特妮，他把所有認識的名人和擁有的功績都拿來炫耀，他顯然很想贏過她。後來寇特發現，很少有人能說得過洛芙。她對音樂產業的認識比他深入很多，而且空洞樂團當時也跟超脫合唱團一樣火速成長。她就算不能算是寇特的導師，起碼也能算是同儕，對寇特的影響遠遠多過托比。

談話中，寇特透露他住在奧克伍德公寓，寇特妮也告訴他，自己就住在幾個街區外。她把電話號碼寫在吧臺的餐巾紙上，告訴寇特有空可以打給她。她殷勤地和他調情，而他也加以回應。

寇特不顧任何約會的規矩，同一晚的凌晨三點就打了電話給她，聽起來就像電影《求愛俗辣》（Swingers）裡面絕望又心碎的魯蛇一樣。「背景有很多雜音，」寇特妮回想。寇特假裝自己打電話純粹是因為想知道她在哪裡買咳嗽糖漿——這年春天，他開始把咳嗽糖漿當成他最喜歡的麻醉劑，不過他更渴望的是和她聊天。寇特發現寇特妮很能聊。這一晚，她不像平常一樣大嗓門，而是輕聲耳語，因為她的前男友兼團員艾瑞克・厄蘭森（Eric Erlandson）就在隔壁房間睡覺。當時，她還在跟碎南瓜樂團（Smashing Pumpkins）的比利・寇根（Billy Corgan）遠距離戀愛。

他們聊了快一個小時，這場對話讓寇特回味了好幾個星期。雖然寇特講電話時通常都很直接又暴躁，能讓他滔滔不絕的人卻寥寥無幾，寇特妮就是其中之一。在電話上，他有辦法說出幾個小時之前無法親口說出來的話。他提起心形盒子，並為此感謝寇特妮。寇特妮也很感動他提了這件事，不過她很快就轉移話題，開始了一連串意識流式的言論，內容包括製作人、樂評、音速青春樂團、彈吉他、咳嗽糖漿的品牌、寫歌以及其他簡短的話題。她轉換話題就好像一般人按電視遙控器轉臺一樣快。後來寇特向朋友伊恩・迪克森描述這次談話，他劈頭就宣布：「我遇見了全世界最酷的女生。」迪克森和寇特的其他朋友在這個五月都抱怨：「寇特開口閉口都是她，老是『寇特妮說這個，寇特妮說那個』。」接下來他們要再過五個月才會再次見面，不過在這期間，寇特經常回想起他們的對話，好奇這究竟是真的，還是只是因為咳嗽糖漿喝多了而產生的幻覺。

六月初，維格完成了超脫合唱團的專輯製作，樂團開始繁重的監製工作，包括混音、母帶後期處理、唱片封面的製作以及拍攝音樂錄影帶。他們最初錄音的預算是六萬五千美元，不過兩個月後，錄製完成時，卻花了超過十二萬美元。維格成功捕捉了超脫合唱團現場演出時的威力，呈現在錄音室的專輯上，不過他的混音作品並沒有受到唱片公司以及超脫合唱團經理人的青睞。

超脫合唱團的事業現在掌握在三個男人手中：金山經紀公司的約翰・席爾瓦和丹尼・戈德堡，以及DGC唱片的蓋瑞・格什。這個三人組面臨一項艱難的任務，也就是說服寇特這張專輯需要重混。

他們找來了安迪・華萊士（Andy Wallace），他曾經和超級殺手樂團（Slayer）和瑪丹娜等許多藝人合作過。「華萊士的混音對這張專輯的成果非常重要，」戈德堡說。華萊士的混音讓基本的音軌在電臺上播放時聽起來強而有力。他把吉他和鼓的音軌分開，製造出一種聽覺上的衝擊，這是超脫合唱團之前的版本所缺乏的。寇特當時同意這個做法，但後來又聲稱這讓專輯聽起來「很無力」。「我們一致認為，」華萊士回想，「應該讓錄音聽起來盡可能大器、有威力。」

一直到六月初，寇特才定下這張唱片的最終標題。他放棄《綿羊》，因為覺得太幼稚。有一天，他向克里斯特提議把唱片取名為《從不介意》。對寇特來說，這個標題有好幾層意思：這是他對人生態度的暗喻；這個詞把兩個單字合而為一，所以在文法上是錯的，而寇特一直很喜歡這麼做；這個詞出自〈少年仔的氣味〉，而這首歌是這次錄音過程中他們最常談到的歌。雖然樂團剛進錄音室時都認為〈鋰〉會是熱門歌曲，但到了專輯完成時，〈少年仔的氣味〉已被定為首發單曲。

寇特之前已經花了兩年來規畫唱片的內頁說明以及眾多專輯的封面概念，但一九九一年初，他又拋棄了所有想法，重新來過。這年春天，他看了一個電視節目，是關於在水中生孩子的。於是他叫唱片公司跟節目組取得這段影片，不過沒有成功。最後，寇特在筆記本上畫了一個稍微不同的版本：一個男嬰在水中游泳，追著一美元的鈔票。這個畫面很震撼人心，一開始大家對於小男嬰突出的陰莖有些爭議。至於封底的設計，寇特堅持要用「奇奇」加上陰部和肉塊的拼貼畫。

樂團照片方面，寇特僱了紐約的攝影師邁克・拉文（Michael Lavine），他在六月初搭飛機來到洛杉磯。寇特給他一個擁抱，打了招呼後，就立刻張開嘴巴，給他看嘴裡的大傷口。由於他不常刷牙，牙齦也受到嚴重感染。寇特從來都不喜歡照相，所以他喝了一整瓶金賓（Jim Beam）波本威士忌，好撐過拍照的時段。雖然他的牙齦感染了，但心情還是很好，滿臉笑容。「他真的很幽默也很友善，」拉文回想。「我們一起吃玉米捲餅，到處晃了晃，然後拍照。」到了選專輯內頁照片時，寇特選了一張他比中指的照片。

六月的第二個星期，超脫合唱團又重新上路巡演，這是他們唯一的收入來源。他們和小恐龍樂團（Dinosaur Jr.）及耶穌蜥蜴樂團（Jesus Lizard）一起在西海岸進行了為期兩週的演出。雖然距離發行還有好幾個月，但他們表演了《從不介意》裡面的歌曲。他們表演〈少年仔的氣味〉時，觀眾的迴響一場好過一場。寇特回到奧林匹亞時，身上的錢已經夠買一輛車了，而他的舊達特桑汽車已經被拖進垃圾場裡。六月二十四日，他花了五百五十美元跟朋友買了一輛一九六三年的普利茅斯勇士車（Plymouth Valiant）。雖然這輛車當時的里程數已經是二十二萬五千公里，但車況很好，寇特的朋友說它看起來像是老奶奶會開的車。寇特在奧林匹亞開車時都開得很慢——他覺得只要把時速控制在比速限低十六公里，就能減少引擎的耗損。

寇特和托比還是維持朋友關係，繼續談論他們想一起製作的唱片。當時寇特生命中唯一的另一個女人是嘉莉・蒙哥馬利，也就是馬克・阿姆的前女友，寇特後來跟她變得很親近。他們兩個的關係是柏拉圖式的，但他身邊的人（包括馬克・阿姆）都覺得不是這麼一回事。沒了女朋友的寇特明顯變得比以前更加陰鬱。他所有的朋友都為他的成功感到興奮，但他卻興奮不起來。就好像全世界都在為他的榮耀舉辦遊行，全城的人都來為他喝采，只有他自己不願慶祝。

這年夏天，有個女孩從英格蘭飛到奧林匹亞，為的就是追隨寇特並和他上床。寇特一反常態地與她上了床。短短幾天之後，他就意識到自己的錯誤，但由於想要避免衝突，他花了將近一個星期才把她趕出去。趕她出去時，她站在梨街的公寓門口大聲咒罵。事情很快就成了奧林匹亞的八卦。這種違反規則的作法加上他決定跟大公司簽約，破壞了他和「卡爾文主義者」的關係。而也有愈來愈多謠言傳出他施打海洛因，更是火上加油。

七月時，格羅爾搬到西雅圖西部。寇特又回到一個人，變得更加孤僻，雖然他已經沒什麼更孤僻的空間了。他不再限制自己一個星期只有一晚放縱吸毒——只要他買得起海洛因，又有取得的管道，他就會整個週末吸毒，自己在公寓裡吸得昏昏沉沉的。他比較少寫日記和彈吉他了，更常過著離群索居的生活。

即使在寇特清醒的時候，他也變得愈來愈古怪，至少根據他朋友的觀察是這樣。他養了一隻小白貓，名叫基斯普（Quisp）。他把貓的毛髮（以及他自己的頭髮）用酷愛飲料染成紅、白、藍相間的顏色。他還放任這隻小公貓基斯普跟他養的母兔子「燉肉」交配。燉肉的陰道很奇怪，這讓寇特很著迷——牠的子宮是內翻的，所以經常凸出來。「他都會用鉛筆把它戳回去，」伊恩．迪克森觀察道。寇特的理論是燉肉因為和貓性交，所以生殖器壞掉了。儘管如此，他並沒有阻止這奇怪的行為。觀看牠們跨物種的交配已經成了寇特最喜歡的消遣之一。

這個月，寇特和迪克森一起去奧林匹亞城外的採石廠游泳，寇特抓了幾十隻蝌蚪回家。他把蝌蚪放進水族箱裡，開心地看著他的烏龜把牠們吃掉。「你看，」他對迪克森說，「牠們的小手和身體碎片在水族箱裡漂來漂去。」這個曾經幫助過受傷小鳥的年輕人，如今卻興高采烈地看著蝌蚪被烏龜吃掉。

七月的第二個星期，寇特做了一件很反常的事，甚至連崔西剛聽到時都得聽兩次，因為她根本無法想像自己曾經愛過的男人會做出這種事：寇特把他的烏龜賣掉了。他聲稱賣烏龜是因為他需要錢。他並不是因為時間上沒辦法照顧，因為每次他出遠門，都會把動物交給朋友照顧。他告訴所有願意聽的人，說他雖然和大公司簽了約，卻一輩子從來沒這麼窮過。他原本打算把烏龜賣個一百美元，不過買家只出了五十美元，他也接受了。崔西造訪梨街的公寓時，發現那個高檔水族箱被丟在院子的一邊。奇怪的是，有些原本被拿去餵烏龜的蝌蚪活了下來，變成了滿草地的小青蛙。

七月十五日，寇特飛到洛杉磯去處理專輯封面以及宣傳照的事。七月二十九日，他回到奧林匹亞時，發現他的家當被放在路邊的紙箱裡，他被趕出來了。雖然這年春天，他簽了唱片合約，首次在大公司旗下錄製專輯，但他還是遲付了房租。幸虧他的鄰居已經聯絡崔西來把動物救走，不過寇特的藝術品、日記以及許多音樂設備都被裝進紙箱，放在公寓旁邊。當天晚上以及接下來的好幾個星期，寇特都是睡在他的車子裡。

寇特睡在他的勇士車後座時，他的經理人及唱片公司老闆正在洛杉磯，爭論《從不介意》的銷量。一開始，格芬唱片公司內部的期望很低，不過發放先行版的錄音帶之後，大家的期望就漸漸提高了。事實上，在寇特隸屬的公司之外，大家的期望反而比公司內部高。一九九〇年以及一九九一年初，超脫合唱團變成了很新潮的樂團，他們先行版的錄音帶在音樂圈內部人士之間傳開，像病毒般擴散。約翰・特魯曼（John Troutman）就是一個例子。雖然他在RCA唱片公司工作，但他還是把這個帶子複製了好幾捲，送給電臺主播和朋友，純粹因為他熱愛這個樂團。超脫合唱團建立樂迷群的方式很傳統，就是透過不斷巡演。在新專輯發行前夕，就已經有一群忠實樂迷在等待了。

跟超脫合唱團簽約的DGC唱片是格芬唱片旗下的小公司，只有幾個員工，也只出過幾首熱門歌曲。相較之下，格芬唱片曾與當代最成功的搖滾樂團「槍與玫瑰」（Guns N' Roses）合作過。DGC唱片原本的全名是「大衛・格芬公司」（David Geffen Company），不過格芬唱片的員工都戲稱他們為「垃圾場公司」（Dumping Ground Company），因為爛樂團都被分到他們那邊，才不會玷汙了格芬唱片的名聲。公司裡沒幾個人預料到超脫合唱團第一次出專輯就能走紅。「在當時的一次行銷會議上，」DGC唱片的電臺推廣人羅森菲爾德（Rosenfelder）說，「我們預計要賣出五萬張專輯，因為音速青春樂團的《黏》（Goo）賣了十一萬八千張。我們想，要是能賣到他們的一半就已經不錯了。」格芬唱片神祕的大老闆大衛・格芬讓手下藝人與製作部的員工負責公司的營運，但羅森菲爾德塞了一捲《從不介意》的錄音帶給格芬的司機，希望能得到大老闆的支持。

八月中旬，寇特和樂團飛回洛杉磯，開始準備推廣唱片，並為歐洲巡演做準備。DGC唱片公司負責承擔他們的飯店開銷，給了他們一間假日飯店（Holiday Inn）的單人房。房裡只有兩張床，所以寇特和大衛每晚擲硬幣來決定誰要跟克里斯特一起睡。不過對寇特來說，不管睡哪一張床，即使是跟他高大的貝斯手一起睡，也比睡在自己車子的後座好。

八月十五日，他們在洛克希俱樂部（Roxy）為業界人士表演。雖然這場演出主要是為了向格芬唱片公司的高層展示新成員，但卻吸引了一群音樂圈各個範疇裡舉足輕重的人物。「很奇怪，」DGC唱片的推廣部主管馬克・凱茨回想，「因為大家都非得見到他們不可，都搶著進場。」他們的演出甚至讓格芬唱片一向沉著的高層主管都感到欽佩。表演之後，格芬唱片的副總裁宣布：「我們要賣出十萬張。」這是他們兩個星期前推測量的兩倍之多。

在洛克希俱樂部表演當天稍早，超脫合唱團第一次在校園電臺KXLU針對《從不介意》接受採訪。約翰・羅森菲爾德開車載他們去電臺的路上，他們向路過的車子丟瑞氏（Reese's）花生杯。羅森菲爾德告訴寇特：「《從不介意》很適合一邊吸毒一邊聽。」結果寇特回答：「我想要一件用傑瑞・加西亞（Jerry Garcia）的血渲染的T恤。」這句關於死之華樂團主唱的話跟他的金句「龐克搖滾即自由」一樣，老是被掛在嘴邊，頻繁到寇特應該很想拿去做成貼紙，貼在汽車保險桿上了。到了電臺之後，羅森菲爾德拿出他們決定用來作為首發單曲的試壓片來播放——這就是〈少年仔的氣味〉第一次公開在電臺上播放。回到飯店的途中，寇特興高采烈地談論這首歌聽起來有多棒。

洛克希俱樂部演出的兩天後，樂團開始製作〈少年仔的氣味〉的音樂錄影帶。這支影片的概念是寇特想出來的——一場失控的賽前動員會。寇特先寫了一個基本的指引，然後詳細說明要用妓女作為啦啦隊員，毛衣上要印無政府主義的符號。他告訴認識的攝影師約翰・甘農（John Gannon），要用「勁舞相機」來拍他，「就是那種我可以用頭撞的相機。」不過從一開始，寇特就跟導演山姆

・拜爾（Sam Bayer）合不來，並稱他為「小拿破崙」。其實寇特想要自己導這支影片。拜爾和科本衝著對方大吼大叫，不過導演把這一點拿來發揮：寇特明顯很生氣，而這有助於這首歌的銷售。寇特還喝醉酒，在拍攝的空檔喝了半瓶金賓威士忌。他協助剪輯最終的版本，並加入一段他的臉幾乎要貼到錄影機上的畫面——這是影片中唯一一次清楚露出他帥氣的面孔。當影片中的人群失去控制，湧向樂團，這一幕精準地重現了超脫合唱團早期在沒有舞臺的場地表演的經歷。

這支影片裡還有一個隱藏的玩笑，除了寇特、克里斯特和少數幾個亞伯丁的「克林貢樂迷」之外，沒幾個人看得懂。影片中有一個校園管理員，手上拿著拖把和水桶。寇特這是在描繪他以前在亞伯丁的高中做過的工作。韋瑟瓦克斯高中最糟糕的清潔工如今成了美國最新的搖滾明星。

拍攝音樂錄影帶的兩天後，超脫合唱團跟音速青春樂團前往歐洲，展開十個場次的巡演。寇特說服伊恩・迪克森跟他們一起上路。由於他們手頭緊，寇特答應經理人，迪克森會跟他共用一個房間。「我知道約翰・席爾瓦以為我們是戀人，」迪克森回想。當時不只有席爾瓦懷疑寇特是同性戀，很多格芬唱片和金山經紀公司的人都誤以為他是同性戀。

這次歐洲巡演的許多事件都被大衛・馬奇（Dave Markey）捕捉下來，拍成電影《一九九一：龐克突圍之年》（1991: The Year Punk Broke）。這次巡演可以算是一個分水嶺——超脫合唱團在一群狂熱的樂迷面前表演，而且寇特一反常態地感到很開心。《從不介意》先行版的錄音帶已經廣為流傳，這張唱片未來的成功似乎已經注定。這短短兩週的巡演是寇特作為樂手最開心的時光。「就連搭飛機前往歐洲的途中，」馬奇回想，「寇特也開心地跳上跳下。」超脫合唱團在英格蘭最具影響力的搖滾音樂節——里丁音樂節（Reading Festival）演出時，凡士林樂團的尤金・凱利答應上臺一起合唱〈莫莉的嘴脣〉，寇特後來說這是他一生中最棒的一刻。

空洞樂團當時也在英格蘭巡演，並且也在里丁音樂節上表演。前一晚，空洞樂團來幫蜜漿樂團開場，寇特遇到了寇特妮。為了刺激她，他離開俱樂部的時候故意跟兩個想和他上床的樂迷一起走，儘管他後來聲稱自己沒跟她們上床。在里丁音樂節上，寇特妮的做法就比較大器一點。當馬奇拿攝影機對著她，問她有什麼話想說時，她回答：「寇特・科本能讓我心跳停止，但他就是一坨屎。」

在里丁音樂節上，寇特第一次發現超脫合唱團與蜜漿樂團得到的關注是旗鼓相當的。短短四年前，寇特在一個啤酒聚會上首度表演時，他很難讓自己演奏的聲音蓋過觀眾的吵鬧聲。而如今面對音樂節的七萬名觀眾，他一走向麥克風的瞬間，群眾馬上安靜下來，好像王子準備要講話似的。「那天，超脫合唱團顯得洋洋得意，」隨行經理人亞歷克斯・麥克勞德回想。「他們有了自信。」

這一次，這種自信感終於延伸到了寇特對自己的看法上。他在這次巡演中感覺十分輝煌，盡情享受著自己不斷上升的人氣。音樂節的大多數場次都有五、六支樂團上場，氣氛就像在開一整天的派對。「他們好像在參加巡迴馬戲團，」馬奇說，「而且他們似乎並不覺得是一種負擔，感覺更像是在度假。」不過這是那種吉維・蔡斯*（Chevy Chase）電影中的假期：每到達一個巡演的站，他們都會玩食物大戰或醉酒狂歡。超脫合唱團的表演通常是在早上，表演完的下午，他們就喝承辦商提供的酒。八月二十五日，超脫合唱團來到比利時的痘痘流行音樂節（Pukkelpop Festival），他們就像是放春假的兄弟會成員，把更衣室弄得一團亂，還把托盤上的食物都打翻。在小妖精樂團的查爾斯・湯普森的演出上，寇特從後臺拿了一個滅火器來噴。一年前，他還害羞到不敢見湯普森，而現在他卻試圖用滅火器把之前的偶像趕下臺。

這次巡演，寇特幾乎每次經過滅火器都要拿來噴一噴。在之前的巡演上，他的破壞傾向都是因為演出問題、音響問題或是跟團員吵架導致的挫敗感造成的。不過在這段短暫的時光裡，他的破壞行為則是因為太開心。「對一個樂團來說，最開心的時光是在他們真正走紅之前，」寇特後來對麥可・阿澤拉德說。而對超脫合唱團來說，這無疑是一九九一年八月。

九月一日，他們巡演來到鹿特丹時，寇特可說是帶著依依不捨的心情面對最後一場演出。他穿著跟兩個星期前一樣的T恤——是一件音速青春樂團的盜版T恤，他一直都沒有洗。他的牛仔褲也一樣，這是他唯一一件長褲。他的行李只有一個小包包，裡面裝著威廉・S・柏洛茲（William S. Burroughs）的《裸體午餐》（Naked Lunch），是他在倫敦的書攤買的。或許是受到睡前讀物的啟發，寇特在後臺發現一些道具服之後，鹿特丹的演出就變成柏洛茲小說中的場景。「寇特和伊恩・迪克

---

* 美國喜劇演員兼作家，曾演出多部以假期為主題的喜劇電影，其中有許多瘋狂、無厘頭的情節。

森喝了很多伏特加，」麥克勞德回想。「他們偷了醫生的袍子和口罩，然後到處跑去煩別人。有人走進更衣室，他們就把柳橙汁和酒淋在別人頭上。伊恩還一度用醫院的病床推著寇特到處跑，他們守在中庭的兩層樓之上，把柳橙汁淋在保全人員頭上，然後跑掉。」麥克勞德的職責就是阻止他們不要胡鬧，但他也束手無策：「我們當時才二十二、三歲，而且還身在一種自己從來沒想像過的處境中。」

寇特在鹿特丹的一家俱樂部再次遇到寇特妮，她很快就問寇特能不能搭超脫合唱團的貨車回英國。她繼續對寇特欲擒故縱，樂團的幾個人在渡輪上看《魔鬼終結者》（Terminator）時，寇特妮為了刺激寇特而跟大衛調情。眼看這招沒效，她就故意把裝著護照的皮包留在超脫合唱團的貨車上，隔天打電話來說要取回。結果是迪克森和麥克勞德把皮包送回來，而不是寇特，這讓寇特妮很失望。寇特也在對她欲擒故縱。

九月三日，超脫合唱團再次為約翰・皮爾的電臺節目錄製表演，然後就出去慶祝在英格蘭的最後一晚。寇特堅持要去找一種叫「快樂丸」的藥，這是他第一次嘗試。隔天，他飛回奧林匹亞，結束了他有史以來最快樂的巡演之一。當晚，依然沒有地方住的寇特縮在他的勇士車後座睡著了。

他回到奧林匹亞，但這個地方已經不是他三個星期之前所認識的奧林匹亞了，至少對他來說是這樣。超脫合唱團在歐洲參加大型音樂節時，奧林匹亞也在安排自己的音樂節，也就是五十組藝人表演的國際流行地下音樂節（International Pop Underground）。超脫合唱團原本也有安排在這個音樂節表演，但他們跟大公司簽約後，就不算是獨立樂團了。寇特在奧林匹亞有史以來最大型的演出中缺席，這是一件值得注意的事，標誌著他與「卡爾文主義者」關係的終止，也代表他在這個城市生活的結束。這是他最喜歡的城市，儘管他在這裡從來不覺得自己受到歡迎。

不過某方面來說，他也準備好要離開了。就像他必須脫離繞著巴斯轉的生活一樣，此時的他已經發展到了下一個階段，必須離開奧林匹亞、卡爾文以及托比。這個轉變並不容易，因為他一直相信卡爾文主義的獨立觀點，而在他需要跳脫亞伯丁時，正是這種思想幫助了他。他學到了「龐克搖滾即自由」，這句箴言是他不斷對記者重複的話。但他始終知道，對於那些在比較優越的環境下長大的孩子來說，龐克搖滾代表的是另一種不同的自由。對他自己來說，龐克搖滾是一種階級鬥爭，但比這更艱辛的是付不出房租，以及找到車子後座之外的過夜地點。對寇特來說，音樂不只是一時的狂熱，音樂已經成了他唯一的職業選擇。

寇特離開奧林匹亞之前，坐下來寫了最後一封信給凡士林樂團的尤金・凱利，感謝他在里丁音樂節跟超脫合唱團一起演出。他在信中談到，情感上他已經開始離開奧林匹亞了。令人驚訝的是，他批評了 KAOS 電臺，這個廣受歡迎、早期少數願意公開播放他音樂的電臺：「我發現……DJ 對音樂的品味都非常差。沒錯，我可以證明這一點，現在他們正在放超脫合唱團早期試聽帶的歌。」

他也在信中提到不久前與伊拉克的衝突：「我們打贏了，虛偽的愛國主義發揮了很好的效果。我們享有各種特權，像是可以購買沙漠風暴卡牌（Desert Storm）、國旗、保險桿貼紙和許多我們戰勝的紀錄影片。我走在街上時，感覺好像在參加紐倫堡集會。嘿，也許我們可以一起在國內巡演，然後在舞臺上燃燒美國國旗？」

他在信件結尾再次描述了他的處境。假如寇特真的寄出這封信（跟以往一樣，他一直沒拿去寄），凱利以及所有在里丁音樂節看到寇特表演給七萬名熱情樂迷看的人應該都會感到吃驚。「我被趕出我的公寓了。我現在住在車上，所以沒有地址，不過這是克里斯特的電話，你可以留言給我。你的好友科德特。」同一個星期，單曲〈少年仔的氣味〉在唱片行正式發售。

15

1991 年 9 月—1991 年 10 月
華盛頓州，西雅圖

每當我吞下

每當我吞下一小塊食物，我的胃壁上方就會感覺到一陣劇烈、灼熱又噁心的疼痛。
——摘錄自寇特日記中對毒品及胃部症狀的描述

九月的第二個星期五——十三號星期五——是寇特一生中最不平凡的一天之一。這一天他玩了兩場食物大戰、一場滅火器對決，還用微波爐破壞金唱片專輯。這些光榮的破壞都是為了慶祝《從不介意》在西雅圖發行。

這天以一連串西雅圖最大型的搖滾電臺採訪開始。在第一場 KXRX 電臺的採訪中，寇特正襟危坐，卻幾乎什麼話也不說，還開始在控制室裡亂丟披薩。同一週稍早，他對感興趣的記者來者不拒。「就算是他們不喜歡的寫手也一樣，」公關麗莎・格拉特費爾特－貝爾（Lisa Glatfelter-Bell）說。「寇特會說：『那傢伙是個混蛋，但他喜歡我們的唱片，所以我們就給他十分鐘吧。』」但經過幾次電話採訪之後，他的態度就變了。他疲於努力向別人解釋自己，採訪漸漸變成他的編故事遊戲。他跟《西雅圖時報》（Seattle Times）的派翠克・麥克唐納（Patrick MacDonald）談話時，聲稱自己買了一個充氣性愛娃娃，砍掉娃娃的手腳，打算在演出時穿上舞臺。但這週都還沒結束，就連欺騙記者都讓他感到無聊。兩週前，他在歐洲還過得很開心，但回到美國——再加上宣傳專輯——似乎讓他感到很疲倦。他在鹿特丹感受到的狂喜很快就變成了沉默和自暴自棄。在接下來的兩場採訪中，寇特都留在車子裡，讓克里斯特和大衛去跟 **DJ** 談話。

六點鐘，超脫合唱團在重生酒吧舉辦他們期待已久的唱片發表會，只有受邀者才能參加，這是寇特等了一輩子的事件（《漂白》沒有這樣的慶祝會）。邀請函上寫著「別介意十三恐懼症，超脫合唱團來了」。這種恐懼症是指害怕十三號星期五，不過真正令人害怕的是整間俱樂部擠滿了樂手、音樂記者以及在音樂界影響力重大的經紀人。

寇特終於征服了西雅圖。這是他享受榮耀的機會，但他似乎不太喜歡受到關注。這一天以及接下來的許多場合，他都一副根本不想在場宣傳唱片的樣子。他從小就一直是全家人關注的中心，但到了青春期卻又失去關注。對於此刻的時來運轉，他抱持懷疑的態度。在派對上，他坐在一個照相亭裡，人雖然在場，卻躲在簾幕後，不被人看到。

樂團的幾個人偷偷帶了一點八公升的金賓威士忌，這違反了華盛頓州的酒精管制法。但他們還沒被任何酒精檢查人員逮到，就已經爆發了一場混亂。寇特拿牧場沙拉醬往克里斯特身上丟，開啟了一場食物大戰。一個保鏢抓住搗亂的人，並把他們趕出去，渾然不知他趕走的是這場派對的三個主角。克里斯特還跟保鏢打了起來，被拖出去。一直等到DGC唱片公司的蘇西・田納特來了，事情才平息下來。「我們都在笑，」克里斯特回想。「我們說：『天啊！我們剛剛竟然被踢出了自己的唱片發行派對！』」樂團的幾個人在俱樂部後面的巷子裡站了一會，一邊透過窗戶跟裡面的朋友聊天。俱樂部裡，瘋狂的派對還在繼續，而且大部分出席的人一直都沒注意到三位嘉賓已經被趕出去了。

之後，他們又到一個朋友家的閣樓慶祝，直到寇特打開滅火器，他們才不得不清場。於是大家移動到蘇西・田納特的家繼續搞破壞，一直到清晨。蘇西家裡的牆壁上有一張尼爾森樂團（Nelson）的金唱片，寇特把扁額拿下來，說這是「人類的恥辱」，並把口紅塗在上面，然後放進微波爐裡解凍。當晚結束時，寇特試穿了蘇西的洋裝，還畫了妝，穿著女裝走來走去。「寇特打扮成女生的樣子很好看，」蘇西回想。「我有一件《霍莉・霍比》*（Holly Hobbie）裡面那種裙子，寇特穿起來比我穿更好看，甚至比我看過任何人穿都好看。」

當晚，寇特在蘇西家過夜，很多一起狂歡的人也是。他在一張帕蒂・史密斯的海報下方睡著了，身上還穿著洋裝。隔天起來時，他宣布他跟迪倫打算找一塊牛臀肉，拿槍在肉上打洞。「打夠之後，我們就拿來吃，」他說。他問了超市怎麼走，然後就離開了。

---

* 美國作家兼插畫家丹妮絲・霍莉・霍比（Denise Holly Hobbie）的作品，主角霍莉・霍比經常穿鄉村風格的碎花長洋裝。

兩天後，超脫合唱團在蜂巢唱片做現場宣傳。DGC唱片預期大概會有五十個客人，不過才下午兩點（演出是晚上七點開始），就已經有兩百個年輕人在排隊。他們這才意識到超脫合唱團比他們以為的還受歡迎。寇特決定不只要在專輯上簽名、跟客人握手——這是現場宣傳的慣例，超脫合唱團還要現場表演。這天下午，當他看到排隊的人潮，第一次有人聽到他因為自己的知名度說了一聲「我靠」。樂團回到藍月酒吧開始喝酒，但看到窗外有幾十個樂迷在往裡面瞧時，他們感覺自己就像在電影《一夜狂歡》**（A Hard Day's Night）裡一樣。表演開始時，蜂巢唱片擁擠到有年輕人站到唱片堆上，唱片行還得在玻璃窗戶前放置鋸木架加以保護。超脫合唱團在店裡表演了四十五分鐘，直到有人開始像〈少年仔的氣味〉裡的混亂動員會一樣，往樂團成員身上撲。

寇特很困惑自己居然變得這麼大紅大紫。他在觀眾中看見了西雅圖音樂圈一半的人，還有幾十個他的好朋友。當他看到兩個前女友——托比和崔西——隨著音樂跳舞時，他尤其焦慮。就連這些曾經親密的人如今都變成他必須服務的觀眾，這讓他覺得壓力很大。這家唱片行首先對外銷售《從不介意》的專輯，而且很快就銷售一空。「大家都把牆上的海報撕下來，」唱片店經理傑米・布朗（Jamie Brown）回想，「為的就只是要拿一小片紙給寇特簽名。」寇特則是驚訝地不斷搖頭。

寇特回到停車場抽煙，休息一會兒。不過在這裡卻發生了更奇怪的事。他看到兩個蒙特沙諾國中的同學——史考特・科克利（Scott Cokely）和瑞克・米勒，他們手上拿著〈碎片〉。雖然這一天，

** 基於披頭四樂團的生活而創作的英國音樂喜劇電影，裡面有披頭四成員被樂迷追著跑的畫面。

寇特已經簽了上百個名，但沒有一個比這更不真實：幫兩個與他爺爺奶奶住在同一個小鎮的傢伙在一張關於他爺爺奶奶的單曲唱片上簽名。他們聊到了格雷斯港的共同朋友，不過這場談話讓寇特覺得很惆悵，因為科克利和米勒讓他回想起他拋下的過去。「你常常回格雷斯港嗎？」科克利問。「不常，」寇特回答。科克利和米勒看到寇特在單曲上簽了「科德特」時，都覺得很困惑。

寇特後來說，這次談話是他意識到自己成名了的最初幾個時刻之一。不過這並沒有讓他感到安心，反而令他有點慌張。雖然他一直都很想成名——而且他在蒙特念書時，還曾經答應過同學他有一天要出名——但夢想成真時，他卻感到很焦躁。克里斯特日後回想，這場專輯正式發行的一週之前在唱片行的免費表演對寇特來說是個轉捩點。「在那之後，一切都變了，」克里斯特說。「我們不再是之前那個樂團了。寇特呢，他有點像是把自己抽離了。私底下發生了很多事。一切變得很複雜。我們都沒料到會這樣。」

蜂巢唱片的觀眾並不算特別瘋狂。事實上，樂團後來巡演的時候發現，比起其他地方的觀眾，西雅圖的觀眾已經算是有節制的了。在這張唱片走紅之前，他們的巡演就已經安排好了，所以大部分的演出場所都很小，導致上百名，甚至上千名樂迷想買票都買不到，每場演出都像馬戲團表演一樣。九月二十二日，他們來到波士頓。寇特難得有一天晚上沒有表演，他很期待去看麥爾文樂團的演出。他試圖說服門衛讓他進去俱樂部，但門衛說他沒聽過超脫合唱團。這時，波士頓的歌手兼創作者瑪麗・盧・洛德（Mary Lou Lord）剛好站在門口，她高聲說她有聽過超脫合唱團，而且他們隔天就有表演。但門衛還是沒有動搖，最後寇特只好付了門票錢。

進場之後，寇特並沒有把注意力放在老朋友身上，而是在聽洛德講話。她說自己是在地鐵站表演的樂手。他問她最喜歡的樂團有哪些，她說有粉蠟筆樂團（Pastels）、凡士林樂團、丹尼爾・約翰斯頓（Daniel Johnston）、青春歌迷俱樂部樂團（Teenage Fanclub）。「屁啦！」寇特說，「這些是我最喜歡的樂團，連順序都一樣！」寇特逼她講出每一個樂手她最喜歡的歌，好證明她不是在開玩笑。他們聊了好幾個小時，然後洛德讓寇特坐在腳踏車的手把上，載了他一程。結果他們聊了一整晚。隔天，寇特去了她的公寓，看到牆壁上有一張萊斯特・班斯的照片。寇特叫她表演一首歌，結果她表演了兩首尚未發行的《從不介意》裡面的歌曲。他被這個來自麻省的塞冷（Salem）、面頰泛紅的女孩迷得神魂顛倒。

兩人在波士頓閒晃時，寇特把他的人生故事一下子全部傾訴出來。他告訴洛德，有一次他爸爸踢了一隻狗，還告訴她自己痛苦的成長經歷，也說了托比的事。如果說調情有一條基本原則，那就是不要跟可能的未來女友提及前女友，那麼寇特就是打破了這個原則。他告訴洛德，托比很「了不起」，不過她「傷透了他的心」。他坦承自己對她還有感覺。

他還告訴洛德，他很喜歡一個叫作耆那教（Jainism）的東方宗教。他看過一部深夜紀錄片，讓他很著迷，因為耆那教官方旗幟的符號長得就像納粹卍字的雛形。從此以後，他就盡他所能，讀了所有關於耆那教徒的東西，這些人都很崇拜動物。「他告訴我他們會為鴿子蓋醫院，」洛德回想。「他說他也想入教。他打算先做一番大事，等到功成名就之後，他就要離開，去加入耆那教。」關於耆那教，最吸引寇特的一點就是對於來世的看法。耆那教倡導的宇宙裡有一系列交織重疊的天堂與地獄。「每一天，我們都經過天堂，也經過地獄，」他告訴洛德。

他們經過波士頓後灣（Back Bay）時，寇特跟不上洛德的腳步。「他像個老人一樣，」洛德說。「他才二十四歲，但卻表現出超齡的疲倦感。」他告訴洛德，某些藥能緩解他的胃痛。洛德沒有嗑藥，也沒有再多問。不過半小時後，寇特又提起這個話題，還問她有沒有試過海洛因。「我甚至不想聽你聊那種鬼東西，」她說，結束了這個話題。

當晚，他們去了軸線俱樂部（Axis），超脫合唱團和碎南瓜樂團同臺演出。寇特和洛德走進俱樂部時，他拿起她的吉他，並挽著她的手。洛德說：「我很肯定排隊的人都在想，『那是寇特還有地鐵站那個傻女孩』。我已經在那裡表演了好幾年，大家都認得我，而且他們或許都覺得我很爛。但接著我就出現在這裡，跟他牽手走過街道。」

隔天，九月二十四號，《從不介意》正式發售。音樂電視臺的人員為他們錄了一個簡短的新聞片段，是克里斯特穿著內褲，身上塗了克里斯科牌（Crisco）起酥油，正在玩扭扭樂。寇特推掉了大部分DGC唱片安排的採訪和推廣活動，選擇和洛德度過一天。DGC唱片的馬克・凱茨帶諾弗賽立克和格羅爾去波士頓最新潮的紐伯里漫畫唱片行（Newbury Comics）時，他們看到大排長龍。「太驚人了，」凱茨回想，「現場大約有一千個年輕人想買這張唱片。」

《從不介意》過了兩個星期才登上《告示牌》（Billboard）兩百大專輯榜，入榜的名次是一百四十四名。第二週，上升到一百〇九名；到了第三週，來到第六十五名；四週過後，也就是十一月二日，這張專輯像子彈一樣衝到了第三十五名。很少有樂團的首發專輯能這麼快就衝到前四十名。假如 DGC 唱片準備更充足的話，《從不介意》說不定能有更好的名次——由於公司的估計很保守，一開始只發行了四萬六千兩百五十一張專輯，才過幾週就賣完了。

一般來說，要在榜上快速攀升，都是因為精心策畫的宣傳，再加上有力的市場行銷，但《從不介意》早早成功卻跟這些都沒什麼關係。最初的幾個星期，除了少數幾個選定的城市之外，大部分的電臺都沒有幫忙推廣這張專輯。DGC 唱片的推廣人員試圖說服電臺主播播放〈少年仔的氣味〉，一開始還受到阻撓。「連西雅圖的搖滾電臺都告訴我：『我們不能播這個，我聽不懂這個人在唱什麼。』」DGC 唱片的蘇西・田納特回想。大部分的電臺都把這首單曲安排在深夜時段播放，因為他們覺得這首歌「太有攻擊性」，不適合白天播。

不過電臺主播注意到打電話來點這首歌的人數。西雅圖的 KNDD 電臺調查了〈少年仔的氣味〉，發現這首歌是調查公司有史以來獲得最多正面回響的歌曲。「做這種歌曲調查的時候，」KNDD 電臺的馬可・科林斯（Marco Collins）說，「我們都是打電話播出歌曲，只給受訪者聽十五秒。想像一下，第一次透過電話聽到〈少年仔的氣味〉是什麼感覺？」

九月初，音樂電視臺在考慮要不要播放這首歌的音樂錄影帶時，引起了一些騷動。二十二歲的節目組人員艾米・費納蒂（Amy Finnerty）對這支影片有很強烈的感覺。她宣稱要是電視臺不願意播，那她也不想在這裡工作了。經過一番激烈的爭論，他們把這支影片納入特別節目《一百二十分鐘》

（120 Minutes）。到了十一月，這首歌加入常規播放曲目，成為音樂電視臺第1批「嗡嗡站」（Buzz Bin）的音樂錄影帶之一。

波士頓的演出結束後，寇特來到紐約市，這是他第一次在電視上看到自己。當時他住在羅杰史密斯飯店（Roger Smith Hotel），瑪麗・盧・洛德也在他房間裡。寇特的音樂錄影帶出現在《一百二十分鐘》上時，他打電話給母親。「我在那邊，」他高興地說，「我又出現了。」過了十秒鐘，他再次出現時，他又說了一次。「我又出現了。」每次他看到自己出現在電視上，就俏皮地宣布一次，一副很驚訝他會出現的樣子。

這天下午，超脫合唱團難得在淘兒唱片公司表演了一場不插電的現場演出。在短短的演出期間，寇特從一個樂迷帶來的雜貨裡拿出一包奧利奧餅乾，配著同樣是從樂迷那裡拿來的牛奶一起吃。同一晚，他們在跑馬燈俱樂部（Marquee Club）表演，門票售罄。表演完後，他們來到音樂電視臺的艾米・費納蒂家裡開派對。派對的消息走漏風聲，被俱樂部的觀眾聽到，很多人也都不請自來。寇特跟費納蒂和洛德偷偷溜出派對，前往對街的一個酒吧。「這裡的點唱機是我看過最好的，」寇特說，雖然這臺機器只有迪斯可舞曲。或許是為了慶祝《從不介意》正式發行，寇特難得跳起舞來。

離開紐約之後，樂團巡演的速度加快了，名氣也愈來愈大。〈少年仔的氣味〉單曲和音樂錄影帶都在排行榜上急速攀升，他們每場表演的門票都售罄，處處都顯示樂迷對他們愈來愈瘋狂。寇特持續跟洛德透過電話聯絡，他還跟音響師克雷格・蒙哥馬利說洛德是他「女朋友」。在紐約表演的兩個星期後，洛德來到俄亥俄州，卻發現寇特正在崩潰中。他坐在撞球桌上，一邊踢著腿，一邊咒罵。「有什麼問題嗎？」她問。「一切都有問題，」他回答，「沒人能把他媽的聲音弄對，他媽的爛死了。我他媽的這一行幹了這麼久，表演還是他媽的爛死了，我都聽不到自己的聲音。」習慣了在街頭賣藝的洛德告訴寇特要享受自己的成功，但還是沒辦法讓他開心起來。「我受夠這些狗屁了，一堆像老鼠洞一樣的地方，」他說。洛德並不知道寇特當時正處在毒品戒斷過程中，寇特沒有把這個骯髒的祕密告訴洛德或他的樂團成員。接下來的兩場表演，洛德繼續跟著他們上路，不過在十月十二日，到了底特律時，她就返回波士頓的一家唱片行工作。寇特和樂團前往芝加哥，在地鐵俱樂部（Metro）表演。

同樣是在十月十二日早上，寇特妮・洛芙從洛杉磯搭飛機到芝加哥拜訪比利・寇根。洛芙和寇根的戀情總是大起大落，比起他本人，寇特妮更喜歡他寫的情書。來到他的公寓時，她發現他跟另一個女友復合了。一陣爭吵過後，寇特妮躲避向她砸來的鞋子，逃離了現場。

寇特妮把身上最後的十美元用來搭計程車，前往地鐵俱樂部，意外發現超脫合唱團在這裡表演。她說服門衛讓她進場後，就用公共電話打給寇根。她事後聲稱當時打電話是為了確認她已經徹底跟比利分手了，好和寇特談戀愛。寇根說他沒辦法見她，然後她就氣沖沖地掛了電話。

之前幾次相遇時，寇特妮和寇特就已經對彼此有意思，只是沒機會行動。她看了超脫合唱團最後十五分鐘的表演，基本上就是寇特把鼓組砸爛。她一邊看，一邊想這個男生為什麼這麼生氣。寇特對寇特妮來說是個謎，而她總是被無法解釋的事物吸引。她並不是唯一一個被他吸引的女人。根據嘉莉・蒙哥馬利的觀察：「寇特是那種讓女人很想照顧、想保護的人。從這方面來說，他是個很矛盾的人，因為他可以很殘暴又強壯，但同時又展現出脆弱、敏感的一面。」

表演結束後，寇特妮混進慶功宴，直接走向寇特。「我看見她穿過房間，坐在他大腿上，」經理人丹尼・戈德堡回想。寇特很開心看到她。她問寇特能不能在他的飯店過夜時，他更開心了。如果說寇特很不擅長坦白過去的感情糾葛，那麼寇特妮也是旗鼓相當，但她還是告訴寇特她與寇根吵架的傷心事。聊天過程中，寇特想起五個月前跟她在洛杉磯談話過後，他對寇特妮做出的評論——「全世界最酷的女生」。他們一起離開俱樂部，沿著密西根湖（Lake Michigan）湖畔散步，最後終於來到戴斯飯店（Days Inn）。

後來寇特跟朋友說，他們之間的性愛非常棒。他告訴寇特妮，他前女友的數目用一隻手就數得出來。對於這件事以及寇特說的其他事情，寇特妮都同樣感到很驚訝。她來自日落大道（Sunset Strip）那一帶，在那裡，做愛是很稀鬆平常的事，就跟演出結束後搭便車回家一樣。寇特妮也很驚訝看到寇特穿著斑馬紋的三角褲。「你得穿四角褲才行，」她告訴他。

他們的關係遠遠不止於性愛，即使是上完床懶洋洋的時候，他們也有情感上的交流，這是他們任何朋友或樂團成員都無法理解的。諷刺的是，寇特的女性朋友都覺得他跟寇特妮在一起是自貶身價，而寇特妮的朋友也對寇特有這種感覺。他們對彼此的經歷很有共鳴。寇特妮告訴寇特自己童年時備受忽視，在離婚的父母之間被踢來踢去，在學校遇到困難，寇特能夠感同身受。而當寇特訴說他的童年故事時（這些故事不只是誇大，而是已經到了傳奇的地步），寇特妮是他遇過第一個能回答「我更慘」的女生。這幾乎變成了「誰的童年比較慘」的遊戲。他們兩個人在一起時，寇特才覺得自己像個正常人。

寇特跟其他人一樣，最希望從伴侶身上得到的就是無條件的愛，不過在戴斯飯店的這一晚，他在寇特妮身上發現了他在其他感情中找不到的東西——理解。他覺得寇特妮本能上就能理解他的糟糕經歷。瑪麗・盧・洛德雖然是凡士林樂團的樂迷，但她從來沒有在紙箱裡生活的經驗。崔西對寇特的愛雖然堅定不移，但即使她做出像是和亞伯丁的龐克搖滾歌手交往這種瘋狂的事，她的家人還是始終願意接納她。寇特盡了一切所能，想讓托比愛他，但他們的經歷太不一樣，他無法讓托比理解他的夢魘，更不用說理解他吸毒的原因。然而，寇特妮嚐過隨政府食品券免費贈送的那些過剩起司上的那股明膠味，也明白搭貨車巡演、付不起油錢的感覺。她在大塊頭小丑屋（Jumbo's Clown Room）當脫衣舞孃時，也體驗過很多人沒體會過的丟臉。後來兩人會開玩笑，說他們合得來是因為麻醉劑——而毒品也真的與此脫不了關係，但他們最初會互相吸引，遠遠不只是因為兩人都渴望逃避。反之，那是因為寇特妮・洛芙和寇特・科本一樣，都有值得逃離的東西。

他們在隔天早上分開，寇特繼續巡演，而寇特妮回到洛杉磯。不過在接下來的一個星期，他們透過傳真和電話聯絡，很快就開始每天聊天。雖然超脫合唱團現已功成名就，但寇特在巡演途中卻開心不起來，而且老是抱怨貨車的狀態不好、抱怨像「老鼠洞」一樣的俱樂部。而現在他還多了一項新的抱怨——兄弟會的男生看了音樂電視臺播放他們的影片之後，就跑來看他們的表演。超脫合唱團的一行人之中，有些人一開始很樂於看見寇特和寇特妮談戀愛——至少他有個能講話的對象（他跟諾弗賽立克和格羅爾愈來愈少交流了）。

十月十九日，寇特在達拉斯（Dallas）又崩潰了，而且這次是在舞臺上。這場表演從一開始就注定失敗，因為門票超賣，觀眾都擠到臺上來。寇特感到很沮喪，就把吉他砸在控制臺上，並把控制臺砸壞了。幾分鐘之後，他跳到觀眾群裡面，一個名叫透納・馮・布拉克（Turner Van Blarcum）的保鏢試圖把他拉回臺上，但寇特誤以為他是要攻擊自己，於是他回擊，用吉他末端去砸馮・布拉克的頭，砸到流血。如果是體型比較瘦小的人，受到這樣的重擊可能會死掉，不過馮・布拉克只是愣了一下，然後打了寇特的頭一拳，寇特落荒而逃時，他還踢了寇特。觀眾開始暴動起來。寇特躲在樓上的衣櫥裡，直到承辦人傑夫・萊爾斯（Jeff Liles）費盡唇舌說服他，說馮・布拉克已經去了醫院，傷不了他。「我知道他當晚喝了很多咳嗽糖漿，」萊爾斯解釋。寇特終於再次出場，完成了表演。

不過事情遠遠還沒結束。演出過後，萊爾斯讓超脫合唱團坐上一輛等候的計程車，但他們飆走之後卻又開了回來，因為樂團裡沒有人知道他們住在哪家飯店。計程車才剛回來，馮・布拉克也回來了——頭上多了染血的繃帶。他用拳頭打爛了計程車的窗戶，司機慌忙開走。計程車雖然成功逃走了，但車上沒有人知道目的地是哪裡。行駛的同時，超脫合唱團的成員坐在後座，身上滿是玻璃碎片。而這並非單一事件——樂團的隨行經理人很快就發現，他每週都得支付幾千美元來賠償樂團搞破壞造成的損失。

一個星期後，寇特與寇特妮在洛杉磯一場捍衛墮胎選擇權的公益活動上重聚。他們在後台看起來很恩愛，很多人都說他們簡直是完美的搖滾情侶。但到了晚上，在關起的門後面，他們的關係卻走上了一條較有毀滅性的路。寇特第一次提議注射海洛因。寇特妮愣了一下，然後就同意了。他們取得毒品後，就前往他下榻的比佛利加蘭飯店（Beverly Garland）。準備好毒品後，寇特幫寇特妮注射——她沒辦法自己注射，所以曾經也很害怕針頭的寇特就幫她和自己處理。兩人嗨了之後就出去散步，看到一隻死掉的鳥。寇特從鳥身上拔了三根羽毛，拿了一根給寇特妮，另外兩根握在自己手裡。「這根給你，這根給我，」他說。然後他握著第三根羽毛，補充說：「這根給我們未來的寶寶。」她笑了。後來回想起，她說她就是在這一刻愛上他的。

不過寇特已經有了另一個情人。到了一九九一年秋天，海洛因不再只是週末讓他逃避現實的娛樂，而是每天的例行公事。根據他的日記，在他遇見寇特妮的幾個月之前，他就已經「決定」好要當個「毒蟲」。後來，寇特因為參加了一個戒毒計畫，於是坐下來詳細記錄了他完整的毒品史，是這樣開始的：

我跟音速青春樂團從歐洲第二次巡演回來後，就決定每天施打海洛因，因為過去五年來，

我一直受胃痛所苦，真的是痛到我想自殺。五年來的每一天，每當我吞下一小塊食物，我的胃壁上方就會感覺到一陣劇烈、灼熱又噁心的疼痛。巡演途中，由於吃飯時間不固定，飲食也不健康，所以疼痛感愈來愈嚴重。自從我開始胃痛以來，我已經做過十次上下消化道的檢查，每次都在同一個部位發現發炎。我看過十五個不同的醫生，試過五十種不同的胃潰瘍藥物，唯一有用的就是強效鴉片。有好幾次，我發現自己一點力氣也沒有，臥床好幾個星期，又吐又餓。所以我決定，既然我已經感覺跟毒蟲沒兩樣，那還不如就當個毒蟲。

關於寇特毒癮的記錄，奇怪之處在於他很清楚自己的選擇。他形容自己上癮是一個「決定」，而他做出這個決定是因為長期胃痛讓他很想死。根據他的回憶，他開始重度成癮是在一九九一年九月初，也就是《從不介意》發行的那個月。

一九八九年夏天，寇特妮也深受毒癮所苦，當時海洛因在洛杉磯的搖滾音樂圈很猖狂。她試過用十二步驟戒毒法以及佛教唸經來戒毒。不過在一九九一年十月，她很少有清醒的時候，也因為這樣，珍妮佛・芬奇警告她離寇特遠一點。洛芙的毒癮跟寇特不一樣——對她來說，海洛因是一種社交性的藥物。她沒辦法幫自己注射，導致她沒辦法每天吸毒。不過就因為寇特妮之前用過海洛因，許多搖滾界的人就八卦說是她害他上癮的。從很多方面來說，事實完全相反。「大家都怪寇特妮，說寇特妮害他去打海洛因，但並不是這樣，」克里斯特堅稱。「他在認識寇特妮之前就已經打過海洛因了。並不是寇特妮害寇特吸毒上癮。」

經過了一起施打海洛因的一晚之後，第二晚寇特又來了，想要再過一次癮。「我規定自己不能連續兩晚吸毒，」寇特妮回想，「這樣很不好。我跟他說：『不行，不可能的。』所以他就離開了。」

第三天晚上，寇特打電話給寇特妮，哭著問她能不能過來。寇特妮來到飯店時，發現他崩潰了，無法控制地渾身發抖。「我只好把他放到浴缸裡，」她回想。「他就要成名了，這讓他很慌張。他真的非常瘦弱，我有點算是用手臂架著他，因為他站不起來。他當時沒有吸毒，但因為我之前說不跟他一起施打海洛因，所以他回去就生氣了。」寇特妮當晚又跟他一起施打海洛因。「我並不是說這是他的錯，我是想說，這是我做的選擇。我當時心想：『看來我又要吸毒了。』」

超脫合唱團繼續進行《從不介意》的巡演時，唱片銷量也呈指數型成長。他們向西岸前進，每天早上都會收到最新的銷量報告。巡演來到聖地牙哥時，他們已經賣出了十萬張專輯。到了洛杉磯時，他們賣出了二十萬張，他們來到西雅圖進行萬聖節表演的這天早上，這張專輯成了金唱片，賣出五十萬張。短短一個月前，寇特才毀了尼爾森樂團的金唱片，把它放進微波爐裡——結果沒多久，他自己也有一張金唱片了。

然而，儘管寇特得到眾多關注，名聲也迅速增長，但這天下午，他有更迫切的煩惱——他的襪子不夠穿。他和嘉莉·蒙哥馬利從劇院走到樂蓬馬歇百貨公司（Bon Marché）。在百貨公司裡，寇特選了幾件內褲（他現在買的是四角褲）和襪子（白色的）。他去櫃檯結帳時，出現了山繆·貝克特（Samuel Beckett）劇本中會有的畫面。「他開始脫鞋子、脫襪子，把收在裡面的錢拿出來，」嘉莉回想。「他在鞋子裡放了一些皺巴巴的紙鈔。他真的是把鞋子丟在樂蓬馬歇的櫃檯上，店員看著他，好像覺得他瘋了一樣。他用這種古怪、傳統又固執的方式，開始把紙鈔攤開，而且數了好久才數清，然後他還得再從另一個口袋裡拿錢。在櫃檯上，他的錢旁邊有一大堆棉絮。穿著西裝的店員看著寇特，好像把他當成了流浪漢。」雖然寇特的專輯成了金唱片，但他確實還在流浪——他住在飯店裡，或者當樂團沒有巡演的時候，他會住在嘉莉這樣的朋友家裡。

寇特不太記得當晚的演出發生了什麼事：有一群拍紀錄片的人員在錄影；媒體不斷關注他；電臺推廣人員還有他的家人和朋友都在後臺，似乎不論他走到哪裡，都有人想從他身上得到什麼。他還做了兩個決定，讓事情更複雜：他邀請比基尼殺戮樂團來開場，所以托比也在場。此外，他還說服伊恩・迪克森和妮基・麥克盧爾穿著緊身衣跳豔舞——伊恩的衣服上寫了「女」，而妮基的衣服上則寫了「男」。攝影師不斷把寇特請的舞者推到一邊，讓他很挫折，而這一點也顯現在他的表演中。《火箭》雜誌的評論寫道：「這些傢伙已經又有錢、又有名，卻仍然把對人生的不滿表現得淋漓盡致。」

表演結束後，寇特看起來好像受到了驚嚇。「他讓我想到籠子裡的貓，」攝影師達羅・威斯莫蘭（Darrell Westmoreland）說。威斯莫蘭叫寇特跟他妹妹金合照，結果在按下快門的瞬間，寇特扯了她的頭髮。「他當時很不爽，整個人變成一個王八蛋，」金回想。

然而，這一天最詭異的時刻是發生在幾個陰魂不散的人物出現之後——跟之前在蜂巢唱片現場演出那天一樣。當天稍晚，他跟托比在一起，後來她在他飯店房間的地板上過夜。睡在他房裡的不是只有托比——和往常一樣，有五、六個朋友都需要地方借住。但很諷刺的是，在這張很明顯是在說托比有多麼不愛他的專輯賣出五十萬張的這一天，她就睡在他的地板上。

演出結束後，寇特還遇到了另一個格雷斯港的熟人。在舞臺門邊，跟麥特・盧金一起抽大麻的就是史蒂夫・希林格，他曾是寇特最親密的好友之一。之前寇特睡紙箱的時候，希林格的家人還給了他一個庇護所。希林格說了一番話：「你現在可紅了，科本。你大概每隔三個小時就會出現在電視上。」不管寇特多麼想要否認，這都是既痛苦又顯而易見的事實。

「我沒怎麼注意到，」寇特說。他暫停了一會，思考要怎麼用典型的「克林貢樂迷」的方式回覆，好讓自己顯得沒那麼有名，彷彿光是用文字就能阻止已經勢不可擋的事情一樣。「我不知道這件事，」寇特用稚嫩的聲音回答。「我住的車子裡沒有電視。」

16

1991 年 10 月—1992 年 1 月
華盛頓州，西雅圖

刷牙

請別忘了吃蔬菜還有刷牙。
——摘錄自寇特的媽媽在《亞伯丁世界日報》上刊登的一封信

寇特和寇特妮真正的戀情是在一九九一年十一月開始的，這時超脫合唱團正在歐洲開啟另一場巡演。兩週後，空洞樂團也展開巡演，這兩支樂團經常在同樣的場地演出。兩個戀人每天晚上都互通電話、發傳真，或在更衣室的牆壁上留下祕密訊息。他們之間有個自己才懂的笑話：每當寇特打給寇特妮，他都會假裝是放克搖滾樂手藍尼・克羅維茲（Lenny Kravitz），而寇特妮打給他時，則會假裝是克羅維茲的前妻，也就是演《天才老爹》（Cosby Show）的女演員麗莎・波奈（Lisa Bonet）。這讓飯店的夜間經理摸不著頭緒，他們收到指示說要馬上在房間門縫塞一張傳真給藍尼・克羅維茲，但他們明明知道這個人不住在飯店裡。「我們是那時才真正開始愛上對方的——透過打電話，」寇特告訴麥可・阿澤拉德。「我們幾乎每天晚上都會通電話，每隔一天就會發傳真。當時我的電話費是三千美元。」

雖然這場傳真戀情已經在發展，但寇特還有未了結的事要處理，他一向都對這不擅長。超脫合唱團結束了第一場英國的演出後，在布里斯托（Bristol）時，他很驚訝地發現瑪麗・盧・洛德在後臺。她飛過來給他一個驚喜，而且對此表現得泰然自若。她一看見寇特就知道不太對勁。他變了，而且不只是因為他成名了，儘管在名氣這一點上，跟一個月前相比就已經截然不同。一個月前在波士頓時，寇特到處走都不會被打擾。如今時時刻刻都會遇到有人拉他的袖子。有一次，一個唱片公司的代表抓住寇特，對他說：「我們這個星期已經賣了五萬張唱片。」對英國來說，這是個很驚人的數字，不過寇特的反應是充滿疑惑：那是要他怎麼樣？

隔天洛德問他：「是不是有別人了？」「我只是累了，」他撒謊。洛德以為他是胃痛，他老是大肆抱怨胃痛，說現在比以前都還要痛。當天半夜三點，寇特房間的電話響了，是寇特妮打來的，但寇特沒有告訴別人。有一個 DJ 告訴寇特妮，寇特的「女朋友」是瑪麗・盧・洛德。「寇特的女朋友？」寇特妮大喊，幾乎要哭了，「我才是寇特的女朋友。」後來寇特妮打給寇特，第一句話就問：「他媽的誰是瑪麗・盧・洛德？為什麼有人說她是你女朋友？」寇特妮說洛德的名字時就好像在講某種難纏的寄生蟲一樣。寇特在沒有直呼瑪麗・盧這個名字的情況下成功否認了他在跟洛德交往，因為在他講話的同時，她就在大約一公尺外。洛芙清清楚楚告訴寇特，要是她再聽到瑪麗・盧・洛德的名字，他們就玩完了。隔天早上，寇特冷冷地問洛德她要怎麼去倫敦——而她也看出，寇特這麼問就等於是宣告分手了。

一天後，洛德看了一個叫《言語》（The Word）的電視節目，超脫合唱團在節目中大受吹捧。在他們表演九十秒的短版〈少年仔的氣味〉之前，寇特拿起麥克風，用像點午餐那樣平淡乾冷的語調說：「我希望在場的人都知道，流行風格的空洞樂團的寇特妮・洛芙是全世界床上功夫最好的人。」寇特心裡很清楚，他這番話不只在場觀眾會聽見，還會傳得更遠。數百萬名英國電視機前的觀眾都倒抽一口氣，不過吸氣最大聲的應該還是瑪麗・盧・洛德，她整個人傻了。

當時寇特已經受到英國眾多媒體的關注，不過這一次公開發言是他整個職業生涯中最受矚目的發言——自從約翰・藍儂（John Lennon）堅稱披頭四比耶穌基督還偉大之後，就沒有任何搖滾明星讓英國的群眾這麼驚駭。寇特的用意並不是要讓自己更加聲名狼藉，他只是選了這個電視節目來向洛德宣告分手，同時對寇特妮表示愛意。他對洛芙床上功夫的評論造成了他顯然沒有預料到的後果——他從音樂週刊的封面移到了每日小報的封面。這件事再加上《從不介意》大賣，他說的任何話都成了新聞。對於這樣的轉折，他有時接受，有時咒罵，取決於怎樣對他有利。

三個星期後，十一月二十八日，《從不介意》的銷量在美國達到一百萬，樂團又上了英國另一個評價極高的節目《流行金榜》（Top of the Pops）。製作人堅持要超脫合唱團演奏〈少年仔的氣味〉，節目還要求樂團跟著背景音樂現場演唱——這跟對嘴唱只有一步之差。寇特、諾弗賽立克和格羅爾想了一個計畫，打算在表演中出糗。背景音樂一播放，寇特就用慢速、幾乎是賭城休息室一樣的風格來唱。後來他聲稱，他是想模仿莫里西*（Morrissey）的唱法。

製作人氣炸了，不過超脫合唱團火速開溜，趕去雪菲耳（Sheffield）表演。開車的路上，寇特露出這天的第一個笑容。「他覺得非常有趣，」亞歷克斯・麥克勞德說。「毫無疑問，他們是音樂圈最紅的人物，而他利用了這一點。他知道他有這個能耐。」

如果說寇特偶爾會恣意妄為，那麼寇特妮就是一天到晚如此。這也是他愛慕她的一小部分原因。在大多數的社交場合，她都能像黃鼠狼逛雞舍一樣大搖大擺，但同時也能表現得機智幽默。就連超脫合唱團和公司裡那些不喜歡她的人——人數還不少——都覺得她蠻有趣的。

寇特天生就是個偷窺狂，最喜歡製造騷亂，然後坐下來看事情會怎麼發展。但只要有寇特妮在場（尤其是在演出後臺），她就會擄獲所有人的視線，尤其是寇特。很少人會蠢到去跟寇特妮鬥嘴，而那些真的這麼做過的人也會發現，她可以一邊嘲笑一邊打趴最機智的對手。寇特喜歡扮演壞男孩的角色，所以他需要一個壞女孩。雖然他知道寇特妮最多只能算是反派英雄，但他也因此更愛她。「他透過她來展現自己的攻擊性，」空洞樂團的鼓手卡洛琳・露（Carolyn Rue）解釋。「他間接得到興奮的感覺，因為他自己沒有勇氣去做這些事。他需要她來當自己的代言人，他是那種喜歡被動

---

* 史蒂芬・派崔克・莫里西（Steven Patrick Morrissey），英國創作歌手，曾擔任史密斯合唱團（The Smiths）的主唱。

攻擊的人。」至於洛芙，她單純就是很好鬥，這樣的個性讓她在龐克搖滾圈中廣受惡評。雖然這個圈子宣揚平等，但卻仍由男性主導，甚至連被解放的女性該如何作為都有所規定。寇特妮和寇特在一起時，媒體就指控她攀附剛走紅的明星。雖然這個指控基本上是事實，但媒體卻沒有注意到，空洞樂團之前的評價也跟超脫合唱團一樣響亮。在一九九一年十一月，寇特的名氣比寇特妮大，當時寇特妮的朋友就警告她不要跟寇特扯上關係，因為她在事業上的風頭可能會被他搶走。但充滿自信的她覺得這是不可能的，而且聽到這番建議還覺得受到冒犯。事實上，他們兩個都很有野心，也因此才互相吸引。

雖然他們的愛情故事非比尋常，但有時候卻也很傳統。他們發的傳真有時兒童不宜，但有時又像是出自便宜的言情小說。身為作者的兩人都試圖贏得對方的芳心。十一月初，寇特妮寫的一封傳真是這樣的：「我想抓著滿手的糖果飄在你上空。你聞起來像鬆餅和牛奶……我很愛也很想念你的身軀，還有你二十分鐘的吻。」

他們都喜歡把鋒頭讓給對方，程度簡直像在講脫口秀。他們的密友曾經談論過他們放蕩的幽默感，這是鮮為大眾所知的一面。這年秋天，寇特妮寫了一張清單，列出寇特「最惱人的特徵」。她的觀察既邪惡又帶著調情：「一、對記者裝可愛，而且記者老是上當。二、在青少年樂迷面前裝成無助又可愛的的龐克英雄，但他們本來就已經把他當成神了，根本不需要再裝。三、讓全世界都以為他謙虛、害羞又溫和，但暗地裡其實是個大嘴巴自戀狂，偏偏這也是我愛他的原因，但除了我之外沒有人知道。四、是雙魚座，能同時激起我強烈的慾望和厭惡。」她又寫了另一張傳真，結尾處答應寇特，等自己有錢後，每天都要買花送給他。她的許多傳真內容幾年後都成了她最知名的歌曲。「我是破碎的娃娃，爛掉的皮膚，娃娃的心，代表著刀，在我餘生，削開我小小的心，浸在你的左手，今晚打給我。」這是她在十一月八日的傳真。其他訊息既簡單又甜美，一天晚上她寫了：「今晚請梳梳你的頭髮，記得我愛你。」

他送了她奧斯卡・王爾德（Oscar Wilde）的《格雷的畫像》（The Picture of Dorian Gray）和艾蜜莉・勃朗特（Emily Brontë）的《咆哮山莊》（Wuthering Heights），而他發的傳真也同樣浪漫，但因為他基本上就是個怪人，所以寫的大部分內容也都很奇怪。他經常對一些下流的話題很著迷，像是人類排泄物、「爆菊花」、生育、嬰兒和毒品。他們要是不小心，就會登上小報的版面，而他對此感到很開心。他在十一月中旬發的一篇傳真更能道出事實。開頭的地方，他把寇特妮的名字寫在一個愛心裡面，內容是這樣：

噢，天殺的臭洨。我太常產生幻覺。我需要氧氣。感謝撒旦，我們找到一個願意隨便開處方的醫生，每當我們無法從街上買到藥物，只要一通電話，他就會開藥給我們。我感覺我長了一些溼溼的黴菌，皮膚病之類的，因為我常常在清晨時分昏倒，身上滿是小孩的血，穿著前一晚表演時穿到流汗的衣服。小奧利佛（Oliver），那個我上星期買的印第安男孩，已經變成一個頗為專業的護士，除了他用的針頭有點太大了，讓我的手臂腫成高爾夫球，應該說是撞球。我把他的牙都打掉了，所以他現在更會吸我的巨纜了。吉多（Guido）明天要送飯店前臺一隻魚，

我希望她是個游泳健將。我愛你。我想你。附注：我已經讓藍尼・克羅維茲相信孩子是他的，而且他同意支付墮胎費。愛我哦。

他畫了一隻魚作為簽名。當然，他沒有什麼印第安愛奴，十一月也沒有人懷孕。不過他提到的毒癮倒是真有其事，而且他找到了一個願意開藥用嗎啡給他的英國醫生。

寇特妮被愛情沖昏了頭。到了十一月底，她已經兩個星期沒看到寇特，因此她一反常態地取消了空洞樂團的一場演出，飛去阿姆斯特丹。兩人在這裡買了海洛因，一整天享受吸毒的快感，並懶洋洋地上床。寇特妮並不單純是因為愛寇特才吸毒的——她自己也有必須逃離的惡夢，但寇特不在身邊時，她很少吸毒。只要在寇特身邊，她就會放下一切規矩，因為她很清楚，要跟寇特維持親密關係，就要活在一個麻醉劑與逃避主義的世界。她選擇了寇特，而這麼做就代表選擇了毒品。

離開阿姆斯特丹之後，他們又在倫敦短暫停留，然後寇特妮就回歸空洞樂團的巡演，而超脫合唱團也繼續他們在英國的表演。自從性手槍樂團之後，就沒有樂團能在巡演途中受到這麼多關注。每一場演出都有新聞價值，或者至少能讓他們登上報紙。在愛丁堡，他們在一家兒童醫院公益表演了一場不插電的演出。在紐卡斯爾（Newcastle），寇特在舞臺上宣布：「我是同性戀，我吸毒，我上大肚豬。」這也是經典的科本風格，但這三點之中只有一點是真的。巡演又回到倫敦時，寇特因為胃痛而無法行動，因此決定取消在斯堪地那維亞半島的六場表演。考慮到他的健康狀況以及惡化的毒癮，這是個正確的決定。

寇特在歐洲時，他的母親寫了一封信給《亞伯丁世界日報》。這是自從他父母離婚那年他參加少年棒球聯盟贏得木材聯賽而上報紙之後，他第一次出現在家鄉的報紙上。這封信的標題是「當地『音樂小子』功成名就，來自母親的一封信」：

這封信或多或少是寫給那些有孩子在家裡的倉庫或房間裡吵鬧打鼓或彈吉他的家長看的。請注意言詞，因為你們以後可能會發現自己管教孩子時說的話都是錯的，像是「做點正經事」、「你的音樂不錯，但靠音樂成功的機會太小，幾乎是零」、「先多念點書，以後你若還想玩樂團再去玩，要是沒有成果，至少你還有條後路」。這些話聽起來熟悉嗎？

好吧，我剛剛接到一通來自我兒子寇特・科本的電話，他是「超脫合唱團」的主唱兼吉他手，目前在歐洲巡演。他們第一張跟格芬唱片出的專輯剛拿下「白金唱片」（銷售量超過一百萬張）。他們的專輯在《告示牌》兩百大專輯榜上排第四名。我知道很多人都覺得靠音樂成功的機率微乎其微，但寇特和（克里斯特）諾弗賽立克這兩個孩子一直都對目標堅定不移，現在他們開心極了，他們日日夜夜的努力終於有了回報。

寇特，假如你有機會看到這封信，我想告訴你，我們為你感到很驕傲，你是任何母親所能擁有最棒的孩子。現在你有僕人幫你鋪床了，請別忘了吃蔬菜還有刷牙。

寇特沒有讀《亞伯丁世界日報》，一生中也沒吃過幾次蔬菜，而且在一九九一年十二月，他的毒癮太嚴重，所以經常都在飯店房門口貼紙條，警告清潔工不要進來——假如他們進來的話，通常都會發現他昏睡不醒。很奇怪的是，他也不怎麼刷牙，這是其中一個他在錄製《從不介意》的期間牙齦感染的原因。「寇特很討厭刷牙，」嘉莉・蒙哥馬利說。「但他的牙齒很光滑，而且他從來都沒有口臭。」嘉莉記得寇特告訴過她，吃蘋果跟刷牙有同樣的效果。

十二月二十一日，寇特、嘉莉和一群朋友打算去波特蘭看小妖精樂團的演出。寇特擔心他的勇士車撐不過漫長的旅程，所以租了一輛龐蒂克格蘭美（Pontiac Grand Am）汽車。他很少開勇士車，車買來的第一年，他只開了四千八百公里。他把這輛車當成移動式飯店房間，有時候他會睡在車子後座，並把他所有的家當都放在後車廂裡。寇特跟朋友約在亞伯丁見面，見面前，他先去母親家吃了燉肉。

自寇特上一次來到亞伯丁以來，位於一街的家氣氛有了很大的變化。這是他自幼年時期以來第一次被溫蒂當成生命中最重要的人來對待。連寇特都對這種虛偽的情況感到驚訝，尤其是他繼父帕特・奧康納來拍他馬屁的時候——簡直就像電視劇《一家子》（All in the Family）很難看的那一集裡，阿奇（Archie）把心愛的懶人椅送給「肉頭」（Meathead）的時候。寇特的朋友到達後，他們待了一會。寇特趁這期間送了一些美術用品給他六歲半的同母異父妹妹布莉安妮（他很喜歡她），然後就快速離開了。

隔天，寇特妮抵達西雅圖，準備見寇特的家人，而嘉莉被找去充當緩衝角色。他們先約在派克市場（Pike Place Market）的高級法式餐廳「馬克西米連」（Maximilien's），討論要怎麼應付這場重要的見面。寇特妮起身去廁所時，寇特問嘉莉對他的新歡有什麼看法。「你們兩個就像一場自然災難，」她回答。嘉莉是寇特少數幾個女性朋友之一，所以對於他們的戀情，她能提出獨到的看法。「我很喜歡跟他們在一起，就好像目睹車禍一樣有趣，」嘉莉說。

寇特妮回來時，餐廳裡的另一個客人問：「你們是席德和南西嗎？**」寇特和嘉莉互看一眼，兩人都知道寇特妮要發飆了。洛芙站起來大嚷：「我老公的唱片在全國排名第一，他的錢多到你們這些人一輩子都賺不到！」當然了，他當時還不是她老公，而且他的唱片也不是全國第一——當時他還排名第六，不過她的立場已經很清楚了。服務生趕忙過來，而剛剛諷刺他們的客人則慌忙逃離。雖然寇特妮當眾發飆，但部分也是因為這樣，嘉莉覺得她聰明又幽默，認為兩人很速配。這場亞伯丁之旅很順利，溫蒂很喜歡寇特妮，她告訴寇特，寇特妮對他有好處。「他們就像同一個模子印出來的，整天如膠似漆，」溫蒂後來告訴作家提姆・阿波羅（Tim Appelo）。「他大概是唯一一個全心全意無條件愛她的人。」

** 性手槍樂團的貝斯手席德・維瑟斯（Sid Vicious）和女友南希・斯龐根（Nancy Spungen），是搖滾音樂史上出名的一對戀人，兩人都有嚴重的毒癮。

一個星期後，寇特和超脫合唱團的其他成員繼續上路巡演，寇特妮也跟著他們。這場演出是目前為止場地最大的——有兩萬個座位，不過由於巡演是在專輯爆紅之前就預訂好的，所以他們是當晚三個演出樂團中第二個出場的。珍珠果醬樂團（Pearl Jam）負責開場——他們當時也是新興樂團，而領銜演出的是嗆辣紅椒樂團（Red Hot Chili Peppers）。

十二月二十七日在洛杉磯體育館演出之前，寇特接受《灣區音樂》（BAM）雜誌的傑瑞・麥卡利（Jerry McCully）訪問。麥卡利的文章引起轟動，因為他對寇特的描述與之前關於他吸毒的傳聞一致。麥卡利的文章說寇特「有時講話講到一半會突然昏睡過去」。這篇文章沒有提到海洛因，不過作者形容「寇特瞳孔呆滯、雙頰凹陷、皮膚結痂泛黃」，確實令人擔憂。他說寇特看起來「不像二十四歲，反而像是四十歲」。

在寇特沒有昏睡過去時，他倒是出人意料地對自己的職業生涯很清楚。「我想要至少賣夠多的唱片，夠讓我不用工作就能吃起司通心粉，」他宣布。他提到亞伯丁——幾乎每次採訪，他都會講到這座城市，好像把亞伯丁當作他的舊情人一樣。他說：「在那裡，百分之九十九的人都不知道音樂或藝術是什麼。」他聲稱自己沒有去當伐木工人是因為「我的體型很瘦小。」雖然他的箴言「龐克搖滾即自由」沒有登上文章，但他倒是堅稱「對我來說，成熟……就是變得懦弱……我希望能在變成彼得・湯森***（Pete Townshend）之前就死掉。」寇特這是在玩文字遊戲，借用了湯森的歌曲〈我這一代〉（My Generation）的歌詞：「我希望能在變老之前就死掉」。或許是因為他認同這個想法，所以在這場演出中，他用何許人合唱團（Who）的〈爸爸奧萊利〉（Baba O'Riley）作為開場曲目。

寇特的外觀雖然讓人震驚，但真正的驚奇來自他宣布的未來計畫：「我要結婚了。在情感上，我想通了。我這輩子從來沒有像現在這麼有安全感，還有這麼快樂。感覺我再也沒有什麼顧慮了，就好像我的不安全感已經用光了。我想，結婚跟安全感以及保持頭腦清晰很有關係。我和我未來的老婆都喜怒無常，假如我們吵架，很可能就會分開。結婚能帶來多一點安全感。」在採訪的結尾，他又預告了另一件事：「我年紀更大之後還有很多想做的事。至少，有個家庭會讓我很滿足。」

寇特和寇特妮是在十二月躺在倫敦一家飯店床上時決定訂婚的。在跟麥卡利談話之前，寇特都還沒有正式宣布這件事，不過樂團裡的其他人都知道了。他們還沒決定結婚的日子，因為不管訂婚與否，超脫合唱團的事業不能被任何事情耽誤

一九九一年的最後一天，超脫合唱團在舊金山的牛宮（Cow Palace）進行了除夕夜表演。珍珠果醬樂團演奏了一小段〈少年仔的氣味〉作為開場，然後艾迪・維達（Eddie Vedder）開玩笑說：「記

*** 英國樂手兼創作人，是何許人合唱團的創始者及領導人。

住，是我們先表演這首歌的。」這個笑話印證了當場所有人都知道的事實：邁入一九九二年之際，超脫合唱團已是全世界最紅的樂團，而〈少年仔的氣味〉是最紅的歌。當時，基努・李維（Keanu Reeves）也在演唱會上，他試圖跟寇特交朋友，不過被拒絕了。當晚，寇特和寇特妮因為不斷被其他嘉賓騷擾，所以在飯店房間門口貼了一個標誌：「名人別過來，我們在嘿咻。」

巡演的最後一個場次，超脫合唱團來到俄勒岡州的塞冷時，《從不介意》正式突破兩百萬張的銷售量，而且還以史無前例的速度不斷攀升。不論寇特走到哪裡，都有人跟他要東要西，不是代言就是採訪或簽名。在後臺，達摩流浪者樂團（Dharma Bums）的主唱傑瑞米・威爾森（Jeremy Wilson）和寇特短暫地四目交接，這是寇特很仰慕的一個波特蘭樂團。威爾森對寇特揮揮手，不想打擾他，當時有一個女人正試圖說服他拍吉他弦的廣告。威爾森要離開時，寇特大喊「傑瑞米！」，然後就撲進威爾森的懷中。寇特一句話也沒說，就這樣被威爾森抱著，威爾森不斷重複說：「沒事的。」寇特沒有在啜泣，不過好像也差不多了。「那不只是個短暫的擁抱，」威爾森回想，「他在我懷裡整整三十秒。」終於，一名公關過來把寇特拉去參加下一場會面。

在西雅圖休息幾天後，寇特的心情似乎好轉了。一九九二年一月六日星期一，一個名叫羅伯・卡德的超級樂迷騎著腳踏車經過松樹街（Pine Street），突然聽到有人大叫他的名字。是寇特在叫他，他跟寇特妮走在一起。卡德恭喜寇特專輯大賣，也恭喜超脫合唱團要上節目《週六夜現場》。不過才剛說完，他就知道自己說錯話了——寇特的好心情瞬間變差。兩年前，卡德恭喜寇特有二十個人來到社區世界劇院看表演時（比前一場表演多了兩個人），寇特還因為這個好消息而笑得燦爛。但在一九九二年初，他最不想聽到的就是他有多受歡迎。

一個星期後，超脫合唱團飛到紐約市擔任《週六夜現場》的音樂嘉賓，寇特的名聲又急速躍升。星期四排練時，他們演奏了一些早期的歌曲，寇特的心情似乎不錯。不過大家都知道在節目中，他們必須表演〈少年仔的氣味〉，不論寇特已經對這首熱門歌曲感到多麼厭煩。

他付了機票錢讓他母親與嘉莉・蒙哥馬利跟他一起飛去紐約。超脫合唱團的其他工作人員第一次見到溫蒂時，寇特又被嘲弄了。「大家一直說：『哇！寇特，你媽真火辣』，」嘉莉回想。這是寇特最不想聽到的話，比聽到他有多紅還要刺耳。

寇特在排練時，寇特妮、嘉莉和溫蒂就去買衣服。之後，寇特去買毒品，在紐約買毒品就跟買洋裝一樣容易。他來到了字母城，很驚訝地發現有一群客人排好隊在等毒販，就像地下絲絨樂團歌裡描寫的一樣。這時的寇特已經愛上了吸毒的習慣，他被引誘到毒品的險惡地獄中。紐約市的「中國白」海洛因給他一種很精緻的感覺（西岸的通常都是黑焦油海洛因），而且比較便宜又有勁，讓寇特愛不釋手。

星期五中午，溫蒂敲了兒子的房門。他穿著內褲來應門，看起來很糟糕。寇特妮還蓋著被子。房間裡到處都是熟食餐盒。他們才入住套房兩天，地板上就滿是垃圾。「寇特，為什麼你不請個清潔工呢？」溫蒂問。「沒辦法，」寇特妮回答，「他們會偷他的內褲。」

這個星期是寇特與樂團成員和工作人員關係的轉捩點。在這之前，大家都察覺到寇特整個人一團糟，而且他們經常把寇特愈來愈惡劣的態度怪罪到寇特妮身上。不過在紐約，很明顯寇特才是走向自我毀滅道路的人，而且他身上種種特徵都顯示他是個激進的毒蟲。雖然大家都知道寇特吸毒成癮——他們覺得是海洛因，但沒有人知道該怎麼辦。就連要說服寇特去試音或梳頭髮都已經不太容易，更不用說叫他去聽取關於他私生活的建議。寇特和寇特妮搬到了跟團隊裡其他人不同的飯店，只相隔幾個街區，不過這個舉動暗示了樂團內部逐漸加深的隔閡。「當時，」嘉莉回想，「超脫合唱團一行人就已經畫分成『好人』和『壞人』。寇特、寇特妮和我是壞人。我們覺得自己不受歡迎，而且感覺愈來愈負面。」

超脫合唱團的經理人也不知道該怎麼辦。「這段時期很黑暗，」丹尼・戈德堡說，「這是我第一次察覺到他有吸毒的問題。」同時，金山經紀公司正在努力宣傳超脫合唱團上了《週六夜現場》，經理人都默默祈禱，希望寇特的毒癮問題不會讓他們出洋相或是破壞財務方面蒸蒸日上的成功。「我只希望在公開場合，事情不要突然失控，」戈德堡回想。

接下來，彷彿事情還不夠混亂似的，消息傳來：在下一期的《告示牌》雜誌，《從不介意》會打敗麥可・傑克森的《危險》（Dangerous），登上第一名。雖然在整個十二月，《從不介意》一直在第六名左右徘徊，但在耶誕節後的那一週，它的銷量卻來到三十七萬三千五百二十張，竄升到第一名。淘兒唱片的鮑伯・齊默曼（Bob Zimmerman）說，很多人購買這張專輯的方式都不太尋常：「我們看到非常多孩子把父母耶誕節送的唱片退回來，換了《從不介意》，或者用父母給的錢來買《從不介意》。」《從不介意》或許是有史以來第一張透過換貨衝上排行榜第一名的專輯。

這個星期五，寇特和寇特妮接受了青少年雜誌《時髦》（Sassy）的專題採訪。寇特拒絕了《紐約時報》（New York Times）和《滾石》雜誌，卻接受了這個採訪，因為他覺得這本雜誌太蠢了。採訪之後，他們趕去音樂電視臺錄影。寇特覺得不太舒服，所以原本排定一個小時的節目只錄了三十五分鐘。寇特問艾米・費納蒂：「能不能帶我離開這裡？」他想參觀現代藝術博物館（Museum of Modern Art）。

一來到現代藝術博物館，他的心情就大為好轉──這是他第一次參觀大型博物館。他在各個館場之間到處跑，費納蒂勉強才能追上他。一個非裔美國人來找他簽名時，他才停下腳步。「嘿，老兄，我好愛你的唱片，」那個人說。寇特這天已經被要了好幾百次簽名，不過只有這次他微笑以對。他告訴費納蒂：「從來沒有黑人說過喜歡我的唱片。」

逛完博物館後，寇特回到全國廣播公司進行另一場《週六夜現場》的綵排。這次，節目製作人想要樂團只綵排直播時要表演的曲目，所以超脫合唱團演奏了〈少年仔的氣味〉和〈地盤撒尿〉（Territorial Pissings）。顯然第二首歌不合電視臺的胃口，他們因此爭論了一番。寇特受夠了這一天的工作，於是就離開了。

星期六下午，也就是節目播出的這一天，樂團在邁克・拉文的工作室安排了拍照。寇特到了現場，不過他嗑藥嗑嗨了，站著時不斷昏睡過去。他抱怨身體不舒服。「他當時狀態很差，」拉文回想，「他連眼睛都張不開。」

到了一月初，寇特對海洛因嚴重上癮，一般的劑量已經無法讓他興奮了。他跟所有吸毒成癮的人一樣，需要增加每日的劑量，才有辦法阻止戒斷症狀。不過紐約的海洛因效果很強，寇特為了過癮，用量到了危險的地步。他決定在星期六很早的時候就注射海洛因，這樣等到《週六夜現場》開始時，他就能恢復正常了。雖然他試圖調節自己的用量（這根本是不可能的任務，因為他身旁有一包又一包的海洛因），但他還是注射了太多。到了下午，他就陷入恍惚。樂團開車到全國廣播公司時，寇特在攝影棚外吐。節目開始前，他好幾個小時都躺在沙發上，不理會節目主持人羅伯・莫羅（Rob Morrow），還拒絕幫全國廣播公司總裁的女兒簽名。唯一開心的時候，是當他接到「怪人奧爾」揚科維奇的詢問電話，並同意他唱惡搞版的〈少年仔的氣味〉。到了演出時間，他已經清醒了過來，而且感覺糟透了。

在他們表演第一首曲目之前，當莫羅介紹樂團時，攝影棚裡明顯鴉雀無聲。寇特看起來很糟糕——他臉色蒼白，頭髮染得很差，呈現覆盆子果醬的顏色，而且還一副快要吐的樣子（這也是事實）。不過寇特生命中有過好幾次這樣的情況：在他沒有退路時，他卻做出了出色的表演。他一彈起〈少年仔的氣味〉開頭的吉他獨奏，《週六夜現場》的樂團領袖G・E・史密斯（G. E. Smith）就對超脫合唱團的音響師克雷格・蒙哥馬利說：「天啊，那傢伙彈得真好。」

雖然這首〈少年仔的氣味〉不是超脫合唱團演出過最好的版本，但還是有足夠原始的能量，能撐起這場平淡無奇的表演，而且聽起來具有革命性。這在電視直播中發揮了效果，因為樂團成員的外表就訴說了這首歌一半的故事：克里斯特留著鬍子和長髮，到處跳來跳去，就像瘋狂、瘦高版本的吉姆・莫里森；格羅爾光著上身，打起古來神似約翰・博納姆****（John Bonham）；寇特則是看起來像被附身一樣。他雖然還沒發揮到百分之百，但任何觀眾都看得出來他對「某件事」很火大。這個從小玩超八錄影機的傢伙很清楚怎麼面對鏡頭，而他不論是冷漠還是激動，都讓人看了心醉神迷。

樂團回來表演第二首曲目時，完全就是在宣洩情緒。他們不顧製作人的反對，演奏了〈地盤撒尿〉，而且最後以破壞樂器收場。是寇特先開始攻擊的，他用他的吉他刺穿了音箱。格羅爾把鼓組從鼓臺上打翻，克里斯特把鼓丟到空中。這些舉動當然是事先計畫好的，但他們的怒氣和挫敗感可不是裝的。當節目的演職人員名單出來時，他們又向全美國的觀眾做出最後一個「去你的」的動作：寇特和克里斯特來了一段法式舌吻（全國廣播公司怕會激怒觀眾，所以在後來的所有重播中，都把這個片段剪掉了）。寇特後來聲稱，接吻這一招是他的主意，為的是要激怒亞伯丁的「恐同鄉巴佬」。但事實上，寇特本來還拒絕出場跟觀眾說再見，直到克里斯特把他拉上臺。「我直接走向他，」克里斯特回想，「抓住他，然後把我的舌頭伸到他嘴巴裡去親他。我只是想讓他感覺好一點。一切結束時，我告訴他：『沒事的，沒那麼糟，好嗎？』」雖然寇特・科本才剛贏得少數幾個原本還沒愛上他的美國年輕人的心，但他沒有勝利的感覺。他就跟大部分的日子一樣，感覺糟透了。

**** 齊柏林飛船樂團的鼓手，被譽為搖滾史上最偉大的鼓手之一。

寇特沒有參加《週六夜現場》的慶功宴，而且很快就離開了攝影棚。他之前就安排好要接受採訪，不過就和往常一樣，他遲到了幾個小時。清晨時分，艾米・費納蒂在珍妮特・比利格的公寓接到寇特的電話，問能不能借點錢。雖然他的專輯登上排行榜第一名，而且才剛上了《週六夜現場》，但他卻說自己沒錢。他們來到提款機，比利格給了寇特四十美元。

一個小時後，寇特來到DJ庫特・聖湯馬斯（Kurt St. Thomas）的房間，寇特正好有心情聊天，於是就做了他一生中最長的一場訪談。這場談話的目的是要在電臺上推廣他的唱片。寇特講了「河中槍」的故事、跟大衛住時一起吃炸熱狗，以及亞伯丁滿是鄉下土包子的故事。兩個小時後，寇特離開了，DGC唱片的馬克・凱茨對聖湯馬斯說：「哇，真不敢相信你讓他說了這麼多話。他從來沒這麼健談過。但我不知道他說的是不是都是實話。」

幾個小時後，當星期日的太陽升起時，寇特妮發現採訪回來的寇特注射了過量的海洛因。沒有人知道他是不是故意的，但他是出了名魯莽的毒蟲。她把他喚醒，救了他一命，之後他看起來就像沒事一樣。下午，他們倆又跟拉文合作，為《時髦》雜誌拍封面照——其中一張照片是寇特妮親吻寇特的臉頰，雜誌社選了這張作為封面。就在不到八個小時前，寇特才在昏迷中。

寇特接受《時髦》雜誌的克莉絲緹娜・凱利（Christina Kelly）採訪時，談到了他們的婚約：「我的態度有了巨大的轉變，而且我不敢相信我現在比以前快樂許多，還有我不再那麼重視事業了。有時候我甚至忘記自己在樂團裡，我被愛沖昏了頭。我知道這聽起來蠻丟臉的，但這是事實。我現在就可以放棄樂團，我覺得無所謂，不過我有合約在身。」凱利問他這段感情是否改變了他的創作風格，寇特更加滔滔不絕：「我是這麼深深陷入愛河，這個事實讓我應付不來，我也不知道我的音樂會有怎樣的轉變。」

不過最諷刺的回答是在凱利問兩人考不考慮生小孩的時候。寇特回答：「我只想先穩定下來，安定生活。我想確保我們有個房子，還有確保我們在銀行裡有些存款。」這時的他還不知道寇特妮已經懷了他們的孩子。

17

1992年1月—1992年8月
加州，洛杉磯

腦袋裡的小怪物

腦袋裡有一個小怪物說：「你知道這會讓你更好受。」
——寇特對他妹妹形容上癮的感覺，一九九二年四月

寇特過去幾年來畫了許多「鰭肢嬰兒」，再加上他知道十二月初胎兒受孕期間，他們倆都在施打海洛因，所以他聽到懷孕的消息時感到很驚慌。把寇特批評得最嚴厲的永遠是他自己內心的聲音。根據他朋友的觀察，這場受了汙染的懷孕是他一生中最大的恥辱之一。在寇特顛簸的一生中——不論是內在還是外在的顛簸，他都把兩件事情視為神聖：他發誓絕對不會變成他父母的樣子，以及如果他有孩子，他絕對會給孩子一個比自己更好的成長環境。然而，在一九九二年一月初，寇特忍不住一直想起他畫過的那些「鰭肢嬰兒」，不知道自己會不會受到神的懲罰，生下這樣的嬰兒。

在寇特絕望的同時，他對於懷孕這件事還是抱有希望。他真心愛著寇特妮，而且認為他們的孩子會很有天分，包括高於常人的智商。他相信自己對寇特妮的愛比自己父母之間的愛還要深。儘管寇特很慌張，但寇特妮似乎異常地冷靜，至少按照她這個人的標準來說算是冷靜的。她告訴寇特，這個寶寶是神賜予的跡象，而且她相信不論寇特年輕時畫了多少畸形胚胎，這個寶寶都不會有鰭肢。她說寇特的夢魘只是出自恐懼。在她夢中，他們的寶寶健康而美麗。她堅信這一點，儘管身邊的人都不這麼想。她諮詢的一個藥物治療師提議，若她願意墮胎，就可以「給她嗎啡」。但她堅決不肯，並去徵詢其他醫生的意見。

她去比佛利山看了一個專攻出生缺陷的醫生。他說在懷孕的前三個月使用海洛因，胎兒出現缺陷的機會不大。「他告訴她，只要遵守療程，逐漸減少吸毒的量，沒理由不能生出健康的寶寶，」寇特妮的律師蘿絲瑪麗・卡羅（Rosemary Carroll）回想。「鰭肢嬰兒」的畫面逐漸在寇特腦中淡去，於是他也加入寇特妮，相信懷孕是個恩賜。別人的反對反而加強了寇特的決心。大家反對他跟寇特妮在一起時，他也是這樣。「我們知道現在不是生孩子最好的時機，」寇特告訴麥可・阿澤拉德，「但我們還是決心要把寶寶生下來。」

他們在洛杉磯的北斯伯丁街（North Spaulding）四四八號租了兩房的公寓，公寓就位在梅爾羅斯街（Melrose）和菲爾法克街（Fairfax）交叉口，一個月的房租是一千一百美元。這是個安靜的社區，而且他們過著頗為與世隔絕的生活，因為他們兩人都無法開車。寇特因為沒有付交通罰款而被暫時吊銷駕照，寇特妮則是從來沒學過開車。這是寇特第一次在華盛頓州以外的地方長住，他發現自己很想念下雨天。

但搬家沒多久，他們就把自己關在假日飯店裡。他們僱用了一個專攻快速戒毒療法的藥物治療師，他建議他們住在汽車旅館裡，因為治療場面會很混亂，事實也確實是這樣。雖然後來寇特試圖對這次戒毒輕描淡寫，聲稱他只是「睡了三天」，但其他人卻把這次戒毒描述得黑暗許多，包括吐上好幾個小時、發燒、腹瀉、畏寒，還有最嚴重的流感會有的全部症狀。他們是靠大量使用安眠藥和美沙酮（methadone）才撐過去的。

雖然兩人都是為了孩子著想才戒毒的，但寇特兩個星期之後就得離開，去遠東地區巡演。「我意識到在日本和澳洲沒辦法取得毒品，」他在日記中寫道。在戒毒過程中，寇特還得去拍〈保持本色〉的音樂錄影帶。他堅持在所有畫面中，他的臉都必須呈現模糊或扭曲的樣子。

出發去巡演之前，寇特打了電話告訴母親懷孕的事情。他的妹妹金接了電話。「我們要有孩子了，」寇特宣布。「我去叫媽媽聽電話，」金回答。溫蒂聽到消息時說：「寇特，你已經沒辦法讓我更震驚了。」

在澳洲的最初幾場演唱會很順利，但不到一個星期，寇特就飽受胃痛折磨，被迫取消好幾場演出。有一天晚上，寇特去了急診室，但他無意間聽到護士說「他只是個毒蟲」，所以就離開了。他在日記裡寫道：「疼痛讓我動彈不得，只能蜷縮在廁所的地板上，吐著血水。我真的快餓死了，我的體重掉到大約四十五公斤。」無助的寇特去找了澳洲一名專治搖滾樂團成員的醫生。在他辦公室的牆上，他驕傲地掛著自己和基思・理查茲*（Keith Richards）的合照。「我的經理人建議我去找這個醫生，他開了菲仕通（Physeptone）給我，」寇特在日記裡寫道。「這種藥似乎比我試過的任何東西都還有效。」不過幾個星期後，來到日本巡演時，寇特注意到藥罐上的標籤，「上面寫著：『菲仕通——含有美沙酮』，我又上癮了。我們撐過了日本的演出，不過當時，麻醉劑和巡演已經開始對我的身體造成傷害，我的身體沒比不吸毒時好到哪裡去。」

雖然寇特身體上和心理上都很難熬，但他很喜歡日本，他對這個國家的媚俗藝術很著迷。「他在一個完全陌生的國家，沉醉於這個文化，」維京版權公司的卡斯・宇都宮回想，他當時也一起去巡演。「他很喜歡卡通和『凱蒂貓』。」寇特不懂為什麼日本的樂迷要送他禮物，但他宣布他只接受「凱蒂貓」的禮物。隔天，他就被各種小禮物淹沒了。在東京城外的一場演出之前，宇都宮陪寇特去買新睡衣。寇特告訴店員，他想買可以穿上舞臺的睡衣，結果古板的店員看著這位歌手，好像把他當成瘋子一樣。

超脫合唱團在大阪難得有一晚能休息，於是就跟他們最喜歡的巡演夥伴少年小刀樂團聚在一起。少年小刀是個流行樂團，由三位日本女性組成。她們送了寇特玩具寶劍和新的電動猴子奇奇，還帶他去他選的德國香腸餐廳吃飯。寇特很失望第二天少年小刀樂團和超脫合唱團都有演出。他反常地提早結束了超脫合唱團的表演，並在舞臺上宣布要去看少年小刀樂團的演出。離開表演場地

* 英國樂手兼詞曲創作人，是滾石樂團的創始人之一。

時，日本女樂迷紛紛包圍過來，伸出手來，就為了想碰一下他的計程車。在少年小刀樂團的演出中，一切都很不真實，因為寇特是在場唯一一個金髮碧眼的男生，所以很容易就成了全場的焦點。「他當時還是穿著他的睡衣，」少年小刀樂團的山野直子（Naoko Yamano）回想。

寇特妮也已經到達日本跟他們團聚，並且在寇特二十五歲生日這一天飛到檀香山（Honolulu）進行兩場演出。在飛機上時，他們決定去夏威夷結婚。他們原本幻想在情人節辦婚禮，不過沒來得及寫好婚前協議。經理人約翰・席爾瓦向來都不喜歡寇特妮，在約翰的強烈建議下，寇特提議要簽婚前協議。協議主要是規範婚後所得，因為據寇特妮所說，他們結婚時還「窮得要死」。由於音樂產業支付版稅的方式繁雜而緩慢，而且一大部分的錢都被經理人和律師拿走，所以一九九一年，也就是寇特在數十萬名樂迷面前表演、還賣了幾乎兩百萬張唱片的這一年，他報稅時的總收入只有兩萬九千五百四十一美元。他有兩千五百四十一美元的免稅額，所以應納稅的所得是兩萬七千美元。

寇特妮也在跟 DGC 唱片公司談她自己的唱片協議，結果空洞樂團拿到一百萬美元的預付款和遠高於超脫合唱團的版稅稅率，這一點讓她很驕傲。她嫁給寇特這麼有名的人，有可能會被質疑她不是靠自己的能力成為藝人的，對於這一點，她仍然有些顧慮。在日本時，她就在日記中寫下了她的憂鬱：「我的名氣，哈哈。那是個武器，滾一邊去，就跟晨吐一樣……或許是因為銷量好造成的商業效果，可能一半是意外，一半是注定，但我開始覺得我無法唱歌、無法寫作，我從來沒覺得自尊心這麼低落過，而這不是他的錯。天啊，怎麼會……你們休想因為我嫁給搖滾明星而小看我。」

一九九二年二月二十四日星期一的日落時分，他們在威基基海灘結婚。婚禮是由一個他們在結婚登記處找到的非宗教人士主持的。婚禮前，寇特已經注射了海洛因，不過他告訴阿澤拉德，說他「並沒有很嗨。我只注射了一丁點，好讓我不會不舒服。」寇特妮穿了一件曾經屬於演員法蘭希絲．法默的古董絲質洋裝，寇特穿著藍色格紋睡衣，背著一個瓜地馬拉針織包。他一臉憔悴，又穿著奇怪的衣服，比起傳統的新郎，他看起來更像是正在接受化療的病人。但這場婚禮對他來說是有意義的，他還在短短的儀式期間流下眼淚。

由於婚禮安排得很倉促，八個賓客之中，大部分的人都是樂團的工作人員。寇特叫迪倫．卡爾森飛過來當他的伴郎，儘管寇特這麼做部分是因為想要迪倫幫他帶海洛因過來。迪倫之前沒見過寇特妮，他第一次見到她是在婚禮的前一天。他們都蠻喜歡彼此的，不過兩人都認為是對方帶壞了寇特。「某些方面來說，她對他有好的影響，」迪倫回想，「但另一些方面，她又很糟糕。」迪倫帶了他女朋友來。婚禮賓客中，只有他們兩個不是超脫合唱團的工作人員。

然而，更重要的是沒有到場的人。寇特沒有邀請他的家人（寇特妮也沒有）。值得一提的是，克里斯特和雪莉也沒來。在婚禮當天早上，寇特不准雪莉和幾個工作人員參加，因為他覺得他們在說寇特妮的壞話——這麼做也是為了不邀請克里斯特。「寇特變了，」雪莉回想。當月稍早，寇特告訴克里斯特：「我甚至不想看到雪莉，因為我一看見她就對自己的所作所為感到內疚。」雪莉對此的解讀是：「我覺得他看到我就好像看到他自己的良心一樣。」

雪莉和克里斯特隔天就離開夏威夷，他們認為樂團要解散了。「我們覺得都結束了，」雪莉回想。克里斯特則是覺得被老朋友拒於門外，感到很難過。「寇特當時沉浸在他自己的世界裡。在這之後，我就跟他鑾疏遠的。一切都不一樣了。我們有談過樂團未來的方向，但在這件事之後，其實也沒什麼方向可言。」超脫合唱團再一次公開表演要等到四個月之後，而克里斯特和寇特也過了快兩個月才再次見面。

⋯

寇特和寇特妮在夏威夷度蜜月，但陽光明媚的島嶼並不是寇特理想中的天堂。他們回到洛杉磯，他在這裡比較容易找到毒品。後來寇特對他日益嚴重的毒癮輕描淡寫：「遠遠沒有大家想的那麼嚴重。」他告訴阿澤拉德，他決定繼續吸毒成癮，因為他覺得「要是我戒毒，之後又會有至少幾年復吸。我覺得還不如直接一次吸個夠，因為我還沒體驗過徹底的毒蟲生活。我還算健康的。」這時的他對毒品的化學依賴和心理依賴都非常強烈，他這番話只是想輕輕帶過導致他身體虛弱的毒癮。他在日記裡對自己的描述則是非常不健康，至少他覺得別人是這樣看他的：「我被當成面黃肌瘦的殭屍、惡魔、吸毒者、毒蟲、敗類；在死亡邊緣、自我毀滅的自私豬玀；在表演開始幾秒前還在後臺注射毒品的魯蛇。」他覺得別人是這樣想他的，但他內心的聲音更為黑暗，可以用一句話來總結：「我恨自己，我想死」，這句話後來不斷重複出現在他的寫作中。早在一九九二年初，他就已經決定用這句話作為下一張專輯的標題。

從許多方面來說，海洛因都變成了他小時候缺乏的嗜好。他像小男孩整理棒球卡一樣，有條不紊地整理他的「工具」盒。這個神聖的盒子裡放了注射器、融化毒品要用的燒鍋（西岸的海洛因含有黑焦油，要煮過才能用）、湯匙，以及準備施打海洛因要用的棉球。由毒販子和每日毒品快遞組成的黑暗世界變成了他的日常。

一九九二年春天，他做的事沒有一件跟樂團有關，他也拒絕安排之後的演出。樂團收到了待遇極為豐厚的邀約，要去體育館領銜演出——《從不介意》仍然在排行榜上名列前茅，但寇特全都拒絕了。雖然寇特妮在一月的戒毒過程中成功遠離毒品，但由於寇特每天都買海洛因，整個公寓都瀰漫著加熱海洛因的味道，所以她很快又陷入毒癮之中。他們兩人都意志薄弱，很容易就讓對方陷入毒品的漩渦，而他們對彼此的情感依賴又讓這個循環更加難以打破。「寇特和寇特妮就像話劇裡的兩個角色，他們只是互換位置而已，」珍妮佛・芬奇說。「當其中一個人戒了毒，感覺好一點時，另一個人就又開始吸毒。不過寇特妮的自制力比寇特好。寇特就像失事的列車，大家都知道他沒救了，只想閃遠一點。」

三月初，空洞樂團的卡洛琳・露來他們的公寓拜訪，想要一起吸毒。露問他們有沒有多餘的注射器，寇特回答：「我們把那些都弄壞了。」寇特妮為了控制毒癮，經常把公寓裡所有的注射器都弄壞，但結果只是讓寇特每天買海洛因時再多買一些新的注射器而已。就連在毒品中掙扎的露都覺得寇特是用十足的馬力在吸毒。「寇特談起毒品就好像這他媽的很正常一樣，」她回想，「但這一點都不正常。」就連在封閉的毒品圈子裡，寇特的用量都讓人覺得可怕。

在愈來愈黑暗的時刻，即將出生的孩子給寇特帶來些許希望的明燈。為了確保胎兒正常發育，他們去拍了幾張超音波圖，看看寶寶在子宮裡發育的情形。寇特看到照片時，明顯顫抖了起來。他看到寶寶正常發育，鬆了一口氣，並流下淚水。他拿了一張超音波照，作為他剛開始創作的一張畫作的中心。第二次檢查時，他們拿到胎兒的超音波影片，他多要了一份，並著了魔似地用自己的錄影機觀看。「寇特一直說：『你看那顆小豆子（bean）』，」珍妮佛・芬奇回想，「他們當時就是用『豆子』稱呼她的。他會指出她的手。他知道照片裡所有的細節。」在寇特妮懷孕的初期，他們知道孩子的性別之後就決定了名字：法蘭西絲・賓・科本（Frances Bean Cobain）。她的中間名就是他們取的綽號，而寇特後來告訴記者，她的名字是取自凡士林樂團的法蘭西絲・麥基（Frances McKee）。寶寶的超音波圖後來也印到了單曲〈鋰〉的唱片封套上。

到了三月，經紀公司擔心寇特對毒品日漸依賴，也擔心這對寇特妮造成的影響，於是開了第一次正式勸誡會。他們找來了治療毒癮的專科醫生鮑勃・提米斯（Bob Timmins），他以協助搖滾明星戒毒而聞名。寇特妮記得提米斯被寇特的光環震住，幾乎沒怎麼關心她。「他是真的忽視了我，只顧著對寇特流口水，」她說。提米斯建議寇特考慮一個住院的化學物質依賴計畫。「他接受了我的提議，」提米斯說，「我會這麼建議是因為這是在西達－賽奈醫院（Cedars-Sinai Hospital）進行。我在評估的過程中察覺到了其他病症。這並不單純是『去治療，戒毒，去戒毒聚會』。他身上還有很多病症。」

一開始，寇特去西達－賽奈醫院住院有很大的幫助，他很快就顯得清醒許多，一臉健康。然而，雖然他同意繼續服用美沙酮——這種藥物能停止戒斷反應，又不會讓人產生嗨的感覺，但他卻提早結束了療程，不去參加十二步驟戒毒法的會面。「他顯然不是會去參與那種事的人，」提米斯說。「他這種個性應該阻礙了他的恢復。」

四月，他倆到西雅圖看房子。一天傍晚，他們在歐菲姆唱片公司（Orpheum Records）大鬧了一場。他們發現店裡有超脫合唱團的私錄光碟，想把它們都拿走。寇特妮理所當然地說這些光碟是非法的，但店員抗議，說要是老闆回來看到光碟不見，他會被開除。諷刺的是，寇特來店裡是想找一張負面地樂團（Negativland）的光碟，這張光碟在一次訴訟過後也被認定是私錄的。店員問他們能不能寫張紙條給他老闆，於是寇特妮寫了：「你別再從我老公身上撈錢，好讓我有錢養孩子。愛你的科本太太上。」寇特又加了一句：「請大家吃起司通心粉。」這張紙條太怪了，憂心的店員問寇特：「要是我丟了工作，你能僱用我嗎？」隔天，店裡接到一個男人打來的電話，他問：「昨晚在店裡上班的長髮男店員沒被開除吧？」

趁夫婦倆還在西雅圖，弗蘭登堡家族為他們辦了一場婚宴兼新生兒派對。寇特的許多親戚第一次有機會見到寇特妮，但有好幾個人在她到達前就先離開了，因為派對原本安排在下午兩點，主角卻到七點才出現。寇特妮告訴寇特的親戚，他們可能會在格雷斯港買一棟維多利亞式的豪宅。「然後我們就可以在亞伯丁當國王和王后了，」她開玩笑說。

剛結婚時，他們似乎都變得比較溫和。他們遠離了鎂光燈，遠離了毒品，兩人的感情中有許多溫柔的時刻。拋下名氣後，他們變回之前沒沒無聞、驚恐、失落的孩子。每晚睡前，他們會一起禱告。到了床上，他們會唸書給彼此聽。寇特說他喜歡聽著寇特妮的聲音入睡，這是他一生中難得的安慰。

那個月，寇特妮回到洛杉磯忙空洞樂團的事，寇特則留在西雅圖，還跟超脫合唱團在巴瑞特・瓊斯（Barrett Jones）的家庭錄音室進行了單日的簡短錄音。他們錄了〈噢，罪惡〉（Oh, the Guilt）、〈壞老頭〉（Curmudgeon）和〈老鼠歸來〉（Return of the Rat），最後一首歌是為一張對波特蘭的雨刷樂團致敬的專輯而錄的。錄完音的隔天，寇特開著他的勇士車前往亞伯丁，這是他幾個月之中第一次造訪格雷斯港。

兩天後，寇特開車回西雅圖載他妹妹去亞伯丁。這來回長達六個小時的車程上，寇特有話想說，但卻一直等到經過「想念我之丘」、離溫蒂家只有幾分鐘時才開口：「你最好的朋友辛蒂（Cindy）她跟媽媽說，你和珍妮佛（Jennifer）有過一段。」

「我們不是有過一段，」金回答。「我們在交往。我是同性戀。」寇特知道這件事，或者至少有懷疑過，但他媽媽此前並沒有。「媽媽現在有點抓狂，」他告訴妹妹。寇特叫金假裝媽媽不知道這件事。寇特和溫蒂一樣，比較不喜歡正面衝突，但金不一樣，她跟哥哥說她不會做這種事。

開進亞伯丁之後，寇特決定回到家之前要先跟妹妹商量一些事。他開進山姆・本恩公園（Sam

Benn Park），兩人在鞦韆上坐下來，他決定在這時候開誠布公。「我知道你試過大麻，你可能也試過迷幻藥和古柯鹼，」他告訴她。「我從來沒碰過古柯鹼，」金爭辯。「你以後就會了，」她哥哥說。他們變成在爭論兩星期後就要滿二十二歲的金會不會碰古柯鹼。「你一定會碰古柯鹼的，」寇特堅持，「但你若是碰了海洛因，我就會去弄一把槍，找到你，把你殺掉。」他聽起來不像是在開玩笑。「這個你不用擔心，」金告訴他，「我絕對不會往手臂上扎針，不可能的。」金發現寇特透過這種方式來警告她，其實是在透露關於他自己的事。

經過了一段兄弟姐妹之間習以為常的漫長沉默之後，寇特終於宣布：「我已經戒毒八個月了。」他並沒有說清楚是戒了什麼毒，但是金跟其他人一樣，都有聽過一些謠言。她懷疑他是不是真的戒了八個月——事實上他只戒了不到一個月，而且每天都有服一劑美沙酮。

「我對海洛因不太了解，」她告訴哥哥。寇特嘆了一口氣，此時就好像有一扇門打開了，而金一直深愛的哥哥穿過門來，再次向她展露真實的自己。他沒有躲在虛假的面具後面，也沒有用謊言或名氣來打發她，而是告訴她試圖戒掉海洛因的痛苦。他說這跟戒煙很像，每進展一個階段就變得更難。「你施打得愈多，」他解釋，「你愈想戒掉。到了第三次、第四次、第五次、第六次，就變得愈難戒掉。腦袋裡有一個小怪物在說：『你知道這會讓你更好受的，也會讓我更好受。』就好像腦中有另一個人在告訴我，只要放縱，嗑一點點藥，一切就會變好。」

金啞口無言。她從他所說的「第五次」或「第六次」戒毒有多難，就知道他的毒癮比她想像中還要嚴重。「不用擔心我，寇特，因為我永遠都不會去碰那鬼東西，」她說，「我絕對不會接近的。

你已經戒毒八個月了，那很棒，繼續維持下去。」她記得自己很震驚於「發現她哥哥是個毒蟲」，所以不知道該說什麼。雖然她聽過許多謠言，但還是很難接受從小跟她一起長大、一起吃苦的哥哥是個毒蟲。

寇特又把話題轉回金的性取向，以及他所知道在格雷斯港會遇到的偏見。他試圖說服她不要當同性戀。「你不要徹底放棄男人，」他鼓勵她，「我知道他們是混蛋，我就絕對不會去跟男人約會，他們都是王八蛋。」金覺得這很有趣，因為儘管她沒有告訴家人，但她一直都知道自己是同性戀，也不覺得丟臉。雖然寇特曾經在亞伯丁的大街小巷噴了「同性戀萬歲」的塗鴉，但他還是很難接受自己的妹妹是同性戀。談話接近尾聲，他們回家時，寇特給了金一個手足間的擁抱，並發誓會永遠愛她。

一九九二年四月十六日，超脫合唱團第一次出現在《滾石》雜誌的封面。雖然這個報導表面上是關於整個樂團，但就連標題「寇特・科本的內心世界」也證明超脫合唱團的一切都是以寇特為中心。在封面照片上，他穿著一件印了「企業雜誌還是很爛」的T恤。這篇報導之所以能夠完成，證明了寇特的經理人非常努力才說服他企業雜誌並不爛。在一九九一年，他就曾拒絕過《滾石》雜誌的採訪，而在一九九二年初，他寫了一封信給雜誌：「就我們目前的，呃，事業階段，在我們還不必去植髮，信用也還沒破產之前，我已經決定不接受採訪……做採訪對我們沒有好處，因為《滾石》雜誌的讀者大多都是中年人，他們以前是嬉皮士，現在則變成虛偽人士，他們擁抱過去的『光輝歲月』，對於新一代的自由保守主義抱持友善、溫和且成熟的態度。大多數《滾石》雜誌的讀者都生苔蘚了。」他並沒有把這封信寄出去，並且在寫完信的幾個星期後，坐下來再次跟雜誌社的麥可・阿澤拉德說他想要一件用傑瑞・加西亞的血渲染的T恤。

寇特一開始對阿澤拉德的態度很冷淡，但寇特開始講述自己高中被人揍的故事時，阿澤拉德站了起來，展示他那一百六十七公分的身材，開玩笑說：「我不知道你在說什麼。」之後他們的感情就變好了。寇特回答了阿澤拉德的問題，並成功地讓許多自己編造的人生大事登上媒體，例如說〈有些事難以釋懷〉是關於他住在橋下的經歷。被問及海洛因時，寇特回答：「我甚至連酒都不喝了，因為對胃不好。就算我想吸毒，我的身體也不允許，因為我一直很虛弱。吸毒是在浪費時間。它會摧毀你的記憶力、自尊心，以及一切跟你的自我感覺有關的東西。毒品一點好處都沒有。」他說話的同時是坐在他位於斯伯丁街的公寓裡，而他心愛的「工具盒」就像鑲了寶石的傳家寶一樣擺在衣櫥中。

《滾石》雜誌的文章雖然淡化了超脫合唱團內部的緊張關係，但在採訪和出版之間的這段期間，超脫合唱團算是暫時消失了。當初樂團簽版權合約時，寇特同意和諾弗賽立克與格羅爾平分歌曲創作的版權收益。這個舉動非常慷慨，不過當初沒有人料到這張唱片會有幾百萬的銷量。《從不介意》獲得驚人的成功後，寇特就堅持調整收益的分額，自己要拿比較多——音樂方面，他提出三比一的分成，至於歌詞的部分他則要全拿。而且他還希望新的合約有追溯效力。「我覺得《從不介意》流行起來之後，寇特開始發現〔版權合約〕不只是理論上的文件，而是真正的金錢，」律師艾倫・明茲說。「版權的分配方式代表的是不同的生活方式。」

寇特希望新合約有追溯效力，此舉讓諾弗賽立克和格羅爾覺得遭到了背叛，但他們最後還是同意了，因為他們覺得若是不同意，就等同於解散樂團。寇特之前就堅決地告訴蘿絲瑪麗・卡羅——她現在同時是寇特、寇特妮和超脫合唱團的律師——如果不同意他的做法，他就要解散樂團。雖然諾弗賽立克和格羅爾把這怪在寇特妮頭上，但卡羅記得當時寇特對這一點很堅定。「他的目標很清晰，」她說。「他的態度明確，而且非常堅決，這筆帳他算得清清楚楚。他知道自己有多少價值，也知道自己值這全部的錢，畢竟歌詞和曲子都是他寫的。」最後，比起分成的比例，寇特的處理方式對樂團帶來的傷害更深：就跟他處理衝突的一貫方式一樣，他一直逃避，直到事情爆發。好幾個樂團的工作人員都很驚訝聽到寇特說克里斯特的壞話，畢竟克里斯特是寇特人生中最重要的靠山之一。

到了五月，寇特又開始施打海洛因，當時他只戒毒不到六週。搖滾圈的人都知道他有毒癮，最後消息傳到了《洛杉磯時報》（Los Angeles Times）。五月十七日，史蒂夫・霍克曼（Steve Hochman）在一篇名為〈為什麼超脫合唱團在巡演旺季毫無動作？〉的文章中寫了：「〔超脫合唱團的〕的低調再次讓大眾懷疑主唱兼吉他手寇特・科本海洛因成癮。」金山經紀公司澄清了這個謠言，並發表了標準的否認聲明，說樂團沒有動作是因為寇特的「胃病」。

這個月，寇特的老朋友傑西・里德前來拜訪。光是傑西在的這一天裡，寇特就得打上兩劑海洛因。寇特兩次都跑到浴室裡，這樣他就不用在老朋友或寇特妮面前吸毒。寇特妮已經受盡晨吐之苦，不想看到寇特吸嗨的樣子。但寇特一點也不怕跟傑西討論他的毒癮，然後他們一整天幾乎都在等下一批海洛因送到。傑西回想起他們年輕的時候，寇特曾很害怕針頭，但這顯然已經成為過去——寇特甚至求他的老朋友去幫他找一些可注射的類固醇。

傑西發現這間公寓的布置和以前在亞伯丁的粉紅公寓大同小異——牆上有些塗鴉，家具也很廉價，整體來說，「就是一個狗窩」。但這房子有一樣東西讓傑西印象深刻：寇特再次開始畫畫，客廳滿是他的作品。「他用了九點二平方公尺的畫布，」傑西回想，「他還說要放棄音樂，開一家自己的畫廊。」寇特的畫功在一九九二年有明顯的進步。其中一幅是一張六十公分乘以九十公分亮橘色的畫布，中間有一條線吊著一顆棕色的狗牙。另一幅則畫了一些紅色的斑點，正中間的顏料上有些壓花。還有一張展示了一些血紅色的十字架，後面藏著一些鬼魅般的白色外星人。另一張巨大的畫布上吊著一隻如同傀儡般的外星人，露出小小的陰莖，還有一隻小貓在一角看著觀眾。寇特在另一個角落題了字：「直腸膿瘡，結膜炎，脊柱裂。」

寇特的版稅支票終於陸續到手，他不再需要擔心沒錢買畫布和顏料了。他告訴傑西，他每天會花四百美元在海洛因上，這是個很奢侈的數字，足以殺死一般的吸毒者。價錢會這麼高，部分是因為多數毒販都高價賣出給寇特，因為他們知道他付得起。傑西發現寇特吸了毒後，動作技能並沒有受到損害：「他沒有昏昏欲睡，根本沒什麼不同。」

寇特和傑西整個下午幾乎都在看一部影片，是關於一個男人用槍射穿自己的頭。「他有一部影片，」傑西回想，「是一個參議員在電視上轟掉自己的腦袋。他從公文信封裡拿出一把口徑點三五七的麥格農槍（magnum），射向自己的腦袋。畫面蠻血腥的。寇特是在一家鼻煙店找到這個影片的。」其實這部影片是R・巴德・德懷爾（R. Budd Dwyer）的自殺，他是賓州的一個官員。一九八七年一月，他被判收賄之後，召開了記者會。他感謝了他的妻子和孩子，把裝了遺書的信封拿給下屬，然後告訴記者：「有些打電話來的人說我是現代版的約伯**（Job）。」德懷爾接著就在攝影機前把槍塞進口中，扣了扳機——子彈射穿他的腦袋，讓他當場死亡。他死後，這場電視直播的私錄光碟就到處流傳，寇特也買了一張。在一九九二年到一九九三年之間，他著魔似地反覆觀看這部自殺影片，幾乎就跟他看女兒在子宮裡的超音波影片一樣頻繁。

寇特的海洛因送上門之後，傑西就陪他跑了一些地方。第一站是去電路城商店（Circuit City），寇特花了快一萬美元買最新的錄影器材。傑西當晚就要離開去聖地牙哥，離開時，他給了脆弱的寇特一個擁抱。他們後來有繼續透過電話聯絡，但他們當時都不知道，這是兩個老朋友最後一次見面。

六月，超脫合唱團展開了十個場次的歐洲巡演，來彌補一九九一年取消的演出。第一場在都柏林表演時，寇特就已經開始抱怨胃痛，並很快就被送去醫院。到了醫院，他聲稱他胃痛是因為沒有吃他的美沙酮藥丸。但也有一些時候，他又說他的胃痛是美沙酮造成的。由於這是巡演的第一場表

** 聖經《約伯記》的主角，是個正直、樂於助人的好人，卻遭受一連串的苦難與考驗。

演，很多記者都因為與寇特安排了採訪而出席，他們得知寇特「無法演出」時，就察覺到背後有故事了。樂團的英國公關安東・布魯克斯（Anton Brookes）有點滑稽地想把記者推出大廳，不讓任何人看到寇特躺在擔架上被推出飯店。這時，一個記者宣布：「我剛剛看到寇特在救護車上。」科本的健康問題突然變得難以否認。「我記得我回到辦公室，有線電視新聞網（CNN）就已經在電話另一頭等著我了，」布魯克斯回想。「我說：『他胃不舒服，假如是海洛因的問題，我會告訴你的，他正在做藥物治療。』」布魯克斯為了騙過堅持不懈的記者，還拿出了寇特的處方藥瓶。在醫院待了一個小時後，寇特的狀況好轉，回來順利進行了隔天的演出。不過經紀公司請了兩個保鏢跟著寇特——只是他馬上就把他們甩掉了。

在西班牙演出之前，超脫合唱團接受了《新音樂快遞》（NME）的基思・卡麥隆（Keith Cameron）的採訪。卡麥隆的文章提到了關於毒品的謠言，還質疑超脫合唱團有沒有可能「在六個月內從無名小卒變成超級巨星然後再身敗名裂」。這是他們目前為止被批評得最嚴重的報導，而且似乎也鼓勵了英國的其他記者把海洛因成癮的指控寫進報導裡，這個話題大家之前都視為禁忌。然而，儘管卡麥隆的文章裡把寇特描述成「毛骨悚然」的樣子，附帶的照片中，寇特看起來卻很稚氣，留著漂白的短髮，戴著巴迪・霍利款的粗框眼鏡。他其實不需要戴眼鏡，但他覺得眼鏡讓他看起來很聰明。他在《綻放》的音樂錄影帶中也戴了一副類似的眼鏡。當他阿姨告訴他這副眼鏡讓他看起來很像他爸爸時，他就再也不戴了。

七月三日，他們還在西班牙。雖然寇特妮的預產期是九月的第一個星期，但她已經開始宮縮了。

他們迅速把她送到一家西班牙醫院，寇特卻找不到一個能理解他說的英文的醫生。他們終於透過電話聯絡到寇特妮的醫生，醫生建議他們搭下一班飛機回家，他們也照做了。這是超脫合唱團第二次取消西班牙的兩場演出。

到達加州時，醫生向他們保證胎兒一切正常，不過他們回家時還是遇到了一個大災難：家裡的廁所淹水了。寇特之前都把吉他和日記放在浴缸裡，現在全都泡湯了。他和寇特妮感到很灰心，決定馬上搬家，儘管寇特妮已經懷孕八個月。此外，還有海洛因販子一天到晚敲他們家的門，這對寇特而言是難以抵擋的誘惑。他來到金山經紀公司，堅持要約翰・席爾瓦幫他們找新的地方住。雖然當時寇特愈來愈有錢，但他還沒建立起良好的信用，他所有的財政事務都是交給經理人來管理。

席爾瓦幫他們找到了新房子。他們在七月底搬家，並把所有的垃圾都留在斯伯丁街的公寓，公寓的火爐上方牆上還寫著「弒父」。他們的新家位於高丘臺街（Alta Loma Terrace）六八八一號，看起來簡直就像電影裡的場景。這個地方是好幾部電影的拍攝場地，包括《再續前世情》（Dead Again）和勞勃・阿特曼（Robert Altman）版本的《漫長的告別》（The Long Goodbye）。房子坐落在北好萊塢山丘之間的一個小斷崖上，可以俯瞰好萊塢露天劇場（Hollywood Bowl）。斷崖上有十間公寓和四棟房子，要抵達這個斷崖，唯一的方法是搭乘共用的歌德風格電梯。科本夫婦以一個月一千五百美元的租金租下房子。「這房子有很多讓人討厭的地方，」寇特妮回想，「但還可以接受，反正不是公寓就好。」

寇特被日益嚴重的胃痛搞得心煩意亂，還考慮過要自殺。「我立刻再次體會到那熟悉的灼熱的噁心感，因此決定要嘛自殺，要嘛止痛，」他在日記中寫道。「我買了一把槍，但後來還是選擇毒品。」他放棄了美沙酮，又回去使用海洛因。當毒品也無法止痛時，在寇特妮和他經理人的勸說下，他決定再一次接受治療。八月四日，他住進西達－賽奈醫院的戒毒康復部，進行他的第三次戒毒治療。他看了一個新的醫生（在一九九二年，他看了十幾個專攻化學物質依賴的醫生），並同意進行為期六十天的密集戒毒療程。那是長達兩個月的「挨餓和嘔吐。我掛著點滴，因我這輩子最嚴重的胃痛而大聲哀嚎」。寇特住院三天後，寇特妮就住進同一家醫院的另一個翼，並用假名入院。根據被洩露給《洛杉磯時報》的醫療記錄，醫生開了產前維他命和美沙酮給她。寇特妮飽受產期併發症及情緒耗竭所苦，因為當週稍早，她收到了一份關於自己報導的傳真，預計會刊登在下個月的《浮華世界》（Vanity Fair）雜誌。

18

1992 年 8 月—1992 年 9 月
加州，洛杉磯

玫瑰水，尿布味

玫瑰水，尿布味……嘿，情人，戒毒。我在我的酸菜盒裡，被囚禁在我的墨水監獄中。

——摘錄自一九九二年給寇特妮的一封信

一九九二年八月十八日早上七點四十八分，法蘭西絲・賓・科本在洛杉磯的西達一賽奈醫院出生。醫生宣布她身體健康，體重三點二公斤時，父母兩人都明顯鬆了一口氣。法蘭西絲不但很健康，長得也很可愛，遺傳了爸爸的藍眼睛。她剛出生時嚎啕大哭，反應跟正常嬰兒一樣。

但法蘭西絲出生的故事以及當週接下來發生的事一點都不正常。寶寶出生前，寇特妮就已經在醫院躺了十天，但她的名氣吸引了眾多小報記者，必須不斷趕他們走。雖然寇特妮被叮囑要待在床上，但當她在凌晨四點開始宮縮時，她還是爬了起來，抓著連在身上的點滴架，穿過廣大醫療機構的走廊，直到她在化學物質依賴部門找到寇特。他的戒毒過程不太順利，無法吞下食物，大部分的時間都在睡覺或嘔吐。寇特妮來到他的房間，把他蓋在臉上的被子拉下來，大喊：「你給我起來，現在就下來！你不准丟下我一個人面對這件事！去你的！」

寇特乖乖跟著她去產房部門，但沒幫上什麼忙。他身體很虛弱——他當時四十七公斤，而且還打著點滴，也沒辦法大力呼吸，所以不能引導寇特妮做生產時的吸氣和呼氣。寇特妮把注意力從自己的宮縮轉移到她生病的丈夫身上。「我要生孩子了，孩子就要出來了，但他卻在吐，他就要昏倒了，是我抓著他的手，幫他揉肚子，而同時我的孩子正要出來，」她告訴阿澤拉德。在法蘭西絲的頭探出來之前，寇特就暈倒了，錯過她通過產道的一刻。但寶寶一出生，整理乾淨後，他就抱住了她。寇特形容這一刻是他一生中最開心也最害怕的時候。「我他媽的害怕死了，」他告訴阿澤拉德。寇特仔細檢視了一番，看見寶寶每一根指頭都在，並不是「鰭肢嬰兒」，他一部分的害怕就退去了。

然而，《浮華世界》的文章卻讓寇特愈來愈歇斯底里，就連抱著新生兒的狂喜也沒辦法把他解救出來。隔天發生了一件事，宛如山姆・謝普*（Sam Shepard）劇本中會出現的場景：寇特從醫院的戒毒病房逃了出去，買了海洛因，吸毒吸到嗨，然後帶著一把裝了子彈的點三八口徑手槍去寇特妮的病房。他提醒她，兩人之前發過誓，如果他們因為任何原因而失去寶寶，他們就雙雙自殺。他們兩人都很害怕法蘭西絲會被別人奪走，寇特也很害怕自己沒辦法戒掉海洛因。他之前還發誓不會過這種生活。寇特妮因為雜誌的文章而心煩意亂，但還沒到想自殺的地步。她試圖跟寇特講道理，

* 美國演員、作家兼導演，戲劇作品經常極具黑色幽默。

但他已經害怕到失去理智了。「我先來吧，」最後寇特妮這樣說，騙他把手槍交給她。寇特妮在一九九四年接受大衛・弗里克（David Fricke）採訪時回想：「我手上拿著這東西，然後想起大家在《辛德勒的名單》（Schindler's List）中提到的事：我永遠都不會知道自己發生了什麼事。那法蘭西絲怎麼辦？太殘忍了吧。『噢，你出生那一天，你父母就死了。』」寇特妮把槍交給了空洞樂團的艾瑞克・厄蘭森，他是他們無論如何都能信賴的唯一朋友。他把槍處理掉了。

但寇特的絕望感並沒有消失，反而是與日俱增。隔天，他偷偷讓一個毒販進入西達－賽奈醫院，並在產房部外的一個房間吸毒吸到過量。「他差點死掉，」洛芙告訴弗里克，「那個毒販說她從來沒看過有人這麼像死人。我說：『你怎麼不去找護士來？那裡到處都是護士。』」後來護士被找來了，寇特也被救活了，再次躲過死亡。

但他躲不過當週出版的九月號《浮華世界》雜誌。琳恩・赫希伯格（Lynn Hirschberg）寫了一篇文章，標題是「奇怪的愛**：後龐克空洞樂團女主唱寇特妮・洛芙，以及丈夫超脫合唱團的萬人迷寇特・科本，會不會是油漬搖滾界的約翰和洋子***？或者下一對席德與南西？」這篇文章把洛芙描述得很負面，說她是「災難型人格」，還把她嫁給寇特只是為了讓事業更上層樓。不過最嚴重的攻擊是來自幾個匿名人士，顯然是跟夫婦倆很親近的人，他們說很擔憂法蘭西絲的健康以及夫婦倆

** Strange Love（奇怪的愛），「愛」與洛芙（Love）為同一個單字，因此此文章標題也可指「奇怪的洛芙」。

*** 約翰・藍儂和小野洋子，搖滾音樂界的傳奇戀人。

在懷孕期間的吸毒問題。這些指控本身就已經很糟糕了。而寇特和寇特妮更是覺得受到背叛，竟然有內部人士在公開場合誹謗他們。

更糟的是，這篇文章還被其他媒體當成新聞傳了開來，包括音樂電視臺。寇特告訴寇特妮，他覺得自己被騙了——這家電視臺讓他成名，為的就只是要摧毀他。這個星期，他坐下來寫了一封信給音樂電視臺，攻擊赫希伯格和電視臺：

> 親愛的空虛電視，所有企業之神的實體：那天殺的、高中沒人愛的超重母牛寫的垃圾報導，你他媽的竟敢照單全收。現在我一生中唯一的目標就是把音樂電視臺和琳恩・赫希伯格變成爐渣。對了，她跟她的情人庫特・洛德（Kurt Loder，愛喝琴酒花的酒鬼）是同謀。我們沒有你們也能活下去。輕輕鬆鬆。老派的傢伙很快就會落伍。
>
> ——科德特・科本，職業搖滾樂手。幹臉。

至於寇特妮，她還很震驚於自己錯看了赫希伯格。這篇文章中提到的大部分事件都在其他報導裡提過了，但文章的口吻就很有階級鬥爭的味道。在一九九八年，寇特妮在「美國線上」（America Online）發布了以下意見：

> **我他媽的完全無法想像，像《浮華世界》或赫希伯格那種持嬰兒潮時代思想的傢伙會怎麼**

看待我和我的家庭。我人生的方方面面都背離了主流世界：女性主義、龐克搖滾以及次文化的生活方式，都使我不具備能夠理解主流想法的價值觀，也不明白為什麼我們這些「骯髒的龐克人」不配擁有美國夢，再加上我覺得變紅也滿酷的。我完全不知道他們會給我貼上怎樣的標籤……但事實上，那篇文章杜撰了很多事情，很多東西都是子虛烏有。

大眾對於寇特和寇特妮的焦點從搖滾雜誌轉到全美的報紙，輿論很快就開始譴責那些不適合當父母的人。《環球報》（The Globe）發表了一篇文章，標題是「搖滾明星的孩子一出生就是毒蟲」，並附上一張畸形新生兒的照片，想誤導大眾以為這就是法蘭西絲。雖然寇特妮不是第一個吸毒生孩子的母親，但她很快就變成最知名的一個，而「科本家的寶寶」也成了大家茶餘飯後的話題，就跟幾十年前林德伯格（Lindbergh）家的寶寶****一樣。槍與玫瑰樂團的艾克索・羅斯（Axl Rose）甚至還在舞臺上對這件事表態：「寇特・科本是他媽的毒蟲，他老婆也是毒蟲，假如寶寶生出來是畸型，我覺得他們兩個都該被抓去關。」

法蘭西絲出生兩天後，夫婦倆最害怕的事情發生了：一位洛杉磯郡兒童服務部的社工來到醫院，手裡拿著一本《浮華世界》。寇特妮很沮喪，而且覺得這是她一生中被人批判得最嚴重的一刻，

**** 一九三二年，美國著名飛行員查爾斯・林德伯格（Charles Lindbergh）的孩子僅二十個月大時，就被人從家中綁架並撕票，是美國史上最著名的綁架案之一。

事實確實是這樣。寇特大半輩子都感覺被人品頭論足，但這件事攸關他作為家長的資格以及他的毒癮問題。洛芙與社工的對話很快就變成爭吵。「寇特妮才見到這個女人五分鐘，」蘿絲瑪麗・卡羅回想，「她就表現得好像對方想要打垮她、傷害她的樣子。不幸的是，他們手中握有武器。」洛杉磯郡幾乎是單憑一篇《浮華世界》的文章，就訴請帶走法蘭西絲，並宣告寇特和寇特妮是不適任的父母。由於他們採取這樣的行動，寇特妮生產完三天後要離開醫院時，甚至沒辦法帶法蘭西絲回家。法蘭西絲必須留院觀察——儘管她其實很健康，幾天後才由一名褓姆帶走，因為法院不讓她回到寇特和寇特妮身邊。

一九九二年八月二十四日，也就是法蘭西絲出生六天後，進行了第一場聽證會。雖然寇特和寇特妮希望共同持有對法蘭西絲的監護權，但他們也準備好法院有可能會限制其中一方的權利，因此分別請了自己的律師。「這是一種策略，」寇特的律師尼爾・赫許（Neal Hersh）回想。「要是利益跟問題有所分歧，就可以把父母分開來談，確保孩子跟其中一人在一起。」結果法官卻不允許寇特和寇特妮去見孩子，除非有法院指定的監護人陪同。寇特應接受三十天的戒毒治療，且父母雙方都要進行隨機的尿檢。寇特當時已經好幾天沒吸毒了，但他告訴寇特妮，這個判決讓他心碎。「真的很悲慘，」卡羅回想。「他們都很想要那個孩子。寇特妮經歷了千辛萬苦才生下寶寶，幾乎所有她認識和信任的人或多或少都勸她不要生孩子，當然這不包括寇特。由於她還必須克服戒斷反應，並在很不健康的環境下維持健康，所以她在生理上比一般人懷孕還要辛苦。她經歷了這些，生下孩子，然後孩子又被奪走……」赫許回想起當時寇特和法蘭西絲的樣子：「你真該看看寇特和他的孩子在一起的樣子，他能坐在那裡看著她好幾個小時。他跟所有父親一樣愛孩子。」

他們本來就已打算要請褓姆。因此很快就按照法官的要求，想出一個周全的計畫，把法蘭西絲暫時託付給褓姆和親戚。這又引發另一個問題：哪來的親戚？寇特和寇特妮都跟家裡處不好，他們不放心把法蘭西絲交給自己的父母。最後，他們想到了寇特妮同母異父的妹妹潔米・羅德里格斯（Jamie Rodriguez）。「問題根本不在於他們能否照顧好這個孩子，」卡羅說，「那並不是問題。唯一的問題是毒品。大家都發狂似的以美國古板的『毒品戰爭』心態去看待他們，先入為主地認為吸毒的人做不了好父母。」

他們對潔米又哄又騙，並花錢讓她飛過來，好達成法院判決的要求。「她跟寇特妮根本不熟，」丹尼・戈德堡回想，「而且她也受不了寇特妮。所以我們還得賄賂她，好讓她假裝在乎這件事。我們幫她在寇特和寇特妮隔壁租了住處，在法律機關決定他們能不能自己撫養孩子的同時，潔米正式擁有了幾個月的監護權，她經常來找我拿支票。」

他們僱用了金山經紀公司的珍妮特・比利格的好友賈姬・法瑞（Jackie Farry）來當褓姆。接下來的八個月，她會擔任法蘭西絲的主要照顧者。雖然法瑞沒當過褓姆——甚至沒抱過嬰兒，但她很認真看待這份工作，在如此誇張的情境下還是設法好好照顧法蘭西絲。「因為（寇特和寇特妮）正歷經困難，所以一定要有人能夠時時照顧法蘭西絲，」法瑞回想。賈姬、潔米和法蘭西絲都搬到奧克伍德，住在之前寇特錄製《從不介意》時的同一棟公寓大樓裡。同時，寇特繼續戒毒，而寇特妮則獨自回到高丘臺街的家。

聽證會的兩天後，寇特飛到英格蘭。儘管他剛有了孩子、在戒毒，還經歷了《浮華世界》的文章和聽證會的事件，但大家還是很期待他重返舞臺。

一九九二年的里丁音樂節，超脫合唱團不僅領銜主演，演出陣容基本上還是由寇特制訂的，包括麥爾文樂團、狂吼樹樂團、L7 樂團、蜜漿樂團、尤金尼爾斯樂團（Eugenius），還有寇特很喜歡的 ABBA 的翻唱樂團「再次比約恩」（Bjorn Again）。不過到場的六萬名樂迷大多都是為了超脫合唱團而來，而寇特就是這場龐克搖滾盛宴之王。

這場演出比超脫合唱團以前的任何表演都還要轟動，主要是英國媒體炒作出來的，他們不斷報導寇特的私生活，好像這是國際新聞要事一樣。有幾家報紙都聲稱超脫合唱團解散了，並把寇特描述成病得很重。「每天都有新的謠言，說超脫合唱團以後不表演了，」安東・布魯克斯回想。「每隔五分鐘就有人過來問我：『他們還會表演嗎？』我說『會』，然後又會有人過來跟我說他們聽說寇特死了。」

寇特當週已經來到倫敦，而且活得好好的。音樂節的兩天前，J・J・剛森經過皮卡地里圓環（Piccadilly Circus），遇到了寇特。他們聊了一會兒，寇特向她炫耀寶寶的照片，然後說他得去上廁所。他們當時在搖滾樂蠟像館（Rock 'N' Roll Wax Museum）的正前方，所以寇特走上樓到入口處，禮貌地問能不能借洗手間。「不能，」守衛告訴他，「只有顧客能用我們的廁所。」寇特氣沖沖地走了，而在博物館的窗前，就立著一座寇特拿著吉他的蠟像。

演唱會開場時，大家都滿懷期待，謠言也繼續散播，說超脫合唱團不會上臺了。當時正下著雨，觀眾對蜜漿樂團丟泥巴表示歡迎。「觀眾的體溫都非常高，」剛森回想。「雨持續下到夜晚，一團團熱氣從人群中蒸發出來。」大家都很期待，不知道超脫合唱團是不是真的會出現，他們也很好奇寇特是不是還活著。「大家都出奇地有精神，」剛森回想。「只要一有人上臺，觀眾之間就會有一陣騷動。」

寇特打算順應謠言，安排好坐在輪椅上出場，身穿病人的服裝，還戴著一頂白色假髮。滑過舞臺時，他從輪椅上跌下來，倒在地上。而經常在鬧劇中扮演配角的克里斯特則對著麥克風說：「你可以的，老兄。在親友的支持下……你這傢伙一定可以的。」寇特扯下偽裝，跳到空中，放聲大唱〈繁衍〉。「這一刻太令人震驚了，」布魯克斯回想，「讓人很想哭。」

這場演出本身就說明了很多事情。樂團已經兩個月沒有一起演出，甚至沒有排練過，但他們完成了一場二十五首歌的表演，把他們所有的曲目都表演完了，甚至還表演了一小段波士頓樂團一九七六年的熱門歌曲〈不只是種感覺〉（More Than a Feeling）。作為〈少年仔的氣味〉的開場，這個安排很恰當，因為寇特之前在採訪時就說過，這首歌的樂段是從波士頓樂團那裡抄來的。有好幾次，他們似乎就快崩潰了，但總是能從險境中返回。寇特把〈所有歉意〉這首歌獻給法蘭西絲，然後叫觀眾大喊「寇特妮，我們愛你」。在歌曲間隔休息時，樂團還拿解散的謠言來開玩笑，但不怎麼好笑。「我不知道你們聽說了什麼，但這不是什麼告別演出，」克里斯特告訴觀眾。

「這明明就是，」寇特堅持。「我想正式公開宣布，這是我們的最後演出……」

「……直到我們……」克里斯特插了話。

「……再次……」格羅爾也加入。

「……在十一月巡演，」寇特把話說完。「我們十一月是要去巡演嗎？還是要錄唱片？」

「我們來錄唱片吧，」克里斯特回答。

不意外，他們以〈地盤撒尿〉收場，並且打爛了樂器。走下臺時，他們就像勝利出征的戰士，而隨行經理人亞歷克斯‧麥克勞德則把拋在一邊的輪椅推下臺。「他們有事情要證明，而他們也亟欲證明，」麥克勞德說。「他們想在所有那些說『都完了，他搞砸了，他是個廢物』的人面前站起來，對他們說：『去你的，還沒完呢。』」

寇特在九月二日回到洛杉磯。雖然他已經第三次贏得英國樂迷的歡心，但卻沒有勝利的感覺。他還在服用美沙酮，也還在接受戒毒治療，不過他已經換了幾家醫療機構，現在在瑪麗安德爾灣（Marina Del Rey）的艾克索德斯康復中心（Exodus）治療。克里斯特來醫院探望他，發現好友看起來病懨懨的：「他就這樣躺在床上，看起來精疲力盡。後來他好一點了，因為之前發生一連串的事情，讓他壓力很大。他成了父親、結了婚、他是搖滾明星，這一切都同時發生。要是經歷這麼多事，任何人都會覺得壓力很大。不過如果同時還對海洛因上癮，那就是另外一回事了。」

寇特在艾克索德斯康復中心參加個人療程、團體療程，甚至是十二步驟戒毒法的會談。大多數的夜晚，他都在寫日記，創作出長篇大論，內容從龐克搖滾的道德規範到海洛因成癮讓他付出的代價都有。「我真想有個可以諮詢的人，」有一天晚上，他這麼寫。「一個當我掏心掏肺地解釋困擾著我，呃，二十五年來的不安全感時，能不把我當成怪胎的人。我希望有人能告訴我到底為什麼我再也沒有學習的慾望了。」

雖然寇特白天可以短暫離開醫院，去看法蘭西絲和寇特妮，但他的夜晚似乎永無止境。他們的婚姻關係也跟一般人沒什麼兩樣：在寇特虛弱又黏人時，就會對寇特妮表達更多愛意。他在戒毒所寫給寇特妮的信既是詩歌，又是充滿意識流的咆哮。他會在信上滴蠟油、血液，有時候甚至是他的精液。在這個時期，他的其中一封信是這樣的：

玫瑰水，尿布味。運用你的幻覺。用舌頭和臉頰說話。嘿，情人，戒毒。我在我的酸菜盒裡，被囚禁在我的墨水監獄中。有點飢餓，有點臃腫。我的羊水破了。每晚販賣我水做的身體，座無虛席。在黑暗中，在床上出賣自己，比想念空中補給樂團的歌更想念你。娃娃肉排。全熟……你的奶如此溫暖。你的奶是我的屎。我的屎是你的奶。我有小傢伙般的面容。我無言以對。我沒有牙齒。你把智慧從我的牙齒中抽出。我的母親是牙仙。你給予我生命、假牙和尖牙。我比牙仙更愛你。

不過寇特寫的大部分是關於他如何拼了命的想要擺脫海洛因。就在進戒毒所之前，他在日記裡愈來愈否認事實，尤其是針對媒體說他有毒癮的報導。「我沒有海洛因上癮！」有一天他這樣寫，就好像在說服自己一樣。另一篇類似的日記寫道：「我不是同性戀，儘管我希望我是，才能激怒恐同者。關心我目前身心狀況的人，我不是毒蟲。過去三年來，我的胃一直不舒服，也診斷不出結果，這兩件事沒有關聯。不是因為壓力或者什麼事，就這樣，砰！像被打了一槍：胃痛時間到。」

但就在寇特戒海洛因戒得差不多、足以擺脫生理上的依賴時，他又走向另一個極端：厭惡並憎恨一開始上癮的自己。「幾乎每一個嘗試過烈性毒品的人，像是海洛因或古柯鹼，最後都會完完全全變成這些毒品的奴隸，」他自我反省地說。「我記得有人說過：『你試了一次海洛因就會上癮。』當然，我一笑置之，把這個說法當成笑話，但現在我相信這絕對是真的。」然而，當他吸毒吸嗨了，就會以胃痛作為吸毒的藉口。當他清醒了，就質疑這個說法：「對於那些認為可以把海洛因當作藥品的人，我感到很遺憾，因為，呃，廢話，這根本沒用。你唯一聽到的就只有戒斷反應。你會吐，你的身體會不聽使喚，你會流汗，會尿床，就像電影《墮落街》（Christiane F）裡面一樣。」寇特指的是一九八一年一部關於毒品的德國電影。

寇特開始接受羅伯・弗蒙特（Robert Fremont）醫生的治療時，才覺得比較有效。這個醫生是洛杉磯化學物質依賴諮詢專家，同時也替寇特妮治療。弗蒙特這個人受到許多爭議，他曾有一次因為給自己開了麻醉劑而喪失醫生執照。最後，他重新拿回執照，開始幫一些好萊塢最大牌的明星治療毒品問題。在這個復發率極高的領域，他做得很成功，或許是因為他對毒癮有第一手的了解。他相信戒掉海洛因的方法就是大量開合法藥物給客戶，他對寇特也是使用這種治療方法。

一九九二年九月，弗蒙特開始幫寇特進行一種實驗性——當時也還未合法——的治療。過程中，每天都要讓他服用丁丙諾啡（buprenorphine），這種相對溫和的麻醉劑能刺激腦中的鴉片受器，進而減少對海洛因的渴望，起碼弗蒙特是這樣認為的。這在寇特身上很有用，至少短期來說是如此。寇特在日記上這樣描述：「他們要我用丁丙諾啡，幾分鐘之內就緩解了我的（胃部）疼痛。在幾個戒毒中心都有試驗過這種方法來治療鴉片和古柯鹼戒斷症狀。這種治療最棒的地方在於目前還沒發現副作用，能達到鴉片的效果，但不會有嗨的感覺。丁丙諾啡的強度算是溫和的巴比妥類藥物。如果以一到十來衡量，丁丙諾啡是一，海洛因是十。」

．．．

九月八日，寇特從艾克索德斯康復中心出院一天，去跟超脫合唱團排練。雖然他正在進行戒毒治療，但跟樂團的事業並沒有停止，還安排了隔天要去音樂電視臺的音樂錄影帶大獎（Video Music Awards）的頒獎現場演出。音樂錄影帶大獎就相當於油漬搖滾音樂界的奧斯卡獎，是音樂獎項之中最高級的，在當時比葛萊美獎還受重視。頒獎時一定會舉行典禮，並會吸引業界中最有權有勢的經紀人。超脫合唱團被提名三個獎項。七月時，電視臺宣布他們會在典禮上演出。

然而，還是有人質疑寇特在這種狀態下能不能——或者該不該——在頒獎典禮演出。在經紀公司的壓力下，寇特選擇參加。「他很討厭去頒獎典禮演出，」經理人丹尼・戈德堡解釋。「他並不總是喜歡被認可。不過他非常努力想要獲得這些獎項的提名，也很努力去得到別人的認可。」在採訪中，寇特抱怨音樂電視臺太常播他的音樂錄影帶，但私底下，他又打給經理人，抱怨說他覺得電視臺播得還不夠多。

電視臺的眾多觀眾必定會帶來更多的專輯銷量，但或許對寇特來說更重要的是，獲得這些獎項是他第一次有機會站上臺，被認可為全世界最紅的搖滾明星。雖然寇特總是對自己的成功輕描淡寫，並在採訪中說他因為自己的知名度而覺得困擾，但在每個事業上的轉捩點，他都做了重要的決定，要讓自己更加出名、更加成功，這是他性格中最大的矛盾。超脫合唱團的眾多樂迷都沒有意識到，一個人在音樂電視臺上談自己有多討厭成名是多麼荒謬的事。他們更喜歡見到寇特成功塑造出來的形象——一個受名氣苦惱的受害者，而不是一個費盡心思追求名氣的人。儘管寇特很渴望得到認可，但他還是我行我素，這週發生的事就證明了這一點。

從第一場排演開始就爆發了爭議。寇特走進加州大學洛杉磯分校（UCLA）的保利體育館（Pauley Pavilion），走向音樂電視臺的艾米・費納蒂，告訴她：「我要表演一首新歌。」「他對此很興奮，一副要送上一件禮物的樣子，」費納蒂回想。音樂電視臺的高層非常驚訝，樂團沒有表演他們預期聽到的〈少年仔的氣味〉，而是立刻表演了〈強暴我〉（Rape Me）。這並不是什麼新歌——超脫合唱團過去兩年來一直都有在演唱會上表演，但這對音樂電視臺的高層來說卻很陌生。這首歌只有十一句歌詞，副歌的部分是「強暴我，我的朋友，再一次強暴我」。這首歌跟〈少年仔的氣味〉一樣，音樂上都有很強烈的對比力度，琅琅上口，再加上奇怪的副歌，造就了科本式的美學——動人、揮之不去，又令人不安。

費納蒂馬上就被拉到製作部的拖車裡，因為超脫合唱團的歌曲選擇而被老闆罵了一頓。他們覺得〈強暴我〉這首歌是在針對音樂電視臺。「喔，幫幫忙，」費納蒂爭辯，「我跟你保證，這首歌不是為我們寫的，也不是關於我們。」寇特在一九九〇年底就已經寫了這首歌，不過到了一九九二年，他改了歌詞，加了一句話來砰擊「我們最喜歡的內部消息人士」，他指的是《浮華世界》的那篇文章。儘管他在採訪時辯駁，說這首歌是暗喻社會不公，但到了一九九二年九月，這首歌已經變得更像是在暗喻他的親身經驗，說他被媒體、經理人、團員、毒癮以及音樂電視臺（就跟電視臺高層敏銳察覺到的一樣）以何種方式對待。

接下來，音樂電視臺高層以及仍在戒毒中的寇特展開了一場意志對決，費納蒂和金山經紀公司則成為中間的調解人。音樂電視臺威脅要封殺超脫合唱團的演出，寇特說無所謂。音樂電視臺威脅不播放超脫合唱團的錄影帶，寇特也說無所謂，儘管他可能暗地裡覺得很害怕。接下來，電視臺又加碼，威脅不再播放金山經紀公司其他藝人的錄影帶。費納蒂被找去在兩個陣營之間斡旋，還跟寇特妮、法蘭西絲和褓姆賈姬開車前往艾克索德斯康復中心去找寇特談話，他在排演之後就馬上被送回了醫院。他們坐在草坪上討論對策，但還沒得到結論，寇特就趕著去接受諮詢了。他每進到戒毒療程的下一個階段，心理諮詢就變得愈重要，但他不在戒毒所裡的時候，他還是不願參加心理諮詢。

如果超脫合唱團表演〈強暴我〉，費納蒂就會被開除。寇特一直到知道了這一點後，才重新考慮要表演的曲目。在典禮當天最後綵排時，音樂電視臺的高層顯然很驚訝看到超脫合唱團出現。寇特進場時，所有人的目光都在他身上。這時他伸出手，拉了費納蒂一把，挑釁地走過中間的走道，還誇張地拉著艾米的手大搖大擺，就好像兩個托兒所帶去遠足的小朋友一樣。這全都是做給音樂電視臺的高層看的，寇特表明要是他們開除艾米，他就不在派對上幫他們表演了。

這場綵排很平靜。超脫合唱團演奏了〈鋰〉，表演得很好，音樂電視臺的員工也都鼓掌，或許還有點太熱情了。不過在大家等待典禮開始的同時，卻傳出寇特會在直播上演奏〈強暴我〉的謠言。超脫合唱團大部分的重要演出都瀰漫著這種緊張氣氛，寇特對此感到很興奮。

同時，在後臺也發生了另一場鬧劇。寇特、寇特妮、裸姆賈姬、費納蒂跟法蘭西絲坐在一起時，艾克索・羅斯經過，還牽著他的模特兒女友史蒂芬妮・西摩（Stephanie Seymour）的手。「嘿，艾克索，」寇特妮叫他，聽起來有點像布蘭琪・杜波瓦*****（Blanche Dubois），「你要不要當我們孩子的教父?」艾克索沒理她，反而是轉向正把法蘭西絲放在膝蓋上拋上拋下的寇特。艾克索彎下腰，湊近寇特的臉，脖子上青筋暴露，簡直跟澆花的水管一樣粗。他大吼：「叫你的婊子閉嘴，不然我就把你打得滿地找牙！」

居然有人覺得寇特妮是可以控制的，這實在太可笑了，所以寇特臉上露出大大的笑容。要不是他有強烈的自保意識，他肯定會忍不住哈哈大笑。他轉向寇特妮，用機械性的聲音命令她：「好吧，

***** 美國作家田納西・威廉斯（Thomas Williams）的劇本《欲望街車》（A Streetcar Named Desire）的女主角。

婊子，閉嘴啦！」所有聽到這句話的人都在竊笑，只有羅斯和西摩除外。西摩或許是想扳回一點面子，所以就自己槓上寇特妮，盡力用最嘲諷的口氣問：「你是模特兒嗎？」三週之前才剛生完小孩的洛芙反應非常快，在這樣的機智應對上，沒人能贏得過她——尤其是史蒂芬妮・西摩。她反擊：「不是。你是腦外科醫生嗎？」她這麼一說，羅斯和西摩氣沖沖地走了。

接下來輪到超脫合唱團上臺。音樂電視臺的高層已經想好面對緊急事件的計畫，免得上寇特的當。他們給了技術人員指示，說如果超脫合唱團表演〈強暴我〉，就立刻進廣告。唯一的問題在於控制室裡沒有人知道未發行的〈強暴我〉聽起來是怎樣。表演開始，超脫合唱團走上臺。突然間，他們尷尬地停了一下，大家看到寇特、克里斯特和大衛互看一眼。寇特就是為了這種時刻而活的——年輕時，他花了無數時間在筆記本上創作樂團標誌，也花了無數時間觀賞音樂電視臺，因此他訓練有素。他懂得絕對不要讓觀眾失望，不論觀眾是社區世界劇院的十八個青少年，還是音樂電視臺坐在貴賓區的高層。他開始緩緩撥弦，最初，大家還不清楚他在彈哪首歌，不過當克里斯特加入貝斯的部分，在場的所有人以及電視前的觀眾都聽出這是〈強暴我〉的開場和弦。但電視機前的觀眾聽不見也看不到的是，一個音樂電視臺的高層跑向控制卡車，不過在他們來得及切換畫面之前，超脫合唱團又轉為演奏〈鋰〉的前奏。「我們是故意要整他們，」克里斯特回想。雖然只有不到二十秒鐘——而且音樂電視臺重播時把這一段剪掉了，但這是超脫合唱團最光榮的時刻之一。歌曲演奏完畢時，克里斯特把他的貝斯往空中一丟，結果貝斯直接砸在他的額頭上。他在舞臺上踉蹌了幾步之後倒地不起，很多人都以為他死了。費納蒂在後臺找到他時，他已經不把這當一回事，還哈哈大笑。

超脫合唱團贏得最佳另類音樂錄影帶獎時，他們派了一個模仿麥可・傑克森的人去領獎，不過在贏得最佳新人獎時，樂團的三個成員都出現了。寇特說：「文章裡寫的東西不能全信。」反駁《浮華世界》的報導已成了他的強迫症。此時的他已兩週沒有吸毒。他氣色很好，眼睛明亮。接下來，艾瑞克・克萊普頓（Eric Clapton）演奏〈淚灑天堂〉（Tears in Heaven）時，費納蒂和寇特妮串通好讓寇特跟艾迪・維達跳慢舞。兩個女人把他們推向彼此時，寇特挽著他的舞伴，就像畢業舞會上笨拙的少年一樣跳起舞來。

在此同時，諾弗賽立克被槍與玫瑰樂團的達夫・麥卡根（Duff McKagan）和兩個保鏢盯上，他們想找他打架。克里斯特、寇特妮和寶寶法蘭西絲在樂團的拖車裡，槍與玫瑰樂團的一行人試圖翻車，但沒有成功。寇特並不在場，因為他得趕在艾克索德斯康復中心宵禁前回去。「你剛才做的事還蠻好笑的，」寇特爬上貨車準備離開時，費納蒂說。「對啊，」寇特說。他笑了起來，就像個讓老師出糗卻成功逃脫、下次又來找麻煩的小男孩一樣。

音樂電視臺頒獎典禮一個星期後，寇特在高丘臺街的家中接受《洛杉磯時報》的羅伯・希爾本（Robert Hilburn）的採訪。這是他六個月以來第一次接受重大採訪，也是他第一次向媒體稍微承認他海洛因成癮——關於他的採訪文章，有一半以上都在談論他的毒癮和健康狀況。寇特承認他對海洛因成癮，不過卻把程度輕輕帶過。他說在錄製《從不介意》之前，他只有「稍微接觸」麻醉劑——這是事實。不過對於那之後的用量，他輕描淡寫，只說那是一個「小嗜好」，還說他只上癮了「三個星期」。他說他是「選擇吸毒」，跟他在日記中的說法一致。

許多關於他健康狀況和生活的言論都因為法蘭西絲在場而變得不一樣。採訪期間，他一直把她抱在懷裡。「我不希望我女兒成長過程中會被同學騷擾……我不想要別人跟她說她父母是毒蟲，」他說，「我本來就知道，有了小孩以後，我會壓力很大，這是真的……我無法形容自從有了法蘭西絲之後，我的態度有多大的轉變。把我的寶貝抱在懷裡就是世界上最好的毒品。」

他談到自己差點就退出超脫合唱團了，不過也說現在樂團的狀況很穩定。他們打算要錄一張「非常原始的專輯」，還說可能會再次巡演。但他說不會考慮長途巡演，因為他的身體衰弱，沒辦法承受。「我們可能再也不參加長途巡演了，」他告訴希爾本。「我寧願健康地活著。我不想犧牲我自己或我的家人。」

這次採訪顯現出寇特情緒上的突破。經由承認自己的毒癮，他擺脫了一些隨之而來的羞恥感。寇特發現自己坦承之後得到的是掌聲，而不是排斥。他覺得自己就像被公開處刑的人，卻在最後時刻獲得赦免。希爾本的文章出刊後不久，寇特在日記上反思自己的近況：

有時候我覺得我很有可能是全世界最幸運的男孩。不知道為什麼，過去幾年來，我有幸得到一大堆好東西。我覺得能得到這些小玩意和禮物，並不是因為我是廣受好評、國際當紅的青少年偶像、神一般的金髮主唱，神祕中透露著真誠。結結巴巴又直言不諱，有語言障礙卻能口齒清晰地發表獲獎感言。這個神童、搖滾巨星終於、終於站出來承認自己兩個月以來的吸毒習慣，用這經典的語句來沐浴世界：「我無法再保守這個祕密，向我的樂迷隱藏我任何一點私生活都使我痛苦不堪，我那些仰慕我、關心我，那些覺得我是公領域的卡通人物卻依然愛著我的樂迷。」是的，我的孩子，讓我以一個他媽的大怪胎的語言代表這個世界發言：「我們很高興你終於承認我們一直以來對你的指控，我們需要聽到你承認，因為我們很擔心你，因為我們在職場、學校及派對上聽到的陰險八卦、笑話和猜疑都讓我們，呃，精疲力盡。」

19

1992 年 9 月—1993 年 1 月
華盛頓州，西雅圖

那場傳奇的離婚

那場傳奇的離婚太無趣了。
——摘錄自〈為僕人服務〉

音樂電視臺頒獎典禮兩天後，寇特、寇特妮、法蘭西絲——還有潔米和賈姬——來到西雅圖。超脫合唱團要在一場公益演出中領銜主演，目的是反對華盛頓州引進音樂審查法案。前一晚，他們在波特蘭進行挺同志權益的演出。他們對於公益演出的選擇——大多都是支持同性戀以及捍衛墮胎選擇權——讓他們有了寇特意料之外的負擔：現在他開始收到死亡威脅了。「威脅通常都是來自反墮胎人士，」亞歷克斯・麥克勞德回想，「我們買了金屬探測器。」有人打電話來，警告寇特一上臺就會被槍殺。光是這個可能性就已經很嚇人了，但同樣嚇人的是回到西雅圖，這是寇特有孩子之後第一次去見他的親戚。

寇特來到能容納一萬六千人且座無虛席的西雅圖中心競技場，發現溫蒂、金和寇特同母異父的妹妹布莉安妮已經在更衣室了。這是她們第一次看到寇特和法蘭西絲在一起。「他好興奮，而且他真的是個好爸爸，」金回想，「他真的很疼愛法蘭西絲。為了讓她笑，要他做什麼都可以。」

在寇特的家人繞著法蘭西絲轉的同時，他收到了隨行經理人匯報的情況。又收到更多死亡威脅了，憂鬱發作樂團遇到了音效問題（寇特當然堅持要他們開場），還有幾十個記者想採訪寇特。最後他也無可奈何。但就在他覺得自己已經處理完所有的問題時，金慌慌張張地跑來告訴寇特一件他沒料到的事。「爸爸來了！」她驚呼。「他他媽的來這裡幹嘛？」寇特咒罵。唐納秀出他的駕照和華盛頓州巡警證件，說服保全人員讓他到後臺。「沒關係的，」金向寇特保證，「我跟他說了，他們不會讓任何人進來更衣室。」當然，這不是真的，因為就連次流行唱片公司旗下不知名的樂團都在到處走，喝免費的啤酒。金警告保全主管不要讓唐納接近他兒子。寇特已經八年沒有見到父親了，而且自一九九一年二月起就沒再跟他說過話。唐納有試過跟寇特聯絡，但他們的關係已經很疏遠，唐納甚至不知道兒子的電話號碼。但他有留過言給寇特的鄰居和唱片公司接待處。

唐納和寇特同父異母的弟弟查德一起走進更衣室。「噢，嗨，爸爸，」寇特換了一種語氣說話，好隱藏他剛才的憤怒。這是十年來第一次，科本家原本的四個成員——唐納、溫蒂、寇特和金共處一室。現在這一行人還包括兩個有一半血緣關係的弟弟妹妹、寇特妮，以及寇特的幾個員工。三個月大的法蘭西絲·賓·科本——被親戚輪流抱著時咿咿呀呀的——是唯一不知道氣氛有多緊張的人。對其他人來說，當時就像一場充滿爭議的拳擊賽的賽前秤重一樣。

科本家的八點檔並沒有讓看好戲的人失望。唐納看見溫蒂抱著法蘭西絲，就說：「你好啊，奶奶。」他故意強調「奶奶」，好像在羞辱她一樣。「當奶奶的感覺怎麼樣？」「很棒，爺爺，」溫蒂也用同樣諷刺的口吻嗆回去，「我很喜歡啊，爺爺。」在其他家庭可能是很幽默或很感性的交流，在這裡卻成了令人不悅的對峙。自從唐納和溫蒂離婚，已經過了十八年多，但突然間，這個原生家庭感覺像回到了亞伯丁東一街一二一〇號，而父母兩人的關係一點也沒變。對寇特來說，這就像帶著原生家庭的傷口來到新的家庭。「我心想：『天啊，別又來了，』」金回想。唯一不同的是寇特的角色。他不再是那個弱小無助的男孩。他已經成了一家之主，而且在牆的另一側，有一萬六千名仰慕他的樂迷正在等著他。

寇特妮從來沒見過唐納。她看到唐納跟兒子長得這麼像，簡直說不出話來——唐納看起來像中年的史提夫・麥昆*（Steve McQueen），有種粗獷的帥氣。但寇特卻不是沒有話說，尤其是針對與他長相相似的父親。「你他媽的閉嘴，」他對父親大吼，他這輩子從來沒這麼強勢地講過話，要是他小時候講這種髒話，可能會被重擊太陽穴。「不要這樣跟她講話，你少欺負她。」

很快，溫蒂、金、寇特妮和布莉安妮就離開了房間。「天啊，你看起來真老，」寇特冷靜下來後對他父親說。他立刻就覺得唐納是來跟他要錢的。「我什麼都不想要，」唐納回想，「我只是想跟他聯絡。我說：『如果你過得快樂，享受生活，那就好。我們想辦法保持聯絡吧。』」

---

* 美國演員、賽車手，展現出一九五〇到一九七〇年代標準的好萊塢硬漢風格。

寇特幫他同父異母的弟弟查德在海報上簽名——他向大家介紹這是他的「繼弟」，令唐納大吃一驚——然後跟父親說他該走了。寇特已經延誤到超脫合唱團表演的時間了。製作經理傑夫・梅森（Jeff Mason）來帶寇特走上臺時，他只有幾秒鐘可以放下家庭，變成搖滾巨星「科德特・科本」，也就是他的另一個人格。他即將走上這個他曾看過第一場搖滾演唱會的舞臺，當時是看山米・海格和閃光合唱團的表演。那只是十年前的事，但感覺卻恍如隔世。梅森和寇特向來會用走上臺這短暫的時間來討論演出的細節，或確保寇特情緒穩定。這是寇特少數幾次在完全的沉默中走向鎂光燈。

表演本身非常精采，是超脫合唱團在西雅圖表現最好的一次。在里丁音樂節的那種生疏感不再，此時的寇特看起來滿懷希望，似乎能說服任何不信教的人皈依於他。現場有幾百個年輕人在玩人群衝浪，像旅鼠跳過懸崖一樣衝過圍欄。歌曲之間休息時，克里斯特講了一個故事，說他在一場尼爾・楊的演唱會上喝醉酒，被西雅圖中心競技場「終身禁止入場」。他還在後臺的布告欄上找到永遠被禁止入內的名單，發現自己的照片也在上面。

表演結束後，寇特推掉所有的採訪，只有《孟克》（Monk）除外，這是一本不定期出刊的旅遊雜誌。《孟克》的吉姆・克羅蒂（Jim Crotty）和邁克・萊恩（Michael Lane）來到寇特的更衣室，發現除了寇特和法蘭西絲，沒有其他人在。克羅蒂回想：「我感覺好像遇到達賴喇嘛一樣。當一個人的一舉一動都被大家如此仔細分析時，在你腦海中，這個人就已經占了非常重要的地位。當時外面一片熱鬧，然後你打開門，看到寇特・科本在空曠的房間裡抱著寶寶。他看起來是這麼敏感、不受保護、脆弱又溫柔。」

之前接受希爾本的採訪時，他的態度比較嚴肅，不過這次談話卻是寇特人生中編造傳奇的絕佳機會。被問及亞伯丁時，他講了自己被趕出城的故事：「他們拿著火把，把我追趕到亞伯丁的『城堡』，就好像我是《科學怪人》中的怪物一樣。最後我搭上熱氣球逃跑了。」克羅蒂問寇特記憶中有沒有一個「最能代表亞伯丁的地方？」他回答「橋下」。他說自己最愛的食物是「水和飯」。問他相不相信輪迴轉世時，他回答：「如果你真的是個很糟的人，那你下輩子就會變成吃屎的蒼蠅。」克羅蒂問寇特要是寫自傳，會取什麼名字？他回答：「《我沒在想》（I Was Not Thinking），寇特・科本著。」

這年秋天，寇特、寇特妮——還有跟著一起來的法蘭西絲、潔米和賈姬——大部分的時間都在西雅圖度過。他們住在市場街的索倫托旅館（Sorrento）以及其他幾家四星級飯店，並用席德・維瑟斯（Sid Vicious）的真名西蒙・里奇（Simon Ritchie）登記入住。他們剛花了三十萬美元，在西雅圖外四十八公里的康乃馨城（Carnation）附近買了一棟帶四點四公頃土地的房子。這棟房子被一棵樹穿過，破敗不堪，所以他們在那塊土地上重建一棟新屋。

在西雅圖的時候，寇特聽說英格蘭有兩個女人在未經授權下寫他的傳記。經歷了《浮華世界》的事件後，這件事讓他勃然大怒，因為他的阿姨茱蒂（Judy）已經為這本書接受過採訪。十月二十二日，寇特、寇特妮、茱蒂和大衛・格羅爾打了電話給其中一個作者維多莉亞・克拉克（Victoria

Clarke），留下一連串愈來愈具威脅性的留言。「要是這本書寫了任何會傷害我太太的事，我他媽的絕不饒你，」寇特警告她。在另一則留言裡，他憤怒地說：「我他媽的才不在乎我對你的威脅會不會留下記錄。我想我只要丟個幾十萬美元就能除掉你，但我也許會先走法律途徑。」這些留言占滿克拉克電話答錄機的帶子，她把錄音帶交給警察。被《紐約時報》問及這些威脅時，丹尼・戈德堡說：「寇特完全否認，他說自己或樂團的任何成員都沒有打過這種電話。」不過後來寇特又承認是他打的。他也寫了一封（從未寄出的）信給克拉克，裡面有這些惡毒的話語：「你嫉妒到不行，又醜陋到不行。你寫這本書不是關於我的樂團，而是關於你有多嫉妒我那聰明、美麗、性感又有才華的太太，這些優點你們兩個一項都沒有。如果你的書中出現任何一丁點針對我太太的八卦、負面言論或評論，我會很樂意（用我這輩子最大的熱情）花一生的時間讓你生不如死。要是沒有用，好吧，別忘了我在為黑手黨工作。」

幾個月之後再次談起這件事時，寇特仍然不後悔。「如果有一天我一無所有，家庭破裂，我會毫不猶豫去找那些搞垮我的人報仇，」他告訴麥可・阿澤拉德。「我一直都有這種能耐。我之前跟別人打架的時候，怒氣一來，就試過要殺人……要是別人平白無故找我麻煩，我只會想把他們打死。」一個月之前，他才收到死亡威脅，而現在他自己就對別人做出死亡威脅。

寇特變得經常在深夜打電話給別人，儘管大多數都是很明顯在求救。從他的律師到工作人員都接過他凌晨四點打來的電話。有一次，他在半夜兩點半打給瑪麗阿姨，提出一個商業上的建議：他想幫她出專輯。「我覺得趁我現在還有影響力，就要好好把握，」他解釋。

他常常在半夜打電話給傑西・里德——他知道傑西總是願意聽他訴苦。寇特的名氣愈大、毒品問題愈嚴重，他跟朋友的關係也漸漸不同了。他跟迪倫的關係是前所未有的密切，但他跟很多老朋友都疏遠了——因為他的名氣變大，又常常到處巡演，很難聯絡得到他。寇特的一些老朋友都抱怨是寇特妮害他們關係變差的。有時候他們打電話來，寇特妮會以為他們是寇特的毒友，為了不讓寇特重拾壞習慣，她就會掛他們電話。

寇特愈來愈依賴他的下屬，會尋求他們的建議和友情。經理人之一的丹尼・戈德堡對他來說愈來愈重要，工作人員亞歷克斯・麥克勞德和傑夫・梅森也一樣。但他和超脫合唱團的其他成員之間感情就沒那麼好了。自從寇特結婚後，克里斯特跟他的關係就變了。雖然他們會談樂團的公事，但已經不像以前一樣有其他的社交互動。「我記得我曾經在電話上跟寇特吵起來，」克里斯特回想。「要掛電話時，他會說：『一切都會好起來的。』而我也會說：『嗯，一切都會好起來的。』我們約好要說這句話，才能感覺比較樂觀。」而大衛和寇特之前住在一起時雖然情同兄弟，但到了一九九二年底，不管是在舞臺上還是私底下，只要寇特對這位鼓手有任何不滿意的地方，他就會公開宣布要開除他。

一九九二年，寇特和巴迪・阿諾（Buddy Arnold）展開了一段不尋常的友誼。阿諾自稱是「怪老頭兼猶太爵士鼓手兼前毒蟲」，他是音樂家援助計畫（Musicians Assistance Program）的負責人，幫忙替樂手推薦醫療服務。一九九二年，他們初次見面時，寇特懷疑地看著這個又禿又瘦的老人，問他：「你有吸過毒嗎？」「只有海洛因，」阿諾回答，「而且只吸了三十一年。」這就足以得到寇特的信任了。寇特在洛杉磯時會去阿諾的公寓，但他們很少談治療的事情，寇特大多時候都是想聽阿諾談查利・帕克**（Charlie Parker）和比莉・哈樂黛***（Billie Holiday）等等阿諾認識的傳奇人物。阿諾試圖在對話中插入一些故事，警告寇特毒品是怎樣毀掉一個人的，而寇特會禮貌地聽，但總是把話題拉回名人的事情。

十月二十四日，寇特和克里斯特與大衛聚在一起，開始著手下一張專輯。他們決定再次和傑克・恩迪諾合作製作試聽帶，並使用當年《漂白》專輯所用的同一個混音臺。雖然他們錄了六首歌，但只有〈強暴我〉進展得比較順利。第二天錄音的晚上，寇特妮和法蘭西絲也來了。寇特最後一次錄〈強暴我〉的人聲部分時，法蘭西絲就坐在他腿上。後來，一個喜願基金會（Make-A-Wish Foundation）來的十七歲絕症少年經過錄音室，他們買了披薩給他，錄音就結束了。

十月底，他們在阿根廷的布宜諾斯艾利斯（Buenos Aires）表演，有五萬名樂迷。他們收到許多高額的大型演唱會邀約，現在寇特偶爾會同意表演。不過這場演出不論對樂團或者對觀眾來說都很痛苦，因為超脫合唱團演奏了〈少年仔的氣味〉的開場和弦，卻沒有演奏整首歌，觀眾失望之下

** 美國爵士樂手，是爵士樂史上最有才華的薩克斯風手之一。

*** 美國傳奇爵士女伶，公認為二十世紀最重要的爵士樂歌手之一。

差點發生暴動。寇特也很想念法蘭西絲——這次是最初幾場她不在身邊的演出之一。

十一月初，寇特和寇特妮搬到西雅圖的四季奧林匹克飯店（Four Seasons Olympic Hotel），並用艾克索・羅斯的真名「比爾・貝利」（Bill Bailey）登記入住。他們住了將近兩個月，花了三萬六千美元，直到這家高級飯店把他們趕出去。最後，他們被西雅圖所有的豪華飯店趕出來，只好住到比較普通的住所。常常讓他們惹上麻煩的毒品這次並不是問題，問題在於他們習慣把香煙丟在地毯上，燒壞了地毯，還把房間破壞到無法修繕的地步。「我總是會給清潔工小費，」褓姆賈姬・法瑞回想。「但每次到最後，飯店都會說：『我們不想做你們的生意了。』」

感恩節的一個星期前，寇特妮在四季飯店的花苑餐廳（Garden Court）接受《火箭》雜誌的吉蓮・戈爾的採訪。寇特妮講的大多都是關於空洞樂團的下一張專輯，但她對她老公有一則評論：「大家都有一種觀念，覺得他太軟弱，不做任何選擇——你們有聽過他的唱片嗎？你們有聽過我的唱片嗎？我們兩個顯然不笨！」她抨擊了搖滾圈的性別歧視，說：「顯然女人只能靠性來取得成就，男人成功就是因為他們演奏好聽的歌。」

《火箭》雜誌的採訪只是整個公關危機處理的第一步——夫婦倆對《浮華世界》的文章太生氣了，所以開始鼓勵同情他們的寫手來採訪他們。《旋轉》雜誌就請次流行唱片公司的喬納森・龐曼寫一篇關於他們的描述，標題是〈家庭價值觀〉，把夫婦倆描寫成慈愛又對孩子過度保護的父母。「我們知道自己可以給予〔法蘭西絲〕我們自己沒有的東西，」寇特妮告訴龐曼，「像是忠誠、同情和鼓勵。我們知道自己能給她一個真正的家，把她寵壞。」但比這篇文章更有說服力的是附帶的照片，裡面是寇特和寇特妮跟寶寶玩的樣子。從照片上可以看出這是顏值很高的一家人，法蘭西絲看起來是個既健康、又受到良好照顧的漂亮寶寶。

十月，寇特花了很多時間著魔地撰寫《亂倫狀態》（Incesticide）的內頁說明。這是一張B面歌曲的選輯，預計在耶誕節之前發行。他也為這張專輯畫了封面，是一個盯著罌粟花的寶寶抱著外星人家長。他擬了至少二十種不同的內頁說明，還利用這個平臺來抨擊他心中愈來愈多的敵人。在其中一份草稿中，寇特反駁了別人說他容易被控制的這個形象：「對於那些膽敢說我天真愚蠢，容易被利用、被操控的人，去你媽的。」

這年十月，寇特的經理人建議他考慮出一本授權的傳記，這樣或許能阻止一些負面新聞。他同意了，他覺得要是能講出他的人生故事——即使備受爭議——就能讓他取回主控權。金山經紀公司聯絡麥可・阿澤拉德，他在十月開始跟寇特合作一起寫書。寇特甚至為書的封面畫了一張油畫，但後來沒有採用。這年秋天，他跟阿澤拉德進行了一連串的訪談。雖然他講的大多都是實話，但就跟之前希爾本的採訪一樣，他常會誘導作者寫一些無關緊要的輕鬆事件，而忽略更重要、更黑暗的部分。最後的成果也是這樣。阿澤拉德的書中寫到，寇特承認自己有毒品問題，但對於他毒癮有多嚴重卻是輕描淡寫。寇特讀了最終的稿件後，只修改了兩處事實，但卻保留了許多自己的傳奇故事，從河中槍到住在橋下的事情都有。

十一月的第二個星期，寇特為《孟克》雜誌拍照——他將要登上西雅圖版的封面。他獨自來到查理・霍瑟爾頓（Charlie Hoselton）的工作室，而且跟以往拍攝時不同，他這次全力配合。「是這樣的，」寇特對霍瑟爾頓說，「你要我待多久，我就待多久。你要我做什麼都可以，只要答應我兩件事：把電話關機，不管任何人敲門都不要開門。」寇特妮已經打了五次電話到工作室找他。《孟克》的編輯說服寇特穿伐木工人的衣服，並拿著電鋸拍照。拍攝過程中，寇特放膽嘗試，霍瑟爾頓叫他在義式咖啡機前擺姿勢，他還更進一步——把咖啡師推到一旁，自己沖了咖啡。

一個月後，寇特接受同志週刊《倡導者》（Advocate）的採訪。作者凱文・阿爾曼（Kevin Allman）發現這對夫婦看起來出奇地居家——寇特妮當時正準備用嬰兒車推法蘭西絲去散步。阿爾曼說他們倆看起來一點都不像席德和南西，結果寇特回答：「真的很驚人，搖滾史都發展到現在了，大家居然還期待他們的搖滾偶像活得像經典搖滾人物一樣，例如席德和南西。就因為我們有一陣子會施打海洛因，他們就覺得我們一模一樣。受到這樣的期待，我挺不高興的。」這場訪談觸及的範圍很廣，而且寇特還迎合這本雜誌的同志讀者的喜好，謊稱自己在亞伯丁噴漆時曾經寫了「同性戀萬歲」而被逮捕，並談及自己對同性戀權益的支持。他又講了一次音樂電視臺頒獎典禮上與艾克索・羅斯之間的故事，但把內容誇大了。他聲稱羅斯身邊有「五十個保鏢，又高又壯，都是腦殘的傻子，準備大開殺戒。」被問及海洛因時，寇特承認他曾經有過毒癮，但他解釋，謠言之所以會繼續傳開是因為「我太瘦了，大家都覺得我們又開始吸毒，連我的工作伙伴也這樣認為。我想我在往後的人生裡都得習慣別人這樣想了。」

寇特承認，過去幾年是他創作最少的時期，但他說他至少還是有在看書的。他讀的書包括派屈克・徐四金（Patrick Suskind）的《香水》（Perfume），這是他第二次讀了。他還自稱是卡蜜兒・

佩利亞（Camille Paglia）的書迷，這是受到寇特妮的眾多影響之一。他還談了繪畫，說製作娃娃是他近期最主要的藝術創作活動。「我是照著娃娃收藏雜誌做的，」他解釋。「這些娃娃是黏土做的，我把黏土拿去烤，然後把娃娃弄成很舊的樣子，幫娃娃穿上很舊的衣服。」被問及有沒有什麼最後的話要說時，他說：「我無權評論任何事情。」這並不像一個二十五歲的人會說的話。

十一月中，洛杉磯的法院放寬對科本夫婦的監護權限制，於是寇特妮的繼妹潔米就離開了。潔米監護法蘭西絲的三個月期間，她嚴守規矩，幾乎都不讓寇特與寇特妮在沒有監護人的情況下見到女兒。潔米走了之後，賈姬繼續看著他們，父母吸毒吸嗨時，她就把寶寶帶走。大部分換尿布和餵食的工作都是由賈姬負責，不過晚上睡覺前，她會準備好一瓶滿滿的奶，讓法蘭西絲回到父母身邊。「有時候寇特會說：『我真的很想見她』，」法瑞回想，「這時我就會把她帶進來。但因為寇特昏昏沉沉的，根本還沒辦法見寶寶，所以我會再把她帶走。」但在寇特和寇特妮清醒時，他們是很慈愛、很疼孩子的父母。

一九九二年的最後幾個月，寇特為下一張唱片的好幾首歌收尾——當時他還是把這張唱片稱為《我恨自己，我想死》（I Hate Myself and I Want to Die）。大部分的歌曲都是關於家庭，包括他的舊家庭和新家庭。與父親見面的事仍然縈繞在寇特的心頭，於是唐納變成他近期創作歌曲的中心人物。在〈為僕人服務〉這首歌裡，寇特寫下了最具自傳性的歌詞，在開頭就直接描述了大家對《從不介意》有多瘋狂：「青少年的憂慮很賣座／現在我無趣又蒼老」。歌詞還攻擊了批評他的人（「自我指定為評審的人擅自評判」），並描述媒體是怎麼對待寇特妮的（「要是她能浮起來，就不是女巫」）。不過大部分的歌曲都是關於唐納，最出名的一句歌詞是：「我努力想要有一位父親／但我只得到一個爸。」副歌的部分，寇特輕輕帶過他一生中最重要的一件事：「那場傳奇的離婚太無趣了。」表演這首歌時，他把這句話唱得好像不怎麼重要，但在歌詞的第一稿，這句話的大小是其他字的兩倍大，還在底下畫了三條線。

儘管根本不需要說明，寇特還是為這首歌寫了很詳盡的內頁說明。「我想，這首歌是為我父親而寫的，」他寫道。「他沒辦法用我一直以來期待的那種充滿愛的方式溝通。我想用我自己的方式，讓我父親知道我並不恨他。我只是對他無話可說。對於一個我不願意一起過無趣的耶誕節的人，我不需要跟他有父子關係。換句話說：我愛你，我不恨你，我不想跟你說話。」寫完這段文字後，寇特又躊躇了——他把大部分的文字都劃掉了。

隔年春天，寇特又寫了一封沒有寄出的信給唐納，思考法蘭西絲給他帶來了怎樣的改變：

七個月前，我選擇把自己放在一個位置，這個位置的人需要擁有的責任感是人類之中最高的。是發自內心的責任感。每次我在電視劇上看到瀕死的孩子，或者看到最近失去孩子的家長的感言，我都忍不住哭泣。每天，一想到失去我的孩子，我就感到害怕。甚至連帶她坐車都讓我有點緊張，害怕她會出車禍。我發誓，要是有一天我也跟你面臨一樣的處境（也就是離婚），我會為了孩子的撫養權而奮戰到死。我會盡全力提醒她，我愛她比愛我自己還要深。並不是因為這是父親的職責，而是因為我想這麼做，因為愛。假如寇特妮和我最後互相憎恨，我們兩個都夠成熟，能夠在孩子在場時負起責任，對彼此展現友好的一面。我知道，好幾年來，你一直覺得媽媽不知道用了什麼方法對金和我洗腦，讓我們討厭你。我再怎麼強調都不夠：這絕對不是事實。而且我覺得這只是你懶惰而拙劣的藉口，好讓你不去嘗試更努力地擔起父親的責任。我記得，一直到你們吵架的後期，大約是我高中的最後兩年，媽媽才開始說你的壞話。那時候，不需要媽媽說些什麼，我自己就能判斷了。但她注意到我對你和你家人的輕視，並順著我的感覺來發揮，趁這個機會來發洩對你的失望。每次她說你的壞話，我都有讓她知道我不喜歡她這麼做，以及這麼做有多不必要。我從來沒有站在你或媽媽任何一邊，因為在我成長過程中，我對你們兩個都同樣鄙視。

寇特在日記中的拼貼作品更能說明問題。他把唐納從年刊照片中剪下來，貼在他的藝人與製作部代表蓋瑞・格什的照片旁邊。在唐納的照片上方，他寫了「舊爸爸」，還寫下說明文字：「逼我典當我的第一把吉他。堅持要我參加體育活動。」而在格什的照片上方，他寫了「新爸爸」，沒有文字說明。在這幅拼貼作品下方，寇特從舊的醫學教科書上剪了好幾張畸形身體的照片，並把標題取為〈科德特・科本的眾多心情〉，在「嬰兒」的心情處，他用了一張弱智男人的照片；在「生氣」的心情處，他用了一個尿溼褲子男人的照片。他在一個瘦巴巴的男人的照片上寫了「惡霸」，用來描述他的心情。然後在唯一正常的男人照片上，他修改了衣服上的字，改成「多變小子」，並畫了一個針筒，用來形容「野蠻」的心情。

一九九二年的除夕夜，寇特和寇特妮在西雅圖的 RKCNDY 俱樂部看超級吸盤樂團（Supersuckers）演出。之後，在一個派對上，寇特遇到了當地的演出預訂人傑夫・霍姆斯（Jeff Holmes）。他們聊了音樂的話題，談到肉偶樂團（Meat Puppets）時，霍姆斯告訴寇特他認識這個樂團。霍姆斯打了電話給庫特・柯克伍德（Curt Kirkwood），並讓寇特聽電話。肉偶樂團和超脫合唱團的友情就此展開，最後讓兩個樂團走向合作。

由於一年要結束了，寇特和寇特妮整理了一張清單，寫下他們打算寄耶誕卡片的對象，裡面包括一些老面孔，還有幾個不尋常的人物：艾迪・維達、艾克索・羅斯和喬・史楚默。在史楚默的名字旁邊，寇特妮建議寫上：「謝謝你派你朋友琳恩・赫希伯格來攻擊我們，她真是他媽的又甜美又誠實。向她獻上我們最真誠的祝福，好嗎？」在寫給聲音花園樂團經理人蘇珊・西佛的卡片上，他們說這張卡片是獻給「我們最喜歡的內部人士」，因為他們認為（但事實並不是這樣）西佛是《浮華世界》爆料的消息來源。

耶誕卡的清單上還有另外兩個人是科本夫婦真正的熟人——幫忙接生法蘭西絲的保羅・克萊恩（Paul Crane）醫生，還有羅伯・弗蒙特醫生。事實上，根據金山經紀公司幫寇特記的帳，一九九二年一月一日到八月三十一日之間，科本夫婦的醫療支出是七萬五千九百三十二點〇八美元。將近半數的支出都付給了毒品治療相關的醫生，其中光是邁克・霍羅威茨（Michael Horowitz）醫生一個人就收了兩萬四千美元。寇特妮後來控告他，聲稱他把自己的醫療記錄洩露給媒體。弗蒙特醫生則收了八千五百美元，作為寇特的治療費用以及提供丁丙諾啡的費用。其中幾項帳目是在他們戒毒治療之前就發出的，而且上面顯示，費用是支付給幾個會開麻醉劑給病人的「賣藥騙子」。雖然《從不介意》終於讓寇特賺了大錢（總銷售量已經達到八百萬張），但這些醫療款項顯示了在一九九二年，他們在健康問題的泥淖中陷得多深。

接受《倡導者》採訪時，寇特揭露更多財政上的細節：在一九九二年，他賺了超過一百萬美元，「其中三十八萬用來繳稅，三十萬用來買（康乃馨城的）房子，其他的錢付給醫師和律師，而我們的私人花費是八萬美元，用來租車、買食物和其他東西，並不算很大的花費，絕對沒有比艾克索一年的花費高。」他們的律師費是二十萬美元。雖然自從前一年，他的薪水漲了非常多，但他花錢的速度就跟賺錢一樣快。

耶誕節之前兩個星期，超脫合唱團的未公開歌曲和B面合輯《亂倫狀態》發行了，並登上《告示牌》專輯榜第五十一名。由於這張專輯中沒有新歌，所以這已經算是很好的成績了。在沒有大動作宣傳或巡演的狀況下，它在兩個月內就賣了五十萬張。

這年一月，超脫合唱團僅有的兩場表演是在巴西的大型館場，他們收到巨額報酬。一月十六日在聖保羅的演出吸引了超脫合唱團有史以來最多的觀眾——十一萬人，而工作人員和樂團都記得這是他們表演得最糟糕的一次。當時，樂團已經有一陣子沒排練了，寇特很緊張。更糟糕的是，他用酒精來配藥，導致他沒辦法好好撥弦。

這場演出中，他們翻唱的歌曲比超脫合唱團自己的歌還要多。他們表演了泰瑞・傑克斯的〈陽光季節〉、金・懷德（Kim Wilde）的〈美國孩童〉（Kids in America）還有杜蘭杜蘭樂團（Duran Duran）的〈里約〉（Rio）。翻唱皇后樂團的〈我們將震撼你〉（We Will Rock You）時，寇特把歌詞改成「我們將幹爆你」（We will fuck you）。演出三十分鐘後，克里斯特把他的貝斯砸向寇特，然後就氣沖沖地走了。「簡直就是一場充滿錯誤的鬧劇，」吉他技師厄尼・貝利（Earnie Bailey）回想。「大家都開始以經典雜耍的方式朝他們丟水果。我們都在想，不知道能不能順利離開，不被翻車。」最後，克里斯特被工作人員推回舞臺上，因為要是樂團表演不到四十五分鐘就算違約，也就是說拿不到錢。但照眼前這個情況，即使是巨額報酬也賠不起樂團損壞的器材費用。克里斯特後來描述這場演出是一場「精神崩潰」，但一本巴西雜誌的評價就沒這麼好聽了：「他們才不是真正的超脫合唱團，只是憂鬱的科本用吉他發出噪音而已。」

寇特確實很憂鬱，而且這個星期還出現了自殺傾向。距離下一場在里約的表演還有一個星期，他們原本計畫著手準備下一張專輯，但他們在里約登記入住一家高聳的飯店時，寇特卻因為剛跟寇特妮吵完架而威脅說要跳樓自殺。「我以為他要從窗戶跳下去，」傑夫・梅森回想。最後，梅森和亞歷克斯・麥克勞德帶他去另一家飯店。「我們問了一家又一家的飯店，但都沒辦法入住，因為我們走進房間，一看到陽臺，他就準備往下跳，」梅森解釋。最後，麥克勞德找到了一個位於一樓的房間，這在里約可不好找。當樂團的其他人睡在高樓層的豪華飯店時，寇特卻住在只有單層樓的廉價旅社。

寇特的失望大部分都是來自戒斷反應。巡演期間，樂團成員和工作人員都盯著他，讓他沒辦法溜去買毒品，至少沒辦法在不感到羞恥的情況下溜走。他就算能逃過這重重監視，他這輩子最害怕的事情之一就是買毒品時被抓，然後因此上報紙。搖滾界的樂評家揣測他過著亂七八糟的生活，這是一回事——他只要否認就好，或者像往常一樣，在採訪中承認過去曾經吸過毒。但他若是當場被抓，那不論他如何否認，也否認不了自己被逮捕的事實。為了減少他對海洛因的渴望，他會服下任何能找到的麻醉劑——藥丸或是酒精，但這個組合卻很不可靠。

在單層的旅館睡了一晚後，寇特的情況似乎好轉了。隔天他來到工作室時清醒多了，而且想開始工作。他表演了有史以來第一個版本的〈心形盒〉（Heart-Shaped Box），這是他和寇特妮合作後的產物。雖然寇特在這段旅程前期心情不好，但他一開始錄音，就走出了悲傷。「從音樂上來看，他還是有一些樂觀的時候，」梅森說。超脫合唱團錄音的休息時間，寇特妮和空洞樂團的新鼓手帕蒂・舒梅爾（Patty Schemel）也練了幾首洛芙的歌。

巴西之旅在一月二十三日來到尾聲，他們在里約的尊神體育館（Apoteose Stadium）舉行另一場大型演唱會。這場演出比聖保羅的演出專業許多，也是他們第一次表演〈心形盒〉和〈無味的學徒〉（Scentless Apprentice），這次的版本表演了十七分鐘。隔天他們飛回家時，寇特和其他樂團成員再次對接下來要錄的新專輯感到很雀躍。

20

1993年1月—1993年8月
華盛頓州，西雅圖

心形棺材

我被關在一個心形棺材裡，關了好幾個星期。
——早期版本的〈心形盒〉

「我恨自己，我想死」這句話打從一陣子以前就已開始出現在寇特・科本的言談與文字中。就像很多他的歌詞或他在採訪中使用的箴言一樣，在公開發表之前，他就已經在日記裡演練了好幾次。這句話最早以文字的形式出現，是在一九九二年中旬他寫下的一系列押韻對句中。雖然他想不出能跟這句話押韻的句子，但他就像想出突破性公式的科學家一樣，把這句話圈了起來。到了一九九二年中旬，他變得很執著於這句話，還告訴採訪者和朋友，這是他下一張唱片的標題。這頂多只能算是黑色幽默。

然而，寇特的日記中經常出現的充滿自我厭惡的語句可就不幽默了。其中包括一首跟他童年時的塗鴉很相似的詩：「我恨你們。我恨他們。但我最恨我自己。」在這一時期寫的另一個傑克·凱魯亞克*（Jack Kerouac）風格的段落中，胃痛在他筆下就像是詛咒一樣：「我吐得很凶，吐到我的胃整個翻了過來，可以看到長得像毛髮的細小神經。我把這些小神經留起來，一根根像孩子一樣撫養，裝飾得漂漂亮亮，並浸泡起來。就像是神操了我之後留下了寶貴的種子。我像隻得意洋洋的孔雀一樣繞著這些孩子遊行，充滿了母性的驕傲，猶如一個從不斷重複的強暴和折磨中解放出來的妓女，升遷到一份更有尊嚴的工作：傳統、純粹、日常、健康的賣淫。」那句「神操了我」經常出現，而且不帶一絲幽默——這是寇特對自己生理和心理掙扎的解釋。

直到克里斯特告訴寇特，如果把唱片標題取為《我恨自己，我想死》，那麼超脫合唱團可能會面臨官司，寇特才考慮其他名字。他換了好幾個標題，一開始改成《主歌，副歌，主歌》（Verse, Chorus, Verse），最後終於定下《母體》（In Utero），出自一首寇特妮寫的詩。

一九九二年，大部分寇特寫的歌都受到他的婚姻影響。〈擠奶〉（Milk It）這首歌的一句歌詞「我們互相滋養」總結了他們藝術上和情感上的結合。他們就跟大多數結了婚的藝術家一樣，兩個人的思考方式愈來愈像，會互相交換意見，並擔任彼此的編輯。他們還會寫交換日記，寇特寫對句中的上句，寇特妮則接下句。他會讀她寫的東西，而她也會讀他的，彼此受到對方的思想影響。寇特妮是個比較傳統的作詞家，她寫的歌詞比較嚴謹，不會太晦澀。她的感受力大大影響了〈心形盒〉和

---

* 美國作家，是「垮世代」（Beat Generation）文學的代表人物，作品不遵守常規，形式經常雜亂無章，語言粗鄙，廣受爭議。

〈薄荷茶〉(Pennyroyal Tea)等歌曲。她讓寇特變成了更仔細的創作者，而上述兩首歌會成為超脫合唱團最完善的作品也非偶然，因為寇特花在這兩首歌上的心力比整張《從不介意》專輯都還多。

但寇特妮對寇特的新歌最大的影響在於她成了歌曲的主角。就如同《從不介意》主要是關於托比，《母體》則主要是關於唐納、寇特妮和法蘭西絲。〈心形盒〉這首歌指的當然是寇特妮最初送給寇特的禮物——一個絲質蕾絲盒。不過這首歌中的「你的寶貴意見讓我永遠虧欠於你」，這句話則是來自寇特寫給寇特妮的一張紙條：「我永遠感謝你的寶貴意見和建議。」這句文字比唱出來的歌詞版本聽起來更真誠。這張專輯是他送給寇特妮的禮物——他還了一個「〈心形盒〉」給她，不過是用音樂的形式。但這不是什麼賀曼賀卡公司賣的情人節禮物：其實〈心形盒〉經過好幾次的修改。最初，寇特把歌名取為〈心形棺材〉，其中一句歌詞是「我被關在一個心形棺材裡好幾個星期。」寇特妮給了他建議，說這句話有點黑暗。但他們是那種會鼓勵對方拓展新界線的關係，寫這些新歌時付出的藝術代價是一種驕傲，不論對她還是對他來說都是如此。

進入錄音室之前，寇特有十八首歌在考慮，最後會選擇十二首歌收錄到專輯中，但這些歌曲的名字經歷了重大的改變。最後名為〈電臺友善賣座歌〉(Radio Friendly Unit Shifter)的歌曲，原名是〈九個月的媒體封鎖〉(Nine Month Media Blackout)，這是寇特對《浮華世界》的文章不加掩飾的回應。〈所有歉意〉原本的標題是〈啦啦啦……啦〉(La, La, La . . . La)，而B面的〈潮溼的陰道〉(Moist Vagina)原本的標題明顯更長也更有畫面：〈潮溼的陰道，然後她就像他從沒被吹過蕭一樣替他吹簫，腦袋噴得滿牆都是〉(Moist vagina, and then she blew him like he's never been blown, brains stuck all over the wall）。

樂團在情人節這一天飛到明尼蘇達州開始製作專輯。為了找出稀有又原始的聲音，他們僱用史蒂夫・阿爾比尼（Steve Albini）來當製作人——寇特打算讓這張專輯的路線離《從不介意》愈遠愈好。阿爾比尼曾經隸屬於頗具影響力的龐克樂團「大黑」（Big Black）。在一九八七年，寇特就曾到西雅圖的一座蒸汽動力場去看大黑樂團的最後一場演出。青少年時期的寇特把阿爾比尼當作偶像，儘管成年後，兩人的關係頂多只是工作伙伴。阿爾比尼跟樂團的其他人都處得很好，但他後來說寇特妮是個「討厭的瘋女人」。寇特妮反擊，說唯一一個讓他覺得她討喜的方法，就是當一個「來自東岸、會拉大提琴、胸部大、戴小圓圈耳環、穿黑色高領毛衣、拖著成套的行李箱，而且一言不發的人。」

金山經紀公司幫他們挑了厚臉皮錄音室（Pachyderm Studios），位於明尼蘇達州的坎農弗斯（Cannon Falls），因為他們覺得鄉下地方才能把干擾減到最低，事實也確實是這樣。錄音的第六天——這天是二月二十日，寇特二十六歲生日，樂團已經錄好所有基本的音軌了。他們沒有在工作的時候，就會打惡作劇電話給艾迪・維達，或者到車程一個小時遠的明尼亞波利斯（Minneapolis），寇特到這裡的美國購物中心（Mall of America）找一種塑膠製的解剖模型「透視男」，這是他近期的收藏癖好。他們只錄製了十二天就完成整張唱片，然後樂團就在褲子上點火，以示慶祝。「我們當時正在聽最後的混音，」一個短暫拜訪的朋友帕特・沃倫（Pat Whalen）解釋。「每個人都把一些溶劑倒在自己的褲子上，點火，然後讓火焰從一條褲管傳到另一條，從一個人傳到另一個人。」火焰燃燒的同時，他們的褲子還穿在身上。為了避免燒傷，他們還得在火一燒起來時就往彼此身上澆啤酒。

這張專輯已經完成，錄製時間只花了《從不介意》的一半。「進展得愈來愈順利，」克里斯特回想。「我們把私人恩怨都拋在門外。專輯錄得很成功，這是我最喜歡的超脫合唱團唱片。」諾弗賽立克的看法跟很多樂評家一樣，寇特也這麼想，他覺得這是他發揮得最好的專輯。一開始，寇特想把〈薄荷茶〉當作首發單曲，因為這首歌融合了披頭四風格的重複樂段，也有超脫合唱團很擅長的快慢相間的節奏。歌名指的是一種墮胎用的草藥。雖然這首歌的雛形來自寇特妮的歌詞，但結尾的句子卻是真實描述寇特的胃痛情況：「我喝了溫牛奶、瀉藥和櫻桃口味的抗酸藥。」

《母體》裡面也有幾首快節奏的搖滾歌曲，但就連這些歌的歌詞也很有深度。〈非常人猿〉（Very Ape）和〈電臺友善賣座歌〉有清脆的重複樂段，就像籃球比賽的三秒鐘休息時間會出現的音樂，但歌詞卻複雜到足以拿來寫論文和引發網友的論戰。〈擠奶〉是一首開頭就很有張力的龐克搖滾歌曲，他們只錄了一次就錄完了，但寇特花了好幾天的時間在雕琢歌詞。「她的奶是我的屎／我的屎是她的奶」是他以扭曲的方式表達自己和太太的聯結。這首歌也暗指他的戒毒療程（「你的氣味仍在我的康復之地」），加上他再次用了一句他從高中就開始在不同歌曲中提到的歌詞：「看吧，往好處看就是自殺。」在〈笨〉（Dumb）未採用的內頁說明中，他描述自己面對毒癮時的墮落：

「所有的大麻。所有那些應該不會讓人上癮、無害、安全的大麻捲煙破壞了我的神經、毀了我的記憶，並使我想要炸掉畢業舞會。大麻就是永遠都不夠強烈，所以我登上階梯，來到罌粟的世界。」

但專輯上沒有一首歌能和〈心形盒〉相提並論。「你變黑的時候，我多希望能吃掉你的癌症」，寇特以一種最讓人費解的方式唱出「我愛你」，這恐怕是流行音樂史上的任何一位作詞人都無法企及的。「把你的臍帶扔下來，讓我能夠爬回去」，寇特用這句歌詞來結束他最為超凡的歌曲，這是一份請求——可能是向寇特妮、向他母親，或者是來自他的女兒、來自他自己，或者更有可能是向他的神提出的。他未出版的內頁說明中的解釋是一團亂（他劃掉了大部分內容），當中提到《綠野仙蹤》、《我，克勞迪》（I, Claudius）、李奧納多・達文西、養育孩子的公海馬、舊西部的種族歧視以及卡蜜兒・佩利亞。〈心形盒〉就跟所有偉大的藝術作品一樣，不輕易落入任何框架中，能讓聽眾產生各種不同的解讀，而對作者來說似乎也一樣。

從寇特為〈心形盒〉寫的音樂錄影帶劇本最能看出這首歌對他的意義。寇特設想這首歌的音樂錄影帶由威廉・S・柏洛茲出演，他還寫了信給柏洛茲，請求他出演。「我知道，媒體對於我吸毒的報導會讓你以為我找你是因為我想把我們兩個的人生相提並論，」他寫道，「我向你保證，並不是這樣。」然而，沒有人知道科想請這位作家出演的真正目的是什麼。為了說服柏洛茲答應，寇特提議可以把他的臉做模糊效果，這樣除了寇特之外，就不會有人會知道是他客串了這個角色。但柏洛茲拒絕了他的邀約。

《母體》的整張專輯以及〈心形盒〉的音樂錄影帶都充滿出生、死亡、性、疾病和成癮的畫面。他們製作了好幾個版本的錄影帶，最後，為了爭奪創作者之位，寇特和導演凱文・克斯拉克（Kevin Kerslake）撕破臉，他馬上就把寇特和超脫合唱團告上法庭。最後的剪輯由安東・寇班（Anton Corbijn）完成，畫面包括寇特愈來愈多的娃娃收藏品。最終發行的音樂錄影帶中，以一個看似毒蟲的年老耶穌為中心，他穿著主教的衣服、戴著耶誕帽，在一片罌粟花叢中被釘在十字架上。樹上掛著一個胚胎，後來胚胎再次出現是在一個醫院病房裡，耶穌被送進醫院，吊著點滴，而胚胎就被塞在點滴罐裡。影片中，克里斯特、大衛和寇特在病房中等待耶穌康復。接著出現了一個裡面有填字遊戲的大愛心，還有一個雅利安（Aryan）女孩，她戴的三 K 黨帽子變成了黑色。在整部影片中，寇特的臉不斷靠近鏡頭。這部影片十足驚人，而且更厲害的是，寇特私下告訴朋友，許多畫面都是來自他的夢境。

三月的第一個星期，寇特和寇特妮搬到西雅圖東北湖畔大道（Lakeside Avenue NE）一一三〇一號的房子，每個月的租金是兩千美元。這是一座三層樓高的現代房屋，就位於華盛頓湖上方，可以看到雷尼爾峰（Mount Rainier）和喀斯開山脈（Cascade Mountains）的景色。房子也非常大，居住空間超過五百五十七平方公尺，比寇特以前住過的所有地方加起來還要大。然而，科本夫婦很快就把屋子填滿了——有一整個房間成了寇特的繪畫空間，還有給客人和褓姆住的房間，而二樓的浴室則用寇特的音樂電視臺獎盃作為裝飾。在能夠容納兩臺車的車庫裡，寇特的勇士車旁邊現在停了一輛一九八六年灰色的富豪汽車240DL。寇特很驕傲地告訴朋友，這是有史以來最安全的家用汽車。

搬家後不久，寇特和寇特妮與兒童服務部的案子終於接近尾聲。雖然科本夫婦一開始都有遵照法院的判決，但他們還是很害怕法蘭西絲會被帶走。搬到西雅圖是這場戰爭中策略性的一步，因為寇特妮知道，州際協定規定洛杉磯的法官無權管制西雅圖的居民。三月初，一位名叫瑪麗・布朗(Mary Brown)的洛杉磯社工飛來西雅圖查看法蘭西絲在新家的狀況。她建議洛杉磯郡撤銷控訴，而這個提議最終被接受了。「寇特高興極了，」律師尼爾・赫許回想。三月二十五日，法蘭西絲出生七個月又一個星期後，她在法律准許下回到父母身邊，不需其他監護人在旁陪同。為了讓女兒回到身邊，他們付了很大的代價——他們花了超過二十四萬美元打官司。

在整個調查期間，法蘭西絲都待在父母身邊，不過潔米或賈姬也都按照法院的規定，在一旁監管。賈姬作為褓姆，幫了他們大忙，但到了一九九三年初，她已經精疲力盡。她擔任褓姆的期間只有少數幾天假期，儘管到了新家後，她設法畫出清楚的職務界線：她堅持如果法蘭西絲半夜醒來，她的父母必須照顧她，直到早上七點。但法瑞現在還得幫寇特接他不想接的唱片公司電話。「會有人打來問：『你能叫寇特回電給我嗎？』我就會說：『我會告訴他。』但我知道他不會回電。他不想處理那些強加在他身上的事情。他只想跟寇特妮在一起，不想理世界上的其他事。」法瑞宣布她會在四月離職。

賈姬面試了好幾個專業褓姆來接替這份工作，但顯然大部分的人都應付不了科本家的鬧劇。

「他們會問：『幾點要餵孩子？』」法瑞說。「我只能告訴他們，在這一家不是這樣做事的。」最後，寇特妮決定僱用麥可・「卡力」・杜威來當新的褓姆，他二十歲，是空洞樂團之前的隨行助手。卡力雖然年紀輕輕，卻把法蘭西絲照顧得非常好，她馬上就跟卡力培養出感情。科本夫婦還另外僱用了英格麗・伯恩斯坦（Ingrid Bernstein）來當兼職褓姆，她是他們的好友尼爾斯・伯恩斯坦的母親。

一九九三年四月對空洞樂團和超脫合唱團來說都是很忙碌的一個月。空洞樂團發行了〈漂亮兒子〉（Beautiful Son），這是寇特妮寫的關於寇特的歌，並在封套上放了一張寇特童年時的照片。同時，超脫合唱團來到舊金山的牛宮，為波士尼亞的強暴受害人做一場公益演出，諾弗賽立克因為也是同一民族的一分子，所以很關心這個議題。這是超脫合唱團六個月以來在美國的第一場演唱會，他們利用這個機會來展示新專輯，表演了《母體》十二首歌中的八首，其中很多首歌都是第一次在演唱會上表演。寇特決定調動他平常的舞臺位置，從舞臺左邊移動到右邊——就好像他試圖重新塑造樂團的演出一樣。確實奏效了，死忠的樂迷說這是超脫合唱團最精采的現場演出之一。

雖然《母體》已經錄製完畢，但還在等著發行。四月發生了一場關於製作的爭論，讓超脫合唱團這年春天的其他動作都蒙上陰影。樂團找來阿爾比尼是因為他們想製造更原始的聲音，但他們覺得阿爾比尼混音的最終版本太過僵硬。這個消息傳回製作人那裡，於是他在四月時告訴《芝加哥論壇報》（Chicago Tribune）的葛雷格・柯特（Greg Kot）：「格芬唱片和超脫合唱團的經理人很討厭這張唱片……我覺得可能不會發行。」寇特也在他自己的記者會上做出回應：「我們的唱片公司沒有施壓說要換掉這些歌。」但爭議持續不斷，於是寇特要求 DGC 唱片公司在《告示牌》雜誌上買了一整頁的廣告，否認唱片公司拒絕發行專輯。雖然他發出否認聲明，但公司裡大多數的人確實覺得這張專輯太原始。五月時，他們僱用了史考特・利特（Scott Litt），想把〈心形盒〉和〈所有歉意〉做得更適合在電臺上播放。遇到可能影響唱片成功的挑戰時，寇特再次忍氣吞聲，走上最少阻力、最大銷量的這條路。

但他私底下還是非常不爽。儘管他繼續告訴記者他很支持利特的重混，也覺得阿爾比尼做得很好（這個說法自相矛盾），但他在日記中寫下了他自己想要的發行計畫：他想先發行一張阿爾比尼版本的專輯，叫《我恨自己，我想死》，但只出黑膠、錄音帶和八軌錄音帶的版本。下一個行動要等到一個月之後。「我們堅持不妥協，只發行黑膠、錄音帶和八軌錄音帶，等到出現很多負面評價和報導後，再用《主歌，副歌，主歌》作為標題，發行重混的版本。」寇特想要為此印一張貼紙，寫著「受電臺歡迎、賣座、妥協過後的版本」。不出意料，DGC唱片公司拒絕採用寇特的計畫。《母體》的重混版本預計在九月發行。

五月的第一個星期日晚上九點，金郡（King County）的緊急應變中心接到科本家的電話，說有人吸毒過量。警方和救護車到場時，發現寇特在客廳的沙發上，嘴裡咕噥著「哈姆雷特」。根據警察的觀察，他看起來很痛苦。「他出現過量服用麻醉劑的相關症狀……受害者科本意識清楚，能夠回答問題，但顯然身體受損。」

在警方到場的幾分鐘前，寇特的膚色發青，而且再次看起來好像死了一樣。寇特妮告訴警察，寇特本來在朋友家，「為自己注射了三十到四十美元的量的海洛因。」寇特開車回家，寇特妮因為吸毒的事跟他吵時，他就把自己關在樓上的臥室裡。寇特妮威脅要報警或是打給他的家人，他沒有回應，於是寇特妮就打給他的家人。她聯絡了溫蒂，電話才響了一聲，溫蒂就接起來。寇特的母親和妹妹馬上就坐上車，「馬不停蹄地趕了過來，」金回想。

在金和溫蒂從亞伯丁趕到西雅圖的兩個半小時之間，寇特的情況惡化了。她們抵達時，寇特正在嘔吐，而且處於休克狀態。他用含糊的聲音告訴她們，他不想報警，因為他「寧願死掉」也不想因為他吸毒過量或被逮捕的事情上報紙。寇特妮把冷水潑在寇特身上，帶他在屋內到處走，並讓他吃煩寧（Valium）凝神藥，最後幫他注射了納洛酮（Narcan），這是一種緩和海洛因中毒的藥品（納洛酮是他們非法取得的藥品，他們一直都放一些在家裡，為的就是應對這種情況）。但他們做的一切都沒辦法完全把寇特救回來。溫蒂試圖幫寇特揉背——這是她安撫兒子的方法，但海洛因讓他的肌肉變得比石膏像還要僵硬。「太可怕了，」金回想。「我們最後只好打電話叫救護車，因為他開始發青。」警方到場時，發現「他的狀況漸漸惡化，嚴重到開始發抖、心情激動、精神錯亂、語無倫次。」

寇特上了救護車後，危機似乎過去了。金跟著救護車來到港景醫院（Harborview Hospital），在這裡，事情演變成一場鬧劇。「他在那裡搞笑，」她回想。「在擠滿人的醫院裡，他躺在走廊上，吊著點滴和一些解毒的藥物。他躺在那邊，開始談起莎士比亞。然後他就失去意識，五分鐘之後，他又醒來繼續跟我講話。」

金被派去跟著救護車，部分是因為寇特妮想丟掉寇特剩下的海洛因，但卻找不到。寇特清醒之後，金問他把海洛因放在哪裡。「放在掛在樓梯間的浴袍口袋，」寇特承認，然後馬上就又暈倒了。金馬上跑去打電話到家裡，但當時寇特妮已經找到了。金回到寇特身邊時，他已經醒來了，並堅持不讓她洩露毒品藏在哪裡。

寇特打了三個小時的納洛酮之後，準備好要回家。「他可以出院時，我馬上幫他點一根煙，」金說。目睹這有時看似滑稽的瀕死事件，她心裡覺得很難過：吸毒過量已經成了寇特日常生活的一部分，司空見慣，這種荒唐事好像已經是家常便飯。也確實，警察的報告指出，寇特妮說出了這單一事件背後更完整、更悲傷的事實：「這種事之前就曾發生在受害人科本身上。」

「海洛英」如今已是寇特日常生活的一部分，而且有時候還變成了他的主要活動，尤其是他不必忙樂團的事、寇特妮和法蘭西絲也不在時。到了一九九三年夏天，他幾乎每天都會吸毒，而且在沒吸毒的時候就是處於戒斷狀態，會大聲抱怨。比起以往，這段時間他已經形成了功能性依賴，但他的用量還是超過了大多數吸毒的人。就連本身也有毒癮的迪倫都覺得寇特的用量太危險。「他確實吸了很多毒，」迪倫回想。「我會想要過過癮，但同時還能做其他事情，他卻總是想要吸到什麼事都做不了。他想用的量總是比真正需要的還大。」寇特想要的是逃避，能夠逃得愈快、愈控制，他就愈喜歡。也因為這樣，光是在一九九三年，他就經歷了十幾次吸毒過量和瀕死的情況。

寇特吸毒吸得愈猛的同時，寇特妮則是在努力戒毒。春末，她請了一個靈媒來協助自己戒毒。

寇特不願意付錢給靈媒，還說她建議夫婦倆都要排除「所有毒素」的建議很可笑。寇特妮卻很認真看待，不只嘗試戒煙，還開始每天喝鮮榨的果汁，甚至去參加匿名戒毒聚會。寇特一開始嘲笑太太，但後來也會鼓勵她去參加，因為這樣他就有更多時間吸毒了。

六月一日，寇特妮在湖濱的房子舉行了一場勸誡大會，參加的人有克里斯特、他們的朋友尼爾斯・伯恩斯坦、金山經紀公司的珍妮特・比利格、溫蒂還有寇特的繼父帕特・奧康納。一開始，寇特拒絕離開自己的房間，甚至不看這群人一眼。等到他終於踏出房間時，他就和寇特妮開始互相叫囂。一氣之下，寇特拿了一枝三福牌（Sanford）萬用筆，潦草地在走廊牆壁上寫下「你們永遠都不會知道我真正的意圖。」「顯然他聽不進去我們說的話，」伯恩斯坦回想。一行人講了一長串理由，想說服寇特戒毒，其中一個最常用的理由是為了他女兒著想。寇特的母親告訴他，他的身體狀況很危險。克里斯特請求寇特，說他自己也減少了喝酒的量。帕特・奧康納說起自己戒酒的故事時，寇特靜靜地盯著他的運動鞋。「你可以看到寇特的表情，他正在想：『你的人生跟我的人生一點相似處都沒有。』」伯恩斯坦回想。「我心想：『這一點用都沒有。』」寇特生氣地走回臥室後，一行人開始爭論到底是誰害寇特吸毒上癮的。對寇特身邊的人來說，把問題怪在彼此頭上比讓他自己負責容易。

這年夏天，寇特開始愈來愈脫離社會。朋友都開玩笑說他是長髮公主，因為他都不離開自己的房間。他的母親是少數幾個他願意傾聽的人之一，寇特妮也愈來愈常叫溫蒂去當調解人。寇特還是迫切地需要母愛，由於他與世隔絕，已經退化到近乎胎兒的狀態。溫蒂會撫摸他的頭髮，告訴他一切都會沒事，藉此來安撫他。「有時候他會在樓上吸毒吸得昏昏沉沉，寇特妮或任何人都沒辦法靠近他，」伯恩斯坦說。「但他媽媽會走進去，而他沒有把她趕出來，我覺得這是一種生理上的憂鬱症。」溫蒂的家族有憂鬱症的病史，雖然寇特的很多朋友都建議他去治療，但他選擇忽略這些請求，自己用毒品來治療。老實說，任何人都很難說服他去做任何事。假如把超脫合唱團當作一個小國家，那麼寇特就是國王。大家都怕被放逐，所以沒什麼人敢質疑國王的心理健康。

六月四日，發生了另一場可怕的鬧劇之後，寇特妮報警來抓寇特。警察到場時，她告訴他們夫婦倆剛才「因為家裡該不該放槍而吵架。」她往他臉上潑了一杯果汁，結果他就推了她一把。警察的筆錄寫道：「科本把洛芙推倒在地，然後掐住她的脖子，留下一道刮痕。」西雅圖的法律規定，如果發生家庭糾紛，警察必須至少逮捕其中一方。寇特和寇特妮開始爭論誰才該被逮捕，因為兩人都想得到這份殊榮。寇特堅持應該讓他去坐牢——對於他這種喜歡被動攻擊的人來說，這是一個大好機會，可以同時讓他在情感上與世隔絕，又可以扮演烈士的角色。他贏了，被送往北區（North Precinct），安排到金郡監獄（King County Jail）。警察從他們家裡沒收了大量的子彈和槍枝，包括兩把口徑點三八的手槍和一把柯爾特（Colt）AR-15半自動突擊步槍。

然而，這天真正發生的事反映出兩人婚姻中愈來愈緊張的關係。他們就像瑞蒙・卡佛**（Raymond Carver）短篇故事中的角色，愈來愈常在爭吵中戳對方的痛處，而這一天，寇特就在寇

** 美國作家，經常描寫低下階級人物的日常生活。

特妮和她的靈媒面前大肆談論自己吸毒的事。「當然，他故意去找那一種最能讓我抓狂的毒品，」洛芙回想，「他決定嘗試快克古柯鹼。他大作文章，說他要去買十美元的古柯鹼來嘗試。」

為了讓太太中招，寇特不斷打電話給毒販，「一副在談一筆世紀毒品交易的樣子」。寇特妮一想到寇特在家裡加熱吸食快克古柯鹼的畫面就勃然大怒，但她並不是像警方記錄的一樣把一杯果汁扔向他，而是丟了一臺榨汁機。這算不上打架——兩人的肢體衝突不分勝負，就像他們在波特蘭的俱樂部第一次扭打時一樣。但寇特妮還是報了警，她覺得把寇特抓去關總比讓他在家裡加熱毒品時燒了房子好。「我敢說，寇特後來還是用了某種方法、在某個地方找到了快克古柯鹼，但我一直都不知道他是怎麼辦到的，」她說。寇特只被關了三個小時，當晚就付了九百五十美元的保釋金出獄，指控後來也撤銷了。

逮捕事件過後，他們言歸於好，而且還因為創傷而變得更親密，他們的關係不斷重複這樣的模式。寇特妮在他們臥室的牆上塗鴉，在一個愛心裡面寫了「你最好愛我，你這個王八蛋」。爭吵的一個月後，寇特對《細節》（Details）雜誌的加文・愛德華茲（Gavin Edwards）描述兩人的感情：「就像旋風狂舞的苦行僧一般，一下狂吵，一下狂愛。要是我生她的氣，我就對她大吼，這是很健康的關係。」他們兩人都很擅長踩底線，測試對方的限度——寇特整個童年都在做這種事。每次他惹寇特妮生氣，他都知道自己必須把她哄回來，通常都是透過寫情書。有一封情書的開頭是這樣的：「寇特妮，當我說『我愛你』，我並不感到害臊，永遠都不可能會有任何人能恫嚇我、說服我，讓我對你的愛稍微有一絲動搖。我毫不遮掩我對你的愛，我像孔雀開屏一樣把你展示出來，但我的專注力通常都像子彈射到頭一樣短暫。」這篇文章把自己貶低成「像水泥一樣愚鈍」，但也提醒了她，自己對婚姻的承諾：「我驕傲地繞著你遊行，就像我手上那沒有寶石的戒指一樣。」

因家庭暴力被捕的兩週後，《紐約時報》的尼爾・卡林來到科本家採訪寇特妮。他敲門時，是寇特來應門，手上抱著法蘭西絲，並說他老婆「在匿名戒毒聚會」。他邀請卡林進來，兩人坐著一起看電視。「那棟房子非常大，」卡林回想，「但盤子裡裝著煙頭，家具又醜又髒。客廳裡有一個巨大的二十一吋電視。就好像有人去商店裡說：『我要你們這裡最大的電視。』」

電視上正在播最新一集的《癟四與大頭蛋》（Beavis and Butt-Head），這是音樂電視臺的一檔流行節目。「我知道《癟四與大頭蛋》，」寇特對卡林說，「我就是在這樣的人身邊長大的，我認得他們。」很巧，節目中播了〈少年仔的氣味〉。「太好了！」寇特興奮地說，「來看看他們覺得我們怎樣。」這兩個卡通人物對寇特比出大拇指時，寇特似乎發自內心覺得很得意。「他們喜歡我們！」

就在這時，寇特妮到家了。她親了寇特，把法蘭西絲放在腿上逗弄，並帶著一點諷刺地說：「啊，完美的家庭——就像諾曼・洛克威爾的畫一樣。」就連卡林的腦中也浮現出一幅家庭畫像。

「我一直把他們想成佛雷德和愛瑟兒・默茨***，」他回想。「他把手放在口袋裡時比較像佛雷德，而愛瑟兒在打理家務。」卡林在的這天剛好寇特的眼神很明朗。「我看過很多毒蟲，所以知道他是清醒的。」

一方面，洛芙不想對《紐約時報》說什麼，但她又想就卡林正在寫的關於玩具城娃娃樂團（Babes in Toyland）的書發表自己的看法。他們的訪談持續了好幾個小時，寇特妮叫寇特時，寇特也會插進幾句話。「他並不像人家說的那麼被動，」卡林觀察道。寇特妮把寇特當作一個駐場的龐克歷史學家，當她提到一個點，需要講出某個日期或名字時，就會問寇特，而他自然知道答案。「就好像在看問答比賽，有人會跑去跟教授確認一些事實，」卡林說。

寇特自己也有一個困擾：他在考慮是否該買一把原本屬於李德・貝利的吉他。當時的售價是五萬五千美元，但他無法確定買下這把吉他是「很龐克的舉動」還是「反龐克的舉動」。卡林觀察到唯一的緊張時刻，是在寇特妮從寇特的唱片收藏中翻到一張瑪麗・盧・洛德的專輯時。寇特妮因此提起她在洛杉磯時，是怎樣在大街上追著洛德，威脅要揍她一頓。寇特沒有出聲，這是唯一一次卡林覺得寇特表現得像個「長期受苦的老公」。

寇特上床睡覺後，寇特妮又針對龐克搖滾史的發表了好幾個小時的言論。最後卡林在他們家的客房過夜。隔天早上，這不是一個正常家庭的唯一證據才浮上檯面：寇特去準備早餐，卻發現家裡

*** 電視劇《我愛露西》中的人物。

沒有食物。最後他放了一些甜餅乾在盤子上，說這就是早餐。

七月一日，空洞樂團在好幾個月以來第一次表演，地點在西雅圖的出口匝道俱樂部。寇特妮重新組織了她的樂團，準備去英格蘭巡演並錄製唱片。寇特也去看了表演，但他整個人一團糟。「他太嗨了，幾乎站不起來，」俱樂部的蜜雪兒・安德伍德（Michelle Underwood）回想。「我們得扶著他走。他看起來好像很替她感到緊張。」由於表演當天，《西雅圖時報》報導了他上個月因為家暴而被捕的事件，所以他更緊張了。寇特妮在舞臺上開了個玩笑：「我們要把你們今晚的門票錢都拿去捐給家暴打老婆基金會，才怪！」後來，她再次提起這個話題：「我從來沒有經歷過家暴。我只是想替我老公說句話，那件事並不是真的，他媽的從來都不是真的。為什麼每次我們他媽的喝個啤酒，就要他媽的上新聞？」雖然發生了這場鬧劇，但她的表演很精采，這是她第一次贏得西雅圖觀眾的歡心。

空洞樂團的表演在一點十五分結束，但這一天對科本夫婦來說還沒完。《新音樂快遞》的布萊恩・威利斯（Brian Willis）來到後臺，問寇特妮能不能接受採訪。寇特妮邀請他來到家裡，但採訪的大部分時候都在替寇特宣傳唱片。洛芙甚至為威利斯表演《母體》，這是第一次有記者聽過這張專輯。他覺得很震撼，並寫道：「要是佛洛伊德能聽到，他會期待到尿褲子。」他說：「這是一張孕育著諷刺與見解的專輯。《母體》是寇特的復仇之作。」

威利斯聽音樂聽到一半，寇特突然進來房間，說：「我們剛剛上新聞了，是音樂電視臺。他們在談《西雅圖時報》的報導，還說空洞樂團從西雅圖的出口匝道俱樂部開始他們的世界巡演。」寇特說完，就吃了英式馬芬和熱巧克力當點心，坐在角落看日出。威利斯為《新音樂快遞》寫下當天深夜發生的事件時，在文末做了一點分析：「以一個過去兩年來經歷了這麼多衰事、名字再次受到辛辣的批評、整個搖滾界都盼望聽到他即將發行的唱片、面對著這麼驚人的關注和壓力的人而言，寇特・科本表現得出奇地從容自得。」

21

1993 年 8 月—1993 年 1 月
華盛頓州，西雅圖

微笑的理由

他媽的，該死的全能的耶穌基督，愛我，我，我，我們可以先試試看，拜託，我不在乎是不是不入流的人，我只是需要一群人、一幫朋友、一個微笑的理由。

——摘錄自一篇日記

寇特和寇特妮就跟美國其他有孩子的家庭一樣，買了一部攝影機。雖然寇特能用一塊木頭和幾條不要的電線做出一把吉他，但他從來都搞不懂該怎麼裝電池，所以他們只能在插座附近使用攝影機。他們用一捲錄影帶記錄了一九九二年十二月一家人第一次共度耶誕節，到一九九四年三月法蘭西絲學走路時期的畫面。

錄影帶上也有少數幾個場景是超脫合唱團的演出，或者樂團成員在後臺相處的畫面。其中一小段影片記錄了寇特、寇特妮、大衛、克里斯特和法蘭西絲坐在厚臉皮錄音室裡，聽〈所有歉意〉的第一次重放，每個人都流露出在錄音室待了一個星期的倦容。但錄影帶記錄的大部分都是法蘭西絲

・賓的成長以及她與父母的朋友之間的互動：畫面中，她一邊在馬克・藍尼根身邊爬，一邊講話，同時，馬克・阿姆正在唱催眠曲給她聽。錄影帶的有些畫面很幽默，像是寇特把寶寶的屁股抬起來，發出放屁的聲音，或者他清唱〈陽光季節〉給法蘭西絲聽。法蘭西絲是個幸福的孩子，跟父母一樣上相。她有跟父親一樣迷人的眼睛，還有跟母親一樣高的顴骨。寇特很疼愛她，錄影帶記錄了大眾很少看到的寇特感性的一面——在這些溫柔的時刻，他看法蘭西絲和寇特妮的眼神流露出最純粹的愛。雖然他們是搖滾界最知名的家庭，但任何一個有玩具反斗城信用帳戶的家庭都有可能拍出一樣的畫面。

然而，錄影帶中有一個畫面很不尋常，顯現出這一家人有多麼特別。這個畫面是寇特妮在康乃馨城房子的浴室裡錄的。影片一開始，寇特在幫法蘭西絲洗澡，他穿著一件酒紅色的休閒服，看起來就像個英俊的鄉紳。他把法蘭西絲抱起來，像飛機一樣在浴缸上方飛行。她玩得太開心，忍不住笑了出來。寇特也一樣笑得合不攏嘴，這種笑是任何一張靜態照片都無法捕捉到的——最接近這種笑容的是一張寇特、溫蒂、唐納和金在亞伯丁時的照片。在錄影帶中，寇特展現出他最真實的一面：一個慈愛、疼惜孩子的父親，被漂亮的女兒迷住，全心全意想假裝她是一部飛機，在浴缸上方翱翔，俯衝轟炸黃色的橡皮鴨子。他學唐老鴨的聲音跟她講話——他小時候，妹妹金也會學這種聲音，而她咯咯地笑，展現出那種只有八個月大的孩子能散發出的快樂。

接著，攝影機轉向水槽，一眨眼，場景變了。洗臉槽右上方二十公分處的牆上有一個牙刷架——就跟九成美國人家裡用的白色陶瓷牙刷架一樣。但讓這個牙刷架如此與眾不同的地方在於：上面放的是一支注射器。浴室裡出現這種東西讓人吃驚又意外，大部分的人都不會注意到。但它確實放在那裡，穩穩地掛著，針頭朝下，哀傷又可悲地提醒著我們：不論這個家庭表面上看起來多麼正常，卻連在最溫柔的時刻都有東西陰魂不散地跟著。

到了一九九三年七月，寇特的毒癮已經變成例行公事，是科本家日常生活的一部分，大家都已經習以為常。「客廳中央站著一頭一萬磅重的大象」這個暗喻經常被用來形容酗酒對家庭的影響：問題雖然很明顯，但大家都視而不見。寇特每天至少都會有一部分時間吸毒吸得昏昏沉沉，這件事已經變成了既定的現狀，就像大家都已經接受了西雅圖的下雨天。就連孩子的出生以及法院對他判決的治療都只能暫時分散他的注意力。雖然他曾經好幾個星期都在服用美沙酮和丁丙諾啡，但他停用鴉片類藥物的時間還不夠長，脫癮還不到一年。

對飽受毒癮困擾的家庭來說，家人會有一種很瘋狂的邏輯，覺得寇特吸毒時的狀況似乎還比較好。相較之下，當他深陷戒斷症狀所帶來的生理痛苦時，他簡直不可理喻。寇特吸毒時，他的運作系統比他嘗試戒毒時還要穩定——這個理論只有少數人說出口，但寇特倒是自己承認了。他在日記上說，要是他在戒毒時仍然感覺像個毒蟲，那他倒不如直接當個毒蟲。有些朋友也同意他的說法。「『叫他不要吸毒』的這個想法很荒謬，最終會摧毀寇特，」迪倫・卡爾森說。「只有在毒品影響到你的能力時，例如擁有一間房子或維持一份工作的能力，毒品才算是個問題。在毒品變成這種問題之前，你只要不去管他，這個人自會跌入精神的谷底——你是沒辦法把他趕進谷底的……他沒有任何理由不吸毒。」

一九九三年夏天，毒癮變成了一個鏡片，透過這個鏡片來看，寇特生活中的所有事情都是扭曲的。雖然表面上看來，吸毒時的寇特更快樂，但極端矛盾的是，吸毒也讓他的內心充滿懊悔。他在日記中寫下自己無法戒毒的哀怨。他覺得身邊每個人都在評判他，而且他的感覺也沒錯：每次他的樂團成員、家人、經理人或者工作人員遇到他，都會很快調查一下，好決定他是不是吸毒吸嗨了。每一天，他都要經歷十幾次這種十秒鐘的快速檢查，而且他要是沒吸毒卻被當成吸了毒，他就會大發雷霆。他覺得自己是那種能正常生活的吸毒者——就算他吸了毒，他還是能演奏，所以他很討厭別人不斷審察他，於是愈來愈常跟他的毒蟲朋友在一起，因為這樣才不會有被人監督的感覺。

但到了一九九三年，就連吸毒也不像以往那麼有用了。寇特發現吸毒真實的一面遠遠不及他讀威廉・S・柏洛茲的作品時所想像的那麼美好，而且就連在吸毒人士封閉的次文化圈子裡，他也覺得自己是個外人。在這個時期的一篇日記裡，他迫切地渴望友情，最後還懇求得到救贖：

能一起聊天、一起共度時光、尋歡作樂的朋友，就像我一直以來夢想中的一樣，我們可以談書、談政治，並在晚上肆意破壞，想要嗎？嗯？嘿，我老是忍不住拔自己的頭髮！拜託！他媽的，該死的全能耶穌基督，愛我，我，我，我們可以先試試看，拜託，我不在乎是不是不入流的人，我只是需要一群人、一幫朋友、一個微笑的理由。我不會讓你窒息的，可惡，可惡，拜託，都沒有人嗎？誰啊，任何人，神啊，拜託幫幫我。我想要被接受。我需要被接受。你要我穿什麼衣服都可以！我已經厭倦了哭泣和做夢，我真的好孤單。都沒有人嗎？拜託幫幫我。幫幫我！

那年夏天，寇特的戒毒治療師——也就是六十歲的羅伯・弗蒙特醫生——被人發現倒在他比佛利山的辦公室桌上，已經死了。他的死因被判定為心臟病，儘管弗蒙特的兒子馬克（Marc）堅稱他父親又開始吸毒，而且是吸毒過量自殺的。弗蒙特死亡前後那段時間，加州醫務委員會（Medical Board of California）前來調查，並控告他犯下重大過失及違反職業道德，因為他大量開丁丙諾啡給病人。弗蒙特確實是開了很多丁丙諾啡給他最有名的病患——他開給寇特的藥是用紙箱裝的。

一九九三年七月十七日，《從不介意》終於離開《告示牌》排行榜，當時這張專輯已經上榜快要兩年。這個星期，超脫合唱團來到紐約開記者會，並擔任新音樂論壇的驚喜嘉賓。表演前一晚，寇特坐下來接受喬恩・薩瓦奇（Jon Savage）採訪，他是《英格蘭之夢》（England's Dreaming）的作者。或許因為寇特是薩瓦奇的書迷，所以他特別坦誠地回答關於家庭的事情。他說他父母的離婚讓他覺得很「羞恥」，並很渴望得到自己所失去的一切。「我迫切地想擁有那種經典的，你知道吧，典型的家庭。有母親、有父親。我渴望那種安全感。」薩瓦奇問寇特明不明白巨大的疏離感可能會導致暴力，寇特給了肯定的答案。「對，我絕對明白一個人的心理狀態有可能惡化到去使用暴力的程度。我也曾經淪落到幻想使用暴力的地步，但我很肯定，在那之前我會選擇先殺了我自己。」寇特在一九九三年的幾乎每一場採訪中都提到了自殺。

在寇特不可避免地被問到海洛因的事時，他也不可避免地撒了謊。他用過去式來描述，說他曾經「斷斷續續用了一年」，並聲稱他會施打海洛因只是因為胃痛。薩瓦奇追問胃痛的事情時，寇特說現在已經好了：「我覺得這是由心理壓力引起的。」薩瓦奇發現寇特當晚特別開心。「打從我父母離婚前開始，我就沒像現在這麼樂觀過，」他解釋。

十二個小時後，寇特躺在他飯店的浴室地板上，他又吸毒過量了。「他的嘴唇發青，眼白都翻到頭頂上了，」公關安東・布魯克斯回想，他是急忙趕到寇特身邊的人之一。「他看起來奄奄一息，手臂上還插著一個注射器。」布魯克斯很驚訝看到寇特妮和裍姆卡力立刻做出反應，就像經驗豐富的醫療人員。他們的動作非常熟練，讓布魯克斯覺得他們已經做過很多次了。在寇特妮檢查寇特的生命跡象時，卡力把他扶起來，往他的腹腔大力揍下去。「他打了一下，沒什麼反應，所以他又打了一次，然後寇特就開始甦醒了。」除了這些舉動，他們還往寇特臉上潑冷水，讓他恢復呼吸。飯店的保全人員聞聲來到現場時，布魯克斯還得賄賂他們，叫他們不要報警。布魯克斯、寇特妮和卡力拖著還站不穩的寇特走出門。「我們開始扶著他走，」布魯克斯回想，「但一開始他的腿動不了。」等寇特終於能說話時，他堅持不去醫院。

寇特吃了東西、喝了咖啡後，似乎完全甦醒了，儘管他的狀態還是很嗨。他回到飯店房間接受之前安排好的按摩服務。在寇特按摩的同時，布魯克斯把地上的幾包海洛因撿起來，沖到馬桶裡。諷刺的是，寇特在廁所裡昏迷不到三個小時之後，他又接受採訪，否認自己吸毒。當晚試音時，他依然很嗨——或許是公關人員把海洛因處理掉時漏掉了一包。「演出之前，他幾乎快死了，」音響師克雷格・蒙哥馬利回想。表演之前，開場的耶穌蜥蜴樂團的大衛・尤（David Yow）去找寇特聊天。「寇特說不了話，他只能含糊地發出一點聲音。我問他：『你還好嗎？』他說：『巴茲扣洛貝。』」後來，就跟大家熟悉的模式一樣，寇特雖然剛剛還沒辦法說話，但上了舞臺似乎就沒事了，而且表演本身非常精采。樂團還加入了大提琴手洛瑞・戈德斯頓（Lori Goldston），這是他們第一次在表演中穿插原聲樂器。

一週後，超脫合唱團回到西雅圖。八月六日，他們在一場公益活動中演出，目的是籌錢協助調查當地歌手米婭・薩帕塔（Mia Zapata）的謀殺案。這個星期的一天晚上，寇特、寇特妮、克里斯特和大衛難得一起出去，在中心競技場看史密斯飛船樂團（Aerosmith）的演出。在後臺，史密斯飛船樂團的史蒂芬・泰勒（Steven Tyler）把寇特拉到一邊，告訴他自己參加十二步驟戒毒聚會的經歷。「他並不是在說教，」克里斯特回想，「他只是談起自己類似的經驗。他試圖鼓勵他。」這一次，寇特似乎聽進去了，雖然他沒有什麼回應。

同一個星期，一樣是在西雅圖中心，寇特接受《紐約時報》採訪，採訪地點在太空針塔（Space Needle）的頂端。寇特選擇這個地點是因為他從來沒去過西雅圖最著名的景點。他現在堅持要DGC唱片公司公關部的代表錄下每一次採訪——他覺得這樣能降低引用不當的機會。寇特跟喬恩・帕雷萊斯（Jon Pareles）談話的時候，就跟他一九九三年接受的所有訪談一樣，很像是在做心理諮商。

寇特談到了他的父母、老婆以及他歌詞的意義。他坦白地呈現自我，所以帕雷萊斯機智地注意到他身上的矛盾之處：「科本在極端之間跳躍。他既警覺又坦白；真誠又諷刺；敏感又遲鈍；明白自己的知名度，卻又試圖忽視。」

九月的第一週，寇特和寇特妮回到洛杉磯待了兩個星期，這是他們搬家以來第一次在這裡久留。他們參加了一九九三年音樂電視臺的音樂錄影帶大獎，超脫合唱團的〈綻放〉贏得了最佳另類音樂錄影帶獎。當晚，超脫合唱團沒有表演，也沒發生像前一年頒獎典禮一樣的鬧劇。在過去的一年，音樂產業界發生了劇變，而超脫合唱團錯過了大部分的事情。雖然《母體》受到萬眾期待，但至少就商業上來說，他們已經不再是全球最紅的搖滾樂團了。拿下這份榮譽的是珍珠果醬樂團。

當週，寇特和寇特妮出席一場「搖滾反性侵」的公益活動，地點在好萊塢的內衣俱樂部（Club Lingerie）。寇特妮也是演出歌手，本來應該單獨表演，但是她演奏完〈娃娃殘肢〉（Doll Parts）和〈世界小姐〉（Miss World）後，就呼喚「她的老公洋子」，然後寇特就上了舞臺。他們一起演奏了〈薄荷茶〉和李德・貝利的〈昨夜你在何處過夜？〉。這是他們唯一一次在公開場合一起演出。

九月十四日，《母體》終於在英國發行了，而美國的發行日期則是九月二十一日，並登上排行榜第一名，光是第一個星期就賣出十八萬張。這張專輯是在沃爾瑪（Wal-Mart）或凱馬特（Kmart）百貨都不賣的情況下達到這個銷量的，這兩家連鎖店都抵制〈強暴我〉這首歌的名字，以及專輯封底寇特設計的胚胎人偶拼貼圖。經理人打電話來告訴寇特這個消息時，他同意做出一些更動，好讓這兩家店能夠賣專輯。「我小時候只能去沃爾瑪買東西，」寇特向丹尼・戈德堡解釋。「我想讓孩子們可以買這張唱片。我會照他們說的做。」戈德堡很驚訝，但他知道應該照寇特說的去做。「在這一刻，作夢也沒有人會對他說不。沒有人會逼他做任何事。」

但針對演唱會的場次安排，寇特確實跟經理人起了衝突。從一九九三年開始，他就堅稱自己不打算巡演。雖然這並不是前所未聞，但這個決定確實會降低新唱片登上排行榜榜首的機會。就這一點，寇特面臨了排山倒海的反對。所有跟他一起工作的人——從他的經理人到隨團人員到樂團成員——賺的錢幾乎都是靠巡演，所以他們敦促寇特重新考慮。但他跟律師蘿絲瑪麗・卡羅討論時，立場似乎很堅定。「他說他不想去，」她回想，「而且坦白說，他壓力很大。」

大部分的壓力都是來自經理人，但也有一些是來自他對於貧窮的恐懼，儘管他已經比自己所能想像到的還要有錢，而且巡演會讓他更加富有。在一九九三年二月給寇特的一份備忘錄中，丹尼・戈德堡詳細記錄了接下來十八個月的預期收入。「目前為止，超脫合唱團已經收了一百五十多萬美元。」這份備忘錄記錄的是創作歌曲的收入。「我相信接下來的幾年內，他們陸續還會有三百萬美元的收入。」根據戈德堡的估計，寇特在一九九三年稅後的收入會有一百四十萬美元的歌曲創作版權費，以及新唱片預計銷售兩百萬張所帶來的二十萬美元，而如果超脫合唱團願意巡演，還能再賺到另外六十萬美元的周邊商品收入和門票費。根據戈德堡所寫，這些數字也都是保守估計。「我個人相信在接下來的十八個月內，你的收入會是這個數字的兩倍以上，但為了做謹慎的家庭開支計畫，我覺得可以保守估計是兩百萬美元。這大概能讓你盡情把家裡裝修得好好的，而且還能保有很大一筆儲備金。」寇特雖然原本反對，如今又同意巡演了。

九月二十五日，超脫合唱團又回到紐約，再次出席《週六夜現場》。他們表演了〈心形盒〉和〈強暴我〉。雖然演出狀態不太穩定，但已經沒有初次上節目時的緊張感。他們除了加上大提琴手戈德斯頓之外，還加了前細菌樂團的吉他手喬治・魯森伯格（Georg Ruthenberg），他以藝名派特・斯米爾（Pat Smear）較為人所知。斯米爾比寇特年長八歲，而且跟他在細菌樂團的團員達比・克拉許（Darby Crash）一起經歷過很長一段毒品問題風波。他給人一種無法動搖的感覺。他扭曲的幽默感讓超脫合唱團的氛圍輕鬆不少，而且他紮實的演奏技巧也讓寇特在舞臺上沒那麼不安。

《母體》的巡演開始一個星期前，寇特飛到亞特蘭大（Atlanta）找寇特妮，她當時正在錄空洞樂團的專輯。寇特來到錄音室時，製作人西恩・史萊德（Sean Slade）和保羅・柯德利（Paul Kolderie）給他聽寇特妮唱片中已經錄完的曲子。寇特似乎為寇特妮的努力感到很驕傲，並稱讚她作詞的技巧。

當天稍晚，寇特妮要寇特替幾首還沒完成的曲子唱背景人聲。一開始，寇特反對，但後來又心軟了。史萊德和柯德利很明顯看出寇特對這些曲子不熟。「她會說：『拜託唱一下這首嘛』之類的話，」柯德利回想，「然後寇特就一直說：『讓我聽一下，我沒聽過，要怎麼唱？』而她說：『你不用想，直接唱就是了。』」結果並不是很好。最後混音時，寇特的人聲只用在一首歌裡面。但正式錄音結束後，寇特已經很進入狀況，所以開始即興演奏。他坐在鼓後面，艾瑞克・厄蘭森和寇特妮則拿起吉他，而史萊德拿起貝斯。「表演得真是太精采了，」史萊德回想。

寇特回到西雅圖，但只待了一個星期就離開，前往鳳凰城（Phoenix）為超脫合唱團接下來的巡演排練。轉機去洛杉磯時，真心樂團（Truly）也跟他們在同一架飛機上，寇特跟他的老友羅伯．羅斯（Robert Roth）與馬克・皮克爾溫馨重聚。最後，皮克爾坐在寇特和克里斯特旁邊——格羅爾坐在機艙的前排。皮克爾當時帶著一本封面是超脫合唱團的《細節》雜誌，他對此感到很尷尬。寇特一把拿起雜誌，狠狠地讀了起來。「他愈讀愈激動，」皮克爾說。寇特對於格羅爾在採訪中說的話很不高興。「他一直在講這件事，」皮克爾說。寇特痛罵了幾分鐘之後，就針對下一張專輯宣布了這件事：「我想加入其他人，打造一張和以前不一樣的唱片。」這年秋天，他經常提起這個話題，並威脅要開除他的團員。

《母體》的巡演從鳳凰城開始，場地是能容納一萬五千人的地方。前一晚，比利・雷・希拉（Billy Ray Cyrus）才在這裡表演過。這是超脫合唱團經歷過最大規模的巡演，連場地布置也十分精美。音樂電視臺問寇特為什麼樂團現在都在大型館場表演時，他的回答很實際，說這是因為製作成本增加了：「要是我們只在俱樂部表演，那一定會負債。我們不像大家想的那麼有錢。」當《今日美國》（USA Today）針對巡演的首演做出負面評價時（「極具創意的無政府主義淪為糟糕的藝術表演，」艾德納・剛德森（Edna Gunderson）這麼寫），斯米爾為了讓寇特消氣，就說：「靠！抓到我們的笑點了。這是我這輩子讀過最搞笑的報導。」就連寇特也笑了出來。

寇特妮拜託寇特不要去讀關於他的評論，但他卻著了魔似地把報導都找出來，甚至還找了城外的報紙。他對媒體愈來愈偏執，而且現在他接受採訪之前，都會要求審查一遍採訪他的寫手之前寫過的報導。不過在愛荷華州的達芬波特（Davenport），看完表演後，寇特卻和公關吉姆・梅利斯（Jim Merlis）以及一個《滾石》雜誌的寫手共搭一輛車回家。當時他並沒有意識到車裡有記者，指示梅利斯前往一個類似塔可鐘（Taco Bell）的餐廳。速食店裡滿是看完演唱會的年輕人，他們看到寇特・科本排著隊點墨西哥玉米餅時，都睜大了眼睛。「我以前上學時，最喜歡的就是吃玉米餅的日子，」他告訴在場的人。當然，這個故事最後上了新聞。

巡演的第一個星期，亞歷克斯・麥克勞德載寇特去堪薩斯州的羅倫斯郡（Lawrence）與威廉・S・柏洛茲見面。前一年，寇特跟柏洛茲合作製作了一張單曲，名為〈他們叫他牧師〉（The Priest They Called Him），由T/K唱片公司發行，不過他們是透過一來一往地寄錄音帶才完成錄音的。「跟威廉見面對他來說意義重大，」麥克勞德回想，「他從來沒想過這件事會成真。」他們聊了好幾個小時，但後來柏洛茲說他們從來沒提到毒品的話題。寇特坐車離開後，柏洛茲告訴他的助理：「那個男的怪怪的，他無緣無故就會皺眉頭。」

三天後，樂團在芝加哥演出，但他們沒表演〈少年仔的氣味〉，演出就結束了，引來陣陣噓聲。寇特當晚接受《滾石》雜誌的大衛・弗里克採訪時說，「我很高興你能來看這次巡演之中最爛的一場。」在弗里克的採訪中，寇特多次提到他動盪的情緒，簡直可以刊登在《今日心理》（Psychology Today）上。他談到了自己的憂鬱、家庭、名聲以及胃部問題。「一個人經歷了五年的慢性疼痛後，」他告訴弗里克，「到了第五年結束時，真的會瘋掉……我就像一隻被痛打過的落水貓一樣，已經有精神分裂症了。」他說他的胃痛已經好很多了，並承認前一晚吃了一整個芝加哥披薩。他還說，在他胃痛最嚴重的時期，「我每天都想自殺，有好幾次都差點真的動手了。」被問及對於女兒的期待時，寇特堅稱：「我並不覺得寇特妮和我有那麼糟糕。我們一輩子都缺乏關愛，我們對愛太過渴望，要是說我們有什麼目標，那就是盡我們所能地給法蘭西絲最多的愛和支持。」

芝加哥的演出過後，樂團表演的情況好轉了，寇特的心情也一樣。「我們的狀態愈來愈好，」諾弗賽立克回想。每個人都很享受演奏《母體》中的曲目，他們還加入了〈昨夜你在何處過夜？〉和〈基督要我做太陽光〉（Jesus Wants Me for a Sunbeam）這首福音歌。在部分巡演的過程中，十四個月大的法蘭西絲也跟爸爸一起行動，而有她在身邊的寇特看起來也開心多了。十月底，肉偶樂團為他們做了七次開場演出，讓寇特有機會跟他的偶像庫特和克里斯・柯克伍德（Cris Kirkwood）見面。

超脫合唱團已經跟音樂電視臺協商了好一陣子，討論是否要在電視臺的《不插電》（Unplugged）節目中演出。在跟肉偶樂團巡演的期間，寇特終於答應，並邀請柯克伍德兄弟跟他們一起上節目，他覺得這能讓演出更成功。一想到要做這種不花俏的表演，寇特就覺得很緊張，這是自從樂團在雷蒙德的啤酒聚會處女秀以來，他為演出感到最緊張的時候。「寇特真的非常非常緊張，」諾弗賽立克回想。其他人就說得更直接了：「他嚇死了，」製作經理傑夫・梅森說。

十一月的第二個星期，他們來到紐約，並開始在新澤西州的一個錄音棚排練。但就跟超脫合唱團之前和音樂電視臺的互動過程一樣，大多時間都用來協商，而不是排練。柯克伍德兄弟發覺他們大部分的日子都是坐著等待，而且超脫合唱團的經理人還警告他們，在寇特身邊不要抽大麻。他們覺得這個警告聽起來特別刺耳，因為寇特來排練時經常都遲到，而且顯然吸毒吸得很嗨。「他出現的時候，看起來就像雅各布・馬利*（Jacob Marley）的鬼魂一樣，」庫特・柯克伍德說。「他全身包著法蘭絨衣服，戴著一頂切鹿帽，就像個嬌小的老農夫。他覺得這種打扮能讓他融入紐約當地人。」

雖然寇特同意要上節目，但他不希望自己的《不插電》跟節目中其他人的一樣。音樂電視臺則有不同的打算，所以他們發生了一些爭執。錄影的前一天，寇特宣布他不表演了，但音樂電視臺已經習慣了他這種手法。「他這麼做只是想激怒我們，」艾米・費納蒂說，「他很享受這種力量。」

雖然寇特威脅不出席，但演出當天下午，他還是到場了，雖然他很緊張，而且還處於戒斷狀態。「他沒有開玩笑、沒有笑容、一點歡樂都沒有，」傑夫・梅森接著說，「所以大家對這場表演都有點擔心。」庫特・柯克伍德很焦慮，因為他們沒有排練過整場演出：「我們練過幾次歌，但沒有進行過整場演出的排練，沒有做過演唱會的練習。」費納蒂覺得很煩惱，因為寇特躺在沙發上抱怨自己不舒服。他說想吃肯德基時，她馬上派人去買。

但他真正想要的不只是肯德基。超脫合唱團的一個工作人員告訴費納蒂，寇特在吐，並問她能不能「找些東西」來幫助他。「他們跟我說，」費納蒂回想，「『要是我們不幫他，他就沒辦法上

---

* 作家查爾斯・狄更斯（Charles Dickens）的小說《小氣財神》（A Christmas Carol）中的鬼魂。

節目了。』我心想：『我又沒打過海洛因，我不知道要去哪裡找。』」有人說煩寧安定劑能幫寇特緩和戒斷症狀，所以費納蒂就找了另一個音樂電視臺的員工，去跟一個沒醫德的藥劑師買了一些。費納蒂把藥物拿給亞歷克斯・麥克勞德時，他的回應是：「這些藥效太強了，他需要的是五毫克劑量的煩寧。」最後，終於有另一個跑腿的人帶著寇特自己準備好的藥物出現了。

寇特終於坐下來，簡單試了一下音，並練習走位。他對於不插電的表演形式感到很有疑慮，而且很害怕。他最害怕的就是在節目期間驚慌失措，把錄影搞砸。「你能不能保證，」他問費納蒂，「坐在前排的都是愛慕我的人？」費納蒂更動了觀眾的座位，好讓珍妮特・比利格和寇特的其他熟人坐在前排。但就連這麼做也沒辦法讓他冷靜下來。他再次停止試音，告訴費納蒂：「我好害怕。」他問她：要是他表演得不好，觀眾是不是一樣會拍手？「當然了，我們一定會為你鼓掌，」費納蒂說。寇特堅持要她坐下來，好讓他看得見。他還叫一個製作部的人員找一些吉他指板油過來，他以前從來沒用過，但他說他小時候看過瑪麗阿姨用在原聲吉他上。

在後臺等待節目開始時，寇特看起來還是很焦慮。庫特・柯克伍德為了讓他放鬆心情，就講了一個他們之間流傳的笑話：柯克伍德會把餐廳桌子下面的口香糖刮下來，重新拿來嚼。「老兄，你真他媽的太奇怪了，」寇特說。他們準備走向舞臺時，柯克伍德從嘴裡拿出一塊口香糖，分了一半給寇特，這個幽默的舉動讓寇特露出當天第一個笑容。

節目開始錄製時，寇特的笑容就消失了。他臉上的表情就像個殯葬業人員，很適合當天布置成可怕黑色彌撒的舞臺布景。寇特之前建議他們擺上葵百合、黑色蠟燭和一個水晶燈。《不插電》的製作人艾力克斯・科萊蒂（Alex Coletti）問：「你是說像葬禮一樣嗎？」寇特說一點都沒錯。他選擇了十四首歌曲，其中有六首是翻唱，而這六首翻唱歌曲中，有五首提到了死亡。

儘管神情凝重、眼睛微微發紅，寇特看起來還是很帥。他穿著他那件羅傑斯先生造型的毛衣，而雖然已經一個星期沒有洗頭，他看起來還是很孩子氣。他首先表演的是〈關於一個女孩〉，表演方式跟之前非常不一樣。他把音量降低，來強調基本的旋律和歌詞。超脫合唱團的表演並不完全算是「不插電」，因為他們有使用音箱和鼓，不過有加上墊子，而且用的是鼓刷。傑夫・梅森下了一個更準確的標題：「他們應該把這個節目叫作《超脫合唱團溫和版》才對。」

但寇特的情緒很高昂。下一首歌是〈保持本色〉，然後是令人難忘的〈基督要我做太陽光〉，演奏這首歌時，諾弗賽立克彈的是手風琴。三首歌都表演完後，寇特才開始跟觀眾說話。「我保證，我會搞砸這首歌的，」他宣布，然後表演了大衛・鮑伊（David Bowie）的〈出賣世界的男人〉（The Man Who Sold the World）。他並沒有搞砸，而且感覺鬆了一口氣，還能夠在接下來的休息時間開玩笑，說要是他搞砸的話，「那這群人就有得等了。」幾乎可以聽到觀眾席上的大家都為他鬆了一口氣。這是寇特當晚第一次表現出把心思放在當下的樣子，儘管他仍然以第三人稱來稱呼觀眾。

寇特的焦慮體現在觀眾身上：他們既拘謹又不自然，好像在等待他的指令，才能完全放鬆。但這個指令一直都沒有下來，而且館場裡的緊張感讓這場演出更加值得紀念——和一場冠軍賽的氣氛一樣。要表演〈薄荷茶〉的時候，寇特問其他團員：「我要自己表演這首歌嗎？」樂團從來沒有成功排練完這首歌。「你自己來吧，」格羅爾建議。而寇特也真的自己表演了，不過唱到一半時，他似乎停了下來。他短短吸了一口氣，接著在呼氣時讓他的聲音在「溫牛奶、瀉藥」這句破音。正是破音的這個決定讓他找到繼續向前的力量。結果也非常驚人：就好像在觀賞一位對抗病魔的出色歌劇歌手完成一首詠嘆調，不是靠把音調唱準，而是靠宣洩情感。在好幾個轉折處，感覺彷彿天使之翼的重量就能擊垮他，但歌曲又幫助了他：歌詞與重複樂段大部分都與他融合成一體，讓他能夠半死不活地唱著，卻仍然很有力道。這是寇特在舞臺上最光榮的一個時刻，而且就像他事業中的所有顛峰一樣，出現的時機都是在他看似注定要失敗之際。

表演完〈薄荷茶〉之後，其他的歌曲都不怎麼重要了，但他每表演一首歌，就愈發有自信。一個觀眾點了〈強暴我〉時，他還笑了出來，開玩笑說：「啊，我覺得音樂電視臺不會讓我們表演這首歌。」演奏了十首歌之後，他邀請柯克伍德兄弟上舞臺，介紹他們是「兄弟肉」，並在他們的伴奏之下表演了三首他們的歌。柯克伍德兄弟雖然顯得格格不入，卻很值得欽佩，而他們的怪異也完美符合科本的美學。

最後的安可曲，寇特選了李德・貝利的〈昨夜你在何處過夜？〉。表演前，他講了自己之前在考慮是否要買李德・貝利的吉他的事，不過在他的故事中，價錢被吹捧到五十萬美元，是他三個月前所說的十倍。雖然寇特不管說什麼故事都有誇大傾向，但他對於這首歌的演繹卻是很低調、壓抑、空靈的。他唱歌時閉著眼睛，在破音的那一刻，他把哀嘆轉為最原始的喊叫，餘音能迴旋多日不絕，令人著迷不已。

他離開舞臺後，又與音樂電視臺的製作人發生了爭執——他們想要他再唱一首安可曲。寇特知道他不可能唱得比剛才還要好。「當你看到他唱完最後一個音之前的嘆息，」費納蒂說，「幾乎就好像那是他人生的最後一口氣。」在後臺，樂團的其他人都為演出感到興奮，但寇特看起來還是不太有把握。克里斯特告訴他：「老兄，你剛剛表演得很好。」珍妮特・比利格則是感動到哭了。「我告訴他，這就是他的成年禮，是定義他事業的一瞬間，他變成主導自己事業的男人了，」比利格回想。寇特很喜歡這個暗喻，但她讚美他的吉他技巧時，這個舉動似乎又太超過了。他責罵了她，並說自己是個「很爛的吉他手」，叫她永遠不要再誇他。

寇特跟費納蒂一起離開，躲過了演出後的派對。即使是在一場非凡的演出過後，他的自信似乎也沒有增長。他抱怨：「沒有人喜歡我的表演。」費納蒂告訴寇特他表演得很精采，大家都很喜歡，寇特卻反對，說平常觀眾看他的表演時都會跳上跳下。「他們就只是靜靜坐在那裡，」他抱怨。費納蒂已經聽夠了：「寇特，他們覺得你是耶穌基督，」她說，「大部分的人從來都沒有機會近距離看到你，他們完全被你吸引住了。」寇特這才緩和下來，說他想打電話給寇特妮。他們走進他飯店的電梯裡時，他輕輕推了費納蒂一下，吹噓說：「我今晚表現得真他媽的棒，對不對？」這是她唯一一次聽他認可自己的能力。

不過在《不插電》表演的兩天前發生了一件事，比音樂電視臺節目上發生的任何事都更能表現出寇特的內心世界。十一月十七日下午，超脫合唱團準備離開他們在紐約的飯店，前往參加《不插電》的排練。寇特經過大廳時，有三個拿著唱片的男樂迷靠近他，跟他要簽名。寇特沒理會他們，走進正在等候的貨車。他一邊走，一邊用手遮住臉，跟很多離開法庭時不想被拍照的重罪犯一樣。

這三個男的看到他這麼沒禮貌，似乎很驚訝，不過根據大提琴手洛瑞．戈德斯頓的記憶，「他們看起來好像也沒有真的很不高興。雖然沒有拿到簽名，但他們跟寇特有了互動，這才是他們真正想要的。」即使被他們的謎樣英雄罵髒話，都是一件值得慶祝的事情。

樂團的其他成員都上車以後，還有一個工作人員有事耽擱了一下，所以他們等了一會。要是這部貨車在這裡停留好幾天，樂迷應該就會跟著停留那麼久，為的就只是要看寇特，而寇特並不會回應他們的目光。在他們等待的同時，克里斯特告訴寇特：「嘿，那個傢伙叫你王八蛋。」諾弗賽立克應該只是在開玩笑，因在場沒有其他人記得聽到有人罵人。那位遲到的工作人員終於爬上貨車，接著司機就開車了。

但就在車子發動的那一刻，寇特突然大喊：「停！」他喊叫的力道就跟一個看見火焰的人大叫「著火了！」一樣。司機踩了煞車，寇特搖下了面向人行道的車窗。人行道上的樂迷都很驚訝他願意承認他們的存在，而且心想，或許他終於願意給他們寶貴的簽名了。但寇特並沒有把手伸出窗外，而是像李奧納多．狄卡皮歐在《鐵達尼號》中一樣，把瘦長的身體探出去。他把整個身子都探出去之後，就把背拱起來，從肺部深處咳出一口巨大的痰。痰劃過天空，好像慢動作一樣，正好落在一個男人的額頭上，而他手中握著一張銷售量八百萬張的《從不介意》。

22

1993年11月－1994年3月
華盛頓州，西雅圖

科本病

我們的下一張雙碟專輯要叫作《科本病》（Cobain's Disease），是一張關於嘔吐胃液的搖滾歌劇。

——摘錄自一篇日記

《不插電》的當天，寇特私底下有一件令他困擾的事：他的胃病又復發了，而且還吐了膽汁和血。他又回到用轉輪盤來決定醫生的遊戲，在東岸和西岸或者巡演途中的任何地方都看了許多醫生。雖然他收到了很多不同的診斷意見——有幾個醫生覺得是腸躁症候群，但診斷並不明確，而且他檢測克隆氏症的結果呈陰性——沒有一項治療能讓他安心。他仍然堅持海洛因能減緩胃痛，但他不用海洛因的時間太短，無從知道這到底是造成他胃痛的原因還是解藥。

《不插電》表演的早上，寇特花了一個小時填醫生給他的飲食習慣問卷。在問卷中，他說自己一生中，不論是精神上還是生理上，都在飢餓邊緣度過。他說他最喜歡的口味是「覆盆子巧克力」，最討厭的是「花椰菜、菠菜、蘑菇」。問到他最喜歡母親做的哪一道菜時，他回答「烤肉、馬鈴薯、紅蘿蔔、披薩」。至於「你會偷偷餵什麼給家裡的狗吃？」，他的回答是「繼母做的食物」。他說他最喜歡的外帶食物是塔可鐘和薄皮義式臘腸披薩。他唯一公開表明討厭的食物是印度菜。問到他一般的健康狀況時，他沒有提到自己的毒癮，只寫了「胃痛」。至於運動，他寫的唯一一項肢體活動是「表演」。針對「你喜歡大自然嗎？」，他只寫了幾個字：「噢，拜託！」

他在日記中記錄了腸胃問題的變化，花了好幾頁詳細描述一次做內視鏡檢查的經驗（一種把微型攝影機從喉嚨伸入腸道的檢查，他已經做過三次）。他被自己的胃病所折磨，但從某些細微的方面來說，他又從中得到樂趣。「拜託，神啊，」他在一篇日記中請求，「去他媽的熱門唱片，就讓我那無法解釋又罕見的胃病以我的名字來命名吧。我們的下一張雙碟專輯要叫作《科本病》，是一張關於嘔吐胃液、處在厭食症邊緣、來自奧次威治（Auschwitz）的油漬搖滾男孩的搖滾歌劇，還附贈自製的內視鏡影片！」

雖然在《不插電》的表演中，寇特的情緒高昂，但十天後到了亞特蘭大時，他的身體狀況卻跌到谷底，緊緊抱著肚子躺在更衣室的地板上。這場巡演的飲食承辦人沒有準備他要求的卡夫牌起司通心粉，而是把一盤貝殼麵跟起司和墨西哥辣椒混在一起。寇特妮把這盤義大利麵拿給經理人約翰・席爾瓦，質問他：「這盤通心粉裡面怎麼會他媽的出現墨西哥辣椒和傑克起司（jack cheese）？」她一邊像服務生一樣把盤子舉得高高的，一邊拿著寇特的附加條款，上面用粗體字寫著「只要卡夫牌起司通心粉」。她為了強調自己的立場，還把食物丟進垃圾桶。「她不管席爾瓦怎麼想她，她只想確保寇特吃到他能吃的東西，」當時在房間裡的吉姆・巴柏（Jim Barber）回想。「她跟約翰說：『你怎麼不讓寇特做自己呢？』」寇特妮為了更加強調自己的論點，還逼席爾瓦檢視寇特帶血的嘔吐物。洛芙離開房間後，席爾瓦對巴柏說：「你看到了嗎？這就是我得處理的事。」

寇特和他的經理人之間的關係已經惡化，嚴重到超脫合唱團的組織就像一個不正常的家庭——說實在的，跟寇特自己的家庭很像，他的團員扮演繼兄繼弟的角色，而他的經理人就是他父母。「寇特很討厭約翰，」一名金山經紀公司的前員工回想。這或許是因為席爾瓦有點讓寇特想起他父親。到了一九九三年底，寇特變得非常不信任金山經紀公司。他習慣請迪倫・卡爾森幫他檢查財務報表，因為他覺得自己被坑了。寇特大部分都是跟席爾瓦的助理邁克・梅塞（Michael Meisel）互動。至於席爾瓦，他曾公開形容他最有名的客戶是「毒蟲」，這麼說一點都沒錯，但別人聽在耳裡還是會有不忠誠的感覺。確實，席爾瓦——就跟寇特生命中的每個人一樣，包括寇特妮——根本不知道該拿寇特的毒癮怎麼辦。嚴格的愛真的比接納好嗎？羞辱他和縱容他究竟哪個好？

寇特的另一個經理人丹尼・戈德堡曾經在齊柏林飛船樂團最放蕩的時期擔任他們的媒體經紀人，因此替寇特尋找戒毒治療師的工作就落到他頭上。寇特漸漸把丹尼視為父親，即使在他認為丹尼的公司（也就是金山）在坑他錢的時候也一樣。他們私下的感情因為工作關係而變得複雜了。因為戈德堡的太太蘿絲瑪麗・卡羅就是寇特和寇特妮兩人的律師，這種裙帶關係令人不敢苟同。「我覺得整體來說，這沒辦法讓他得到最大利益，我這麼說並不是質疑（卡羅）作為律師的能力，」寇特的前任律師艾倫・明茲說。

但是不可否認，寇特很信任蘿絲瑪麗和丹尼。法蘭西絲出生後不久，他就擬了一封「遺囑和誓言」（他一直都沒有簽名），上面說要是寇特妮死了，他希望讓丹尼和蘿絲瑪麗擔任女兒的監護人。排在他們後面的是他妹妹金，而在金之後，他又指派了一系列監護人：珍妮特・比利格、空洞樂團的艾瑞克・厄蘭森、他們之前的褓姆賈姬・法瑞、寇特一年多沒講話的舊鄰居妮基・麥克盧爾。如果寇特妮、蘿絲瑪麗、丹尼、金、珍妮特、艾瑞克、賈姬、妮基全都死了，才會輪到寇特的母親溫蒂・奧康納來負責照顧法蘭西絲，是第九順位。寇特寫明，無論發生任何情況——即使寇特家的所有親戚都死光了——都不能把法蘭西絲託付給他父親或者寇特妮的任何家人。

《母體》的美國場巡演安排得很晚，一直到《不插電》過後一個月，也就是十二月十日，才在明尼蘇達州的聖保羅（St. Paul）舉行。這個週末，超脫合唱團又跟音樂電視臺安排了一場錄影，而寇特決定跟電視臺和好。他邀請費納蒂和庫特・洛德來採訪他。攝影過程中，樂團的幾個人喝醉了酒，倒在對方身上，最後還弄翻了攝影機。「影片一直都沒有播出來，」費納蒂回想，「因為所有人，包括庫特・洛德，都喝了紅酒，醉到不行，影片沒辦法用。」後來洛德和諾弗賽立克把飯店房間弄得一團糟。他們把電視砸壞，還把好幾件家具拖到大廳裡。後來飯店控告他們，並要求一萬一千七百九十九美元作為損壞的賠償，只是沒有成功。

三天後，超脫合唱團在西雅圖錄製音樂電視臺的節目《放聲現場》（Live and Loud）。電視臺在一小群觀眾前拍攝他們的表演，並用道具製造出新年前夕的效果，節目將會在屆時播出。演出過後，寇特邀請攝影師愛麗絲・惠勒回到四季飯店（Four Season Hotel）聊天。他用客房服務點了牛排，說「音樂電視臺會買單。」他催促惠勒到他和寇特妮要買的新家來拜訪，不過他忘了地址。他還叫惠勒透過金山經紀公司來聯繫他，他這段期間也這樣告訴很多朋友。把經紀公司的電話給別人是不明智的舉動，因為這讓寇特更加孤立：寇特的很多老朋友都說曾經打過電話到金山經紀公司，但從來沒有回音，最後就和寇特失了聯繫。

一週後，他們來到丹佛巡演，寇特跟液體樂團的約翰・羅賓森重聚。羅賓森透露液體樂團已經解散時，寇特想知道所有細節，就好像想得到一些訣竅似的。羅賓森提到自己開始用鋼琴作曲，並想用弦樂和喇叭製作一張豪華的專輯。「哇！」寇特回應，「這跟我想做的一模一樣！」他說自己也一直在跟馬克・藍尼根討論一個類似的想法，並邀請羅賓森在這場漫長的巡演結束後和他們倆合作。他也談到要跟R.E.M.樂團的麥可・史戴普（Michael Stipe）合作。

耶誕節時，巡演終於告一段落，寇特和寇特妮飛到亞利桑那州土桑（Tucson）城外奢華的峽谷牧場水療中心（Canyon Ranch Spa）度過四天。寇特妮送給寇特的耶誕禮物是肯・伯恩斯（Ken Burns）的《南北戰爭》（The Civil War）系列影片，寇特很喜歡。在水療中心時，寇特嘗試自行戒毒，並每天拜訪這裡的常駐諮詢醫生丹尼爾・貝克（Daniel Baker）。這位醫生提出一個觀點，即使在漫長的週末過後，依然久久徘徊在寇特心中：他警告寇特，他的毒癮已經到了很嚴重的地步，要是他不戒毒，就只有死亡這條路了。很多其他人也提出過相同的意見，但唯獨這一天，寇特似乎聽了進去。

十二月三十日，超脫合唱團在洛杉磯附近的大西部論壇體育館（Great Western Forum）表演。這一天，清醒與酒醉之間的差別展露無遺。當晚負責攝影的是導演大衛・馬奇，他目睹樂手爛醉的狀態，基於同情關掉了攝影機。但狀況一團糟的人並不是寇特，而是艾迪・范海倫（Eddie Van Halen）。這位知名吉他手在後臺喝醉了酒，跪在地上求克里斯特讓他即興演奏。寇特抵達時，只見他曾經的英雄倒在他面前，噘著嘴，就好像鼠黨*（Rat-Pack）演的拙劣喜劇中喝得爛醉的迪安・馬丁一樣。「不行，你不能跟我們一起表演，」寇特斷然拒絕，「我們沒有多餘的吉他。」

范海倫沒有聽懂這明顯的謊言背後的意思，並指著派特・斯米爾大喊：「那就讓我彈這個墨西哥佬的吉他。他是什麼人種？是墨西哥人嗎？還是黑人？」寇特簡直不敢相信自己的耳朵。「艾迪開了個種族歧視又恐同的玩笑，這是很典型的鄉巴佬的行為，」大衛・馬奇說。「太荒謬了，」寇特勃然大怒，但最後還是想出了一個合適的回應：「其實你還是可以即興表演，」他答應，「等我們表演完安可曲之後，你再上臺。你自己一個人上臺獨奏吧！」然後寇特就氣沖沖地走了。

一九九三年結束之際，寇特寫了好幾篇文章，回顧過去這一年的重要事件。他寫了一封信給《倡導者》，感謝他們採訪他，還列出了自己的成就：「這一年收穫滿滿，超脫合唱團又完成了一張專輯（我們對此感到很驕傲，儘管我們必須忍受一些鳥事，有些人——在專輯發行之前——聲稱我們

---

* 一九五〇至一九六〇年代很活躍的非正式團體，由幾位美國演員好友組成。

要搞『商業自殺』。）我的女兒法蘭西絲天真無邪，討人歡心，她教會我要更加包容所有人。」

他也寫了一封沒有寄出的信給托比・韋爾。托比還是希望能完成他們之前經常談到的錄製計畫，而這讓寇特（他還沒走出被甩的傷痛）覺得她只是想利用自己，在事業上更進一步。他寫了一封狠毒的信給她：「在你依然美麗的時候，讓他們付出代價，當他們看著你崩潰、要把你燒毀的時候。」針對《母體》，他也有話要說：「這張唱片裡沒有一首歌是關於你。不，我不是你男朋友。不，我不會為你寫歌，除了〈酒吧演出〉這一首。我老婆在場時，我絕不會彈這首歌。」寇特怒氣的背後是因為被拒絕而傷透的心。他對托比的言語攻擊還不只這些。在另一封沒有寄出的冗長信件中，他猛烈抨擊了她、卡爾文和奧林匹亞：

我去年賺了大約五百萬美元，而我一分錢也不會分給那個王八蛋菁英主義者卡爾文・強森。想得美！我跟我的偶像之一威廉・柏洛茲合作，感覺酷斃了。我搬去洛杉磯一年，回來發現我的三個死黨都完全變成了海洛英成癮者。我已經學會去憎恨暴女，我見證過這個運動的萌芽，因為我上了那個最初創立暴女風格樂迷雜誌的女孩，而現在她卻想用她上過我這件事來占我便宜。她也不是想占我多大的便宜，但我還是感覺得到被利用了。不過沒關係，因為我幾年前就已經選擇讓白人企業利用我，而且我很享受，感覺太棒了。我他媽的一分錢也不會捐給他媽的貧窮獨立法西斯政權，他們就餓肚子吧，讓他們吃黑膠唱片，他可以吃光每一粒碎屑。以我目前邪教教主般的地位，連我那沒什麼天分與才華的老屁股都還能賣上好幾年。

一月初，寇特和寇特妮搬到位於華盛頓湖大道東（Washington Boulevard East）一七一號的新家，在豪華的丹尼－布萊恩區（Denny-Blaine），是西雅圖最古老、最高級的社區之一。他們的房子就在湖畔的小山丘上，周圍有許多奢華的水濱別墅以及十九世紀末、二十世紀初的雄偉豪宅。他們對面的房子上立著一個牌子，用法語寫著「禁止停車」，而他們的隔壁鄰居就是星巴克的執行長霍華・舒茲（Howard Schultz）。雖然 R.E.M. 樂團的彼得・巴克（Peter Buck）的房子就在一個街區外，但他和科本夫婦仍然算是這個社區裡的例外，因為住在這裡的人大多都是王公貴族的後代、名媛貴婦，或者擁有用自己名字命名的公共建築的那些人。

他們的房子建於一九〇二年，建築師是艾伯特・布萊恩（Elbert Blaine）——這個社區也是以他來命名的。他把最好、最大的一片土地留給自己，有將近三千平方公尺的範圍，種了茂盛的杜鵑花、日本楓、山茱萸、鐵杉和木蘭樹作為裝飾。這棟房子非常美麗，不過奇怪的是，房子就位在一座小型城市公園的隔壁，相較於同一地區的房子，比較沒那麼隱蔽。

房子本身的面積是七百二十四平方公尺，共三層樓高，有五個火爐、五間臥室，是間巨大的屋子。三角形的屋頂鋪著灰色的瀝青瓦，看起來更適合出現在緬因州的海岸，作為一位前總統的度假別墅。正如大多數又大又舊的房子，這裡的通風良好，廚房當然也相當舒適——已經徹底翻新過，配備了特勞爾森牌（Traulsen）的不鏽鋼冰箱、塞曼多爾牌（Thermador）的烤箱，並鋪有橡木地板。一樓包括客廳、飯廳、廚房以及書房，書房後來變成褓姆卡力的臥房。二樓有法蘭西絲的臥房、兩間客房和一間附私人浴室、能觀賞湖景的主臥室。頂層是一個不帶暖氣的閣樓，而地下室還有另一個臥室和幾個像洞穴般幽暗的儲藏室。科本夫婦花了一百一十三萬美元買下這間房子，他們跟大通曼哈頓銀行（Chase Manhattan）貸了一百萬美元，每個月需還七千美元，每年要繳一萬美元的稅。房子後面有一棟獨立建築，裡面是溫室和車庫。寇特的勇士車——這曾經是他唯一的家——很快就停進車庫裡。

家裡的每個成員都在房子裡找到自己的小角落：北院變成了法蘭西絲的遊樂場，裡面有一個攀爬架。寇特妮收藏的茶杯放在廚房裡展示，而她的各式內衣則塞滿了臥室裡的整個衣櫃。地下室變成了寇特所有金唱片獎的儲藏處——並沒有收好展示，只是堆在一起。一樓有一個凹室，擺了一個穿戴全套衣物的模特兒，就像個屍體般的詭異哨兵。寇特不喜歡大空間，整座房子裡，他最喜歡的地方就是主臥室外的儲物間，他會在這裡彈吉他。

寇特很快就在其他地方找到了藏身處。在《母體》的歐洲巡演之前，他有一個月的空檔，他似乎很清楚地決定，要用這段空檔跟迪倫一起盡可能瘋狂吸毒。他們的感情並不止於毒友，寇特是真心愛迪倫。除了傑西．里德之外，他是寇特這輩子最親密的朋友。迪倫也是寇特少數幾個在他們位於華盛頓湖的住處受到歡迎的朋友之一——寇特妮不怎麼禁止他來訪，因為她有時候毒癮復發，主要還要靠迪倫供貨給她。迪倫為夫婦倆跑腿的畫面幾乎就像漫畫一樣有趣：寇特會打電話跟他要毒品，而插撥進來的寇特妮也有自己想找的麻醉劑，兩個人都叫迪倫不要告訴自己的另一半。

到了一九九四年，他們的褓姆卡力也深深陷入古柯鹼的毒癮之中。他們還是繼續付他錢，因為這時他已經是家裡重要的一分子，但他們把照顧法蘭西絲的責任交給了其他褓姆，還問過賈姬・法瑞能不能回來。卡力依舊負責家裡大部分的採購工作——他會幫寇特買托蒂諾迷你冷凍披薩，幫寇特妮買瑪麗・凱蘭德餐廳（Marie Callender）推出的派——有時候科本夫婦也會自己去購物，但進行得不太順利。這年一月，拉里・里德（Larry Reid）在羅傑斯實惠雜貨店（Rogers Thriftway Grocery）遇到夫婦倆，他剛好走在他們後面。「他們往購物籃裡扔了一些貨品，但他們買的東西根本沒什麼規律或原因，都是一些奇怪的鬼東西，像是開胃小菜、番茄醬之類的。就好像瞎子在店裡購物一樣，只是把東西丟進籃子裡而已。」

就在寇特妮嘗試阻止毒販子來家裡的同時，寇特僱了一些朋友幫他帶毒品，並藏在樹叢裡。寇特毒品成癮了這麼久，嘗試的種類也擴大了。要是他找不到海洛因，就會注射古柯鹼或是甲基安非他命，或使用處方麻醉藥，像是街上買到的復方羥可酮。要是這些地方都找不到毒品，他就會透過服用煩寧或其他鎮定劑來攝取大量的苯二氮平類藥物，這些藥能緩和他的海洛因戒斷症狀。想要阻止毒品出現在華盛頓湖大道一七一號，成功的機率就跟水管工想要加固一條滿是彈孔的水管一樣。就算補了一個漏洞，另一個孔又會冒出水來。

雖然每天都要面對這些創傷，但超脫合唱團還是繼續前進，規畫接下來的巡演，並進行排練，儘管寇特常常都沒有出現。他們接到邀請，在一九九四年的魯拉帕路薩音樂節（Lollapalooza Festival）領銜演出。寇特身邊的每一個人，從他的經理人到樂團成員，都認為超脫合唱團應該擁抱這次機會，但寇特卻推掉了更多巡演。他的沉默寡言惹怒了寇特妮，她覺得他應該參加巡演，好鞏固未來的經濟情況。一講到這個或其他的演出的機會，他們的討論就會轉為爭吵，互相大吼大叫。

一月的最後一個星期，溫蒂打電話給寇特，告訴他自己與帕特・奧康納十年來的爭吵終於結束了——他們離婚了。寇特雖然很遺憾聽到她的悲傷，但也很高興聽到曾經與自己爭奪母親關注的人終於出局了。但他也得知了一件令他難過的消息：他親愛的奶奶艾麗絲飽受心臟問題的折磨，要去西雅圖的醫院檢查治療。

艾麗絲一進到西雅圖的醫院，李蘭就打電話給寇特。寇特買了價值一百美元的蘭花，不安地前往瑞典醫院（Swedish Hospital）。他很不忍心看到艾麗絲虛弱的樣子，她曾經是他孩童時期少數最穩固的支柱之一。比起自己死掉，他更害怕她死掉。他陪她坐了好幾個小時，過程中，床邊的電話響了，是他爸爸打來的。寇特一聽到唐納的聲音，就說他要出去了，但艾麗絲即使身體衰弱，仍然抓著他的手臂，把電話拿給他。不論寇特有多麼想迴避爸爸，他也沒辦法拒絕一個垂死之人的請求。

這是寇特和唐納自從西雅圖的演唱會那次糟糕的會面之後第一次聯絡。他們大部分都在談艾麗絲——醫生預測她能撐過目前的難關，但她的心臟疾病是不可逆轉的。然而，在他們簡短的對話中，似乎有什麼打破了兩人之間的隔閡，或許是因為寇特從唐納的聲音中聽到了與自己同樣的恐懼。寇特掛電話之前給了父親自己家裡的電話號碼，並要他以後打電話來。「我們得趕快重聚一下，」寇特掛電話時說，並看著奶奶，奶奶也對著他笑。「我很多事情都是從我媽那裡聽來的，」寇特告訴艾麗絲和李蘭，「我現在知道了，那很多都是鬼話。」

到了一九九四年一月，李蘭的性情已經有了很大的轉變。看到李蘭這麼低聲下氣又害怕，寇特感到很痛苦。李蘭雖然失去過很多親人——從早年他父親之死到他兄弟的自殺，但自己結婚四十九年的太太患了重病，似乎是他最難接受的。寇特邀請爺爺到家裡過夜，兩位科本家的男人回到家時，寇特妮正穿著一件貼身衣物走來走去。對於一位把內衣當成時尚宣言的藝人來說，這種打扮很正常，但傳統的李蘭卻看不順眼：「她沒穿褲子，完全沒有淑女的樣子。」李蘭也在客廳遇到卡力。寇特告訴他，這位長頭髮、看起來像是吸毒吸嗨了的年輕人是法蘭西絲的褓姆之一，讓李蘭覺得很震驚。

寇特妮出門去開會，於是寇特請爺爺去他最喜歡的餐廳——國際鬆餅之家（International House of Pancakes）吃飯。寇特推薦這家餐廳的烤牛肉，他們兩人都點了這道菜。一邊吃，寇特一邊檢視接下來歐洲巡演的行程。超脫合唱團安排要在不到兩個月內，在十六個國家演出三十八場。雖然這不像跟泰德樂團的「沉重天堂」巡演一樣勞累，但寇特卻感到更加精疲力盡。他之前就特別要求必須有中途休息時間，希望能在這期間跟寇特妮和法蘭西絲到歐洲觀光。寇特告訴李蘭，等他巡演回來，想安排一趟釣魚之旅。晚餐過程中，寇特三次被打斷，因為有其他客人來跟他要簽名。「他幫他們簽了名，並問他們想題什麼字，」李蘭說，「但他告訴我他不喜歡這樣。」

回家的路上，寇特問李蘭能不能借他開他的福特卡車，然後告訴爺爺自己想買一部類似的車款。當月稍早，他就已經在看汽車了，而且還買了一部黑色凌志（Lexus）。卡力的其中一個女友珍妮佛·亞當森（Jennifer Adamson）記得寇特曾經路過她家，向她炫耀這部車：「寇特妮想買這部車，但寇特覺得太豪華，而且他不喜歡這個顏色，最後他們把車退回去了。」後來寇特妮在網路上發文解釋：「有一天，我們買了一部非常貴的黑色車子，到處開了一下。大家都盯著我們，好像我們是在表演給別人看一樣，丟臉死了，所以我們買下之後不到十八個小時就把車退掉了。」

一月的最後一週，超脫合唱團在西雅圖北部的羅伯特．朗錄音室（Robert Lang Studios）錄音。第一天，雖然他們打了很多次電話給寇特，但他都沒有出現。寇特妮已經和空洞樂團出國了，科本家的電話也沒人接。諾弗賽立克和格羅爾利用這段時間去練大衛寫的歌。寇特第二天也沒出現。第三天是星期天，寇特來了，而且完全沒有提到他之前為什麼沒來，也沒有人問他。這個團隊早就失去了民主，克里斯特和大衛只能等待，寇特若是出現，他們都當作是奇蹟。

這一天，他們練了整整十個小時，雖然期待並不高，但還是錄下了十一首歌的音軌。早上，一隻黑色的小貓走進了錄音室，牠看起來很像寇特小時候的寵物「泡芙」，讓寇特的心情放鬆很多。他們錄了幾首格羅爾創作的歌——這些歌最終由幽浮一族樂團（Foo Fighters）重新錄製，寇特負責打鼓。他們還錄了一首寇特的歌，叫作〈打滑痕跡〉（Skid-marks），指的是內褲上的汙跡。寇特從未放下他對排洩物的執著。另一首歌叫〈蝴蝶〉（Butterfly），和其他大多數的新歌一樣，並沒有歌詞，還沒完全成形。

有一首寇特的作品完成了人聲的部分，可以算是他的巔峰之作之一。他後來把這首歌命名為〈你知道你是對的〉，但他只在現場表演過一次——一九九三年十月二十三日在芝加哥，當時寇特說這首歌叫〈在山上〉(On the Mountain)。在音樂上，這首歌和〈心形盒〉有同樣強弱交替的動感，平靜的主歌之後緊接著就是寇特嘶吼的高亢副歌。「我們把這首歌快速炸在一起，」諾弗賽立克回想。「寇特彈著重複樂段，把它帶進來，然後我們把音樂壓下來。我們把這首歌超脫了。」

這首歌的歌詞寫得十分緊湊，令人痛苦的副歌縈繞心頭，副歌重複著「你知道你是對的」。第一段主歌是一連串的宣告，開頭是：「我永不會煩你／我永不會承諾／如果我再說一次那個字／我就搬離這裡」。還有一組只有寇特．科本寫得出來的對句：「我在尿中行走／早知道會如此」。第二段主歌轉為對一個女人的陳述——「她只想愛她自己」——並以兩句諷刺的話結束：「事情從未如此美好／我也從未如此好過。」副歌裡悲哀的嚎叫再清晰不過：「痛苦，」他喊道，把這個詞拉長到四個音節，持續將近十秒，讓人覺得是一種無法逃脫的折磨。

錄音快結束時，寇特想找那隻黑貓，但牠已經不見了。當時剛過傍晚，樂團一起出去吃飯作為慶祝。寇特看起來心情很好，並告訴羅伯特．朗，從歐洲回來後，他還想再多安排幾次錄音。

隔天，寇特打電話給父親。他們談了超過一個小時，這是科本家的兩個男人十年來最長的一次對話。他們談了艾麗絲和她的預後情況——醫生已經把她送回蒙特沙諾，也談了他們各自的家庭。唐納說他想見見法蘭西絲，而寇特則驕傲地列舉出她最新學會說的話和做的事。至於他們之間的緊張關係，他們避免提到自己對對方的失望，不過唐納說出了之前好幾次都沒說出口的話：「我愛你，寇特，」他告訴兒子。「我也愛你，爸爸，」寇特回應。他們談完時，寇特邀請爸爸等他巡演完到新家看一看。唐納掛了電話之後，珍妮．科本難得看到一向堅忍的丈夫流下眼淚。

兩天後，寇特飛到法國。超脫合唱團的第一站被安排在一場綜藝演出上。寇特想出了一個能保全面子的方法：他們買了黑色條紋的西裝——他說這是「技巧合唱團造型」。演出開始時，他們表演了三首標準版的歌，但他們的穿著讓整個演出看起來像一場喜劇。在巴黎時，攝影師尤里・蘭奎特（Youri Lenquette）幫樂團拍照。其中一張照片是寇特開玩笑地用一把槍指著自己的頭。雖然巡演才剛開始，但身邊的人都注意到了寇特的變化。「他當時就已經一團糟了，」雪莉・諾弗賽立克回想，「很可悲，他覺得身心疲憊。」寇特跟諾弗賽立克和格羅爾搭的是不同的巡演巴士，但雪莉覺得他們的關係似乎有好轉：「跟之前的巡演比起來沒那麼緊張，但也有可能只是這變成常態了。」

接下來的演出是在葡萄牙和馬德里。到了西班牙時——這只是三十八場巡演中的第三場，寇特就已經在談要取消演出的事情了。他氣沖沖地打電話給寇特妮。「他什麼都恨，所有人都恨，」洛芙告訴大衛・弗里克，「恨，恨，恨……他當時在馬德里，走過觀眾面前。看演出的年輕人一邊用錫箔紙吸海洛因，一邊說：『寇特，讚喔！』還向他豎起大拇指。他打電話跟我哭訴……他不想當毒蟲的偶像。」

他也不希望跟寇特妮分手，但由於他們愈來愈常在電話上吵架（大部分都是吵他吸毒的事），再加上因為巡演而分隔兩地，所以他很害怕會有那樣的結果。寇特原本希望她能跟他一起去巡演，但她正在忙自己專輯的後期製作。寇特去找傑夫・梅森，問他要是取消巡演會怎麼樣。梅森說因為他們以前也取消過，如果現在再錯過任何一場演出，就必須承擔賠償責任，除非是因為生病。寇特抓著這一點不放，隔天在巡演巴士上還不斷開玩笑，說保險只涵蓋樂手生病的情況，所以就算他死了，他們也還是要表演。

看到歐洲的青少年把他跟吸毒畫上等號，寇特很心痛，但壓倒他的焦慮感確實是來自他的毒癮。在西雅圖，他知道能去哪裡找海洛因，而海洛因也知道能在哪裡找到他。但在歐洲，即使他找到買毒品的管道，他也很害怕會在跨過邊境時被逮捕。於是寇特僱了一位倫敦的醫生，他是出了名地願意隨意開合法但強效的麻醉劑給客戶。他開給寇特的藥包括鎮定劑和嗎啡，寇特用這兩種藥來緩和自己的戒斷症狀。當他在巡演途中遇到困難，只要打一通電話給這個醫生，他就會不問原因立刻開藥給他，藥品再透過國際快遞送到寇特手上。

二月二十日，寇特在巡演途中過了二十七歲生日。約翰・席爾瓦開玩笑地把一盒香煙送給他當禮物。四天後，他們來到米蘭，寇特和寇特妮慶祝他們結婚兩周年，但是透過遠距離來慶祝，因為寇特妮還在倫敦為專輯開記者會。他們在電話上談了一會兒，並計畫一個星期後見面時再一起慶祝。

他們在米蘭停留兩晚。第二晚，也就是二月二十五日，寇特身上出現了巨大的轉變。他看起來不再只是憂鬱，而是已經徹底放棄了。當天，他跟克里斯特說他想取消巡演。「他跟我說了一些鬼話，用些荒謬的理由來推掉演出，」諾弗賽立克回想。寇特抱怨自己胃痛，雖然克里斯特至今已經聽過這個抱怨幾百次了。克里斯特問他當初為什麼要同意巡演，並提醒他如果取消，他們就必須賠償幾十萬美元。「他的私生活裡有些事情讓他非常困擾，」克里斯特說，「出了一些狀況。」但寇特並沒有跟克里斯特談任何細節——他跟這位老朋友早就已經不再親密了。

寇特並沒有取消當晚的演出，但根據諾弗賽立克的推論，他沒有取消是因為接下來的表演在斯洛維尼亞，克里斯特的很多親戚都會來看。「他是為了我才撐下去的，」克里斯特回想，「但我覺得他已經下定決心了。」他們在斯洛維尼亞停留了三天，樂團的其他人都去鄉下觀光，但寇特自己留在房間。當時，諾弗賽立克正在讀亞歷山大・索忍尼辛（Aleksandr Solzhenitsyn）的《伊凡・傑尼索維奇的一天》（One Day in the Life of Ivan Denisovich），他把故事情節講給寇特聽，想分散他的注意力：「這是在講一個在古拉格（Gulag）勞改營生活的人，他還是非常努力在過日子。」而寇特唯一的回應是：「天哪，他居然還想活下去！他怎麼還會努力活下去呢？」

超脫合唱團在慕尼黑的第一航站俱樂部（Terminal Eins）安排了兩場表演，從三月一日開始。抵達慕尼黑時，寇特抱怨他不舒服。他反常地打電話給住在亞伯丁的亞特・科本（Art Cobain），他是寇特五十二歲的堂哥，半夜被寇特的電話吵醒。亞特已經快二十年沒見過寇特了，而且他們也不親近，但他很樂意聽寇特傾訴。「他對自己的生活方式很不滿意，」亞特告訴《時人》（People）雜誌。亞特邀請寇特在歐洲巡演結束後去參加下一場科本家族的聚會。

表演當天，所有見過寇特的人都說，他的一舉一動都流露出一種絕望和恐慌，而演出的場地讓他更難受。他們表演的地方是個廢棄的機場航站，改建為俱樂部，音效很差。試音時，寇特向傑夫・梅森提前領取他的每日津貼，說：「我表演時再回來。」由於寇特先前才大聲抱怨自己有多不舒服，所以梅森很驚訝他要離開，他問寇特要去哪裡。「我要去火車站，」寇特回答。巡演中的所有人都知道這是什麼意思，寇特還倒不如直接宣布「我要去買毒品。」

幾個小時後，寇特回來了，但他的心情並沒有比較好。他在後臺打電話給寇特妮，這場對話以吵架收場，就跟他們過去一個星期所有的談話一樣。然後寇特打電話給蘿絲瑪麗・卡羅，說他想要離婚。放下電話後，他站在舞臺邊緣，看著開場演出。超脫合唱團的所有開場樂團都是寇特選的，而這次巡演中，他選的是麥爾文樂團。「這正是我一直在尋找的」——一九八三年，他曾經在日記中寫下這句話，當時是他第一次看到麥爾文樂團的表演，從此改變了他的一生。從許多方面來說，比起超脫合唱團，他更愛麥爾文樂團。在他需要被拯救的時刻，他們為他提供了救贖。距離他在蒙特沙諾平價超市的停車場那改變命運的一天，只過了十一年，但他的人生卻經歷了劇變。然而在慕尼黑，他們的演出只讓他覺得很想家。

麥爾文樂團演出完畢後，寇特走到他們的更衣室，向巴斯・奧斯本指出了一連串的問題。巴斯從來沒見過寇特這麼心煩意亂，就連他高中時期被溫蒂趕出家門時也沒這麼嚴重。寇特宣布他要解散樂團，開除他的經紀團隊，並跟寇特妮離婚。走上舞臺之前，他對巴斯說：「我應該自己一個人來的。」「事後回想起來，」巴斯說，「他是在說他的一生。」

七十分鐘之後，超脫合唱團的演出結束了，被寇特提早終止了。這本該是一個常規演出，但卻很奇怪地包括兩首翻唱歌曲，是汽車樂團（Cars）的〈我死黨的女友〉（My Best Friend's Girl）和〈移動立體聲〉（Moving in Stereo），表演完這首歌後，寇特就離開舞臺。來到後臺，他抓著剛好也來看演出的經紀人唐・穆勒，對他說：「到此為止，取消下一場表演。」在預計的巡演休息時間之前只剩下兩場演出，穆勒把它們延期了。

隔天早上，寇特去看醫生，並要醫生開出證明——這是保險公司的要求——說他身體不好，無法演出。醫生建議他休息兩個月。儘管有診斷證明，但諾弗賽立克覺得這全都是寇特裝的：「他只是太累了而已。」克里斯特和幾個工作人員一起飛回西雅圖，打算在三月十一日回來進行下半場巡演。寇特則前往羅馬，他跟寇特妮和法蘭西絲約在這裡見面。

．．．

三月三日，寇特入住羅馬五星級的怡東飯店（Hotel Excelsior）五四一號房，寇特妮和法蘭西絲預計當晚稍後抵達。白天時，寇特和派特・斯米爾一起探索羅馬城，參觀觀光景點，但大部分的時候都用來找他理想中浪漫團聚的道具——他跟寇特妮已經分開二十六天了，是他們交往以來分離最久的一次。「他去梵蒂岡偷了一些蠟燭，很大的那種，」寇特妮回想，「他還為我把羅馬競技場踢掉了一小塊。」另外，他還買了一打紅玫瑰、一些內衣、梵蒂岡的念珠，還有一對三克拉的鑽石耳環。他還派了一位飯店侍者去領羅眠樂（Rohypnol）的處方藥，這是一種可以緩和海洛因戒斷症狀的鎮定劑。

洛芙比預期中晚許多才到達，她整天都在倫敦為下一張專輯開記者會。在其中一場採訪中，寇特妮在寫手面前拿出一顆羅眠樂。「我知道這是管制藥物，」她告訴《選擇》（Select）雜誌，「我是從醫生那裡拿來的，這就跟煩寧一樣。」寇特妮跟寇特看的是同一個倫敦醫師。當寇特妮和法蘭西絲終於到達羅馬時，一家人和他們的褓姆以及斯米爾溫馨地聚在一起，並點了香檳來慶祝——但寇特完全沒有喝。一會兒之後，卡力和另一個褓姆帶法蘭西絲去她的房間，而斯米爾也離開了。終於有機會獨處的寇特妮和寇特親熱了一下，但她旅途很勞累，再加上羅眠樂讓她很想睡。她後來說，寇特想跟她上床，但她太累了。「就算我當時沒興致，」她告訴大衛・弗里克，「我也應該為了他而躺在那裡的，他需要的就只是上床而已。」

早上六點鐘醒來時，她發現他倒在地上，臉色蒼白得跟鬼一樣，一邊的鼻孔流著血。他穿戴整齊，穿著他的咖啡色燈芯絨外套，右手拿著一疊共一千美元的現金。寇特妮已經看過寇特因為過量施打海洛因而差點死掉十幾次了，但這次並不是那種情況。她發現他冰冷、握拳的左手緊緊抓著三張紙。

23

1994 年 3 月
華盛頓州，西雅圖

就像哈姆雷特

就像哈姆雷特，我必須在生與死之間選擇。
——摘錄自羅馬的遺書

寇特在怡東飯店寫下遺書時，想起了莎士比亞和這位丹麥王子。兩個月前，他在峽谷牧場水療中心嘗試戒毒時，醫生警告他要嘛繼續吸毒——最終會導致死亡——要嘛戒毒，而他的答案將會決定他的存亡。他回答：「你是說，就像哈姆雷特那樣？」

他在羅馬寫下的遺書中提到了莎士比亞最著名的角色：「貝克醫生說，就像哈姆雷特，我必須在生與死之間選擇。我選擇死亡。」遺書的其他部分講到自己有多麼厭倦巡演，以及寇特妮是如何「不再愛他了」。為了強調這一點，他還說他太太跟比利・寇根有染，他一直都很嫉妒比利・寇根。在當週的一次對話中，寇特妮提到寇根邀請她一起去度假，而她拒絕了。但寇特卻把這當作威脅，他生動的想像力一發不可收拾。「我寧願死，也不要再經歷另一場離婚，」他寫道，指的是他父母的離婚。

寇特妮發現動也不動的寇特時，就打了電話給櫃檯，寇特很快被送去翁貝託一世綜合醫院（Umberto I Polyclinic Hospital）。洛芙在寇特身邊找到兩排羅眠樂的空包裝——他吞了六十顆跟阿司匹林一樣大的藥丸，一顆一顆從鋁箔泡罩包裝中拿出來。羅眠樂的藥效是煩寧的十倍，這麼大的劑量足以把他送到鬼門關附近了。「他死了，就法律上來說是已經死了，」洛芙後來說。不過寇特洗胃過後出現了輕微的脈搏，但仍在昏迷中。醫生告訴寇特妮，他的情況要看運氣：他有可能安然無恙地恢復，也有可能有大腦損傷或者死掉。寇特妮守在他身旁，中間休息時，她搭了計程車去梵蒂岡買了更多念珠，並跪下來禱告。她打電話通知寇特在格雷斯港的家人，他們也為他祈禱，儘管他同母異父的八歲繼妹布莉安妮不懂為什麼寇特會「在塔科馬」*。

當天稍後，有線電視新聞網插播了一則報導，說寇特死於吸毒過量。克里斯特和雪莉接到金山經紀公司的代表打來的電話，也聽到同樣令人難過的消息。大部分關於寇特死亡最早的消息都是來自大衛・格芬的辦公室——有一名自稱是寇特妮的女性留言給唱片公司的老闆，說寇特死了。經過了一個鐘頭的驚慌失措與哀傷，他們發現打電話來的人是個冒牌貨。

就在美國的朋友得知寇特死訊的同時，他出現了二十個小時以來的第一個生命跡象。他的嘴裡

---

* 「在塔科馬」（in Tacoma）與「昏迷中」（in a coma）發音類似。

插了管子，所以寇特妮拿了鉛筆和筆記本給他。他寫了「去你的，」然後又繼續寫，「把這些他媽的管子從我鼻子裡拿出來。」等他終於能說話時，他說他想喝草莓奶昔。他的狀況穩定後，寇特妮把他移送到美國醫院（American Hospital），她覺得他在這裡能受到更好的照顧。

第二天，醫生奧斯瓦爾多．加萊塔（Osvaldo Galletta）開了記者會，宣布：「寇特．科本的情況明顯好轉許多。昨天他陷入昏迷、呼吸衰竭，被送到羅馬的美國醫院。今天，他脫離藥理性昏迷。他的昏迷並不是由毒品引起的，而是因為酒精加上一名醫生開給他的鎮定劑。」寇特妮告訴記者，寇特別想這麼輕易「逃離」她。「就算到地獄，我都要跟著他，」她說。

寇特醒來時，他又回到了自己小小的地獄裡。在他心目中，什麼都沒有變。他所有的問題都還在，現在還更嚴重了，因為新聞不斷報導他的墮落，讓他感到很丟臉。他一直都很害怕被逮捕，唯一比被捕更糟糕的就是這次吸毒過量，還被有線電視新聞網宣告死亡。

儘管有了這次瀕死經驗，還經歷了二十個小時的昏迷，但他還是很渴望吸毒。後來，他吹噓說有一個毒販到他的醫院病房，在他的點滴中加入海洛因。他還打電話到西雅圖，叫人準備一公克的海洛因放在他家門外的樹叢裡。

在亞伯丁的溫蒂聽到寇特的情況好轉，心裡鬆了一口氣。她告訴《亞伯丁世界日報》，她的兒子「處在一個自己體力應付不了的行業中」。她還告訴記者克勞德．約索（Claude Iosso），剛看到新聞時，她還能控制好情緒，直到她往牆壁上一看：「我看了一眼我兒子的照片，看見他的眼睛，然後我就崩潰了。我不希望我兒子離開。」這一年，溫蒂自己也有健康問題，她在對抗乳癌。

三月八日，寇特出院了。四天之後，他飛回西雅圖。在飛機上時，他扯開嗓門跟寇特妮要羅眠樂，聲音大到其他乘客都能聽到。她告訴他羅眠樂全都沒了。他們來到西雅圖－塔科馬國際機場時，他是坐輪椅被推下飛機的。「看起來很糟糕，」在海關工作的查維斯．邁爾斯（Travis Myers）說。邁爾斯跟他要簽名時，他同意了，還寫下「嘿，查維斯，我沒帶大麻。」在美國時，他最害怕的審查並沒有發生，因為金山經紀公司已經發表聲明，說羅馬的事件只是一次意外的用藥過量——很少人知道他吞了六十顆藥丸或寫了遺書。寇特甚至沒有把這件事告訴他最好的朋友迪倫。「我以為他是不小心用藥過量，官方也是這樣說的，我也覺得很可信，」迪倫回想。就連諾弗賽立克和格羅爾得到的消息都說這是意外的用藥過量。超脫合唱團的工作團隊裡，每個人都看過寇特用藥過量，因此很多人都覺得吸毒總有一天會要了他的命，也只能認了。

歐洲的巡演延後了，但超脫合唱團及工作人員被告知要為魯拉帕路薩音樂節做準備。寇特從來都不想在這個音樂節上表演，他還沒簽合約，但經紀公司預設他會讓步。「超脫合唱團已經確認他們會在一九九四年的魯拉帕路薩音樂節表演，」承辦人馬克．蓋格（Marc Geiger）說。「還沒有簽書面的文件，但他們很肯定，我們也在著手搞定合約。」超脫合唱團的票房收入分成會是八百萬美元上下。

寇特覺得這個價錢並不公平。他不想在音樂節上表演，而且他純粹就是不想去巡演。寇特妮覺得他應該收下這筆錢，並說超脫合唱團需要在事業上加把勁。「他受到威脅，說因為他在歐洲取消了表演，可能會被起訴，」迪倫回想，「我覺得他感覺到自己就要破產了。」蘿絲瑪麗・卡羅記得，寇特特別強調他不想在音樂節上表演。「基本上，他身邊的每個人都跟他說他必須去表演，不論是他的家人、朋友還是工作伙伴都一樣，」她說。寇特用他處理衝突的一貫方法來面對這個情況：他避開不理，透過拖延來毀掉交易。「他在戒斷中，不是戒掉毒品，而是戒掉與人打交道，」卡羅回想。「這是個非常艱困的時期，我覺得大家若是無法從他身上得到他們想要的，就會誇大並責怪他吸毒的事。」

但他確實一直在吸毒，而且量比以前都還要大。寇特妮原本希望羅馬發生的事能嚇到寇特。她自己是嚇壞了，因此他不顧後果的吸毒行為讓她很緊張。「我嚇死了，」她告訴大衛・弗里克。她決定訂下鐵律，期望能讓寇特、卡力和她自己都遠離毒品：她堅持在家裡面不能吸毒。而寇特的回應既簡單又典型：他離開自己那一百一十三萬美元的豪宅，住進破敗的極光大道（Aurora Avenue）上每晚十八美元的汽車旅館。在他的毒癮最嚴重的時期，他經常退守到這些陰暗的地方，甚至常常連用假名登記入住都懶得。他經常光顧西雅圖旅館（Seattle Inn）、科瑞斯特旅館（Crest）、咫尺旅館（Close-In）、A-1旅館以及馬可波羅旅館（Marco Polo）。他總是用現金付款，然後自己躲在房間裡，昏昏沉沉地度過好幾個小時。他偏好西雅圖北部的旅館，雖然從他家裡前往這些地方沒那麼方便，但距離他最喜歡的毒販比較近。寇特若是沒有回家過夜，寇特妮就會很慌張，擔心他是不是又吸毒過量了，因此她很快就撤回了自己的規定。「要是我當時也跟從前一樣淡然接受他吸毒這就好了，」她後來告訴弗里克。

但影響寇特的不只是寇特妮的失望。自從羅馬那件事後，他身上就有某種東西不一樣了。諾弗賽立克不禁好奇，那場昏迷是不是真的對他的頭腦造成了損傷。「誰的話他都不聽，」克里斯特回想。「他整個人一塌糊塗。」迪倫也注意到他的變化：「他不像以前那麼有活力了。以前他比較有個性，後來他似乎很呆滯。」

從羅馬回來一個星期後，寇特的父親打電話來，他們進行了一場愉快但簡短的對話。寇特邀請爸爸來家裡作客，但唐納到達時，家裡卻沒有人。隔天，寇特打電話去道歉，說自己在忙。然而兩天後，爸爸再次拜訪時，卡力卻說寇特又走了。事實上，寇特當時在家，但他吸毒吸嗨了，不想讓爸爸看到他這副模樣。他們再次談話時，寇特答應，等他的事業沒那麼忙時，就立刻打電話給他。

他的事業——至少就超脫合唱團來說——基本上在三月的第二個星期就已經結束了。寇特決定取消巡演、拒絕參加魯拉帕路薩音樂節，而且不願意去練習，這一切終於證實諾弗賽立克和格羅爾長久以來懷疑的事情成真了。「樂團解散了，」克里斯特回想。當時寇特在音樂上的唯一計畫就是跟 **R.E.M.** 樂團的麥可・史戴普合作。史戴普甚至還把機票給寇特，讓他飛到亞特蘭大，這是他們三月中旬就已經安排好的錄音計畫。在最後關頭，寇特取消了。

三月十二日，有人打電話到西雅圖的警察局，但又掛了電話。警察被派往華盛頓湖的房子，應門的是寇特妮，她為自己打電話道了歉，並解釋說剛才發生了爭執，但現在已經控制住了。寇特告訴警察，他在這段婚姻中「承受了很大的壓力」，還說他們應該去「接受心理治療」。

三月十八日，寇特再次威脅要自殺。他把自己關在臥室裡，寇特妮踹了門，但還是打不開。最後，寇特終於不甘願地開了門，寇特妮看見地上有好幾把槍。她拿了一把口徑點三八的手槍指著自己的頭。「我現在要扣（扳機）了，」她威脅，「我不能再看你死一次了。」這跟他們一九九二年在西達－賽奈醫院玩的俄羅斯輪盤遊戲一樣。寇特大嚷：「沒上保險栓！你不懂，上面沒有保險栓，子彈會射出來的！」他從她手中搶過槍。不過幾分鐘之後，他又把她關在門外，繼續威脅要自殺。寇特妮報了警，幾分鐘之後，兩個警察就到了。

警官愛德華茲（Edwards）在警察報告中記錄，寇特聲稱他「沒有想自殺，也不想傷害自己……他說他把自己鎖在房間裡只是想遠離寇特妮。」警察一到，寇特妮就試圖淡化這件事，以免寇特被逮捕。為了安全起見，她指出他的槍，警察沒收了三把手槍和一把柯爾特 AR-15 半自動突擊步槍，也就是去年夏天出事時的那把槍。上次因家暴被逮捕的一個月之後，這些武器已經歸還給寇特。警察還扣押了二十五箱彈藥以及一瓶「白色藥丸」，後來發現是利福全（Klonopin），這是一種主要用來控制癲癇的苯二氮平類藥物。當時寇特大量服用這種鎮定劑，他覺得能幫忙緩解他的戒斷症狀。利福全讓他產生偏執、躁狂、妄想的症狀，這並不是醫生開給他的藥，而是在街上買的。警察把寇特帶回局裡，但沒有正式記錄在案。

當晚，伊恩・迪克森走在松樹街，在街角遇到寇特。迪克森問老友最近如何時，寇特說：「寇特妮找人逮捕我，我剛剛從牢裡出來。」他講了他們爭吵的事情，但輕輕帶過槍枝的部分。「他說只是一對愛侶在鬥嘴而已，」迪克森回想，「還說他很難過，因為他真的很愛寇特妮。」他們走到皮科拉批薩店（Piecora's pizza），然後寇特抱怨說自己破產了。「他跟我借了一百美元，還問能不能借住在我家，」迪克森回想。「他還說要叫他媽媽匯錢給他。」接著寇特突然離開，說他要去打電話。

四天之後，寇特和寇特妮搭計程車去美國夢（American Dream）車行時吵了一架。寇特妮想叫寇特買另一輛凌志汽車，但寇特心裡有別的主意。他花了兩千五百美元，買了一輛一九六五年天藍色的道奇飛鏢車（Dodge Dart），然後在他可靠的勇士車上放了「出售」的牌子。

他並不是真的需要這輛車，因為這年三月，他大部分的時候都情況很糟，無法開車。隨著他的毒品濫用不斷惡化，連經常賣毒品給他的毒販都不願意再賣給他了，因為沒有人想看到一個名人毒蟲死在自己的樓梯間。他找到一個新的毒販，名叫凱特琳．摩爾（Caitlin Moore），住在十一街（11th）和丹尼街（Denny Way）的交叉口。她願意賣「速度球」給他，這是一種海洛因和古柯鹼的混合物，雖然不是寇特偏好的毒品，但摩爾願意讓搖滾明星客戶在她的公寓裡吸毒。這一點很重要，因為寇特覺得自己在家裡已經不受歡迎了。

若他不在摩爾家，也不在麥迪孫街（Madison）上他最喜歡買墨西哥玉米餅的塔可時間餐廳（Taco Time），那他經常就是在格拉納達公寓（Granada Apartments），也就是卡力的女友珍妮佛．亞當森住的地方。珍妮佛覺得很敬畏，竟然看到最有名的搖滾明星坐在自己的沙發上，大部分都是在吸毒，但有時候就只是在打發時間。「他會戴著那頂蓋著耳朵的帽子，坐在我家的客廳裡讀雜誌，」她說。「大家來來去去，我家總是有很多活動。沒有人知道他在那裡，也沒人認出他。」在毒蟲的圈子裡，寇特找到了他在別的地方找不到的隱私。然而，珍妮佛愈是認識寇特，就愈困惑他竟會顯得如此孤獨。他告訴珍妮佛和卡力：「你們是我唯一的朋友。」

寇特妮不確定該怎麼控制住寇特，他們的討論大多都轉為爭吵。「他們變得常常吵架，」珍妮佛說。「顯然，在他最需要幫助的時候，他並不會去找她，也不會去找其他人。」寇特跟寇特妮愈來愈疏遠，並且變得比較喜歡找迪倫，因為迪倫從來不會管教他，叫他去戒毒。這年春天的一個晚上，兩個男人透過短接啟動偷了一輛車，並把車丟在寇特位於康乃馨城的住處，情誼因此變得更加穩固。「我老公是個百萬富翁，」寇特妮回想，「但他卻去偷車。」

羅馬的事件過後，連寇特的毒友也注意到他愈來愈不顧後果地吸毒。「大部分的人注射海洛因時，會注意自己打的量，」珍妮佛說，「他們會想：『要注意不要注射太多。』但寇特從來都不會想這件事，他一點猶豫都沒有。他真的不在乎這會不會要了他的命，要是他死了，那就沒他的事了。」珍妮佛開始害怕寇特會在自己的公寓裡吸毒過量：「我很驚訝，一個這麼矮小瘦弱的人，竟然能吸這麼多毒品，一個注射器的量都不夠他用。」三月的第三個星期，她指責寇特不把自己的生命安全當一回事，但他的回應讓她更害怕：「他告訴我，他要朝自己的腦袋開槍。他半開玩笑地說：『那才是我想要的死法。』」

・・・

到了三月的第三個星期，寇特就像他喜愛的哈姆雷特在劇本中的第五幕一樣，變了個人，陷入一種似乎不會趨緩的瘋狂中。毒品加上他身邊很多人所說的一輩子都沒被診斷出來的憂鬱症，導致他被瘋狂籠罩。就連海洛因也背叛了他。他說海洛因不再能夠止痛，他的胃依然很痛。寇特妮和寇特的經理人決定逼他去治療。以寇特的情況來說，大家都知道這頂多只是最後一搏，沒什麼機會能改變他——他之前就已經參加過好幾次勸誡會，所以恐怕不會感到驚訝。他已經去過五、六家戒毒機構，每次都只持續幾個星期。但寇特妮的觀點是，勸誡會至少是他們能做的，至少他們有所行動。寇特身邊的人就跟很多吸毒人士的家人一樣，覺得愈來愈無助。

丹尼・戈德堡聯絡了步驟康復中心（Steps recovery center）的史蒂芬・查托夫（Steven Chatoff）。「我開始在寇特吸了很多很多的毒時跟他講電話，」查托夫回想。「他用了很多海洛因，或者其他止痛藥。但在他狀況沒那麼糟、說話還能連貫的時候，我們也討論了他童年的事情，以及一些他還沒放下的原生家庭的事，還談到了他所承受的痛苦。他的胃痛很嚴重，他用這些鴉片類藥物就是想治療胃痛。」查托夫認為，在寇特的毒癮背後隱藏的是「一種創傷後壓力症候群，或者某種憂鬱症。」他建議寇特住院治療，還說寇特之前的戒毒治療是「戒毒、緩衝、成功」，這種治療的目的是讓寇特遠離毒品，但並沒有去處理最根本的問題。

查托夫發現寇特出乎意料地配合，至少一開始是這樣：「他同意自己需要（住院治療），還有自己需要解決『精神上的痛苦』，他是這樣說的。」但有一件事寇特並沒有承認——而且當時經紀公司也沒有告訴查托夫，那就是羅馬的事件是自殺未遂。查托夫相信報紙上說的，覺得那是一次意外的用藥過量。

寇特告訴迪倫，他很懷疑戒毒所有什麼用。他之前已經試過五、六次戒毒治療，知道對於不斷復吸的病人來說沒什麼機會。雖然有些短暫的時刻，他聲稱願意撐過戒斷的痛苦，但大部分的時候，他根本就不想停止吸毒。賈姬・法瑞記得曾經把寇特接出一天兩千美元的戒毒所，沒想到他卻叫她載他去一個她懷疑是毒販的人家裡。其他幾次，寇特去戒毒所都是因為他的經理人、太太或法庭對他下了最後通牒，而最終的結果也一樣，他又繼續吸毒。

查托夫預計在三月二十一日星期一開勸誡會，但就連相關人士都還沒聚在一起，寇特就收到情報，於是取消了。諾弗賽立克承認是他通風報信，他覺得這個主意會有反效果，會導致寇特逃跑。「我很替他感到難過，」克里斯特回想，「他看起來糟透了，我知道他聽不進去的。」當週，克里斯特在極光大道的馬可波羅旅館看到寇特，這是他們自從羅馬的事件之後第一次相遇。「他在那邊過夜，整天胡思亂想，變得很奇怪。他說：『克里斯特，我該去哪裡買摩托車？』我就說：『靠，你在說什麼？你買什麼摩托車？你他媽的得離開這裡。』」克里斯特邀請寇特跟他一起去旅行，把事情說清楚，但寇特拒絕了。「他很安靜，他跟所有人都疏離了，不跟任何人溝通。」

寇特抱怨他肚子餓，所以克里斯特就說要請他去高級餐廳吃晚餐，但寇特堅持要吃盒子裡的傑克（Jack in the Box）速食店的漢堡。諾弗賽立克駛向大學區的盒子裡的傑克時，寇特又反對，說：

「那裡的漢堡太油了，我們去國會山莊（Capitol Hill）的那一家，那邊的東西比較好吃。」到達國會山莊時，諾弗賽立克才察覺寇特根本不想吃漢堡，他只是利用老朋友載他去買毒品。「他的毒販就在那邊，他只想吸毒吸得昏昏沉沉的。怎麼講都沒用，他只想逃避，他想去死，這就是他想要的。」兩人開始對對方大吼大叫，然後寇特就衝下車了。

・・・

他們僱用了另一個諮詢師大衛・伯爾（David Burr），並在當週稍晚安排了另一場勸誡會。丹尼・戈德堡記得寇特妮在電話上請求他：「你一定要來。我怕他會自殺或是傷害別人。」伯爾在三月二十五日星期五辦勸誡會。寇特妮為了確保寇特不會逃跑，就劃破了富豪汽車和飛鏢車的輪胎，而勇士車的胎紋已經磨平了，所以她覺得寇特不會冒險去開。

這場勸誡會確實讓寇特很驚訝，不過時間很不湊巧，寇特和迪倫都吸毒吸嗨了。「我和寇特整晚都在開派對，完全沒睡，」迪倫解釋，「我們都剛起床，注射了早上的一劑，然後走下樓梯，看到一群人來跟他對峙。」寇特大發雷霆，就像剛被關進籠子的野獸一樣生氣。他的第一個反應是拿起一個回收桶丟向迪倫，因為他以為是迪倫給他設的陷阱。迪倫說他跟這件事無關，並叫寇特離開。但寇特留了下來，面對滿屋子的經理人、朋友和樂團成員。他像個懊悔的死刑犯在受審一樣，整個過程中，眼睛一直盯著地板。

在場的有寇特妮、金山經紀公司的丹尼・戈德堡、約翰・席爾瓦、珍妮特・比利格、唱片公司的馬克・凱茨和蓋瑞・格什、樂團裡的派特・斯米爾、裰姆卡力以及諮詢師大衛・伯爾。寇特的母親沒來，因為她在亞伯丁照顧法蘭西絲。大部分參加勸誡會的人都是臨時搭乘深夜航班來西雅圖的。他們一個接一個講出一連串寇特應該接受治療的理由。每個人都以威脅作結，說如果寇特不照做，會有什麼結果。丹尼、約翰和珍妮特威脅說他們不會再跟他合作；蓋瑞・格什說格芬唱片會拋棄超脫合唱團；斯米爾說超脫合唱團會解散；寇特妮說會跟他離婚。寇特靜靜地聽著這些警告。他早就預料到這些結果，而且他所做的一切早就已經冒了自己斬斷這些關係的風險。

雖然伯爾告訴大家，他們「必須直接面對寇特」，但在場沒幾個人做得到。「每個人都很怕寇特，」戈德堡觀察道，「他身上有一種光環，就連我也覺得必須戰戰兢兢，怕會說錯話。他的力量太強大。其他人，恕我直說，根本就沒跟他講到什麼話。他們只是在那邊閒晃，躲在背景裡。」說最多話的就是伯爾，他試圖專業地進行勸誡，但他此時面對的病人是不聽話的寇特・科本。他的毒癮太嚴重，築起了一道盾牌，不讓別人攻破。

等到寇特妮開始說話時，真正的鬧劇才上演。她是目前為止在場說話最直接的人，但會失去最多的就是她。她拜託寇特去做治療，祈求說：「這一切都必須停止……你要當個好爸爸才行！」然後她就做出了她所知道最能傷害寇特的恐嚇：要是他們離婚了，而他繼續吸毒，他就不能跟法蘭西絲在一起。

除了寇特之外的所有人都說完話之後，大家短暫沉默了一下，就像約翰・韋恩（John Wayne）

的電影中大戰之前的靜默一樣。寇特的視線緩緩往上移，然後惡狠狠地掃視一個又一個人，直到每個人都避開他的目光為止。最後他終於開口，生氣大罵。「你們他媽的有什麼資格跟我說這些？」他大吼。他找在場的每一個人算帳，詳細列舉出他目睹這些人吸毒的時刻。丹尼・戈德堡回應說他們在意的是寇特的健康，不是其他人。「你這樣渾渾噩噩，我們怎麼有辦法跟你好好說話？」戈德堡請求，「所以你去戒毒一陣子，然後至少我們可以好好交流。」寇特愈來愈生氣，伶牙俐齒的他開始分析在場的每個人，用他所知道最能戳到他們痛處的話語來展開攻擊。他用「肥豬」來稱呼珍妮特・比利格，然後說眼前所有人都是偽君子。他瘋了似地拿起黃頁，翻到心理醫生的部分。「我不相信這裡的任何人，」他宣布，「我要從黃頁上找一個能信任的心理醫生。」

讓他最生氣的人是寇特妮。「他最在意的是寇特妮的毒癮比他還嚴重，」戈德堡回想。當寇特知道寇特妮即將飛到洛杉磯接受戒毒治療，他對她的攻擊就減弱了。大家還鼓勵寇特跟她一起去，但他拒絕了，並繼續打電話給心理醫生，不過都轉接到留言。寇特妮自己也是一團糟——這場勸誡會，再加上過去的三個星期，她每天都不知道會不會聽到寇特吸毒過量的消息，這一切對她的打擊很大。寇特妮搭車離開時還得被人攙扶著上車，大家再次問寇特要不要跟她一起去戒毒，但他拒絕了。當時他正在發瘋似的翻著黃頁。「我甚至沒有親吻我丈夫或是跟他道別，」洛芙後來告訴大衛・弗里克。

寇特堅稱，在場沒有人有權利批判他。他跟斯米爾退守到地下室，說他只想彈一下吉他。在場的大家開始慢慢離開，大多數人都得趕著飛回洛杉磯或紐約。到了傍晚，就連伯爾和斯米爾也走了，又剩下寇特自己面對他一如往常的空虛。整個傍晚，他都待在他的毒販家，抱怨勸誡會的事情。這名毒販後來告訴報社，說寇特問過她：「當我需要朋友的時候，他們在哪裡？為什麼我的朋友都要跟我對立？」

隔天，賈姬・法瑞回到科本家工作。她帶法蘭西絲去洛杉磯，好離寇特妮近一點。寇特妮說服寇特的母親和妹妹開車來西雅圖，嘗試跟寇特談一談。他們的對話也沒比勸誡會好到哪裡去。結束時，每個人都覺得更心痛、更空虛。寇特顯然吸毒吸嗨了，溫蒂和金看到他在精神上這麼痛苦，也覺得很心痛。寇特不願意聽她們講話，他已經到了聽不進任何人講話的地步了。母親和妹妹流著淚離開時，家裡說話最直接的金站在門邊，問了哥哥最後一個問題：「你真的這麼恨我們嗎？」她一邊說，一邊啜泣，這一幕肯定讓寇特很震驚，因為金一向都很堅強，從來不會哭。但現在她就站在他的門邊，而且是他把她弄哭的。「對，」他用她所聽過最諷刺的口吻說，「我真的很恨你們大家，我恨你們大家。」金無話可說——她只能離開。

寇特妮在洛杉磯入住半島飯店（Peninsula Hotel），展開一個極具爭議性的療程，叫作「飯店戒毒」。她每天會在飯店套房裡見毒品諮詢師好幾次，而不是去比較張揚的公共戒毒中心。她試過打電話到西雅圖的家，但都沒有人接。

寇特就跟寇特妮懷疑的一樣，出門吸毒了。此時家裡只剩他跟卡力。當天稍晚，寇特來到當地一個毒販家裡，但他已經買了也注射了太多海洛因，多到那名毒販不願意再賣給他了。之所以會這樣，一方面是因為他們假惺惺地關心他的健康，另一方面則是害怕，要是寇特過量吸食他們的毒品，警察會找上門。「他大吸特吸，」羅伯・莫菲特（Rob Morfitt）說，他認識這個週末好幾個遇到寇特的人，「他到處閒晃，整個人一團糟。」寇特一貫的漫不經心已經變成了求死之心，就連最有經驗、最玩世不恭的毒蟲也感到害怕。他吸毒的最後幾個月，都胡亂與其他吸毒的人共用針頭，絲毫不顧公衛上所警告的愛滋病和肝癌。黑焦油海洛因由於混入雜質，所以經常導致膿瘡。到了三月，寇特的手臂上有許多斑疤和膿瘡，這些本身就是健康的隱患。

當天稍晚，他賄賂其他吸毒者，叫他們幫他買海洛因，並承諾會分他們一些毒品作為回報。他們在公寓裡分好毒品，開始燒煮時，寇特準備了一個像煤炭一樣黑的注射器——他連用足夠的水去稀釋都沒有。他為自己注射，並立刻就嚐到了吸毒過量的後果，而在一旁觀看的同伴都害怕了起來。寇特開始喘不過氣，整個公寓一片恐慌，因為要是他死在這裡，警察就一定會找上門。公寓的住戶命令寇特離開。由於他自己走不了，所以他們就把他拖到外面。他的勇士車就停在街上，他們把他放進車子的後座。其中一個人提議要打緊急求助電話，但寇特還有一點點意識，聽到這句話就搖搖頭。他們把他自己留在車上，心想若是他想死，就自己一個人死好了。

事情淪落到這般地步：這一代最有名的搖滾明星躺在汽車後座，說不了話，無法動彈，再一次來到死亡邊緣。他在這輛車裡度過了許多夜晚——這裡就像他最可靠、最舒適的家——死在這裡也不錯。汽車的後窗上放著「出售」的牌子，這是一張厚紙板，上面還寫著他家裡的電話號碼。

寇特並沒有在這個週末死掉。這似乎很不科學，但他的身體居然再次戰勝了足以殺死一般人劑量的海洛因。隔天他醒來時，他的情緒和生理上的疼痛也回來了。他最想要的就是遠離所有傷痛，但現在就連海洛因也幫不了他。

他回到家後，收到了好幾則寇特妮的留言，還有新的心理醫生史蒂芬・斯卡帕（Stephen Scappa）的留言，他是巴迪・阿諾推薦的醫生。寇特回電給斯卡帕，並跟他進行了好幾次漫長的對話。他似乎變得比較溫和了，而且跟斯卡帕產生了共鳴，這是他在其他醫生身上得不到的。這個星期一，他也接了蘿絲瑪麗・卡羅的電話，她打來勸他去接受治療。「你讓那些你不想要他們控制你生活的人很輕鬆就能把你描述得很差勁，」她告訴他。「他們能繼續控制你，就是因為你吸毒。要是你接受治療，他們就少了一樣能攻擊你的武器，你就能大大降低他們的攻擊力。或許這聽起來沒道理也沒邏輯，但事實就是這樣。所以你就去處理好毒品的事情，等你出院後，就會更容易解決這些問題。這能讓我們有立足的基礎。」寇特回答：「我知道。」他告訴卡羅他會再試一次治療。

這個星期二，他們幫寇特安排好飛去洛杉磯，並派克里斯特送他去機場。寇特來到克里斯特家時，很明顯不想去。前往機場路上的二十五分鐘，寇特又哭、又喊、又叫。在五號州際公路接近塔克維拉（Tukwila）出口匝道的地方，寇特試圖開門，從移動中的車上跳出去。克里斯特不敢相信竟發生這種事，但憑著他特別長的手臂，他一邊開車，一邊成功抓住了寇特，儘管車子急轉彎了一下。幾分鐘後，他們到達機場，但寇特的情況沒有好轉。克里斯特得抓著他的衣領，拖著他走，就像學校老師押著惡棍到校長室一樣。到了主航廈，寇特往克里斯特臉上打了一拳，並試圖逃跑。克里斯特制服了他，接著兩人打了起來。這兩個老朋友在人來人往的機場航廈地板上扭打，又是罵、又是揍，就像兩個酒鬼在亞伯丁的酒吧裡打架一樣。寇特從老友手中逃脫，穿過建築物，一邊大叫：「去你的！」一旁的路人都驚訝地圍觀。克里斯特最後一眼看到的寇特，是他消失在轉角處的一頭金色長髮。

克里斯特獨自哭著開車回西雅圖。「克里斯特真的很愛很愛寇特，」雪莉回想。「我們都很愛他，他就是我們的家人，我認識了他大半輩子了。」青少年的時候，雪莉曾經在亞伯丁的麥當勞偷偷從櫃檯下方塞幾個免費的大麥克給寇特。一九八九年有好幾個星期，寇特、崔西、克里斯特和雪莉都共用同一張雙人床，輪流換著睡。寇特曾經睡在他們家後面的貨車上，雪莉會幫他蓋毯子，確保他不會凍死。克里斯特和寇特曾經一起開過感覺像是上百萬英里的旅程，並向對方透露沒有任何人知道的祕密。然而，這個星期二晚上，克里斯特告訴雪莉，他內心深處知道他再也不會看見活著的寇特了，而且他說對了。

當天稍晚，寇特跟斯卡帕在電話上談了好幾次，也跟寇特妮通了電話。她記得當天跟他談得很愉快。通話過程中，寇特昏睡過去，但儘管之前和克里斯特發生衝突，他還是再次同意接受治療。

他們幫他安排隔天起飛。

無奈地同意接受治療的寇特做了大部分激進的吸毒人士要去治療前會做的事：他試圖盡可能瘋狂施打海洛因，好讓藥物能在他體內停留一陣子，幫助他度過戒斷最初可怕的幾天。隔天下午，寇特開車去迪倫家，他有一件事想找迪倫幫忙：他想買一把槍。「是為了自衛，以防有小偷來」，因為警察已經沒收了他其他所有的武器。他問迪倫能不能幫他買。迪倫相信了他的說法，儘管在華盛頓州買步槍並不需要登記。他們開車來到湖城路（Lack City Way）一〇〇〇〇號的史坦貝克射擊場。「如果寇特當時就有想自殺的念頭，」迪倫事後回想，「那他也絲毫沒有對我洩露任何跡象。」來到店裡，寇特指著一把雷明登 M-11 口徑二十的獵槍。迪倫買了這把槍和一盒子彈，付了寇特拿給他的三百〇八點三七美元的現金。寇特買了獵槍之後就回家了。

當晚，華盛頓州豪華轎車服務公司（Washington Limousine Service）的司機哈維・奧汀格（Harvey Ottinger）開著豪華汽車，按照預定時間來到華盛頓湖的房子。他等了一個小時，寇特才終於帶著一個小側背包出來。去機場的路上，寇特發現那盒獵槍的子彈還在包包裡，就問奧汀格能不能幫他處理掉，司機同意了。他們抵達西雅圖—塔科馬國際機場後，寇特下了車，趕著去搭前往洛杉磯的班機。

24

1994年3月30日—4月6日
加州，洛杉磯—
華盛頓州，西雅圖

天使的頭髮

被天使的頭髮和嬰兒的氣息割傷。
——摘錄自〈心形盒〉

星期三傍晚，派特・斯米爾和金山經紀公司的邁克・梅塞在洛杉磯國際機場見到寇特，並開車載他去艾克索德斯康復中心。這隸屬於位於瑪麗安德爾灣的丹尼爾・弗里曼濱海醫院（Daniel Freeman Marina Hospital），也是寇特在一九九二年九月看過醫生的同一家機構。這家戒毒中心深受搖滾明星的喜愛，老鷹樂團（Eagles）的喬・沃爾什（Joe Walsh）前一天才剛離開，而寇特到達時，屁眼衝浪客樂團的吉比・海恩斯也在這裡。寇特前去報到，參加為期二十八天的療程。

這家康復中心一共有二十個床位，他被指派到二〇六室。第一晚，他跟一名護士進行了四十分鐘的入院面談。然後他來到交誼廳，坐在海恩斯旁邊，他是寇特青少年時期的偶像之一。「大家都要去參加一個匿名的古柯鹼戒毒聚會，但寇特說他要留在艾克索德斯康復中心，因為他才剛到，」海恩斯回想。「他看起來病懨懨的，而且厭倦了自己的病症和疲倦。」

星期四早上，寇特開始他的戒毒療程，包括團體心理治療、面談以及跟他的藥物濫用諮商師尼爾・史汀生（Nial Stimson）進行個別治療。「他完全否認自己有海洛因成癮的問題，」史汀生說，「我問他清不清楚在義大利發生的事有多嚴重：『老兄，你差點就死了！你得嚴肅看待這件事。你毒品濫用的問題已經導致你差點喪命。你知道這有多嚴重嗎？』」寇特回答：「我知道。我只想戒毒然後離開這裡。」沒有人告訴史汀生，寇特在羅馬是自殺未遂。因此寇特住的是艾克索德斯康復中心的一般病房，儘管戒備森嚴的精神病房就在不遠處。

當天，寇特妮打了好幾次電話到艾克索德斯康復中心。院方告訴她寇特不方便接電話時，她就跟員工吵了起來。在與史汀生的療程中，寇特很少提到自己和寇特妮的爭執，而是談起他很擔心有可能會輸掉與凱文・克斯拉克的官司——他是〈心形盒〉音樂錄影帶的原導演，這才是讓他最害怕的。克斯拉克在三月九日就已經提起訴訟，說這部影片中的許多想法都是出自他自己，而不是寇特。寇特告訴諮商師，自從克斯拉克提出訴訟之後，他滿腦子想的都是這個案子可能會讓他傾家蕩產。「他告訴我，他最害怕的就是若輸了官司，他就會失去自己的房子，」史汀生說。

星期四下午，賈姬・法瑞和法蘭西絲來探望寇特——寇特妮沒有來，因她的醫生不建議她在寇特戒毒的早期去看他。法蘭西絲當時已十九個月大了。寇特跟她玩，但法瑞注意到他似乎心不在焉，她想或許是康復中心開給他對付戒斷症狀的藥造成的。寇特和法瑞聊天時，並沒有提到克斯拉克的官司，但他倒提起與寇特妮因魯拉帕路薩音樂節而爭吵的事情。賈姬和法蘭西絲只待了一下子，但答應隔天會再來。

星期五早上十一點，她們又回來了，賈姬很驚訝看到寇特康復得很好。「他的心情出奇地好，我也不知道是為什麼，」法瑞回想。「我心想：『天哪，也許有那麼一瞬間，他是來真的。』他拚命誇我，把我捧到天上去，他的態度很積極。他通常不會這樣坐在那邊試圖樂觀地看待世界，他一向都蠻暴躁的，但我就把這當作是經過二十四小時治療後的好轉跡象。」法瑞告訴寇特，她打算要參加電視節目，而寇特一反常態地鼓勵她，說她會成為一個「很棒的名人」，因為她「不算很糟糕」。

寇特心情的轉變並沒有引起法瑞的警覺，她以為他只是吃了戒毒所給的藥。比起第一次探望時，寇特這次跟法蘭西絲有比較多肢體上的互動，還把她拋到空中，逗得她咯咯笑。法瑞去樓下的大廳待了一會，想給父女倆一點獨處的時間。她回來時，寇特把法蘭西絲抱在肩膀上，拍著她的背，並在她耳邊溫柔地說話。法瑞接過法蘭西絲，並告訴寇特她們隔天會再來看他。寇特送她們到門邊，看著女兒的雙眼，說了一聲「再見」。

下午早些時候，寇特坐在艾克索德斯康復中心後面的吸煙區，跟吉比一起聊天。大多數頻繁出入戒毒中心的病人——寇特和吉比都是這一類——都帶著一種大難臨頭的幽默感去接受治療。他們八卦著其他問題比他們還要嚴重的病人。有一個鼓手的膿瘡太嚴重，手臂被截肢了。吉比開玩笑說好險他自己只是主唱，寇特笑了好久。他們低聲笑話一個他們共同的熟人，此人翻出後牆，逃出艾克索德斯康復中心，但這完全沒必要，因為前門根本沒鎖。「我和寇特笑他翻牆逃走有多蠢，」海恩斯回想。

當天下午，派特・斯米爾和喬・「媽媽」・尼茲伯格（Joe "Mama" Nitzburg）來探望寇特。「媽媽」是寇特妮的一個藝術家朋友，比寇特早經歷過戒毒治療。一年前，「媽媽」申請不到經濟補助，寇特還幫他付了藝術學校的學費，這項善舉一直沒有被公開。寇特妮叫「媽媽」去艾克索德斯康復中心探望寇特，他帶著一些糖果和一本寇特妮覺得寇特會喜歡的樂迷雜誌前往。「媽媽」很驚訝寇特才戒了一天毒，就看起來這麼清醒。「你氣色真好，你感覺怎麼樣？」他問。「還不算太差，」寇特面無表情地回答。

他們三個走到後院，好讓寇特抽煙。吉比也還在場，並再次講了翻牆的笑話。他們談了快一個小時，但大部分都是在閒聊。寇特一直都很想去念藝術學校，他告訴「媽媽」他很嫉妒。「媽媽」覺得寇特表現得很平靜：「不管他之前在煩惱什麼，當時他看起來都好像已經想通了。」派特和喬在傍晚大約五點離開，離開時「媽媽」告訴寇特，他們會再來看他。「他流露出一種你會預期在戒毒者身上看到的神情，」「媽媽」說，「就是那種『我做不到，我放棄』的樣子。」

星期五下午，寇特妮不斷嘗試透過病人的付費電話聯絡寇特。終於有一次，她打去時寇特剛好在旁邊，他們簡短聊了一下。「不管發生什麼事，」他告訴她，「我都希望你知道，你做了一張很棒的專輯。」她覺得他這樣說很奇怪，因為她的專輯還要再過一個星期才會發行。「你是什麼意思？」她問，不懂為什麼他的語氣這麼誇張。「你只要記住，不論如何，我都愛你，」他說完就掛了電話。

當天傍晚七點二十三分，邁克．梅塞的室友接到一通電話，是寇特打來的。「邁克傍晚不在，」室友說，「要不要我叫他回電話給你？」寇特說他到時候不會在電話旁邊。兩分鐘後，他走出艾克索德斯康復中心的後門，爬過了當天稍早他跟吉比開玩笑的那道一點八公尺高的牆。

他離開艾克索德斯康復中心時，唯一的衣物就是他身上穿的那套。他的病房裡還有幾件他的衣服，以及一本最近才開始寫的日記，裡面包括四首剛成形的歌曲。過去二十七年中，他寫滿了二十幾本線圈筆記本，都是用來寫日記。但到了一九九四年，他很少寫下自己的想法。不過在艾克索德斯康復中心期間，他做了類似羅夏克墨漬測驗（Rorschach）的測試，要他看著幾十個詞，畫出東西來。測驗的結果讀起來很像他日記的內容。自從小時候爺爺刺激他，要他畫米老鼠開始，他就一直很擅長這一類型的練習。

要他描述「恨」時，他畫了兩隻憤怒的眼睛，旁邊有紅色火焰。描述「嫉妒」時，他畫了一個長了腳的納粹標誌。要表達「孤單」時，他畫了一條狹窄的街道，上面有兩座摩天大樓，讓旁邊的建築顯得很矮小。描述「傷痛」時，他畫了一條連著頭腦和心臟的脊椎，看起來有點像《母體》的封底。描述「安全」時，他畫了一些朋友圍成圓圈。描述「投降」時，他畫了一個散發光亮的男人。描述「沮喪」時，他畫了一把被領帶包圍的傘。描述「決心」時，他畫了一隻腳踩著一個注射器。在練習的最後一頁，描述「遺棄」時，他畫了一個像螞蟻一樣小的竹籤人，置身廣大的背景中。

寇特翻牆兩個小時後，就用信用卡買了頭等艙的機票，搭著達美航空（Delta）七八八號航班飛往西雅圖。登機前，他打給西雅圖豪華轎車公司，找人來機場接他——他特別要求他們不要開豪華轎車過來。他試過打電話給寇特妮，但她沒接電話，所以他就留了言，說自己想聯繫她。

寇特妮已經到洛杉磯找寇特了。她一聽到寇特離開艾克索德斯康復中心的消息，就覺得他一定是又去買毒品，搞不好已經吸毒過量了。「她整個人歇斯底里，」喬・「媽媽」回想。寇特妮開始打電話給各個毒販，問他們寇特是不是在那邊。寇特妮不相信他們說的話，所以還親自去查看。她還決定要散播自己吸毒過量的謠言，覺得這個謊言會傳到寇特耳裡，他就會主動聯繫她。悲傷的寇特妮當時已經戒毒三天了，但她來到熟悉的毒販出沒地點時，就又開始吸毒。

同時，寇特正在飛機上。他剛好坐在槍與玫瑰樂團的達夫・麥卡根旁邊。麥卡根從西北部的好幾個龐克樂團發展起家，儘管超脫合唱團和槍與玫瑰之間有一些恩怨，但寇特似乎很開心見到達夫。寇特承認自己剛從戒毒所離開，達夫說他明白，他自己也正在戒海洛因。麥卡根看得出事情不太對勁：「我本能覺得有點怪怪的。」他們聊到一些共同的好友，但對話中也帶有一絲惆悵——他們兩人都是從洛杉磯離開，要回到西北部。「我們聊到回家的感覺，」麥卡根回想，「他說他就是要做這件事，『回家』。」寇特宣布這件事時，一副已經離家好幾年而不是離家三天的樣子。飛機抵達西雅圖時，麥卡根想問寇特需不需要載他一程，但他一轉頭，寇特已經離開了。

寇特在四月二日星期六凌晨一點四十五分回到家。就算他有睡，也只睡了一下。早上六點鐘，剛破曉時，他來到一樓卡力的房間。當時卡力跟女友潔西卡・霍柏（Jessica Hopper）在一起，她在明尼亞波利斯念寄宿學校，趁放春假期間過來。卡力這段時間同時跟潔西卡和珍妮佛・亞當森交往（他之前還跟獲得奧斯卡獎提名的女演員茱莉葉・路易絲〔Juliette Lewis〕在一起過。）雖然潔西卡的年紀比卡力小，生活方式也比較健康（她不吸毒也不喝酒），但她很喜歡卡力。

卡力星期六早上吸了太多古柯鹼，不省人事。前一晚，由於燃料油用完了，他想讓大房子暖和起來，吸毒吸嗨了的他在室外就點燃了木柴燃料（Pres-to-Log），然後才想拿進房間裡，結果掉在客廳地板上。他的毒癮愈來愈大，許多褓姆的職務都被解除了，他已經成了科本家的卡托・凱林*（Kato Kaelin）。「到了那時候，卡力已經沒有任何職務了，」潔西卡說，「他只負責幫忙取得毒品，或者確保寇特不會死。」

當天早上，寇特走進卡力的房間，坐在床尾。潔西卡醒來了，但卡力還沒醒。「嘿，光頭黨女孩，」寇特模仿一首龐克歌曲的歌詞，對著潔西卡唱歌。潔西卡懇求寇特：「打給寇特妮吧！你一定要打給寇特妮，她緊張死了。」她從桌上拿了電話號碼，交給寇特，看著寇特打電話到半島飯店。飯店接線員說寇特妮不接任何電話。「我是她老公，讓我跟她講電話，」寇特要求。寇特已經忘了要找寇特妮所需要的通關密語，他不斷重複「我是她老公」，但飯店的接線員就是不幫他轉接，寇

---

* 美國演員，廣播電視名人，曾住在O. J. 辛普森（O. J. Simpson）家中，是O. J. 辛普森謀殺案中的重要證人。

特一氣之下就掛了電話。卡力暫時醒來一陣子，他看見寇特，就叫他打給寇特妮。

卡力又睡著時，潔西卡和寇特靜靜地坐了幾分鐘，一邊看音樂電視臺。畫面播出肉偶樂團的影片時，寇特笑了起來。五分鐘之後，他又打給飯店，但他們還是不幫他轉接。潔西卡看著寇特翻閱一本《穿刺》（Puncture）雜誌，然後她就睡著了。

二十分鐘後，寇特叫了灰頂計程車（Graytop Cab）。他告訴司機，他「最近被闖空門，需要買子彈」。他們開到城裡，但由於當時是星期六早上七點半，運動用品店都還沒開門。寇特叫司機載他去一四五街（145th）和極光大道的交叉口，說他肚子餓。寇特很有可能是住進了他以前住過的科瑞斯特旅館或是奎斯特汽車旅館（Quest Motel）——這兩家旅館都離他的其中一個毒販很近。當天，他還去了西雅圖槍枝專賣店（Seattle Guns），買了一盒口徑二十的獵槍子彈。

在科本家，電話主機每隔十分鐘就響一次，但卡力不敢接，他覺得是寇特妮打來的。當他終於接了電話時，他告訴她自己沒看到寇特。當時卡力因為吸毒的關係還昏昏沉沉的，以為寇特到床邊拜訪只是他在作夢而已。卡力和潔西卡為了他吸毒的事吵了起來，一氣之下，他就叫她搭早班班機回家。他嘗試用寇特給他十萬美元額度的萬事通卡幫她買機票，但付款被拒絕了。他打給寇特妮抱怨這件事，寇特妮說她已經把寇特的信用卡取消了，因為覺得這樣能比較容易找到寇特的下落。潔西卡身體不舒服，就去床上睡覺。接下來的兩天，她大部分時間也都在睡覺，試圖不理會家裡響個不停的電話。

接下來的兩天內，有好幾個人在不同地方見到寇特。星期日傍晚，有人看到他在仙人掌餐廳

（Cactus Restaurant）跟一個身分不明的男人以及一個瘦女人一起吃晚餐，這個女的有可能是他的毒販凱特琳・摩爾。寇特吃完飯後，舔了舔盤子，這吸引了其他客人的注意。要付帳時，他的信用卡被拒絕了。「他聽到自己的信用卡被拒絕，似乎受到很大的創傷，」當時在餐廳裡的金妮・海勒（Ginny Heller）回想。「他站在櫃檯前，想要寫支票，但這麼做對他來說似乎很痛苦。」寇特編了個故事，說自己的信用卡被偷了。

這週日，寇特妮在洛杉磯黃頁上找私家偵探，終於找到一個週末也接案的。當天下午，湯姆・格蘭特（Tom Grant）和他的助理班・克魯格曼（Ben Klugman）來到半島飯店拜訪她。她說她丈夫從戒毒所逃走，她很擔心他的健康。她覺得寇特會在毒販凱特琳・摩爾的公寓裡，所以就叫格蘭特去監視。格蘭特把任務外包給一名西雅圖的偵探，並請他去監視迪倫・卡爾森的房子和凱特琳・摩爾的公寓。週日晚上，監視工作就開始了。但私家偵探並沒有馬上安排人去監視華盛頓湖的房子，也沒人監視科本夫婦在康乃馨城的房子，當時寇特的妹妹金住在這裡。而寇特妮以為要是寇特出現在家裡，卡力就會告訴她。

星期一一早，電話再次響起時，卡力和潔西卡又在吵架。卡力大叫：「不要接，是寇特妮打的，我們又不知道寇特怎麼了。」潔西卡問卡力，自從他們上次看到寇特之後，還有沒有跟他講過話。「什麼叫『自從我上次看到他』？」卡力睜大眼睛問。潔西卡講了星期六發生的事，然後卡力才終於告訴寇特妮，寇特星期六其實有來過家裡。

在洛杉磯，儘管寇特妮又開始進行飯店戒毒，她還是想開記者會。星期一，她跟《洛杉磯時報》

的羅伯・希爾本談起空洞樂團的新專輯《經歷此事》（Live Through This）。訪談過程中，她不斷啜泣，她的茶几上還擺了一本匿名戒毒聚會的手冊。希爾本的文章副標是這樣的：「正當寇特妮・洛芙應該把焦點放在空洞樂團和她的事業上時，卻忍不住擔心自己的老公」。「我知道這應該是我一生中最快樂的時候，」洛芙說，「我確實也有某些時刻覺得很開心，但現我開心不起來。我覺得這些年來，我經歷了很多困難，但現在是最艱難的時候。」

當天，情況又變得更艱難了。寇特妮採訪完後打了電話給迪倫，迪倫說他沒有寇特的消息。寇特妮覺得迪倫在說謊，於是不斷逼問他。但迪倫並沒有因為她的態度而改變，只是平淡地說：「我上次見到他是在他要去洛杉磯的時候，我們買了一把獵槍。」這是寇特妮第一次聽到關於獵槍的事，她歇斯底里起來。她打電話給西雅圖警察，申報失蹤，並自稱是寇特的母親。報告上寫著：「科本先生從加州的一家機構逃跑，飛回西雅圖。他還買了一把獵槍，可能有自殺傾向。科本先生也許位於（凱特琳・摩爾的地址）處吸食毒品。」報告中說寇特「並不危險」，但「身上帶著獵槍」。寇特妮要警察去華盛頓湖的住家查看，警察去了好幾次，但都沒有什麼發現。星期一，寇特妮再次跟湯姆・格蘭特見面，叫他去搜查一些寇特經常待的汽車旅館。西雅圖的偵探查看了這些地方，但都沒有寇特的蹤影。

星期一晚上，卡力出門了，把潔西卡一個人留在自己的房間。大約半夜時，她聽到一些聲音。「我聽到樓上和走廊傳來腳步聲，」她回想，「腳步聲聽起來像是很清楚目的地的樣子，不是躡手躡腳，所以我猜應該是寇特。」她對著陰暗的走廊問「有人嗎？」但沒有人回應，所以她又回到卡力的房間。寇特妮曾經教訓潔西卡和卡力，說他們是「員工」，所以只該待在卡力的房間。卡力直到凌晨三點才回到家，他跟潔西卡隔天早上很晚才起床。

星期二下午，寇特妮叫空洞樂團的艾瑞克・厄蘭森去華盛頓湖的住家尋找寇特。「他像閃電一樣衝進家裡，對卡力大發脾氣，」潔西卡回想。「你們得幫我一起找才行，」他命令他們。厄蘭森叫他們一個角落都不能放過，因為寇特藏了一把獵槍。他特別交代他們去搜主臥室衣櫥底部的暗箱，寇特妮告訴他寇特曾在這裡放東西。他們找到了暗箱，但沒找到槍。他們還搜了寇特在床墊中剪破用來藏毒品的洞，裡面是空的。沒人想到要去搜車庫或溫室。接著厄蘭森就火速離開了，趕往位於康乃馨城的房子。

星期二早上，寇特妮原本安排好要接受《火箭》雜誌的電話採訪。厄蘭森打給雜誌社，說可能得延期，而且寇特妮這個星期接下來的採訪也都要延期。她根本沒有時間，因為她時時刻刻都在打電話，試圖找到星期六之後見過寇特的人。她緊追著迪倫不放，依然覺得他在隱瞞什麼事，但他似乎跟寇特妮一樣，不知道寇特在哪裡。

四月六日星期三早上，潔西卡・霍柏打電話叫計程車載她去機場。她還是覺得很不舒服。她待在科本家的期間，家裡除了一些香蕉和非酒精飲料之外什麼食物也沒有，而且天氣太冷了，她幾乎沒怎麼離開卡力的床。她走在長長的車道上，準備上車時突然吐了。

寇特妮繼續打電話到家裡，但都沒人接聽。星期三早上，她告訴格蘭特，說她覺得是卡力把寇特藏起來的。當晚，格蘭特飛到西雅圖去接迪倫，然後一起去查看凱特琳・摩爾的公寓、馬可波羅旅館、西雅圖旅館和科瑞斯特旅館，但都沒有寇特的蹤影。星期四凌晨兩點十五分，他們從廚房的窗戶進入華盛頓湖的房子，搜查了一番。外面的溫度降到攝氏七度，但室內的溫度感覺比室外還要低。他們找了一個又一個房間，發現主臥室的床是亂的，但摸起來是冷的。電視機播著音樂電視臺的節目，被調到靜音。由於沒找到寇特，他們在凌晨三點離開，沒有搜索院子和車庫。

星期四下午，寇特妮在珍妮佛・亞當森家找到卡力——他一直待在這裡，因為他不敢待在科本家。寇特妮很生氣，叫他回去找寇特。卡力和珍妮佛一起開車回去，還多帶了一個名叫邦妮・迪拉德（Bonnie Dillard）的朋友，她想看看這麼有名的搖滾明星住在哪裡。他們到達時已經是黃昏了，卡力抱怨黑漆漆的房子很可怕。他告訴珍妮佛他不想再回到房子裡，但他知道要是不回去，寇特妮會氣炸。

他們進了房子，再一次開始搜查，每到一個地方就把燈打開。卡力和珍妮佛每次進去一個房間都是手牽著手。「老實說，」珍妮佛回想，「我們隨時都做好發現他死在那裡的準備。」雖然這房子名義上也是卡力當時的住處，但每次地板一嘎嘎響，他就嚇得跳起來，就像文森・普萊斯（Vincent Price）的電影中，蝙蝠飛過鐘樓時，嚇到跳起來的角色一樣。他們每層樓都找了，連三樓的閣樓也一樣。

每次搜尋完一個房間，珍妮佛和迪拉德就催促卡力趕快離開。天漸漸暗了，這間老舊又帶有山牆的房子——即使是大晴天也很詭異——在暮色中形成許多長長的影子。卡力猶豫地寫下一張紙條：「寇特：我無法相信你在這個房子裡時我竟然都沒發現。你真是他媽的王八蛋，也不打個電話給寇特妮，至少讓她知道你沒事。她真的很痛苦，寇特，而且今天早上，她又發生了另一場『意外』，現在她又住院了。她是你太太，她很愛你，而且你們還生了孩子。振作一點，至少告訴她你沒事，不然她會死掉的。老兄，這很不公平。現在就行動吧！」他把這則留言放在主樓梯上。

三人上了車，沿著長長的車道開下去時都鬆了一口氣。卡力和珍妮佛坐在前座，迪拉德坐在後座。他們把車開上華盛頓湖大道、加速開往市區時，迪拉德膽怯地說：「呃，我很不想這麼說，但我們經過車道時，我感覺好像看到車庫上方有東西。」珍妮佛和卡力極度恐懼地互看了一眼。「我也不知道，」迪拉德繼續說，「我只看到一個影子在上面。」「那你剛剛怎麼不說？」珍妮佛發火了。「呃，我不知道，」迪拉德解釋，「我剛剛沒有當真。」珍妮佛知道迪拉德很迷信，所以就繼續把車往城裡開。「我已經受夠了，」珍妮佛宣布，「我不要回去了。」

兩天前，四月五日星期二，天還沒亮，寇特・科本就已經在自己的床上醒來，枕頭上還有寇特妮的香水味。他第一次聞到這個香味是在她送他的心形絲質蕾絲盒上，那只是短短三年前的事。他當時聞了那個盒子好幾個小時，並想像她用自己的私密處磨蹭過。星期二在臥室裡時，她的香味和燒煮過的海洛因微苦的味道融合在一起。這也是能讓他興奮的味道。

房子裡很冷，所以他穿著衣服睡覺，包括他那件咖啡色的燈芯絨外套。比起之前睡在室外的紙箱裡那幾個夜晚，現在還不算太糟。他穿著一件上面印著「半日本」（Half Japanese）的舒適T恤（這是一件巴爾的摩龐克樂團的宣傳衫），還穿了他最愛的Levi's牛仔褲。接著，他坐到床邊，開始綁鞋帶，這是他唯一的一雙鞋子——匡威牌運動鞋。

電視是開著的，轉到音樂電視臺，不過調到靜音。他走近音響，播了R.E.M.樂團的《全民自動化》（Automatic for the People），並把音量調低，好讓史戴普的聲音聽起來像是背景中溫和的耳語——寇特妮後來發現音響還開著，而這張唱片也還裝在唱片換片機裡。他點了一根駱駝牌（Camel Light）香煙，然後又躺回床上，胸膛上頂著一本法律用尺寸的紙和一枝紅色簽字筆。這張白紙讓他短暫地進入恍惚，不是因為他想不到東西寫，而是他已經醞釀這些文字好幾個星期、好幾個月、好幾年、幾十年了。他停下來只是因為就連這法律用尺寸的紙都似乎太小、太有限了。

他在艾克索德斯康復中心時，就已經寫了一封長長的私人信件給太太和女兒，並把這封信一路帶回西雅圖，塞到其中一個瀰漫著香水味的枕頭裡。「你知道的，我愛你，」他在那封信中寫道，「我愛法蘭西絲。對不起。請別跟著我。對不起，對不起，對不起。」他不斷重複「對不起」，寫滿了整張紙。「我會在那裡，」他繼續寫道，「我會保護著你們。我不知道我會去哪裡。我只是沒辦法再待在這裡了。」

那則留言已經很難以下筆了，但他知道第二封信也同樣重要，而且他的用字必須很小心。他寫下「給布達」，也就是他童年時想像的玩伴。他用很小、很刻意的字體，不靠筆記本的線條，自己寫成一直線。他有條不紊地寫著字，確保每個字都清楚易讀。寫的同時，太陽還在上升中，所以大部分的光都是來自螢幕上播放的音樂電視臺。

這些話出自一個經驗豐富的傻瓜，顯然他寧願當一個柔弱、幼稚的抱怨者。這段留言應該很容易理解。所有的警告都來自這些年來龐克搖滾的基礎。自從我初次認識到，怎麼說呢，那些關於獨立和擁抱社群的道理，原來都是正確的。我已經有太多年沒有從聽音樂或創作音樂，還有閱讀和寫作中感受到興奮。對於這些事情，我有無法言喻的罪惡感。例如，當我們在後臺，燈熄滅了，觀眾的瘋狂咆哮已經無法像打動佛萊迪・墨裘瑞**（Freddie Mercury）那樣打動我。他似乎熱愛並享受觀眾的愛戴和崇拜，而我非常仰慕、羨慕他這一點。事實是，我騙不了你們，我誰也騙不了。這對你我都不公平。我能想到最過分的罪就是透過偽裝來騙人，假裝我是百分百的開心。有時候我感覺上臺表演好像上班打卡一樣。我盡了全力去欣賞這一切，我真的盡了全力，我向上帝保證，我真的盡力了，但還是不夠。我很高興我自己和我們幾個影響並娛樂了很多人。我一定是那種到失去後才懂得珍惜的自戀狂。我太敏感了。我需要有點麻木才能找回孩童時代曾有過的熱情。在最近的三次巡演中，我更能夠去感恩那些我私下認識的人以及我們的樂迷，但我無法擺脫那份沮喪、罪惡感和對每個人的同理心。我們每一個人都有優點，而我只是太愛大家了，導致我感到他媽的很難過。這個可憐、渺小、敏感、不懂得感恩的雙魚座、耶穌般的人類！

** 英國傳奇樂手兼創作人，皇后樂團主唱，在一九九一年死於愛滋病併發症。

為什麼你不單純去享受就好了呢？我不知道。我有個像女神一樣的老婆，她充滿野心和同理心；我還有一個讓我想起太多以前的自己的女兒，她有滿滿的愛和歡樂，會親吻每一個她遇到的人，因為每個人都是好人，而且都不會傷害她。這一切使我害怕到無法正常生活。一想到法蘭西絲會變成一個像我一樣可悲、自殘的死亡搖滾樂手，我就受不了。我已經算過得不錯，很不錯了，我很感恩，但從七歲開始，我就已經變得憎恨所有人。只是因為大家好像很容易相處，很有同理心。同理心！我猜只是因為我太愛、太同情別人。我從我那灼燒噁心的胃由衷感謝你們每一位，感謝過去那些年的來信和關懷。我是個陰晴不定又善變的嬰兒！我已經失去了熱情，所以請記得，與其苟延殘喘，不如激情燃燒。

他停筆時，整張紙幾乎都寫滿了，只剩下五公分的空間。書寫過程中，他抽了三根煙。這些文字得來不易，還有些拼寫錯誤和不完整的句子。他沒有時間像在日記本中寫的許多信件一樣，重新寫二十遍，因為外面天漸漸亮了，他得在其他人醒來之前行動。他在署名處寫下「和平、愛、同理心。寇特・科本」，他整齊地寫下自己的名字，而不是用他平常的簽名方式。他在「同理心」下方畫了兩條線，這個詞他用了五次。他又寫了一句話——「法蘭西絲和寇特妮，我會在聖壇上等你們」——然後把這張紙和筆塞進他左邊外套的口袋。音響上，史戴普正唱著〈月亮上的男人〉（Man on the Moon），寇特一直都很喜歡安迪・考夫曼——在蒙特沙諾念國中時，他經常模仿《計程車》

裡面的人物拉卡，逗得朋友哈哈大笑。

他起床，走進衣櫥裡，並從牆上移開一塊板子。在這個小暗箱裡有一個米白色的尼龍槍套、一盒獵槍子彈，還有一個湯姆・摩爾（Tom Moore）雪茄盒。他把板子放回原處，把子彈放進口袋，拿起雪茄盒，並用左前臂抱著沉重的獵槍。他從走廊的儲物間裡拿了兩條毛巾。他不需要用到毛巾，但有人需要。同理心。他默默走下十九階的寬闊階梯。他距離卡力的房間很近，而他不想讓任何人看見他。他運用設計專輯封面和音樂錄影帶時的那種深謀遠慮，把這整件事都先想過、都計畫好了。一定會流血，很多血，還會弄得一團糟，他不希望把房子弄成這樣。他主要是不想讓這座房子變成凶宅，讓自己的女兒跟他經歷同樣的惡夢。

他走進廚房時，經過門側柱，他和寇特妮曾在柱子上記錄法蘭西絲的身高。目前只有一條用鉛筆畫的小痕跡，記錄她離地面七十八公分高。寇特再也看不到牆上其他更高的痕跡了，但他相信女兒沒有他會過得更好。

他打開廚房裡價值一萬美元的特勞爾森牌不鏽鋼冰箱，拿了一罐巴克牌（Barq）沙士，一邊設法不讓獵槍掉到地上。他抱著這堆令人意想不到的東西——沙士、毛巾、一盒海洛因和一把獵槍，這堆東西之後會以奇怪的組合被人發現，打開通往後院的門，路過小小的露臺。天正破曉，薄霧離地面很近。亞伯丁大多數的早晨都是這種感覺：多雨、潮溼、陰冷。他再也看不到亞伯丁了；再也沒辦法真的爬到「想念我之丘」的水塔頂端；再也沒辦法在格雷斯港郡買他夢寐以求的田地；再也沒辦法為了找個溫暖的地方過夜而假裝成喪親的家屬，在醫院的等候室醒來；再也見不到母親、妹妹、父親、太太或女兒。他慢慢走了二十步，前往溫室，爬上木階梯，打開後方的落地玻璃門。地上鋪著油氈板，應該很容易清洗。同理心。

這是一座只有一室的建築。他坐在地板上，透過前門看出去。沒有人看得到他在這裡，除非有人爬上他家後方的樹，而這不太可能發生。他最不希望的就是搞砸這件事，變成植物人，讓接下來的日子更痛苦。他的兩個舅公和曾外祖父也曾走向同樣可怕的道路，要是他們能成功，那他知道自己也可以。他以前在格雷斯港經常跟朋友開玩笑說自己有「自殺基因」。他再也不想進醫院，再也不想讓穿著白袍的醫生戳自己的身體，再也不想讓內視鏡進到他疼痛的胃裡。他受夠了這一切，受夠了他的胃痛，他再也受不了了。他像個偉大的電影導演一樣，早就把這一刻規畫得非常周詳，自己既是導演又是演員，排練過這一幕。過去幾年來，他正式預演過許多次，有好幾次都差點成功，有時候是意外，有時候是故意的，就像羅馬那一次。這個想法他一直藏在內心深處，就像一種寶貴的藥膏，是唯一能治癒那徘徊不去的痛苦的解藥。他不在乎脫離匱乏，他想要的是脫離痛苦。

他坐著思考這些，想了好幾分鐘。他抽了五根駱駝牌香煙，也喝了好幾口沙士。

他從口袋裡拿出那張留言，紙上還有一點點空間。他把紙放在油氈地板上。由於是在這種材質上面寫，他只能用大大歪歪的字體，設法多寫了幾個字：「請堅持下去，寇特妮，為了法蘭西絲，為了她的人生，她沒有我會過得更好。我愛你。我愛你。」這最後的留言比其他字都還要大，填滿了整張紙。他把紙放在一堆盆栽土上方，將筆穿過紙的正中間，像樁一樣把紙張固定在土壤上。

他把獵槍從軟尼龍槍套中拿出來，小心翼翼地把套子摺好，就像從教堂回來的小男孩把做禮拜穿的最好的衣服收好一樣。他脫下夾克，放在槍套上，再把兩條毛巾疊上去。啊，同理心，多麼貼心的禮物。他走到水槽邊，用他的吸毒燒鍋裝了一點水，然後又坐下來。他打開含有二十五顆子彈的盒子，拿了三顆出來裝進彈匣，並拉動雷明登獵槍的槍機，讓一顆子彈上膛，並關掉保險栓。

他抽了最後一根駱駝牌香煙，又喝了一口巴克牌沙士。室外，陰暗的一天開始了——就跟二十七年前一個月又十六天前，他來到世界上的那一天一樣。他曾經試圖在日記上記錄他出生的那個瞬間：「我的第一個記憶是鋪著淺水綠色磁磚的地板，以及一雙抓著我腳踝的強壯的手。這力量讓我意識到我已經不在羊水中了，而且我也無法回頭。我試圖扭動亂踢，想回到洞裡，但他就這樣抱著我，讓我停留在母親的陰道上。感覺就像他在嘲弄我。我感覺得到液體和血液在蒸發，我的皮膚正在收緊。現實是氧氣正在消化我，消毒藥水的味道提示我已無法再回到洞裡，一股無法重複的恐怖感。知道這一切讓人感覺寬慰，於是我開始了我處理事情的第一個儀式。我沒有哭。」

他拿起雪茄盒，從裡面拿出一個小塑膠袋，裝著價值一百美元的墨西哥黑焦油海洛因——這個量非常大。他拿了一半出來，大約是鉛筆上的橡皮擦那麼大的量，然後裝在湯匙裡。他有條不紊、熟練地準備海洛因和注射器，打在他手肘上方的「K」刺青不遠處。他把工具放回盒子裡，感覺自己變得輕飄飄的，快速從這個地方飄走。根據耆那教的說法，有三十層天堂和七層地獄，層層疊疊交織在我們的生命中。要是他夠幸運，這次就會是他的第七層，也是最後一層地獄。他把東西拿開，感覺自己愈飄愈快，呼吸愈來愈緩慢。他得加快動作了。一切都變得朦朧起來，所有的東西都出現水綠色的邊框。他拿起沉重的獵槍，頂在上顎。會很大聲的，他很肯定。然後他就走了。

尾聲

1994年4月—1999年5月
華盛頓州，西雅圖

李歐納・柯恩的死後世界

給我一個李歐納・柯恩（Leonard Cohen）的來世，讓我永遠嘆息。
——摘錄自〈薄荷茶〉

四月八日星期五的清晨，電工蓋瑞・史密斯（Gary Smith）來到華盛頓湖大道一七一號。他和其他幾個工人自從星期四就開始在屋子裡裝新的保全系統。期間，警察來過兩次，告訴他們要是看到寇特就要通報。星期五早上八點四十分，史密斯來到溫室附近，他往裡面看去。「我看見地上有屍體，」他後來告訴報社，「我本來以為是個人體模型，然後我注意到右耳的地方有一灘血。我看到有一把獵槍在他的胸膛上，指著他的下巴。」史密斯報了警，然後通知他的公司。他公司一個調度員的朋友擅自洩露消息給KXRX電臺。「嘿，因為這件事，你們欠我幾張平克・佛洛伊德樂團的高級門票，」他告訴DJ馬蒂・里默（Marty Riemer）。警方確認一名年輕男子陳屍在科本家，然後KXRX電臺就播報了這個消息。雖然警方還沒確認死者的身分，但最初的新聞報導猜測就是寇特。不到二十分鐘，KXRX電臺接到了一通哭哭啼啼的電話，來電者是金・科本，她說自己是寇特的妹妹，並生氣地問他們為什麼要散播這種荒謬的謠言。他們叫她打電話給警方。

金照做了，而聽到消息後，她就打電話給母親。一位《亞伯丁世界日報》的記者很快就出現在溫蒂家門前。溫蒂的發言登上了美聯社（Associated Press）報導，並在全世界的媒體上轉載：「現在他走了，加入了那個愚蠢的俱樂部。我跟他講過不要加入那個愚蠢的俱樂部。」她的意思是吉米・罕醉克斯、珍妮絲・賈普林、吉姆・莫里森和寇特剛好都在二十七歲死去。寇特的母親在採訪的最後還說了一些話，她談起自己唯一的兒子：「我再也沒辦法抱著他了。我不知道該怎麼辦。我不知道該何去何從。」這番話沒有登上其他任何一家報紙，不過所有聽到寇特死訊的家長即使沒有讀到這段話，也能了解她的痛苦。

唐納是在電臺上聽到兒子死訊的。他崩潰了，沒辦法跟記者談話。李蘭和艾麗絲則是看電視知道這個消息的。艾麗絲聽到之後還得躺下來，因為她不確定自己虛弱的心臟能不能承受得了。

同時，在洛杉磯，寇特妮成了艾克索德斯康復中心的病人，她星期四傍晚開始住院。星期四時，警方來到半島飯店，發現她的「房間裡滿是嘔吐物和血」，還找到一個注射器、一本空白的處方簿，還有一小袋疑似海洛因的東西（後來發現這種物質是印度好運灰），接著警方就將她逮捕。她付了一萬美元的保釋金之後就被放了出來，並放棄飯店戒毒療法，登記住院治療。

星期五早上，蘿絲瑪麗・卡羅來到艾克索德斯康復中心。寇特妮看到蘿絲瑪麗的表情時，她不用聽就知道發生什麼事。兩人靜靜地看著對方好一陣子，直到寇特妮終於擠出一個問題：「怎麼發生的？」

寇特妮跟法蘭西絲、蘿絲瑪麗、艾瑞克・厄蘭森和裸姆賈姬・法瑞搭上里爾噴射機（Learjet），離開洛杉磯。他們到達華盛頓湖的住宅時，房子已經被電視臺的人員包圍了。寇特妮趕緊僱用一些私人保全，在溫室周圍鋪上防水布，不讓媒體看到裡面。在這之前，《西雅圖時報》的攝影師湯姆・瑞斯（Tom Reese）透過圍欄的縫隙拍了幾張溫室內部的照片。「我原本覺得有可能不是他，」瑞斯回想，「有可能是任何人。但當我看到那雙運動鞋，我就知道是他了。」瑞斯的照片登上了星期六的《西雅圖時報》封面，照片是透過落地玻璃門看進去的，可以看到半個寇特的屍體、他伸直的腿、他的運動鞋，以及雪茄盒旁邊他那緊握的拳頭。

到了下午，金郡醫檢局發出聲明，確認了大家都已經知道的事：「屍檢顯示科本死於頭部的獵槍槍傷，目前透過傷口判斷是自殺。」進行屍檢的是法醫尼可拉斯・哈特索恩（Nikolas Hartshorne），這項任務讓他情緒很激動，因為他大學時曾經推廣過一場超脫合唱團的演出。「我們當時在報告上說他頭上的傷『看似』是自己造成的槍傷，因為我們還想做最後確認，看有沒有漏掉細節，」哈特索恩回想。「完全沒有發現任何自殺之外的跡象。」然而，基於媒體的關注以及寇特的名人身分，西雅圖警方花了四十天才完成全部的調查，並花了超過兩百個小時跟寇特的朋友和家人談話。

雖然傳出不同的謠言，但從屍體確實能認得出來是寇特，儘管場面非常恐怖：獵槍射出了幾百個彈孔，打爆了他的頭，讓他面貌全毀。警方採了屍體的指紋，跟之前寇特因為家庭暴力事件而被捕時記錄在案的指紋一致。不過後來對於獵槍的分析得到以下結論：「採到的四枚潛伏指紋無法清楚辨識」，哈特索恩說槍上的指紋無法辨識是因為寇特的屍體僵硬之後，武器才被從手上撬開。「我知道他的指紋在槍上，因為他手上握著槍，」哈特索恩解釋。死亡日期推定是四月五日，不過可能有前後二十四小時的誤差。很有可能，在好幾次有人搜查主屋時，寇特的屍體就已經在溫室裡了。

屍檢時，在寇特的血液中發現了苯二氮平類藥物（鎮靜劑）和海洛因。他們發現海洛因的量非常高，就連寇特這個用量大得出名的人，即使沒有開槍，或許也撐不了多久。雖然寇特的手法跟他的伯公博爾（開槍射自己的頭部和腹部）以及曾外祖父詹姆斯・歐文（用刀刺腹部，然後又揭開傷口）有類似之處，但他完成了一項令人吃驚的壯舉：他成功地用兩種同樣致命的方法殺了自己兩次。

寇特妮悲痛欲絕。她堅持要警方把寇特血跡斑斑的燈芯絨外套給她穿。等警方終於離開現場，只剩下一個保全人員在場時，她跟隨寇特最後的腳步，走進溫室——當時還沒清理——並把自己的手浸在他的血液中。她跪在地上，又是禱告，又是咆哮，又是嚎叫，握著他染血的雙手舉向天空，大喊「為什麼？」她找到一小塊寇特的頭蓋骨，上面還帶著一撮頭髮。她用沐浴乳把這可怕的紀念品洗乾淨，然後開始用毒品掩蓋自己的悲痛。

當晚，她穿了好幾層寇特的衣物，因為上面還有他的味道。溫蒂來到家裡，婆媳倆共睡一床，抱著彼此度過這一晚。

四月九日星期六，傑夫・梅森帶寇特妮去殯儀館看寇特最後一眼，然後屍體就要送去火化——寇特妮已經吩咐好用石膏打造一雙寇特的手部模型。格羅爾也受邀，但他拒絕參加，不過克里斯特來了，他比寇特妮還要早到。他私下和老友待了一會後，就忍不住痛哭起來。他離開時，寇特妮和梅森被帶到瞻仰室。寇特的屍體在桌上，穿著他最高級的服飾，他的眼睛被縫了起來。這是寇特妮十天以來第一次見到丈夫，也是他們最後一次聚在一起。她撫摸他的臉頰，跟他說話，還剪了一綹他的頭髮。接著，她把他的褲子拉下來，剪了一小撮他的陰毛——他深愛的陰毛，他青少年時期很晚才長出來的陰毛，得好好收藏起來。最後，她爬到他身上跨坐著，把頭放在他的胸膛上，痛哭著說：「為什麼？為什麼？為什麼？」

當天，許多朋友也到場安慰寇特妮，很多人都帶了毒品，而她也不加挑選地大肆吸毒。在毒品和悲痛的影響下，她整個人一團糟。記者每隔五分鐘就打電話來，儘管她連說話都說不好，她有時候還是會接電話，但為的不是回答問題，而是問問題：「為什麼寇特要這麼做？他最後一個星期都在哪裡？」她就跟許多失去愛人、悲痛欲絕的人一樣，抓著細節不放，藉此逃避痛苦。她跟《西雅圖郵訊報》（Post-Intelligencer）的基恩・斯陶（Gene Stout）講電話講了兩個小時，思考這些事情，並說：「我很堅強，什麼都受得了，但我就是不能接受這件事。」寇特的死訊登上了《紐約時報》的頭版，幾十名電視臺及報社的記者也來到西雅圖，想報導這件事，但很少人願意接受媒體採訪。大多數的報導都是一些評論分析，探討寇特對這一代人的意義。除此之外，還有什麼好說的呢？

葬禮還有待安排。聲音花園樂團的蘇珊・西佛自告奮勇，在教堂裡安排了一場私人告別式，同時間也在西雅圖中心舉辦一場對外開放的燭光告別會。這個週末，一些朋友陸陸續續來到華盛頓湖的住宅，每個人看起來都很震驚，試圖去理解這無法解釋的事情。他們除了很難過之外，環境也讓人不太舒服：星期五，傑夫・梅森到達時，發現油缸完全是乾的。為了讓大房子暖和起來，他派豪華轎車去喜互惠超市（Safeway）買引火柴。「我把椅子拆開來燒，因為火爐是唯一能供暖給房子的地方，」他回想。寇特妮在樓上的臥房裡折寇特的衣服，一邊錄製在公開告別會上要說的話。

星期日下午的公開燭光告別會在西雅圖中心的旗館（Flag Pavilion）舉行，一共有七千人參加。他們帶著蠟燭、花朵、自製的牌子和一些燃燒用的法蘭絨襯衫。一名自殺諮商師到場發言，勸有困難的青少年尋求協助，而當地的 DJ 也分享了一些回憶。他們播了一則來自克里斯特的簡短留言：

> 我們記得寇特的為人：體貼、慷慨又親切。讓音樂伴隨我們吧，我們永遠都會有音樂相伴。寇特對於他的樂迷有一種根植於龐克搖滾思想的價值觀：沒有一個樂團是特別的；沒有一個樂手有特權。要是你有一把吉他，而且熱情澎湃，那麼只要真誠地去蹦出一些火花，那你就是超級巨星。演奏出世人有共鳴的旋律與節奏。音樂。天哪，把你的吉他當成鼓。只要抓住感覺，由衷釋放出來。寇特就是以這種層面出發告訴我們的：發自內心。音樂永遠會在那裡，永遠。

接下來播的是寇特妮的錄音帶。她是前一晚在他們床上錄的。她說：

我不知道該說什麼。我跟你們大家的感覺一樣。要是你們坐在這個他過去彈吉他、唱歌的房間，而不感到榮幸能在他身旁，那你們就是瘋了。總之，他留了一則留言，比較像是給他媽的編輯的一封信。我不知道是怎麼一回事。我的意思是，這總是會發生的，但可能是在他四十歲時才發生。他總是說他會比其他人活得都要久，他會活到一百二十歲。我不打算把整張遺言都唸給你們聽，因為這不關你們屁事。但有一部分是關於你們。我並不覺得讀出來會有損他的尊嚴，畢竟他是對你們大部分的人說的。他真是個王八蛋。我希望你們大聲說「王八蛋」。

一群人大喊「王八蛋」。然後寇特妮把那封遺書讀了出來。在接下來的十分鐘，她一邊讀寇特的遺言，一邊加入自己的評論。當她讀到寇特提及佛萊迪・墨裘瑞時，她大喊：「寇特，那他媽的又怎樣？那你就不要當搖滾明星啊，你這王八蛋。」讀到「太愛大家了」的時候，她問：「那你他媽的怎麼不留下來？」當她讀到「敏感、不懂得感恩的雙魚座、耶穌般的人類」時，她痛哭著說：「閉嘴！混蛋。你怎麼就不能享受這一切呢？」雖然她在對一群人——還有對媒體——說話，但她卻一副是在講給寇特一個人聽的樣子。快結尾時，在她讀出寇特引用尼爾・楊的那句話之前，她警告大家：「別記得這句話，因為這他媽的是謊言：『與其苟延殘喘，不如激情燃燒』。天哪，你這王八蛋！」她讀完遺言，然後又加上一段：

記住，這全都是狗屁！但我要你們知道一件事：八〇年代的「嚴厲的愛」都是狗屁，根本

不管用，沒這回事，一點用也沒用。早知道我就該放縱他的，我們都應該放縱他，讓他去麻木。我們早該放縱他去做讓他感覺好一點的事，讓他的腸胃比較好。我們早該讓他享受，而不是嘗試剝了他的皮。你們回家就告訴你們的父母：「別用什麼嚴格的愛來管教我，因為他媽的根本沒用。」我就是這麼想的。現在我躺在我們的床上，真心感到後悔，我跟你們的感覺一樣。我覺得很後悔，各位，我不知道我本來能做些什麼。真希望我早點明白這一點，真希望我之前沒聽別人的話，但我就是聽了。最近我每晚都跟他媽媽睡在一起，早上醒來時，我還以為是他，因為他們的體型還蠻像的。現在我得走了。告訴他他是個傻瓜，好嗎？只要說「傻瓜，你就是個傻瓜。」然後說你們愛他。

就在西雅圖中心播放寇特妮這捲與眾不同的錄音帶的同時，小鎮的另一端，在真理聯合教堂（Unity Church of Truth），有七十個人聚在一起參加私人追悼會。「根本沒時間計畫或邀請大家來參加，」主持典禮的牧師史蒂芬・托爾斯（Stephen Towles）回想。大部分來參加的人都是前一晚透過電話收到邀請的。好幾個寇特熟識的好友——包括傑西・里德——都被漏掉了，或者沒辦法短時間趕過來。到場的人包括金山經紀公司的代表團，以及好幾車來自奧林匹亞的朋友。寇特以前的美術老師鮑伯・亨特是少數來自亞伯丁的參加者之一。連寇特的前女友瑪麗・盧・洛德也來了，並坐在後方。寇特妮和法蘭西絲坐在前方，她們的兩邊則是溫蒂和金。科本家的母女倆似乎是唯一能阻止寇特妮崩潰的人。唐納、珍妮和李蘭也來了；艾麗絲病得太重而沒有來。在場的還有崔西・馬倫達，她跟寇特的家人一樣悲傷，她曾經跟寇特親近到如同家人。

教堂裡，追悼者看到長凳上擺著寇特六歲時的照片。托爾斯以《詩篇》（Psalm）第二十三篇作為開始，然後說：「征服者及平民的名聲與功績都將隨時間流逝，宛如在宇宙間呼嘯而過的風。我們過去的一切，以及遺留下來的一切，都存在於那些在乎的人的記憶裡，我們如此走過，僅僅一瞬間。我們在這裡緬懷寇特・科本，並與他告別。他的生命很短暫，成就卻很偉大。」托爾斯還講了一個故事：有一尊金佛許多年來都被藏在泥土下，後來金佛的價值才被公諸於世。接下來，他又吟誦了一首名為〈旅行者〉（The Traveler）的詩。然後他問了一連串的問題，讓大家對死者進行反思。他問：「你們之間有未了結的事情嗎？」假如托爾斯有請在場的人舉手回應，那麼所有的人應該都會舉手。

接著，托爾斯鼓勵大家上前來分享他們的回憶。首先開口的是次流行唱片公司的布魯斯・帕文特，他說：「我愛你，我很敬重你。當然了，現在才說已經晚了幾天。」迪倫・卡爾森讀了一段佛經；克里斯特唸了一段他準備好的文字，跟他錄音帶上的訊息很類似。

丹尼・戈德堡談起了寇特的矛盾，說他既討厭名聲，但又抱怨自己的錄影帶沒被播出來。戈德堡說，儘管寇特一直感到很憂鬱，但他對寇特妮的愛「是讓他繼續撐下去的動力之一」。接著他又談起亞伯丁，不過是以一個紐約人的視角來評論的：「寇特來自一個從來沒有人聽過的小鎮，但他卻闖出去改變了全世界。」

接下來，寇特妮站了起來，讀起了手上寇特的遺書。她大喊大叫、痛哭流涕，一邊讀著寇特的遺言，一邊穿插了幾個聖經《約伯記》中的句子。結尾時，她談起了「布達」，說這個想像出來的朋友對寇特有多重要。在場幾乎沒有人知道她在講誰，但提到寇特童年時期想像中的朋友就足以讓溫蒂、唐納、金、珍妮和李蘭靜靜啜泣。最後，托爾斯牧師以《馬太福音》第五章的第四十三節作結。

儀式結束時，未解的仇恨又回來了：瑪麗・盧・洛德怕自己生命有危險，於是就離開了。唐納和溫蒂幾乎都沒跟對方說話。寇特一個來自奧林匹亞的朋友對丹尼・戈德堡的言論感到很不爽，隔天就用傳真散播了一則惡搞的模仿。但這裡的不和都比不上告別式之後兩場打對台的守喪儀式那麼明顯。其中一場是克里斯特和雪莉舉辦的，而另一場則是寇特妮舉辦的，只有少數哀悼者兩場都參加。寇特妮比較晚才到她自己家裡舉辦守喪儀式，因為告別式之後，她又前去參加燭光告別會，並在那裡發給樂迷一些寇特的衣物，樂迷都很驚訝看到她手上還拿著遺書。「太不可思議了，」保安詹姆士・寇克（James Kirk）回想，「她不是裝在塑膠袋或什麼東西裡面。她還直接拿給那些年輕人看，並說：『我好遺憾。』」寇特妮在回家的路上路過KNDD電臺，就要求上節目。「我想上節目，叫他們不要再播比利・寇根的歌，只播寇特的歌，」她要求。電臺禮貌地請她回去。

一個星期後，寇特妮收到寇特的骨灰甕。她拿了一把骨灰，埋在房子前面的柳樹下。五月時，她把剩下的骨灰裝在一個泰迪熊的背包裡，前往紐約州伊薩卡（Ithaca）附近的南嘉佛寺（Namgyal Buddhist）。她想把骨灰拿去開光，並赦免自己。僧人祝福了這些遺骸，並拿了一把骨灰，做成一個小佛塔紀念雕塑。

寇特大部分的骨灰都收在華盛頓湖大道一七一號房子的甕裡，直到寇特妮在一九九七年把房子賣掉。她跟法蘭西絲帶著寇特的骨灰搬到了比佛利山。賣掉房子之前，她堅持要在合約上面寫明，允許她有一天能回來這裡把那棵柳樹搬走。

寇特自殺的五年後，在一九九九年五月三十一日，陣亡將士紀念日這一天，溫蒂為兒子安排了最後一場告別式。他們打算讓法蘭西絲把寇特的骨灰撒在溫蒂家後面的一條小溪，同時讓一位佛教僧人來誦經。當週，寇特妮和法蘭西絲已經在西北部度假。自從寇特死後，寇特妮就變得跟溫蒂很親近，還花了四十萬美元幫溫蒂在奧林匹亞外的一塊地買了一棟房子。告別式就是打算在這棟房子後面舉行，他們還邀請了好幾位親友。儘管溫蒂沒有親自聯絡唐納，但寇特妮的經理人邀請了他，而他也出席了。然而，家族內的一些分歧仍未消失：住在三十分鐘車程處的李蘭——自從艾麗絲在一九九七年死後，他大部分時間都獨自待在他的拖車屋裡——並沒有受到邀請。寇特妮倒是邀了崔西・馬倫達，她出席了，想跟寇特做最後的道別。崔西到場時，見到法蘭西絲，被她的美貌所震懾——她光著腳，穿著一件紫色洋裝，眼睛跟崔西曾經愛過的那個男孩出奇地相似。每一天，寇特妮腦中都閃過這個想法。

寇特死後的那些年，許多人都建議在亞伯丁立一座紀念碑，而他的骨灰或許也很適合撒在他的出生地。把寇特的骨灰撒在他那帶有傳奇色彩的橋下或許能為他伸張正義，而且也是很直接的諷刺，因為這一次他終於能真的睡在那裡了。

但這件事並沒有發生。僧人唸經的同時，六歲大的法蘭西絲・賓・科本把父親的骨灰撒進麥克萊恩溪（McLane Creek），骨灰融化並漂到了下游。從許多方面來說，這也是個很適合安息的地方。寇特真正的藝術靈感是在奧林匹亞發現的，而且就在距離這條溪不到八公里處，他曾經整天待在那充滿兔子尿味、破破爛爛的小公寓裡創作歌曲。這些歌將會活得比寇特以及他內心深處最邪惡的惡魔都還要久。寇特以前的養父戴夫・里德說過一段話，是對寇特一生最好的總結：「他做自己並不是因為勇氣，而是別無選擇。一旦你能夠做自己，就不會出錯，因為要是別人愛上做自己的你，你做任何事情都是對的。但對寇特來說，別人再愛他都沒有用，他就是不夠愛他自己。」

這一片山水、空氣與他的遺骸之間，還有一層更宏大的命運連結，以及一段久遠的歷史淵源：就在山上，不到十六公里處，是麥克萊恩溪以及當地所有溪水的源頭，也是華盛頓山脈的一小部分，名為黑山（Black Hills）。好幾年前，就是在這裡，一個年輕的家庭會在初次寒流來襲後過來滑雪。他們會開著卡邁羅車，經過兩線的道路，穿越伐木小鎮波特，駛上名字很有趣的毛頂山。車上有媽媽、爸爸、襁褓中的女嬰，以及一個六歲大的小男孩，他有一雙跟法蘭西絲・科本一樣空靈的藍眼睛。這個小男孩最喜歡的就是和家人一起滑雪。從亞伯丁開車過來的路上，他會懇求父親開快一點，因為他等不及了。卡邁羅車接近毛頂山的山頂時，小男孩就會從車裡衝出來，拿起他的「靈活飛鳥」雪橇，往山下助跑過去，好像憑著衝刺就能讓時間停止一樣。他來到山丘下時，會向家人揮一揮他戴著手套的手，臉上露出開懷而溫暖的笑容，藍色眼睛中閃爍著冬天的陽光。

二〇一九年版後記

《沉重天堂》最早於二〇〇一年九月出版，「正式」的出版日期是當月的二十四日，配合《從不介意》發行十周年紀念日。這個超脫合唱團最重要的一張專輯發表的日子最終卻沒怎麼登上媒體版面，因為當月稍早發生的九一一事件蓋過了龐克搖滾界的紀念日。這本書的一名讀者寫信告訴我，當時他正坐在世貿中心的其中一棟建築辦公桌前閱讀這本傳記，一架飛機衝過來撞了旁邊的那棟建築。他把書放下來，開始逃命。

二〇〇一年後的這些年來，《從不介意》發行的十五、二十、二十五周年紀念日引起了許多評論分析，討論這張專輯、寇特的一生及他的自殺所帶來的影響。自殺研究學者說，一九九四年，關於寇特死亡的報導是最早的幾次報紙在「側邊欄」段落列出求助資源以及800免付費求助電話。從那之後，自殺率就持續緩慢增加，比以往更為普遍，數目甚至能和濫用鴉片類藥物的數字相媲美，而且這兩者經常都是相輔相成。在所有自殺事件中，由酒精或毒品而引起的就占了三分之一。一九九四年，也就是寇特死去的那一年，有三萬一千名美國人自殺。到了二〇一五年，數字攀升到四萬五千人。這些統計數字印成白紙黑字，看起來很可怕，但如果觸及到你所關愛的人，那更是嚇人。我自己也深刻了解這所帶來的痛苦。我其中一個自殺了的朋友是個消防員，因為職業的關係，他經常都是第一個接觸死亡現場的人。我最後一次和他講話是在他讀完這本書之後，他告訴我這一切都沒道理，他永遠無法想像自己做出這種選擇。後來他自殺了。

這個人並不是什麼大人物，但對我來說是很重要的人。並沒有數據顯示每年的自殺死亡人數中，有多少人是有錢人或名人——在那些自殺身亡的人當中，沒有哪一條人命比較卑微或者比較不讓人心碎——但看來這個趨勢也正在攀升。曾經有一度，若在搜尋引擎中輸入「名人自殺」，寇特．科本就會是前幾個出現的搜尋結果，與他並列的還有文森．梵谷和希薇亞．普拉斯（Sylvia Plath）。現在，這份名單上還有羅賓．威廉斯（Robin Williams）、亨特．S．湯普森（Hunter S. Thompson）、亞歷山大．麥昆（Alexander McQueen）、蘿倫．史考特（L'Wren Scott）、唐．科尼利厄斯（Don Cornelius）、凱特．絲蓓（Kate Spade）、朱尼爾．塞奧（Junior Seau）、大衛．福斯特．華萊士（David Foster Wallace）、艾維奇（Avicii）、安東尼．波登（Anthony Bourdain）、克里斯．康奈爾，以及許許多多的人。根據最初的報導，寇特自殺之後，西雅圖出現了一個自殘的高峰，但後來這個領域的專家分析顯示，在接下來的一年，人數其實是降低的。一名公衛學者告訴我，他認為媒體提供的心理健康資源在當時自殺的數字上扮演一定的角色，就短期來看，導致數字下降了。美國全國自殺預防生命線（The National Suicide Prevention Lifeline）有專業心理健康協助員提供二十四小時無休的服務，電話是：1-800-273-TALK（8255）。加拿大危機服務處（Crisis Services）也提供類似的專線，電話是：1-833-456-4566。英國的撒瑪利亞會（Samaritans）服務專線電話是：116-123。

在這看似永無止盡的死亡名單上（其中還包括毒品或暴力相關的死亡事件），寇特絕對不是最後一個離開我們的西雅圖樂手。愛麗絲囚徒樂團（Alice in Chains）的雷恩．史戴利（Layne Staley）死於二〇〇二年，他跟寇特很熟，兩人都是音樂界和毒品界的名人（他們曾經跟同一個海洛因毒販買過毒品）。雷恩死了一段時間後，屍體才被發現。但令人驚訝的是，驗屍官宣布他的死亡日期跟寇特一樣，是四月五月，就在寇特死的八年之後。

在他們之前，油漬搖滾世代死亡的人物還包括安德魯・伍德（Andrew Wood，一九九〇年死於毒品）、七年婊子樂團（7 Year Bitch）的史蒂芬妮・薩金特（Stefanie Sargent，一九九二年死於毒品）、混蛋樂團（Gits）的米婭・薩帕塔（一九九三年死於謀殺）。在寇特之後死掉的有空洞樂團的克里斯汀・百福（Kristen Pfaff，一九九四年死於毒品）、瘋狂季節樂團（Mad Season）的約翰・貝克・桑德斯（John Baker Saunders，一九九九年死於毒品）、超脫合唱團的一名音響師湯姆・普法弗（Tom Pfaeffle，二〇〇九年死於謀殺）、愛麗絲囚徒樂團的麥克・史塔（Mike Starr，二〇一一年死於毒品）以及克里斯・康奈爾（二〇一七年死於自殺）。我希望康奈爾會是我這一代最後一個出現在這種名單上的人，但我對此表示懷疑。然而，這並不只是西雅圖的故事。毒品濫用、心理疾病和憂鬱症並不是西雅圖音樂圈獨有的。

若是在搜尋引擎中輸入「寇特・科本」和「自殺」，一定會出現許多關於陰謀論的頁面。我通常不會去跟別人爭論這種事，因為不會有結果。有些理論是為了錢而提出來的，像是為了拍「紀錄片」或者出「紀實類」的書籍。其中一個網站是由一名私家偵探經營的，他每個小時收七十五美元，去跟任何想跟他「討論科本案件」的樂迷談話。我發現，跟一個想要相信這些理論的人士談話時，一旦提出愈多事實和證據，他們就愈表示懷疑。我為這本書做研究時，從所有可能的角度調查過，也細看了每一項到手的證據。我決定不要在此提出那些「理論」，因為那只會帶來更多關注，反而玷汙了寇特真實的人生。

用字遣詞很重要，連使用「案件」這個詞都有所影射。警方及醫檢官調查了西雅圖的每一起自殺事件。由於寇特是名人的關係，他的死亡更是經過了徹底而繁雜的調查。然而，在二〇一四年，距離寇特的忌日接近二十年時，西雅圖警察局公開發布了一百頁的警察報告與照片，這些都是之前未曾公布過的。當中沒有寇特真正的死亡照片，而一名陰謀論者後來控告西雅圖市，想強制讓這些照片變成公開記錄。為了對死者的遺族表達尊重，自殺照片並不屬於公開記錄，即便是名人的案件也一樣。在這個真實的法律案件中，法院文件上顯示，寇特的女兒法蘭西絲曾寫道，她有一次在網路上見到寇特屍體的假照片，對她造成「不可挽回的創傷」。「那些恐怖的照片現在仍然讓我感到很害怕，」她說。她和寇特的其他家人都說，要是把那些照片公開，會嚴重違反他們的權益。二〇一八年，西雅圖市贏得官司，法院判決維持不公開這些照片。

由於我們從寇特・科本自己的日記就清楚知道，他在青少年時期就已經在思考自殺的事情，而在他生命的最後兩年也在毒品中掙扎，因此，針對這些陰謀論以及任何暗示寇特不是自殺的論述，我很肯定一件事：這些話語對他的樂團成員、家人和朋友來說都是很令人心痛的打擊，都只是一些垃圾言論。

其中一名家屬跟我說了他的感覺，大致是這樣：這些陰謀論奪走了寇特身為人類最根本的尊嚴。儘管所有證據都與這些論述相反，他們卻連他選擇死亡的這個決定都要否認。我了解，奪走自己的生命對於在世的人來說是很大的打擊，我們都會想把責任推給其他情況——意外、陰謀、外星人，而不是死者自己做的選擇。在寇特的事件中，對於那些愛他或者愛他音樂的人來說，他的自殺背叛了那份愛、仰慕或者單純的迷戀。我了解，因為我也很希望能把我那位自殺的消防員好友死亡的責任推到別的東西身上，而不是他自己的選擇。

自殺所引發的背叛感會為留下來的人、為美國每年那四萬五千名自殺者的家屬帶來憤怒、否認、難過以及完全的無助。自從寇特的屍體被發現後，他的親友一直都在面對這些感覺。他們未必會隨著時間流逝而覺得變輕鬆了，反而是那些想讓謊言流傳下去的人讓他們的日子變得更難過。他們這麼做有時是為了利益，有時純粹是因為他們覺得散播這種謠言是一種很「龐克搖滾」的做法。

還有另一個關於寇特死亡的謊言，我並沒有寫進這本傳記的正文裡，因為那只是個理論，而不是事實，就是那種「有些人說」的謊言，這幾年來我們都已經很熟悉這種手法了。這個謊言就是「名聲」以某種方式導致了寇特的死亡。生活在公眾的目光下有可能造成一小部分的影響，主要是寇特覺得被大家的期望所困住，而他私底下的毒癮又在這個注重名聲的世界及媒體關注下顯得難堪。但他並沒有被名氣的囚牢禁錮。他其實可以離開音樂界，而且他也跟一些朋友說他考慮過這麼做。

根據那些曾經試圖奪走自己生命但失敗的人所說，關於自殺的念頭，我們所知道的是，由心理疾病而引發的自殘行為從來都不能簡單歸咎於單一情況。因自殺研究而獲得古根海姆獎（**Guggenheim Fellowship**）的湯瑪斯・喬伊納（Thomas Joiner）博士提出，自殺是「無歸屬感」（我很孤單）和「累贅感」（我是別人的負擔）的組合，通常會伴隨幾乎致命的自殺未遂經歷。寇特・科本的人生故事幾乎就是這些概念的標準案例。

說到最後，寇特遺留給世人的是他創意的產物，而不是他的死亡境遇。《從不介意》賣得比什麼都好，而且還在持續熱賣中，在全世界的總銷量超過三千萬張。光是在美國，就賣了一千一百萬張。黑膠唱片專輯一回歸潮流，在二〇一七年，《從不介意》就成了英國銷量第十五名的黑膠唱片——幾十年前出的唱片卻能拿下這種好成績。《母體》也依然很熱賣，估計約賣出了一千五百萬張。寇特去世後，超脫合唱團也出了好幾張專輯，最有名的是在寇特死後六個月發行的《紐約不插電》（MTV Unplugged in New York），另外還有《來自威斯卡河畔的泥濘岸邊》（From the Muddy Banks of the Wishkah）。這兩張專輯都在《告示牌》排行榜上名列前茅。

超脫合唱團在二〇一四年第一次次取得搖滾名人堂的提名資格，就成功進駐。他們也是西雅圖油漬搖滾世代第一個進駐的樂團（珍珠果醬樂團也在二〇一七年跟進）。**R.E.M.** 樂團的麥可・史戴普為超脫合唱團做開場致詞，說他比較喜歡「藝術家」這個詞，而不是「樂手」，因為「藝術家是對一個創作人最好的讚美，也是最有可能捕捉一瞬間、找到時代精神，並揭露我們掙扎、抱負與慾望的人。」史戴普說超脫合唱團是難得能夠成功「擁抱並定義一個時代」的樂團。

史戴普還說，超脫合唱團捕捉了一個瞬間，而且「是一場邊緣人物的運動」，並為「同性戀者」、「胖」小孩、「破碎的玩具」、「害羞的書呆子」、「歌德風格的孩子」、「笨拙」及「被霸凌」的人提供力量。他引用詩人艾倫・金斯堡（Allen Ginsberg）的話，說超脫合唱團為好幾世代的人發出了「集體的咆哮」。

史戴普說，超脫合唱團影響了電影、政治、時尚、「網路的開端」還有各個方面。「這不只是流行音樂，」他說，「而是比流行音樂還要偉大許多的東西。」

史戴普致詞完畢後，克里斯特・諾弗賽立克、大衛・格羅爾、派特・斯米爾、寇特的母親溫蒂・奧康納和寇特妮・洛芙也都發表感言，一起上臺的還有寇特的妹妹金和布莉安妮（寇特的女兒法蘭西絲身體不適而沒有出席）。洛芙講出了或許所有超脫合唱團的樂迷心裡都有的想法（「二十年前，搖滾名人堂也許並不……」）但她立刻就打住。「今晚，他一定會很高興，」她說。接著的是一場由女性主唱——瓊・傑特（Joan Jett）、蘿兒（Lorde）、音速青春樂團的金・戈登、聖玟森（St. Vincent）——所帶領的超脫合唱團歌曲全明星演出。但真正的合演發生在當天更晚的時候，在布魯克林一間小小的酒吧裡，超脫合唱團餘下的成員和傑特、聖玟森、戈登、小恐龍樂團的J・馬西斯，以及鹿蜱樂團（Deer Tick）的約翰・麥考萊（John McCauley）一起演奏了十九首歌。

後來的那些年間，諾弗賽立克和格羅爾曾經合奏過六次，全都以「超脫合唱團重聚」的名義出現。傑特和麥考萊後來又於二〇一八年十月在加州果醬音樂節（Cal Jam）和超脫合唱團剩下的成員合作了六首歌。此前的二〇一八年九月，諾弗賽立克又和幽浮一族樂團一起在西雅圖演出了〈莫莉的嘴唇〉。

但最具音樂性的超脫合唱團相關重聚應該是一次有「超脫先生」（Sir Vana）這個可愛暱稱的組合——格羅爾、諾弗賽立克、斯米爾和保羅・麥卡尼一起在錄音室錄了一首叫〈放過我吧〉（Cut Me Some Slack）的歌，並在二〇一三年的葛萊美獎和同年麥卡尼在西雅圖塞費柯球場（Safeco Field）的一場演唱會上現場演出過。如果沒有親眼看到保羅・麥卡尼在西雅圖請出餘下超脫合唱團成員的情景，那就談不上見識過瘋狂的觀眾。

自一九九五年起，諾弗賽立克待過六個樂團，首先是甜蜜七五樂團（Sweet 75），接下來是二〇〇二年的雙眼漂流樂團（Eyes Adrift）。他也跟翻轉樂團（Flipper）、無世貿組合樂團（No WTO Combo）合作過，接著在二〇一六年成立樹上巨人樂團（Giants in the Trees）。他也非常積極參與政治，為推廣一九九〇年代中期的音樂活動而成立了藝術家和音樂家聯合政治行動委員會（JAMPAC）。他寫了一本書，名叫《油漬搖滾和政府：讓我們修復這破碎的民主》（Of Grunge and Government: Let's Fix This Broken Democracy），還曾短暫考慮過要參選。他在二〇一六年拿到大學學位。我差不多在那個時期遇到他，他開玩笑說：「我曾經說我是超脫合唱團唯一一個高中畢業的成員，現在我是唯一有大學學位的成員了。」諾弗賽立克也是個機師，在好幾種不同的飛機上接受過訓練。他好幾次邀請我搭他的飛機，每次我都拒絕了，但所有人都告訴我他是個技術純熟的優秀飛行員。

寇特死後那些年，諾弗賽立克和格羅爾都離婚了，但也都再婚了，格羅爾有兩個女兒。一九九四年十月，格羅爾在華盛頓州岸線市（Shoreline）的羅伯特．朗錄音室錄製幽浮一族樂團的第一張專輯。之前在超脫合唱團最後一次錄音時，也就是寇特沒有出現的那一次，格羅爾就已經錄好了這幾首歌的試聽帶。他一開始並沒有認真看待幽浮一族的事業，我會知道這件事是因為我有去看幽浮一族的第三場演出，地點在西雅圖的天鵝絨貓王（Velvet Elvis）藝術劇院，是格羅爾開著之前超脫合唱團的貨車載我去的。當時是一九九五年，那輛車裡還放了一些寇特．科本的混音帶，散落在乘客座位的地板上。

事實上，幽浮一族從那時一直成立至今，發行了十張獲得白金認證的唱片，而且在歐洲和英國，他們甚至比從前的超脫合唱團還紅。曾經付不起房租、窮到必須睡在寇特奧林匹亞公寓沙發上的格羅爾，現在已經變成超脫合唱團最富有的成員。二〇一三年，他製作並執導了一部關於聲音城市錄音室的紀錄片，超脫合唱團就是在這間錄音室錄製《從不介意》的。二〇一四年，他創作了一部名叫《超音速公路》（Sonic Highways）的電視劇，展示著名的錄音室，包括他和超脫合唱團曾經合作過的羅伯特．朗錄音室。

幽浮一族樂團贏得了十一座葛萊美獎，被提名過二十七次。他們得過四次最佳搖滾專輯獎，比其他任何樂團都還要多。反之，超脫合唱團只在寇特在世時獲得少數幾次葛萊美獎提名，《從不介意》、《母體》、〈少年仔的氣味〉都獲得肯定，但四次都沒有獲獎。

寇特在世時，超脫合唱團從來沒有得過葛萊美獎。

寇特妮・洛芙目前也在葛萊美獎上出局了（她被提名過四次）。我想我可以很肯定地說，她比較在乎的是自己於一九九六年出演電影《情色風暴》（The People vs. Larry Flynt）獲得金球獎提名。她曾經告訴我，執導這部電影的米洛斯・福爾曼（Milos Forman）——他私自付了部分的款項以確保電影能夠完成——對她來說比親生爸爸更像父親（寇特妮的親生父親曾參與一部關於科本的陰謀論電影，這又是一件比小說更離奇的事）。寇特死後那些年，洛芙出演了許多電影及電視劇，也出了三張專輯。她除了對音樂及電影界有所影響之外，也積極參與時裝業，經常被當作女性主義的代表性人物。一九九六年，帕蒂・史密斯曾告訴《滾石》雜誌：「寇特妮・洛芙做的事，我從來沒聽過有其他女生做。」

二〇一五年，《鳳凰城新時報》（Phoenix New Times）曾評論過洛芙：「打造一個完美的搖滾明星有幾項重要條件：音樂才能、吸引人的外貌、轟轟烈烈的戀情、毒品濫用以及公開崩潰等等……毫無疑問，至今為止，她的人生故事就像小說或電影一樣，讓人無法置信。」確實，洛芙至少曾經為一本小說、一個樂團名稱以及一首幽浮一族樂團的歌曲帶來靈感（格羅爾承認過的有一首，或許還有更多）。她沒有再婚。多年來，她一直在準備寫一本規模更大的回憶錄，我很期待讀到這本書。

寇特妮和寇特的女兒法蘭西絲在父親死時只有一歲半，而她現在的年紀已經跟父親活過的歲數差不多大了。她在公眾的注目下長大，成年時更經常參與視覺藝術、音樂和時尚方面的活動。二〇一八年，她開始在網路上發布音樂。她十七歲時辦了第一場展覽，在一間藝廊展示她的視覺藝術作品。她的創作，至少在我看來，令人大大想起她父親的繪畫。我這麼說並不只是因為感傷，而是因為這些作品有一種「邊緣人物」的美學。她最近的一幅作品上畫了一個看起來很嚴肅的婦人，並寫了一句話：「記得笑（我們也沒有）」。

二〇一四年，法蘭西絲嫁給樂手以賽亞・席爾瓦（Isaiah Silva），但二〇一七年就離婚了。接著他們打了一場官司，離婚時，席爾瓦把寇特曾經在《不插電》節目上用過的馬丁（Martin）木吉他拿走了。他聲稱法蘭西絲把這把吉他當作結婚禮物送給自己，但法蘭西絲說這是個「無價的傳家之寶」。接下來發生的事更令人困惑了。席爾瓦控告寇特妮・洛芙，說她和她的經理人曾經為了把吉他討回來而威脅他的生命安全（寇特妮和她的經理人在媒體和法律文件上都否認這件事）。《浮華世界》刊出了一篇文章，標題是「法蘭西絲・賓・科本的離婚以及寇特・科本《不插電》吉他愈發怪異的傳奇故事」。二〇一八年十一月二十九日，席爾瓦的律師向加州洛杉磯郡高等法院提交了這起案件的報警文字記錄，聲稱他受到威脅。洛芙經理人的律師告訴《旋轉》雜誌，那份文字記錄證明了這起犯罪根本不存在：「這份文字記錄和錄音本身就顯示，以賽亞・席爾瓦說他沒事，而且蒙西（Munsey）先生（席爾瓦的朋友）告訴緊急接線員，席爾瓦說他是虛驚一場，」辯護律師陶德・伊根（Todd Eagan）告訴《旋轉》雜誌：「這跟警察公布的報告一致，說明當時根本沒有罪案發生。」截至二〇一八年十二月，席爾瓦向洛杉磯法院提起的民事訴訟依然沒有判決。不論最後法院的判決如何，對我來說，寇特吉他的問題是個道德問題，而不是法律或財產問題。我認為除了法蘭西絲之外，誰都不該擁有這把吉他。

法蘭西絲在社群媒體上很活躍，她的 Instagram 有超過一百萬人追蹤。她的帳號是 @space_witch666，再次顯現出他們家族的美學敏感度。二〇一八年，她在 Instagram 上說自己已經戒毒兩年了。同一年，她在寇特的藝術品展覽會上接受《電訊報》（Telegraph）雜誌的採訪，談起父親經常使用單色調的遺作。她說：「我們喜歡把他當作一位神祕的暗黑桂冠詩人，他確實就是這種人，但他同時也很幽默、很溫暖……我覺得我們在論述時也必須指出這些面向在他性格中的重要性，就跟我們所知道他比較黑暗、嚴肅的桂冠詩人那一面一樣重要。」

二〇一六年，時值《從不介意》發行的二十五周年，《時代雜誌》刊登了一篇關於這張專輯封面的報導。文章上說，專輯照片上的小嬰兒史賓賽・艾爾登（Spencer Elden）現在已經快三十歲了，「胸膛上有一個大大的『Nevermind』（從不介意）刺青。」根據《時代雜誌》報導，艾爾登「最近打算對格芬唱片公司採取法律行動，但未獲成功。」艾爾登的父母曾簽過授權協議書，但他反駁，說當時自己只是個嬰兒，並沒有同意這件事，尤其是把照片印到馬克杯和拼圖等商品上販賣。「當你知道這當中牽涉到多大一筆錢，就很難不感到難過，」艾爾登告訴《時代雜誌》。「我去看棒球賽的時候，想到這件事，就覺得『天啊，棒球場上大概所有人都看過我的小雞雞』。我感覺我有部分的人權被剝奪了。」

身為一個傳記作者，我經常被問到「我覺得」寇特・科本對於許多話題「可能會覺得」怎樣。我盡量避免斷然替寇特發言，因為他自己在採訪中的言論經常都很矛盾，會視情況或者當天的狀況而改變，而且沒有任何一個傳記作家能當死者的代言人。然而，我可以說寇特會對那篇文章的一切感到很開心：那個嬰兒後來刺了一個「從不介意」的刺青；「拼圖和馬克杯」可能會引起法律訴訟；他設計的《從不介意》專輯封面在多年之後仍然引發爭議。

我很肯定，這會讓寇特翹起一邊的眉毛。我能看見他把眉毛往天空的方向翹得老高。

——查爾斯・**R**・克羅斯

二〇一九年四月

參考資料註記

為了完成這本書，我花了四年的時間、進行了超過四百場採訪。大多數的採訪都是面對面進行，並用錄音帶記錄下來，而少數是透過電話或電子郵件，甚至有幾次是在監獄裡隔著防護玻璃採訪的。為了避免五十頁參考資料的註記都寫著「出自作者的採訪」，所以在每一個章節，我都先列出我的採訪對象，根據在正文段落中出現的順序排列。大部分的採訪對象在內文中都以引言的方式呈現，還有其他許多提供了背景情況的資料來源，這些人的名字沒有出現在文稿中，但他們的協助及回憶依然對於拼湊整個歷史極為重要。第一次列出訪問對象時，我會附上採訪的年分。除了在此列出的許多人之外，還有很多同事向我提供資源或支持，希望這份謝誌中沒有遺漏掉任何人。

序

「我早上七點醒來」：一封寇特妮・洛芙給查爾斯・R・克羅斯的電子郵件，一九九九年。

「他那不叫吸毒過量」：同上。

第一章：先是大叫

本章訪談對象：Don Cobain, 1999; Mari (Fradenburg) Earl, 1998, 1999, 2000; Rod and Dres Herling, 1999; Brandon Ford, 2000; Tony Hirschman, 1999; Leland Cobain, 1998, 1999, 2000; Shirley DeRenzo, 1999; Colleen Vekich, 1999; Dorothy Vekich, 1999; Michael Vilt, 1999; James Ultican, 1999; Norma Ultican, 1999; Kendall Williams, 1999; and Kim

Cobain, 2000. 亞伯丁森林圖書館的希拉蕊・里奇羅德以及李蘭・科本提供了關於格雷斯港郡歷史的重要資料，我衷心感謝他們兩人的慷慨協助。

第二章：我恨媽媽，我恨爸爸

本章訪談對象：Don Cobain; Leland Cobain; Kim Cobain; Gary Cobain, 1999; Mari Earl; Stan Targus, 1999; Steve Shillinger, 1999; Jenny Cobain, 1999; Lisa Rock, 1999; Darrin Neathery, 1999; Courtney Love, 1998, 1999, 2000, 2001; John Fields, 1999; Roni Toyra, 1998; John Briskow, 1999; Lois Stopsen, 2000; Rod Marsh, 2001; Miro Jungum, 1998; and James Westby, 2000.

「我的童年過得很開心」：“Family Values,” Jonathan Poneman, Spin, December 1992.

艾麗絲・科本曾形容一九七六年：Christopher Sandford, Kurt Cobain (Carroll & Graf, 1996), page 30.

第三章：本月之星

本章訪談對象：Don Cobain; Tim Nelson, 1999; Bill Burghardt, 1999; Leland Cobain; Rod Marsh; Roni Toyra; Jenny Cobain; Kim Cobain; John Fields; James Westby; Mike Bartlett, 1999; Scott Cokely, 1999; Teri Zillyett, 1999; Beverly Cobain, 1999; Trevor Briggs, 1999; Mari Earl; and Jim Cobain, 1998.

文章的標題是「本月之星」：Puppy Press courtesy of Scott Cokely.

他的畫作「總是非常厲害」：希拉蕊・里奇羅德對妮基・克拉克的採訪，一九九八年。

寇特在蒙特的朋友之中，菲爾茲並不是唯一跟他談過這件事的人：比爾・伯格哈特、邁克・巴利特、羅德・馬許、崔弗・布里格斯、戴倫・尼斯里等人都有類似的經歷。

寇特之後告訴麥可・阿澤拉德：Come As You Are: The Story of Nirvana (Doubleday, 1993), page 21.

第四章：草原牌香腸男孩

本章訪談對象：Don Cobain; Leland Cobain; Jim Cobain; Warren Mason, 1999; Dan McKinstry, 1999; Rick Gates, 1999; Bob Hunter, 1999; Theresa Van Camp, 1999; Mike Medak, 1999; John Fields; Kathy Utter, 2000; Shayne Lester, 2000; Mike Bartlett; Trevor Briggs; Mari Earl; Darrin Neathery; Brendan McCarroll, 1999; Kevin Hottinger, 1999; Evan Archie, 2000; Buzz Osborne, 1999; Bill Burghardt; Steve Shillinger; Andrea Vance, 1999; Jackie Hagara, 1999; Jesse Reed, 1999, 2000; Kurt Vanderhoof, 1998; Greg Hokanson, 1999; and Kim Cobain.

第五章：本能的意志

本章訪談對象：Jackie Hagara; Buzz Osborne; Krist Novoselic, 1997, 1998, 1999; Kim Cobain; Greg Hokanson; Paul White, 1999; Justine Howland, 1999; Jenny Cobain; James Westby; Beverly Cobain; Don Cobain; Jesse Reed; Dave Reed, 1999; Ethel Reed, 1999; Det. John Green, 2000; Det. Mike Haymon, 2000; Shee-la Wieland, 2000; Bob Hunter; Theresa Ziniewicz, 1999; Mike Poitras, 1999; Stan Forman, 1999; Kevin Shillinger, 1999; Det. Michael Bens, 2000; Trevor Briggs; Lamont Shillinger, 1999; Steve Shillinger; Mari Earl; Shelli Novoselic, 2000; and Hilary Richrod, 1998, 1999, 2000.

第六章：不夠愛牠

本章訪談對象：Kim Cobain; Matt Lukin, 1998; Jesse Reed; Shelli Novoselic; Tracy Marander, 1998, 1999, 2000; Steve Shillinger; Kurt Flansburg, 1999; Mark Eckert, 1999; Krist Novoselic; Ryan Aigner, 1999; Aaron Burckhard, 1999; and Dylan Carlson, 1996, 1998, 1999, 2000.

第七章：褲襠裡的索比・賽爾斯

本章訪談對象：Kim Cobain; Krist Novoselic; Shelli Novoselic; Aaron Burckhard; Tracy Marander; Jeff Franks, 1999; Michelle Franks, 1999; Vail Stephens, 1999; Kim Maden, 1999; and Tony Poukkula, 1999. 特別感謝傑夫・法蘭克斯對於研究所提供的協助。

第八章：重返高中

本章訪談對象：Tracy Marander; Steve Lemons, 2000; Slim Moon, 1998, 1999; Jim May, 1999; John Purkey, 1999; Krist Novoselic; Ryan Aigner; Krissy Proctor, 1999; Buzz Osborne; Jack Endino, 1997, 1999; Chris Hanszek, 1998; Dave Foster, 2000; Kim Cobain; Bob Whittaker, 1999; Bradley Sweek, 1999; Argon Steel, 1999; Win Vidor, 1998; Costos Delyanis, 1999; Dawn Anderson, 1999; Shirley Carlson, 1998; Veronika Kalmar, 1999; Greg Ginn, 1998; Jason Finn, 1998; Scott Giampino, 1998; Kurt Danielson, 1999; and Rich Hansen, 1999.

「尋求認真的鼓手」：The Rocket, October 1987.

「儘管西雅圖非常缺少優秀的俱樂部，但是從來沒有出現過這麼多樂團」：Bruce Pavitt, The Rocket, December 1987.

第九章：《人類過多》

本章訪談對象：Tracy Marander; Steve Shillinger; Krist Novoselic; Dave Foster; Chad Channing, 1997; Gilly Hanner, 1998; Ryan Aigner; Jan Gregor, 2000; Debbie Letterman, 1997; Chris Knab, 1998; Jack Endino; Alice Wheeler, 1997, 1999, 2000; Dawn Anderson; King Coffey, 2000; Slim Moon; John Purkey; Daniel House, 1997; Tam Orhmund, 1999; Damon Romero, 1998; Hilary Richrod; and Kim Cobain.

「我看過上百次麥爾文樂團的表演」：It May Be the Devil,” Dawn Anderson, Backlash, September 1988.

「超脫合唱團似乎在西北部音樂圈獨樹一格」：Grant Alden, The Rocket, December 1988.

第十章：非法搖滾

本章訪談對象：Tracy Marander; Amy Moon, 1999; Krist Novoselic; Dylan Carlson; Joe Preston, 1999; Jason Everman, 1999; Rob Kader, 1998; Chad Channing; John Robinson, 1998; JJ Gonson, 1998; Sluggo, 1999; Michelle

Vlasimsky, 1999; Slim Moon; Steve Fisk, 1999; Mark Pickerel, 1999; and Kelly Canary, 1997.

「搖滾音樂的最後一波浪潮」．．"Hair Swinging Neanderthals," Phil West, The Daily, May 5, 1989.

「你們在講的這四個傢伙」．．"Sub Pop," Everett True, Melody Maker, March 18, 1989.

「超脫合唱團從鞭擊金屬的一端傾斜到另一端」．．Gillian Gaar, The Rocket, July 1989.

「我能嗑的藥都嗑了」．．"Nirvana," Al the Big Cheese, Flipside, June 1989.

「巴布・狄倫第一次去看超脫合唱團的演唱會時，特別從他們所有的歌曲中選了〈波莉〉」．．Chuck Crisafulli, Teen Spirit (Fireside, 1996), page 45.

第十一章．．糖果、小狗、愛

本章訪談對象．．Tracy Marander; Kurt Danielson; Chad Channing; Alex MacLeod, 1999; Nikki McClure, 1999; Garth Reeves, 1998; Mark Arm, 1998; Carrie Montgomery, 2000; Steve Turner, 1998; Matt Lukin; Krist Novoselic; Pleasant Gehman, 1997; Jennifer Finch, 1999; Jesse Reed; Slim Moon; Damon Romero; Stuart Hallerman, 2000; Jon Snyder, 1998; Alex Kostelnik, 1998; Maria Braganza, 1998; Greg Babior, 1998; Sluggo; and JJ Gonson.

「我覺得我們被貼標籤」．．"Berlin Is Just a State of Mind," Nils Bernstein, The Rocket, December 1989.

「就連『油漬搖滾』這個詞也是早在八〇年代初期，他們在一本樂迷雜誌上創的」．．Mark Arm, Desperate Times.

「錄了八首歌」．．Charles R. Cross and Jim Berkenstadt, Nevermind: Nirvana (Schirmer Books, 1998), page 32.

第十二章．．愛你太深

本章訪談對象．．Tracy Marander; Dylan Carlson; Slim Moon; Alice Wheeler; John Goodmanson, 1998; Tam Orhmund; George Smith, 1999; Krist Novoselic; Susan Silver, 2000; Don Muller, 1998; Alan Mintz, 2000; Brett Hartman, 1998; Kim Cobain; Sally Barry, 1999; Paul Atkinson, 1998; Kevin Kennedy, 2000; Bettina Richards, 1999; Alex Kostelnik;

Gordon Raphael, 1999; Ken Goes, 1998; Angee Jenkins, 1999; Nikki McClure; Jennifer Finch; Ian Dickson, 1999; and Mikey Nelson, 1998.

「這或許是我們錄過最直白的歌」："Heaven Can't Wait," Everett True, Melody Maker, December 15, 1990.

「一些我的個人經歷」："The Year's Hottest New Band Can't Stand Still," Chris Morris, Musician, January 1992.

第十三章：理查・尼克森圖書館

本章訪談對象：Jesse Reed; Krist Novoselic; Dylan Carlson; Tracy Marander; Kaz Utsunomiya, 1999; Mikey Nelson; Joe Preston; Nikki McClure; Lisa Fancher, 1997; Damon Stewart, 1997; Susan Silver; Kim Thayil, 1997; Jeff Fenster, 1997; Alan Mintz; Dave Downey, 1999; John Purkey; Kathy Hughes, 1999; Craig Montgomery, 1999; Don Cobain; Michael Vilt; Lou Ziniewicz-Fisher, 2000; Susie Tennant, 1997; Bob Whittaker; Shivaun O'Brien, 1996; and Barrett Jones, 2000.

「牆上有塗鴉」：Cross and Berkenstadt, Nevermind: Nirvana, page 58.

第十四章：燃燒美國國旗

本章訪談對象：Krist Novoselic; Ian Dickson; Danny Goldberg, 2000; Michael Lavine, 1997; Carrie Montgomery; Courtney Love; Dylan Carlson; Slim Moon; John Troutman, 1997; John Rosenfelder, 2000; Mark Kates, 1999; John Gannon, 1999; Dave Markey, 1999; and Alex MacLeod.

「我覺得她長得很像南希・斯龐根」：Azerrad, Come As You Are, page 169.

「我們一致認為，」華萊士回想起：Cross and Berkenstadt, Nevermind: Nirvana, page 97.

「對一個樂團來說，最開心的時光」：Azerrad, Come As You Are, page 187.

第十五章：每當我吞下

本章訪談對象：Krist Novoselic; Lisa Gladfelter-Bell, 1997; Patrick MacDonald, 1997; Susie Tennant; Jeff Ross,

1997; Bill Reid, 1997; Robert Roth, 1998; Jeff Gilbert, 1998; Kim Warnick, 1998; Jamie Brown, 1997; Scott Cokely; Mary Lou Lord, 1998; Mark Kates; Courtney Love; Marco Collins, 1997; Amy Finnerty, 1999; Peter Davis, 1999; Lori Weinstein, 1998; Rai Sandow, 1998; Tim Devon, 1998; Ashleigh Rafflower, 1999; Craig Montgomery; Carrie Montgomery; Danny Goldberg; Alison Hamamura, 1999; Jim Fouratt, 2000; Jeff Liles, 1999; Gigi Lee, 2000; Darrell Westmoreland, 1997; Kim Cobain; and Steve Shillinger.

《火箭》雜誌的評論寫了︰Charles R. Cross, The Rocket, November 1991.

第十六章︰刷牙

本章訪談對象︰Courtney Love; Krist Novoselic; Mary Lou Lord; Alex MacLeod; Carolyn Rue, 1988; Carrie Montgomery; Ian Dickson; Nikki McClure; Jerry McCully, 1997; Bill Holdship, 1997; Jeremy Wilson, 1998; Rob Kader; Amy Finnerty; Danny Goldberg; Bob Zimmerman, 1998; Michael Lavine; Mark Kates; and Kurt St. Thomas, 1999.

「我們是那時才真正開始愛上對方的」︰Azerrad, Come As You Are, page 205.

「這封信或多或少」︰Aberdeen Daily World, November 11, 1991.

「他們就像同一個模子印出來的，整天如膠似漆」︰"The Power of Love," Dana Kennedy, Entertainment Weekly, August 12, 1994.

「有時候講話講到一半會突然昏睡過去」︰"Spontaneous Combustion," Jerry McCully, BAM, January 10, 1992.

「我要結婚了」︰同上。

「我的態度有了巨大的轉變」︰"Ain't Love Grand," Christina Kelly, Sassy, April 1992.

「我只想先穩定下來，安定生活」︰同上。

第十七章︰腦袋裡的小怪物

本章訪談對象︰Rosemary Carroll, 2000; Courtney Love; Danny Goldberg; John Gannon; Kim Cobain; Kaz

Utsunomiya; Naoko Yamano, 1998; Michie Nakatani, 1998; Atsuko Yamano, 1998; Dylan Carlson; Krist Novoselic; Shelli Novoselic; Barrett Jones; Craig Montgomery; Jennifer Finch; Carolyn Rue; Bob Timmins, 2000; Buddy Arnold, 2000; Sean Tessier, 1998; Tim Appelo, 1998; Mari Earl; Michael Azerrad, 2000; Jackie Farry, 2001; Robert Cruger, 2000; Alan Mintz; Jesse Reed; Alex MacLeod; and Anton Brookes, 2000.

「我們知道現在不是生孩子最好的時機」：Azerrad, Come As You Are, page 245.

「我的名氣，哈哈，是個武器」：Poppy Z. Brite, Courtney Love, the Real Story (Simon & Schuster, 1997), page 131.

「並沒有很嗨。我只注射了一丁點」：Azerrad, Come As You Are, page 251.

「要是我戒毒，之後又會有至少幾年復吸」：同上，page 255.

「我甚至連酒都不喝了」：“Inside the Heart and Mind of Kurt Cobain,” Michael Azerrad, Rolling Stone, April 16, 1992.

「（超脫合唱團）的低調再次讓大眾懷疑」：Steve Hochman, Los Angeles Times, May 17, 1992.

「從無名小卒變成超級巨星，再跌得一塌糊塗」：“Love Will Tear Us Apart,” Keith Cameron, NME, August 29, 1992.

第十八章：玫瑰水，尿布味

本章訪談對象：Rosemary Carroll; Courtney Love; Danny Goldberg; Kim Cobain; Neal Hersh, 2000; Anton Brookes; JJ Gonson; Jackie Farry; Krist Novoselic; Alex MacLeod; Craig Montgomery; Buddy Arnold; Marc Fremont; Amy Finnerty; and Duff McKagan, 2000.

「你給我起來」：Azerrad, Come As You Are, page 269.

「我要生孩子了」：同上。

「我他媽的害怕死了」：同上。

「我手上拿著這個東西」：“Life After Death,” David Fricke, Rolling Stone, December 15, 1994.
「他差點死掉」：同上。
「我不希望我女兒」：“Nirvana's Kurt Cobain,” Robert Hilburn, Los Angeles Times, September 21, 1992.
「我們可能再也不會參加長途巡演了」：同上。

第十九章：那場傳奇的離婚

本章訪談對象：Alex MacLeod; Kim Cobain; Anthony Rhodes, 1999; Mikey Nelson; Don Cobain; Courtney Love; Jeff Mason, 2000; Krist Novoselic; Jim Crotty, 1998; Michael Lane, 1998; Victoria Clarke, 1998; Jackie Farry; Danny Goldberg; Mari Earl; Neal Hersh; Rosemary Carroll; Jesse Reed; Karen Mason-Blair, 1998; Inger Lorre, 1999; Buddy Arnold; Jack Endino; Michael Azerrad; Charlie Hoselton, 1998; Greg Sage, 1999; Jeff Holmes, 1997; Tim Silbaugh, 1998; Jamie Crunchbird, 1999; Earnie Bailey, 1998; Danny Mangold, and Barrett Jones.

「他們拿著火把，把我追趕到亞伯丁的『城堡』」：Jim Crotty, Monk #14, January 1993.
「如果有一天我一無所有」：Azerrad, Come As You Are, page 268.
「大家都有一種觀念」：“Love in the Afternoon,” Gillian Gaar, The Rocket, November 1992.
「我們知道能給予」：Poneman, Spin, December 1992.
「真的很驚人，搖滾都發展到現在了」：“The Dark Side of Kurt Cobain,” Kevin Allman, The Advocate, February 9, 1993.
「其中三十八萬用來繳稅」：同上。

第二十章：心形棺材

本章訪談對象： Krist Novoselic; Alex MacLeod; Courtney Love; Pat Whalen, 1999; Neal Hersh; Jackie Farry; Rosemary Carroll; Ingrid Bernstein, 1998; Kim Cobain; Dylan Carlson; Jessica Hopper, 1998, 1999; Nils Bernstein, 1999; Pare

Bernstein, 1999; Neal Karlen, 1998; and Michelle Underwood, 1997.

「格芬唱片和超脫合唱團的經理人」：Greg Kot, Chicago Tribune, April 1993.

「他出現過量服用麻醉劑的相關症狀」：This and all police notes that follow are from official Seattle Police Department reports.

「就像旋風狂舞的苦行僧一般」："Heaven Can Wait," Gavin Edwards, Details, November 1993.

「要是佛洛伊德能聽到，他會期待到尿褲子」："Domicile on Cobain St.," Brian Willis, NME, July, 24, 1993.

第二十一章：微笑的理由

本章訪談對象：Courtney Love; Krist Novoselic; Alex MacLeod; Dylan Carlson; Anton Brookes; Craig Montgomery; Jackie Farry; David Yow, 1998; Lori Goldston, 1998; Bob Timmins; Mark Kates; Danny Goldberg; Rosemary Carroll; Sean Slade, 1999; Paul Kolderie, 1999; Robert Roth; Mark Pickerel; Kristie Gamer, 1999; Jim Merlis, 2000; Kim Neely, 1998; Thor Lindsey, 1998; Curt Kirkwood, 1999; Derrick Bostrom, 1999; Amy Finnerty; Jeff Mason; and Janet Billig, 2000.

弗蒙特的兒子馬克堅稱：Marc Fremont, The Doctor Is Out, unpublished manuscript.

「我迫切地想擁有」："Howl," Jon Savage, The Guardian, July, 22, 1993.

「科本在極端之間跳躍」："The Band That Hates to Be Loved," Jon Pareles, New York Times, November 14, 1993.

「我很高興你能來」："Kurt Cobain," David Fricke, Rolling Stone, January 27, 1994.

第二十二章：科本病

本章訪談對象：Courtney Love; Krist Novoselic; Jackie Farry; Alex MacLeod; Jim Barber, 2000; Dylan Carlson; Alan Mintz; Danny Goldberg; Amy Finnerty; Alice Wheeler; John Robinson; Dave Markey; Larry Reid, 1998; Rosemary Carroll; Leland Cobain; Don Cobain; Jennifer Adamson, 1999; Jenny Cobain; Shelli Novoselic; Danny Sugerman, 2000; Lexi

Robbins, 1999; Bill Baillargeon, 1998; Don Muller; and Buzz Osborne.

「這一年收穫滿滿，超脫合唱團又完成了一張專輯」：Letter to The Advocate, January 25, 1994.

「他什麼都恨，所有人都恨」：Fricke, Rolling Stone, December 15, 1994.

「他對自己的生活方式很不滿意」：“Kurt Cobain,” Steve Dougherty, People, April 25, 1994.

「我知道這是管制藥物」：“Love and Death,” Andrew Harrison, Select, April 1994.

「就算我當時沒心情」：Fricke, Rolling Stone, December 15, 1994.

第二十三章：就像哈姆雷特

本章訪談對象：Courtney Love; Jackie Farry; Krist Novoselic; Alex MacLeod; Kim Cobain; Shelli Novoselic; Leland Cobain; Travis Myers, 2000; Dylan Carlson; Rosemary Carroll; Marc Geiger, 1998; Ian Dickson; Jennifer Adamson; Danny Goldberg; Steven Chatoff, 2000; Dr. Louis Cox, 2000; Rob Morfitt, 1999; Karen Mason-Blair; Buddy Arnold; Mark Kates; and Anton Brookes.

「他真的死了，就法律上來說已經死了」：“The Trials of Love,” Robert Hilburn, Los Angeles Times, April 10, 1994.

「處在一個自己體力應付不了的行業中」：Claude Iosso, Aberdeen Daily World, April 11, 1994.

「我嚇壞了」：Fricke, Rolling Stone, December 15, 1994.

「要是我當時跟從前一樣」：同上。

「我甚至沒有親吻我丈夫或是跟他道別」：同上。

第二十四章：天使的頭髮

本章訪談對象：Courtney Love; Krist Novoselic; Dylan Carlson; Jackie Farry; Alex MacLeod; Michael Meisel, 1999; Gibby Haynes, 2000; Bob Timmins; Harold Owens, 2000; Buddy Arnold; Nial Stimson, 2000; Harold Owens, 1999; Joe

"Mama" Nitzburg, 2000; Duff McKagan; Jessica Hopper; Ginny Heller, 1999; Bret Chatalas, 1999; Jennifer Adamson; Rosemary Carroll; and Danny Goldberg. 寇特死前最後幾個小時的事件是根據警方報告、鑑識科證據報告及案發現場照片拼湊出來的。

「我知道這應該是我一生中最快樂的時候」：Hilburn, Los Angeles Times, April 10, 1994.

尾聲：李歐納・柯恩的死後世界

本章訪談對象：Courtney Love; Marty Riemer, 1998; Mike West, 1998; Kim Cobain; Don Cobain; Leland Cobain; Jenny Cobain; Jackie Farry; Rosemary Carroll; Tom Reese, 1998; Nikolas Hartshorne, 1999; Dave Sterling, 1998; Sharon Seldon, 1999; James Kirk, 1994; Jeff Mason; Alan Mitchel, 1999; Gene Stout, 1998; Dan Raley, 1998; Cynthia Land, 1998; Krist Novoselic; Susan Silver; Rev. Stephen Towles, 2000; Bob Hunter; Alice Wheeler; Tracy Marander; Dylan Carlson; Danny Goldberg; Janet Billig; and Leland Cobain.

「我看見地上有屍體」：The Seattle Post-Intelligencer, April 9, 1994.

謝誌

寫一本這麼長的書本身就是在孤軍奮戰，但要是沒有採訪對象、朋友及家人的協助，我絕對完成不了。我最想感謝的是寇特・科本的親友，他們多次特別抽空來接受採訪，每次經常要花一整天。若沒有他們對本書及作者的信任與承諾，要完成這種規模的著作是不可能的。另外，有數十位向我提供文件、錄音、照片、許可、研究協助及建議的人，他們的名字沒有出現在正文之中。以下是在過程中給予我協助的眾多人中的一部分，若沒有他們，我不可能完成這本書：Joe Adkins, Shannon Aldrich, Joel Amsterdam, Joris Baas, Stephanie Ballasiotes, Paula Balzer, Jim Barber, Jennifer Barth, Ryan Teague Beckwith, Jenny Bendel, Jim Berkenstadt, Peter Blecha, Janet Billig, Jeff Burlingame, Rose Burnett, Tom Butterworth, Blaine Cartwright, John Chandler, Maura Cronin, Bettie Cross, Cathy Cross, Herb Cross, Nick Cua, Dennee Dekay, Adam DeLoach, David Desantis, Don Desantis, Dwayne DeWitt, Gail Fine, Rick Friel, Deborah Frost, Gillian Gaar, Cam Garrett, Kennedy Grey, Fred Goodman, Nancy Guppy, Joe Hadlock, Manny Hadlock, Heather Hansen, Daniel Harris, Teresa Heacock, Louise Helton, Angela Herlihy, Bill Holdship, Rasmus Holmen, Pete Howard, Josh Jacobson, Larry Jacobson, Miro Jungum, John Keister, Sharon Knolle, John Kohl, Mary Kohl, Ed Kosinski, Thirza Krohn, Robin Laananen,

Michael Lavine, Lauren Lazin, Brandon Lieberman, James Lindley, Amy Lombardi, Ben London, Courtney Love, Alison Lowenstein, Cathy Maesk, Tracy Marander, Benoit Martigny, Cindy May, Jeannie McGuire, Carmen Medal, Michael Meisel, Lauren Mills, Richard Milne, Sandy Milne, Curtis Minato, Teresa Parks, Nina Pearlman, Peter Philbin, Marietta Phillips, Rebecca Polinsky, Jonathan Pont, Holly Cara Price, Bernie Ranellone, Rozz Rezabek-Wright, Patrick Robinson, the staff of The Rocket magazine (1979–2000), Phil Rose, Melissa Rossi, Rex Rystedt, Gihan Salem, Robert Santelli, Kristin Schroter, Mary Schuh, Arlen Schumer, Jill Seipel, Deborah Semer, Clint Shinkle, Eric Shinkle, Martha Shinkle, Neal Shinkle, Neal Skok, Matt Smith, Kurt St. Thomas, Denise Sullivan, Sharrin Summers, Carrie Svingen, Susie Tennant, Alison Thorne, Brad Tolinski, Mitch Tuefel, Jaan Uhelszki, Andrew Uhlemann, Josh Van Camp, Alice Wheeler, Drew Whittemore, David Wilkins, Kendall Williams, Mike Ziegler, and Bob Zimmerman.

還有數十名超脫合唱團的樂迷慷慨地把我還沒蒐集到的素材和錄音借給我。如果有人願意提供額外的資訊，可以透過我的電子郵件 charlesrcross@aol.com 聯繫我。對於這份文稿的任何補充資料，我都會發布在 www.charlesrcross.com。

我想感謝潘姆·威爾森·艾爾巴（Pam Wilson-Ehrbar），她協助我把許多為了寫這本書而進行的採訪轉錄成文字，莎拉·拉辛（Sarah Lazin）陪伴我度過寫這本書時所遇到的難關，從我開始構想到完成作品的好幾年之間，她都是不可或缺的人物。彼得妮爾·范·阿斯戴爾（Peternelle van

Arsdale）為我提供了超出我所請求的幫助，並一路支持我。在我書寫的過程中，好幾位同事抽空閱讀或聆聽我的手稿，為此，我想特別感謝卡拉・德桑蒂斯（Carla Desantis）、喬・艾爾巴（Joe Ehrbar）、艾瑞克・弗蘭尼根（Erik Flannigan）、喬・古皮（Joe Guppy）、約翰・凱斯特（John Keister）、卡爾・米勒（Carl Miller）、克里斯・菲利普（Chris Phillips）、克里斯蒂娜・欣克（Christina Shinkle）、亞當・特佩德倫（Adem Tepedelen）和我兒子阿什蘭（Ashland）。

我想特別感謝那些製作我青少年時期聽的唱片的樂手——尤其是批准哥倫比亞唱片與錄音帶俱樂部使用專輯的人——也很感謝那些持續創作音樂的人，讓我再次感受到少年仔的氣息。

——查爾斯・R・克羅斯

二〇〇一年四月

沉重天堂——寇特・科本傳

作　者：查爾斯・克羅斯
翻　譯：蘇星宇
主　編：黃正綱
資深編輯：魏靖儀
美術編輯：吳立新
行政編輯：吳怡慧

發 行 人：熊曉鴿
總 編 輯：李永適
印務經理：蔡佩欣
發行經理：吳坤霖
圖書企畫：陳俞初

出 版 者：大石國際文化有限公司
地　址：新北市汐止區新台五路一段97號14樓之10
電　話：(02) 2697-1600
傳　真：(02) 2697-1736
印　刷：群鋒企業有限公司
2022年（民111）4月初版二刷
定價：新臺幣690元／港幣230元

ISBN：978-986-06934-6-1（平裝）

總代理：大和書報圖書股份有限公司
地址：新北市新莊區五工五路2號
電話：(02) 8990-2588
傳真：(02) 2299-7900

國家圖書館出版品預行編目（CIP）資料

寇特・科本傳 - 沉重天堂
查爾斯・克羅斯 作；蘇星宇 翻譯. -- 初版. -- 臺北市：大石國際文化, 民111.2　頁；14.8 x 21.5公分
譯自：Heavier Than Heaven: The Biography of Kurt Cobain
ISBN 978-986-06934-6-1（平裝）

1.CST: 科本(Cobain, Kurt, 1967-1994.) 2.CST: 歌星 3.CST: 搖滾樂 4.CST: 樂團 5.CST: 傳記 6.CST: 美國

785.28　　110021981

HEAVIER THAN HEAVEN: A Biography of Kurt Cobain
By Charles R. Cross

Published by arrangement with Sarah Lazin Books
Through Bardon-Chinese Media Agency